储能与动力电池技术及应用

动力电池隔膜设计与制备技术

吴大勇　梁卫华　操建华　著

科学出版社

北　京

内 容 简 介

近年来，锂电池及其材料产业迎来千载难逢的发展机遇，我国的锂电产业已占据世界领先地位。在锂电池的主要材料之中，隔膜曾一度成为关注的焦点；但在国内初步攻克聚烯烃隔膜制造工艺难点之后其热度逐渐降低。但是，作为正极和负极之间的介质，隔膜不仅提供离子传导的通路，还提供两个决定电池性能的界面，其重要作用不容忽视。随着高比能、高安全性锂电池技术和产业的发展，新型复合隔膜成为保证新一代电池性能实现的关键。本书主要介绍隔膜的基本知识、在不同电池体系中的特点、设计思想和制造方法、涂覆改性和复合技术，以及隔膜新形态——固态电解质的发展。另外，本书还介绍了一些新型隔膜的设计和研究结果，并在最后一章对隔膜的发展做了展望。

本书可以作为从事锂电池制造、隔膜制造的专业技术人员和以上行业的研究人员，以及对电池材料感兴趣的广大科学爱好者的工具书和参考书；也可以作为高等学校材料学电池相关领域本科生和研究生的参考书。

图书在版编目（CIP）数据

动力电池隔膜设计与制备技术/吴大勇，梁卫华，操建华著. —北京：科学出版社，2023.7

（储能与动力电池技术及应用）

ISBN 978-7-03-075772-2

Ⅰ.①动… Ⅱ.①吴… ②梁… ③操… Ⅲ.①电动汽车－蓄电池－隔膜材料－研究 Ⅳ.①U469.720.3

中国国家版本馆 CIP 数据核字（2023）第 106008 号

责任编辑：李明楠　孙　曼/责任校对：杜子昂
责任印制：吴兆东/封面设计：图阅盛世

科学出版社 出版
北京东黄城根北街 16 号
邮政编码：100717
http://www.sciencep.com

北京中石油彩色印刷有限责任公司 印刷
科学出版社发行　各地新华书店经销

*

2023 年 7 月第 一 版　开本：720×1000　1/16
2023 年 7 月第一次印刷　印张：20 1/4
字数：408 000

定价：128.00 元
（如有印装质量问题，我社负责调换）

"储能与动力电池技术及应用"丛书编委会

学术顾问： 陈立泉　衣宝廉

主　　编： 吴　锋

副主编： 吴志新　肖成伟　王　芳

编　　委（按姓氏拼音排序）：

艾新平　陈　剑　陈人杰　陈彦彬　侯　明
侯中军　胡勇胜　华　黎　来小康　李　泓
李　丽　卢世刚　苗艳丽　王驰伟　吴　川
吴大勇　夏　军　夏定国　徐　斌　许晓雄
杨世春　张联齐　张维戈　周　华

作者简介

吴大勇 博士，男，中国科学院理化技术研究所研究员，中国科学院大学教授，博士生导师。现任中国科学院理化技术研究所功能高分子材料研究中心主任、工程和生态塑料国家工程研究中心副主任。膜材料、电池材料领域国内知名专家，经纬双向大流量静电纺丝技术发明人，蓝廷新能源科技（浙江）有限公司创始人。2002年8月于中国科学院研究生院获得博士学位，有机化学专业；随后的三年在德国图宾根（Tübingen）大学无机化学所开展博士后工作，研究非均相催化；2005年10月回国工作至今。主要从事膜材料和膜技术、纳米纤维功能材料、聚酰亚胺等领域的研究。承担过863计划项目、973计划项目子课题、国家重点研发计划项目课题、中国科学院A类战略性先导科技专项子课题、北京市重大科技成果转化项目课题、国家自然科学基金项目等多项科研项目。

梁卫华 硕士，男，中国科学院理化技术研究所高级工程师。2002年6月于清华大学获得硕士学位。2002年参加工作以来长期从事涂布工艺的研究和涂布装置的设计工作，曾主持设计、调试过锂电池极片涂布机、挤压嘴式锂电池隔膜涂布机、多工位静电纺丝机等专用设备。在涂布研究领域发表多篇研究论文，申请多项发明和实用新型专利。

操建华　博士，女，中国科学院理化技术研究所副研究员，硕士生导师。2005年于浙江大学获得博士学位，高分子化学与物理专业；随后在清华大学化学工程系开展博士后工作，进行膜分离和气体分离材料研究；2008年7月到中国科学院理化技术研究所工作至今。主要从事膜材料和膜技术、纳米纤维基聚合物多孔膜、功能纳米纤维膜、锂电池隔膜及电解质材料等研究。承担和参与过国家自然科学基金项目、国家重点研发计划项目课题、中国科学院A类战略性先导科技专项子课题、北京市重大科技成果转化项目课题等；申请专利12项，已批准10项；发表论文50余篇。

丛 书 序

新能源汽车是指采用非常规的车用燃料作为动力来源（或使用常规的车用燃料、采用新型车载动力装置），综合车辆的动力控制和驱动方面的先进技术，形成的集新技术、新结构于一身的汽车。中国新能源汽车产业始于 21 世纪初。"十五"以来成功实施了"863 电动汽车重大专项"，"十一五"又提出"节能和新能源汽车"战略，体现了政府对新能源汽车研发和产业化的高度关注。

2008 年我国新能源汽车产业发展呈全面出击之势。2009 年，在密集的扶持政策出台背景下，我国新能源产业驶入全面发展的快车道。

根据公开的报道，我国新能源汽车的产销量已经连续多年位居世界第一，保有量占全球市场总保有量的 50%以上。经过近 20 年的发展，我国新能源汽车产业已进入大规模应用的关键时期。然而，我们要清醒地认识到，过去的快速发展在一定程度上是依赖财政补贴和政策的推动，在当下补贴退坡、注重行业高质量发展的关键时期，企业需要思考如何通过加大研发投入，设计出符合市场需求的、更安全的、更高性价比的新能源汽车产品，这关系到整个新能源汽车行业能否健康可持续发展的关键。

事实上，在储能与动力电池领域持续取得的技术突破，是影响新能源汽车产业发展的核心问题之一。为此，国务院于 2012 年发布《节能与新能源汽车产业发展规划（2012—2020 年）》及 2014 年发布《关于加快新能源汽车推广应用的指导意见》等一系列政策文件，明确提出以电动汽车储能与动力电池技术研究与应用作为重点任务。通过一系列国家科技计划的立项与实施，加大我国科技攻关的支持力度、加大研发和检测能力的投入、通过联合开发的模式加快重大关键技术的突破、不断提高电动汽车储能与动力电池产品的性能和质量，加快推动市场化的进程。

在过去相当长的一段时间里，科研工作者不懈努力，在储能与动力电池理论及应用技术研究方面取得了长足的进步，积累了大量的学术成果和应用案例。储能与动力电池是由电化学、应用化学、材料学、计算科学、信息工程学、机械工程学、制造工程学等多学科交叉形成的一个极具活力的研究领域，是新能源汽车技术的一个制高点。目前储能与动力电池在能量密度、循环寿命、一致性、可靠性、安全性等方面仍然与市场需求有较大的距离，亟待整体技术水平的提升与创新；这是关系到我国新能源汽车及相关新能源领域能否突破瓶颈，实现大规模产业化的关键一步。所以，储能与动力电池产业的发展急需大量掌握前沿技术的专业人才作为支撑。我很欣喜地看到这次有这么多精通专业并有所心得、遍布领域各个研究方向和层面的作者加入到"储能与动力电池技术及应用"丛书的编写工作中。我们还荣幸地邀请到中国工程院陈立泉院士、衣宝廉院士担任学术顾问，为丛书的出版提供指导。我相信，这套丛书的出版，对储能与动力电池行业的人才培养、技术进步，乃至新能源汽车行业的可持续发展都将有重要的推动作用和很高的出版价值。

该丛书结合我国新能源汽车产业发展现状和储能与动力电池的最新技术成果，以中国汽车技术研究中心有限公司作为牵头单位，科学出版社与中国汽车技术研究中心共同组织而成，整体规划20余个选题方向，覆盖电池材料、锂离子电池、燃料电池、其他体系电池、测试评价5大领域，总字数预计超过800万字，计划用3~4年的时间完成丛书整体出版工作。

综上所述，该系列丛书顺应我国储能与动力电池科技发展的总体布局，汇集行业前沿的基础理论、技术创新、产品案例和工程实践，以实用性为指导原则，旨在促进储能与动力电池研究成果的转化。希望能在加快知识普及和人才培养的速度、提升新能源汽车产业的成熟度、加快推动我国科技进步和经济发展上起到更加积极的作用。

祝储能与动力电池科技事业的发展在大家的共同努力下日新月异，不断取得丰硕的成果！

2019年5月

前言 Preface

过去十年，锂电池及其相关材料产业在中国飞速发展，中国也一跃成为世界上首屈一指的锂电产业强国。在制造锂电池的几种主要材料中，隔膜的品质虽制约着电池的质量，但其也是曾经的利润率之王，一直吸引着资本界的投资。我国隔膜产业走过了一条艰苦的发展之路，一代人为之付出了努力，至今其在产能和质量上有所突破，是一件值得庆贺的事。不过，科学原理、制造技术以及设备和工艺，还没有在企业对隔膜的制造过程中充分地融合。某种工艺做通了并不意味着融会贯通，要做到游刃有余依然需要理论的指导以及理论与实践结合产生的真知。

为此，作者一直有愿望写一部书来做锂电池隔膜材料关键知识的总结，并建立专业理论知识与生产实践经验之间的关联。2018 年 8 月底，由中国汽车技术研究中心有限公司牵头，并与科学出版社共同组织的"储能与动力电池技术及应用"丛书项目在北京启动。中国工程院吴锋院士担任该丛书主编，中国工程院陈立泉院士、衣宝廉院士担任丛书学术顾问，我有幸应邀负责丛书中《动力电池隔膜设计与制备技术》分册的撰写。

本书力图将涉及锂电池隔膜的特性、基本理论、在不同电池体系中的特点、制造方法、设计思想等知识系统地呈现给读者。全书共 10 章：第 1 章概括性地介绍锂电池隔膜的基本知识；第 2 章介绍隔膜的特性指标及重要指标的测试方法；第 3~5 章分别介绍锂离子电池、锂硫电池和锂一次电池中的隔膜及其研究进展；第 6 章针对目前电池制造普遍使用的主流材料——聚烯烃隔膜的原料、制造原理、工艺方法等备受业内人员关注的问题做了详细的介绍；第 7 章讲述的是隔膜表面的涂布技术；第 8 章介绍固态电解质——电池隔膜的一种功能化演变形态；第 9 章讲述了研究人员在新型复合隔膜的设计与制造方面所做的尝试和探索；第 10 章是对隔膜发展做出的展望。

本书，吴大勇撰写了第 1~6 章及第 9、10 章，梁卫华撰写了第 7 章，操建华撰写了第 8 章以及第 2 章的测试部分。另外，铜陵晶能电子股份有限公司梁志扬、湖南中锂新材料有限公司舒均国对本书第 6 章的部分内容提出了修改意见；蓝廷新能源科技（浙江）有限公司聂文波对本书的第 2 章和第 6 章部分内容提出了修改意见。在此，我们对以上三位专家致以诚挚的感谢。

  由于作者自身知识水平的局限，本书不可避免地会存在一些不足，希望得到广大读者和领域内专家的批评和指正，使我们有机会在将来对本书进行修订完善。

吴大勇

2023 年 3 月于北京

目录 Contents

丛书序
前言
第1章　绪论 ··· 1
　1.1　隔膜及其重要性 ·· 2
　　　1.1.1　在锂离子电池中的作用 ·· 2
　　　1.1.2　隔膜对电池性能的影响 ·· 3
　1.2　扫描电子显微镜下看隔膜 ··· 3
　　　1.2.1　隔膜的结构特点 ·· 3
　　　1.2.2　奇妙的微孔 ··· 4
　　　1.2.3　锂离子在正负极之间的迁移 ···································· 4
　1.3　隔膜设计与制造中的智慧 ··· 9
　　　1.3.1　理想的制膜材料 ···10
　　　1.3.2　造孔的艺术 ··10
　　　1.3.3　规模化制膜工艺和面临的困境 ·································14
　1.4　高技术是隔膜制造业的标签 ··14
　　　1.4.1　工艺是制膜的灵魂 ··14
　　　1.4.2　高水平的设备 ···14
　1.5　隔膜制造业的发展历程 ···15
　　　1.5.1　国外产业的发展 ···15
　　　1.5.2　国内产业的发展 ···15
　1.6　下一代的隔膜 ···16
　　参考文献 ··16
第2章　隔膜的特性指标 ···18
　2.1　技术指标 ···19
　2.2　核心指标 ···23
　2.3　隔膜指标差异对电池性能的影响 ····································24
　　　2.3.1　安全性指标 ··25
　　　2.3.2　孔隙率和吸液率 ···26
　2.4　隔膜的测试 ··27

2.4.1　厚度 ··· 27
　　　2.4.2　孔隙率 ··· 28
　　　2.4.3　隔膜与电解液的浸润性 ·· 30
　　　2.4.4　透气性 ··· 31
　　　2.4.5　热收缩率 ··· 31
　　　2.4.6　水分残留量 ··· 32
　　　2.4.7　拉伸强度 ··· 32
　　　2.4.8　穿刺强度 ··· 33
　　　2.4.9　离子电导率 ··· 33
　　　2.4.10　电化学窗口 ··· 34
　参考文献 ·· 35
第3章　锂离子电池中的隔膜 ·· 36
　3.1　锂离子电池和隔膜发展的重要机遇期 ······································· 37
　3.2　锂离子电池中的隔膜 ··· 38
　　　3.2.1　锂离子电池隔膜对材料的基本要求 ·································· 39
　　　3.2.2　锂离子电池隔膜的基本功能特性 ······································ 39
　　　3.2.3　关于隔膜的"Shutdown"功能 ·· 40
　3.3　制膜材料的性能 ··· 41
　　　3.3.1　材料的介电强度 ·· 41
　　　3.3.2　不同材料及制膜方法对离子电导率的影响 ······················· 41
　　　3.3.3　孔结构对离子电导率的影响 ··· 42
　　　3.3.4　孔隙率与孔径分布 ·· 43
　3.4　不同材料体系的隔膜 ··· 44
　　　3.4.1　聚丙烯隔膜 ··· 44
　　　3.4.2　聚乙烯隔膜 ··· 44
　　　3.4.3　PET基隔膜 ··· 45
　　　3.4.4　聚偏氟乙烯及其共聚物隔膜 ··· 46
　　　3.4.5　聚酰亚胺隔膜 ··· 54
　　　3.4.6　其他材料的隔膜 ·· 56
　　　3.4.7　凝胶隔膜 ··· 57
　3.5　制膜工艺方法 ··· 57
　　　3.5.1　PP的干法制膜 ·· 58
　　　3.5.2　PE的湿法制膜 ·· 58
　　　3.5.3　布鲁克纳的半干法制膜 ··· 59
　　　3.5.4　无纺布复合膜 ··· 59

3.5.5　静电纺丝技术制纳米纤维膜 ································· 59
　3.6　隔膜涂覆和多层功能化 ··· 61
　　　3.6.1　高分子涂层 ··· 62
　　　3.6.2　纳米陶瓷涂层 ··· 63
　3.7　隔膜其他性能的提升 ··· 64
　3.8　挑战与前景 ··· 66
　参考文献 ··· 66

第 4 章　锂硫电池中的隔膜 ··· 68
　4.1　锂硫电池 ··· 69
　4.2　锂硫电池的工作原理 ··· 69
　4.3　锂硫电池面临的问题 ··· 71
　4.4　锂硫电池中应用的隔膜 ··· 72
　4.5　功能型锂硫电池隔膜的研究方向 ································· 72
　　　4.5.1　多硫化物的跨膜扩散 ····································· 72
　　　4.5.2　涂层修饰的聚烯烃隔膜 ··································· 73
　　　4.5.3　新材料隔膜 ··· 88
　　　4.5.4　锂硫电池隔膜的制备方法 ································· 91
　4.6　理想的锂硫电池隔膜及其设计制造 ······························· 93
　　　4.6.1　应用现状 ··· 93
　　　4.6.2　设计思想和制造方法 ····································· 94
　参考文献 ··· 95

第 5 章　锂一次电池隔膜 ··· 97
　5.1　锂一次电池的种类及其隔膜 ····································· 98
　5.2　可溶正极电池体系对隔膜的要求 ································· 102
　　　5.2.1　$Li/SOCl_2$ 体系与 Li/SO_2Cl_2 体系 ····················· 102
　　　5.2.2　Li/SO_2 体系 ·· 103
　5.3　新型隔膜对现有隔膜的替代 ····································· 103
　　　5.3.1　材料体系 ··· 103
　　　5.3.2　工艺技术 ··· 105
　参考文献 ··· 106

第 6 章　聚烯烃隔膜的制造 ··· 108
　6.1　PP 隔膜 ·· 109
　　　6.1.1　原料 ··· 109
　　　6.1.2　制膜工艺 ··· 109
　　　6.1.3　制膜设备 ··· 112

6.1.4 影响产品质量和成品率的主要因素 …… 114
6.2 PE 隔膜 …… 115
　6.2.1 原料 …… 116
　6.2.2 同步双向拉伸工艺 …… 118
　6.2.3 分步双向拉伸工艺 …… 121
　6.2.4 半干法制膜工艺 …… 122
6.3 PP/PE/PP 三层复合膜 …… 123
6.4 工艺对材料及产品特性的调控 …… 125
　6.4.1 熔融挤出和铸片淬火 …… 125
　6.4.2 拉伸 …… 125
　6.4.3 聚合物分子和链段在拉伸中的取向 …… 126
　6.4.4 工艺过程中的结晶 …… 128
　6.4.5 热定型 …… 129
　6.4.6 温度 …… 129
　6.4.7 拉伸比例和车速 …… 131
　6.4.8 螺杆挤出 …… 132
　6.4.9 结晶方式 …… 132
　6.4.10 萃取能力 …… 132
6.5 影响产品品质的其他因素 …… 132
　6.5.1 原料组成对产品制造和膜结构的影响 …… 132
　6.5.2 冷却速率对最终膜产物孔结构的影响 …… 137
　6.5.3 石蜡油比例对最终膜产物孔结构的影响 …… 137
　6.5.4 石蜡油与 PE 的相分离 …… 137
　6.5.5 石蜡油的萃取 …… 138

参考文献 …… 138

第 7 章　隔膜表面涂布技术 …… 139

7.1 涂布 …… 140
　7.1.1 涂布的基本定义 …… 140
　7.1.2 涂布方法与涂布方法的选择 …… 141
　7.1.3 涂布技术的应用 …… 143
7.2 隔膜规模化生产中的涂布方法 …… 148
　7.2.1 浸涂及涂布厚度 …… 148
　7.2.2 隔膜浸涂设备 …… 150
　7.2.3 隔膜浸涂工艺与效果 …… 152
　7.2.4 隔膜浸涂的优点与不足 …… 152

7.3 微凹涂布 155
7.3.1 微凹涂布介绍 155
7.3.2 微凹涂布的涂布湿厚度的确定 157
7.3.3 常用的几种微凹涂布浆料配方 164
7.3.4 微凹涂布的优点与不足 166
7.4 基材张力控制条缝涂布 166
7.4.1 基材张力控制条缝涂布介绍 166
7.4.2 基材张力控制条缝涂布窗口 167
7.4.3 基材张力控制条缝涂布在隔膜涂布中的应用 170
7.4.4 基膜张力控制条缝涂布的不足 171
7.5 涂布厚度测量 172
7.5.1 离线测厚仪的工作原理 172
7.5.2 在线测厚仪的工作原理 173
7.5.3 测厚仪的在线测量原理 175
7.6 隔膜表面涂布弊病与机器视觉缺陷识别系统 176
7.6.1 涂布弊病与应对解决措施 176
7.6.2 涂布缺陷的机器视觉识别系统 181
参考文献 183

第8章 固态锂电池和固态电解质 185
8.1 固态锂电池 186
8.1.1 固态锂电池发展史 186
8.1.2 固态锂电池的分类 188
8.1.3 全固态锂电池可能的优势及存在的问题 189
8.2 固态电解质 190
8.2.1 固态电解质中离子传导机理 192
8.2.2 无机固态电解质 196
8.2.3 聚合物固态电解质 205
8.2.4 复合固态电解质 215
8.2.5 金属有机框架基固态电解质 220
8.2.6 其他固态电解质 223
8.3 固态电解质性能提升的方法 224
8.3.1 提高离子电导率 224
8.3.2 提高电压稳定性 233
8.3.3 抑制锂枝晶 237
8.3.4 减小界面电阻 239

参考文献 ……243

第 9 章 新型复合隔膜的设计与制造 ……247

9.1 新型隔膜应新在何处 ……249
9.1.1 材料 ……249
9.1.2 结构 ……250
9.1.3 功能 ……251
9.1.4 奇思妙想 ……251

9.2 PET 无纺布隔膜的增强设计 ……251
9.2.1 无纺布隔膜存在的问题 ……251
9.2.2 光固化增韧无纺布隔膜 ……252
9.2.3 热固化 ……264
9.2.4 双重固化 ……266

9.3 芳纶 ……267
9.3.1 主体材料如何造孔 ……268
9.3.2 材料体系和结构设计 ……272

9.4 聚酰亚胺 ……274
9.4.1 造孔方案 ……275
9.4.2 材料复合 ……278

9.5 固态电解质复合膜 ……280
9.5.1 无机固态电解质 ……280
9.5.2 固态电解质功能涂层膜 ……280
9.5.3 其他类型的固态电解质复合膜 ……282

9.6 含 MOF 的功能涂层膜 ……282
9.6.1 MOF 材料 ……282
9.6.2 MOF 研究与应用的热点 ……284
9.6.3 MOF 在隔膜涂层中的应用 ……284

9.7 定制功能隔膜 ……285
参考文献 ……285

第 10 章 展望 ……288

10.1 锂电池产业发展带来时代的机遇 ……289
10.2 隔膜发展的技术路线图 ……290
10.3 通用型隔膜的发展方向 ……291
10.3.1 高安全性隔膜 ……291
10.3.2 耐高电压隔膜 ……292
10.4 隔膜定制化的趋势 ……293

		10.4.1 防打滑 ·· 293

      10.4.1 防打滑 ··· 293
      10.4.2 高吸液率 ·· 293
      10.4.3 抑制多硫化物穿梭 ·· 295
      10.4.4 抗挤压形变 ·· 295
      10.4.5 对锂金属稳定 ··· 297
      10.4.6 双面不对称涂覆膜/双面不对称复合膜 ············· 298
      10.4.7 隔膜与电极一体化 ·· 299
10.5   固态电解质 ··· 299
      10.5.1 柔性固态电解质 ··· 299
      10.5.2 自愈固态电解质 ··· 300
10.6   隔膜产品的明日之星 ··· 303
10.7   结束语 ·· 304
参考文献 ·· 304

01

绪 论

锂离子电池无疑是电池家族中的明星。自 20 世纪 90 年代日本索尼公司的钴酸锂电池成功实现商品化以来，锂离子电池在近三十余年间不断发展提升，为人们的生活提供了便利，不但在作为移动电子设备电源方面取得了统治地位，而且作为动力电池在新能源汽车等领域也获得了巨大的成功。

锂离子电池性能的提升对于普通消费者而言，可能只是关于智能手机的充电问题和新能源汽车的续航里程。实际上，推动电池进化的是无数探索研究和电极材料的发展。而电池材料中的明星地位通常被正极材料所占据，如三元材料、磷酸铁锂、锰酸锂、钴酸锂。当然，要制造出高性能的电池，仅有正极材料还远远不够，至少还需要有高品质的负极材料、隔膜[1-3]、电解液和适当的封装材料。

而隔膜在锂离子电池材料中属于一种有趣的存在。在中国企业未掌握其制备技术之时它曾经身价很高、供不应求，赚钱预期使各路资本对投资隔膜产业"趋之若鹜"。然而，中国制造一旦启动，任何制造业的格局都将被改写。在经历了一大波引进设备和产能扩张的热潮之后，国内锂电池隔膜产业的状况发生了根本的变化。充足的产能终结了隔膜暴利的时代，同时也迫使投资人冷静地思考如何从拼规模转变到拼技术内涵上来。

隔膜制造的工艺比较复杂，对装备先进性的依赖程度很高，是先进的高技术产业，它的发展需要和电池产业的发展同步。

1.1　隔膜及其重要性

隔膜是夹在电池正极片和负极片之间起电子绝缘作用并提供锂离子（Li^+）迁移微通道的薄膜，是影响电池性能的重要组件（图 1.1）。目前商品化的隔膜有几个不同的种类，其基本功能和特性是相近的，不同的是材料和相应制造方法的差异。通常，隔膜由绝缘性能好的高分子树脂和辅助材料以适当的方法加工而成。电池能量密度的提升主要基于电极材料体系的发展和优化；而电池倍率性能、循环寿命和基本电性能的发挥，有一个重要的影响因素就是隔膜材料的特性和品质。

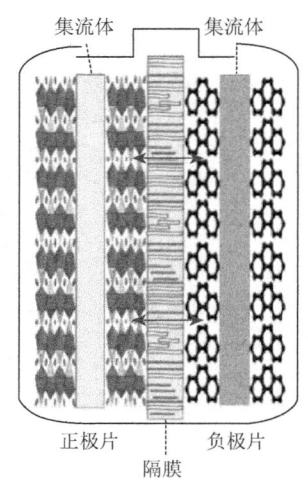

图 1.1　锂离子电池中的隔膜与正、负极片示意图

1.1.1　在锂离子电池中的作用

隔膜根本的作用就是隔离正极片和负极片，避

免短路。同时，基于锂离子电池的工作机制：充电时锂离子从正极材料中脱出，经迁移插入到负极材料的层状结构间，放电时锂离子从负极材料脱出，经迁移重新嵌入正极材料中，隔膜上需要有贯通的微孔结构供锂离子迁移。

1.1.2 隔膜对电池性能的影响

隔膜是锂离子电池的重要材料，它体现了两种重要的功能：一是保证电池安全；二是使电池与充放电相关的功能得以实现。电池能量密度的提升主要基于电极材料体系的发展和优化；而电池的容量发挥、倍率性能、循环寿命、充电电位、首次库仑效率、自放电、高低温特性、内短路和析锂等重要特性，都与隔膜材料的特性和品质相关。

1.2 扫描电子显微镜下看隔膜

1.2.1 隔膜的结构特点

用肉眼看，锂电池隔膜的外观是不透明的白色塑料薄膜，似乎也没有特异之处。然而，隔膜的奥秘尽在其微观结构之中。为了起到隔离电池正极片和负极片的作用，隔膜需要对电子绝缘；为了能使微小的锂离子从中穿过，它又必须具有均匀分布微小通孔的结构。宏观上我们看到的隔膜如图 1.2 所示。隔膜要发挥作用，使锂电池能够工作，依靠的是它特殊的微观多孔结构。

图 1.2　锂电池隔膜

1.2.2 奇妙的微孔

锂在元素周期表中的位置是第二周期ⅠA族,在碱金属中原子的尺寸是最小的。而锂离子的半径是 0.59Å(0.059nm)[4],也就是说供锂离子迁移通过的孔洞直径在纳米尺度即可。借助扫描电子显微镜(SEM),可以方便地观察锂电池隔膜的表面形貌以及一些接近表面部分的内部结构信息。图 1.3 是一张放大 5 万倍的聚丙烯隔膜 SEM 图像。图像显示,该隔膜上大部分微孔的尺寸在 100~200nm。

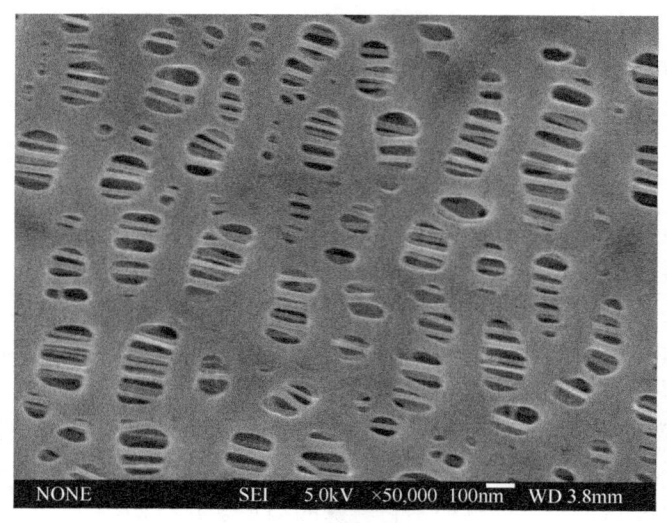

图 1.3 聚丙烯隔膜的 SEM 图像

如果选择的放大倍数不是足够大,即使使用了 SEM 也有可能观察不到隔膜的微孔,这是因为百十纳米的尺度的确很小。这不禁让我们感到好奇,带有这样微孔的薄膜是怎样得到的?换言之,用怎样的技术才能制造出这样的产品?是的,锂电池隔膜的特别之处就是这些奇妙的微孔。而先进的制膜技术,不仅可以制造这样的微孔膜,而且还有很高的生产效率。

1.2.3 锂离子在正负极之间的迁移

基于锂离子电池的工作原理,锂离子从正极材料脱出穿过隔膜插入到负极材料中完成充电过程;再从负极材料中脱出穿过隔膜回到正极完成放电过程。那么,锂离子在正极和负极之间是怎样迁移的呢?可能的情况有两种,一种是存在电解液的情况，另一种是没有电解液的情况。

物质传递，即物质在溶液中从一个地方迁移到另一个地方，在电化学动力学中扮演着重要的作用。它是由两处电化学势或化学势的不同，或者溶液的扩散所引起的。物质传递的方式有三种：迁移（migration，荷电物质在电场力/电位梯度作用下的运动）、扩散（diffusion，物质在浓度梯度作用下的运动）和对流（convection，搅拌或流体传输引起的物质传递）。锂离子电池中的电解液既不存在搅拌情况，又没有密度梯度，因此，离子在电池电解液中的运动是迁移和扩散的共同作用。

1. 迁移

在离电极较远的电解液中，浓度梯度一般来讲比较小，离子的传递主要是由迁移来完成的。如图 1.4 所示，锂离子电池中的电解液作为载体，为锂离子在正负极材料之间的传输提供了路径。锂离子通过隔膜孔道时，离电极较远，浓度梯度对离子运动的影响较小，此时锂离子的运动主要是在电场力作用下的迁移，迁移运动的方向与电场力方向一致。

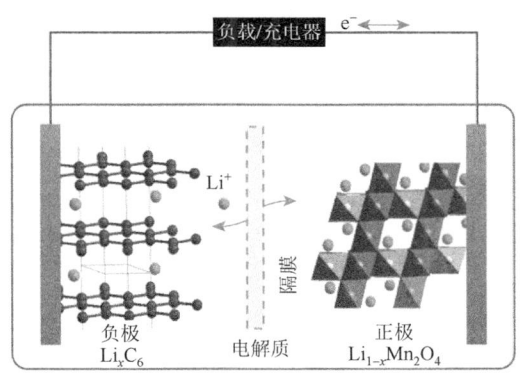

图 1.4　锂离子在电池中的运动[5]

2. 电极附近的混合迁移和扩散

扩散和迁移对一种物质的流量的相对贡献在给定的时刻随其在溶液中位置的不同而不同。一般来讲，在电极附近一个电活性物质的传递是由两者共同完成的。电极表面活性物质的流量控制着电极反应的速率，同时也控制着外电路上的法拉第电流。该电流可分为扩散电流（i_d）和迁移电流（i_m），分别对应电活性物质在电极表面的扩散部分和迁移部分：

$$i = i_d + i_m \tag{1.1}$$

如图 1.4 所示,简单以充电过程举例,Li^+从正极活性物质中脱出,表面电化学反应生成的 Li^+进入电解液中,溶液相中界面区域的 Li^+局部浓度提高,使溶液相内部产生浓度差异,导致 Li^+由电极向电解液本体方向发生扩散。而在负极区域,由于负极颗粒与电解液中的 Li^+发生电化学反应,消耗了溶液相中的 Li^+,使溶液相局部 Li^+浓度降低,导致 Li^+由电解液本体向电极方向发生扩散。

与此同时,Li^+在电解液中始终受到电位梯度作用而产生迁移。与电极的距离越近,扩散在离子流量中的相对贡献也就越大。

3. 扩散

正如上面讨论的那样,与电极的距离越近,扩散作用就越强。离子的扩散在什么条件下占据主导作用呢?通常,扩散导致一个分散体系的均一化,是由"随机漫步"(random walk)所致。通过讨论一维的随机漫步,可以得到一个简单的图像。考虑一个被限定在线性轨道上的粒子,受到溶剂分子的碰撞而产生布朗运动,每单位时间为 τ,运动步长为 l,在时间 t 时粒子是如何分布的呢?对此只能回答出粒子处于不同位置的概率。

在 $0\sim4\tau$ 的时间单位内,一维随机漫步的概率分布如图 1.5 所示,粒子在给定位置上的概率是到达该点的途径数除以总途径数。通过概率公式可知,经过 m 个时间单位($m=t/\tau$),分子在给定位置上的概率由二项式系数给出:

$$P(m,r)=\frac{m!}{r!(m-r)!}\left(\frac{1}{2}\right)^m \quad (1.2)$$

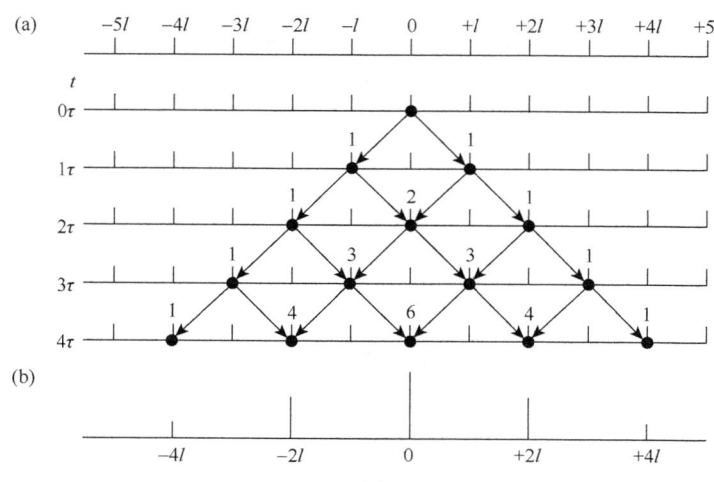

图 1.5 随机漫步运动[6]

(a) $0\sim4$ 个时间单位上一维随机漫步运动的概率分布,数字表示可以到达的点;(b) $t=4\tau$ 时的概率分布条形图
(此时,$x=0$ 的概率为 1/16,$x=\pm 2l$ 的概率为 1/4,$x=\pm 4l$ 的概率是 1/16)

这里位置定义为 $x = (-m + 2r)l$, $r = 0, 1, 2, \cdots, m$。这样粒子的均方位移 $\bar{\Delta}^2$ 可通过把所有位移的平方和除以概率总数 (2^m) 来得到。$\bar{\Delta}^2$ 由下式给出：

$$\bar{\Delta}^2 = ml^2 = \frac{t}{\tau}l^2 = 2Dt \tag{1.3}$$

式中，D 为扩散系数，等同于 $l^2/2\tau$，是一个与溶剂性质有关的常数。这样在时间 t 时，均方根位移是

$$\bar{\Delta} = \sqrt{2Dt} \tag{1.4}$$

此公式给出了一种估算扩散层厚度的简便经验方法，由此又可以导出"扩散速率"的概念，扩散速率为 $v_d = \bar{\Delta}/t$。

扩散和迁移在离子完整运动中所占的比例可以通过比较 v_d 与在电场中淌度为 u_i（单位电场强度下离子运动的极限速度）的离子的迁移速率 v_m 来评价，v_m 定义为

$$v_m = u_i \varepsilon = |z_i| F D_i \varepsilon / RT \tag{1.5}$$

式中，$|z_i|$ 为离子的荷电数；ε 为离子所处环境的电场强度。当 $v_m \ll v_d$ 时，物质的扩散相对迁移占据主导作用。

在没有电解液存在的情况下，如固态电池中，Li^+ 迁移的方式与前者不同。可以传导 Li^+ 的有无机离子导体和一些特殊的有机物。

4. 无机离子导体

无机离子导体也可以起到传导 Li^+ 的作用，如钠超离子导体(sodium super ionic conductor，NASICON)。具有 NASICON 结构的 $NaA_2^{IV}(PO_4)_3$ (A^{IV} = Ge、Ti、Zr) 在 1968 年被确认。1976 年 Goodenough 等发现用 Si 取代 $NaZr_2(PO_4)_3$ 中部分 P 得到 Na^+ 的快离子导体 $Na_{1+x}Zr_2P_{3-x}Si_xO_{12}$ ($0 \leqslant x \leqslant 3$)，并将类似结构的化合物称为 NASICON 结构化合物。随后，用 Li 取代 Na，同样得到具有较高离子电导率的锂离子导体。

NASICON 结构化合物分子式可写为 $A_xM_2(XO_4)_3$，$[M_2X_3O_{12}]$ 骨架构成了 NASICON 的基本结构，MO_6 八面体和 XO_4 四面体以共角的形式连接，形成了 Li^+ 的传输通道。$M_2(XO_4)_3^{3-}$ 结构单元由 3 个 XO_4 四面体连接两个 MO_6 八面体构成。该框架能够容纳 A、M、X 位置的掺杂引起的局部组成的变化。因此，$A_xM_2(XO_4)_3$ 结构单元中碱金属的数目可以通过调节过渡金属 M 和元素 X 的价态来调整。MO_6 八面体和 XO_4 四面体的连接构成了阳离子传输的通道，使其具有高的离子电导率[7]。

Li 体系的 $A_xM_2(XO_4)_3$ 同样具有 NASICON 结构。NASICON 型化合物的结构和电化学性能随化合物的组成而变化。在无机粒子离子导体 $LiGe_2(PO_4)_3$（LAGP）中，用离子半径小的 Al^{3+} 对 LAGP 中的 Ge^{4+} 进行掺杂，可改善 Li^+ 传送通道的瓶颈大小和 Li^+ 的载荷浓度，提高离子电导率。Li^+ 在离子导体中的扩散模式通常采

用直接间隙机理，其特征是位于间隙位的扩散离子的传输主要是通过离子之间的间隙位来实现的，显然，构成这种间隙固溶体的骨架原子越大，或者结构越松散，间隙位的自由空间越大，离子的扩散越容易。

5. 可以传导 Li^+ 的聚合物

某些聚合物可以与离子形成络合物并具有离子传导的能力。络合物的电导率主要是阳离子迁移的贡献。阳离子运动可在一条链上不同的配位点之间进行，也可在不同链的配位点之间进行，并且离子运动主要在无定形相（非晶相）中，其电导率比在晶相中高 2～3 个数量级。

关于络合物中离子导电的机理已有多种解释，其中以晶体空位扩散机理和自由体积模型为主流[8]。

1）晶体空位扩散机理

晶体空位扩散模型主要用于揭示结晶聚合物电解质的导电机理，认为碱金属盐在聚合物中完全解离，高分子链折叠堆积成的管道能够为离子传输提供孔道，离子在孔道内通过空位扩散传导。目前，针对 PEO 型电解质的离子导电机理研究得最为透彻。1979 年，Armand 提出 PEO 具有螺旋形的隧道结构，离子位于隧道结构中通过空位跃迁传导。Li^+ 位于由两条 PEO 链形成的双螺旋管状孔道内，即在醚链中 4 个氧原子组成的螺旋体内孔中，并且主要在 PEO 链组成的双螺旋隧道内迁移；阴离子位于螺旋体之外。温度升高时，PEO 链段运动导致 Li^+-聚合物配位键松弛断裂，发生离子迁移形成空位。这种双螺旋结构有利于 Li^+ 的迁移，使电解质有更高的电导率。2014 年，Liu 等结合 X 射线衍射、交流阻抗谱、固体核磁等测试手段研究了 $LiAsF_6$ 在 PEO 中的传导机理，提出高结晶聚合物电解质中 Li^+ 的传导主要通过在晶区的跃迁来实现。晶区缺陷和空穴的存在是诱导 Li^+ 传导的主要驱动力，提高晶粒尺寸和缺陷数量有利于提高电导率。但是由于聚合物形成的螺旋隧道多为一维离子通道，且受孔道大小、孔道外阴离子对 Li^+ 的库仑力等影响，聚合物晶区的离子电导率普遍较低。

2）自由体积模型

虽然晶体空位扩散模型可以解释 Li^+ 在 PEO 晶区传递的原理，但人们却发现即使是近乎完全结晶的 PEO 离子电导率依然很低，而完全无定形的 PEO 却具有较高的室温电导率和更低的活化能。

随后的研究证明 PEO 型电解质在室温下存在晶区、非晶区、富盐离子簇区等多种形态，离子的传导主要发生在非晶区。当温度低于聚合物的玻璃化转变温度（T_g）或熔点（T_m）时，电导率与温度的关系符合 Arrhenius 方程。此时阳离子在 PEO 聚合物醚链形成的螺旋体孔道内通过空位扩散，属一维离子导体，高分子链不存在松弛运动。1997 年，英国 St Andrews 大学的 Gray 团队提出了 PEO 电解质非晶区的离子传导机理,认为 Li^+ 与 PEO 分子链上的氧原子形成配位结构,在电场力作用下,Li^+ 随着非晶高弹区链段热运动发生不断的络合-解离过程,Li^+ 伴随着链段运动引起的构象和自由体积的变化完成定向迁移。Li^+ 的运动可以分为单个分子链上的离子迁移[图 1.6(a)]、单个分子链上的离子簇迁移[图 1.6(b)]、不同分子链上的离子传导[图 1.6(c)]、不同分子链上的离子簇传导[图 1.6(d)]四种情况。依据非晶区传导机理,离子电导率主要取决于高弹区链段的运动能力。在温度高于聚合物 T_g 的非晶相中,聚合物的链段松弛运动可促进阳离子的迁移运动,随着链段松弛运动的构象变化,阳离子向三维空间进行扩散迁移。按此机理,离子传导过程中仅 1~2 个 $M^+\leftarrow O$ 键(每个 M^+ 与 4 个氧配位)断裂,在断裂的同时 M^+ 又与邻近的氧原子配位。在"断裂-配位"的交替进行中,阳离子 M^+ 完成传输过程[8,9]。

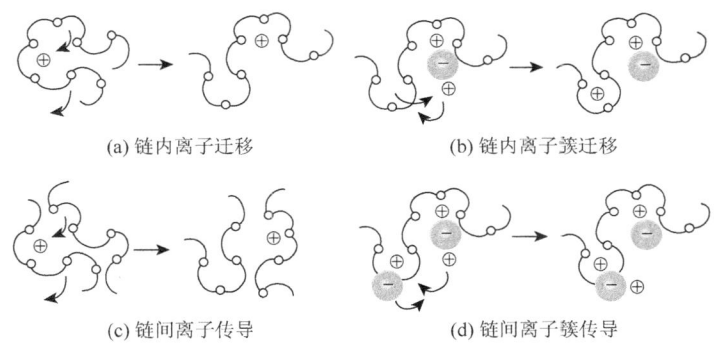

(a) 链内离子迁移 (b) 链内离子簇迁移

(c) 链间离子传导 (d) 链间离子簇传导

图 1.6　在 PEO 非晶区的传导机理示意图

1.3　隔膜设计与制造中的智慧

膜,虽然在大自然中特别是生物体内广泛存在,但是它却充分体现了自然造物的神奇。膜实现着复杂且重要的功能,如动物体内的细胞膜。人类对膜的认识、利用、模拟和制造经历了长期的发展过程。膜的两侧可能存在不同的环境,它们之间通过膜进行物质的交换或者被膜隔离。目前,对膜的定义通常是具有选择性分离功能的薄层物质,如隔离膜,常用于电子器件中绝缘;又如滤膜,利用特定孔径和结构的膜或膜组件可以实现某些物料组分的分离、纯化和富集,其孔径一般为微米级或纳米级。依据孔径大小(或截留分子量)的不同,可分为微滤膜(0.1~1μm)、超滤膜(0.05μm~1nm)、纳滤膜(几纳米)和反渗透膜;再如离型膜,与一些黏性物质的黏结力很小、易于剥离;等等。膜技术自 20 世纪 60 年代后迅速崛起,目前已广泛应用于气体和液体成分的分离与富集、离子交换、电子器件、生物医药、仿生等领域,产生了巨大的经济效益和社会效益。膜技术和膜材料在 21 世纪将有空前的发展,膜的功能化设计和先进制造将是其发展的主要方向。锂电池隔膜的作用体现了两种重要的功能,隔离电池的正极片和负极片,使其不发生(电子)短路,同时隔膜两侧通过它进行 Li^+ 的交换。人类工业化制造的膜与自然界存在的膜相比,虽然在结构和功能方面还是非常简单的,但这并不意味着隔膜制造是一件简单的事情。这是因为要制造出一种理想的膜产品,需要做好材料选择、功能设计、结构设计、工艺研究、产线设计等诸多工作。

1.3.1 理想的制膜材料

提到膜,我们自然地会把它和薄、柔软、韧性等特点联系起来,如保鲜膜、保护膜、动植物体内的功能膜等。决定膜功能的因素是其材质和结构。例如,日常生活中常用的保鲜膜,其材质有聚乙烯(PE)、聚氯乙烯(PVC)、聚偏二氯乙烯(PVDC)。在使用中我们会发现它们的强度、耐撕裂、耐油、阻异味、耐热、回缩、自黏等特性有较大的差别。这些差异就是由材料不同造成的。

电池隔膜,首要的作用是隔离电池的正极片和负极片,使其不发生电子短路。因此,材料需要有较高的介电常数,即绝缘性要好。另外,材料还需要具备良好的可加工性,这样才能适合规模化的生产制造。在可加工性中,有一点不同于其他膜产品的制造而且至关重要,那就是要能够产生均匀分布、孔径适合的通孔。

1.3.2 造孔的艺术

薄膜造孔的工作是一门艺术。既要有适合的材料,又要针对材料特性来设计工艺,在拉制薄膜的过程中形成需要的孔隙是非常理想的。PE 隔膜的制造就是制造工艺完美结合材料特性的杰出设计。

PE 应用非常广泛,几乎随处可见。其加工性也很好,将原料熔融铸成厚片后,在一定的温度下对其进行单向或双向拉伸形成薄膜,如我们常用的保鲜膜。但是要把 PE 制造成锂电池隔膜,制造工艺就有更多的因素需要考虑。

PE 是一个大家族,有着不同的品种和型号,每一个种类有不同的平均分子量、分子量分布、生产过程、密度。根据其结晶度的不同可分为"低密度"、"中密度"、"高密度"和"超高密度"四种。在 PE 内部结构中,存在着结晶微区与非晶微区两个部分,如图 1.7 所示。非晶微区被结晶微区隔开,但又彼此相连通,非晶微区的尺寸在几十至几百埃。在高弹态下采用精密设备对 PE 的厚片进行拉伸可以制造均匀的薄膜。

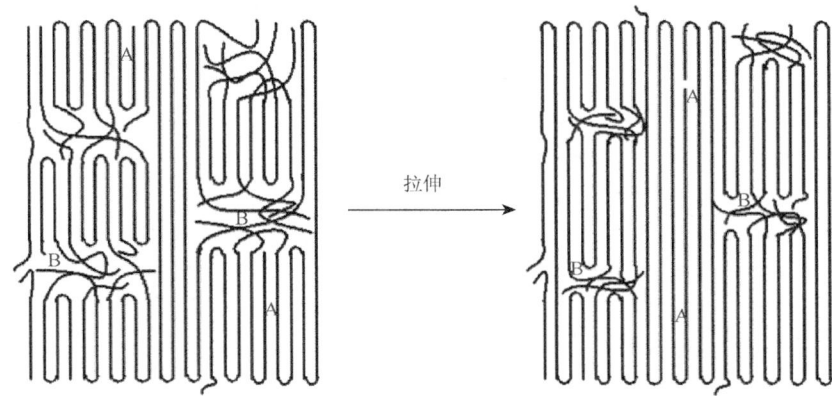

图 1.7　PE 结构及拉伸示意图

A：结晶微区；B：非晶微区

在 PE 原料中均匀地混入石蜡油进行占位，可以达成在拉伸时均匀造孔的目的。石蜡油在后续的处理过程中除去。这样的工艺结合了拉伸和相分离，制造的微孔结构更丰富（图 1.8），对电解液的吸收和保持能力较好。

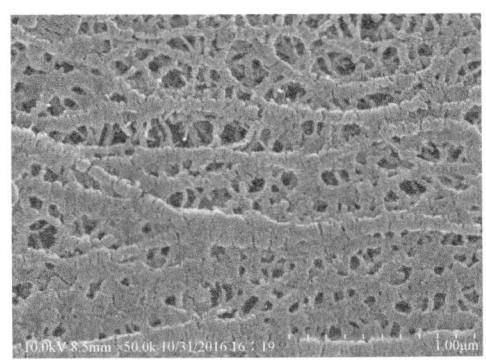

图 1.8　PE 隔膜的 SEM 图像

PE 隔膜的制造工艺并不简单，对设备品质和精度的依赖较大。有人不禁要问：是否需要这么复杂的工艺和昂贵的设备？不就是需要有孔吗？于是，在薄膜上打孔的想法应运而生。当然，在薄膜上打出直径在纳米尺度的孔不能使用钢针或者是激光。有科学家提出用重离子辐照结合径迹蚀刻的方法[10]，也就是用重离子垂直辐照聚丙烯（PP）或 PE 薄膜，在离子通过的路径上聚合物分子被破坏形成潜径迹，随后采用强氧化性的溶液对辐照后的薄膜进行刻蚀处理，最后形成微孔膜（图 1.9）。

图 1.9 经重离子辐照打孔后的膜 SEM 图

很显然,由重离子辐照刻蚀形成的微孔膜与拉伸制造的微孔膜在结构形态上有着本质的区别;结构的差异意味着在使用效果上会有显著的差异。

PE 和 PP 拉伸造孔的方法无疑是高分子材料成型和加工领域科学家的得意之作。而重离子辐照刻蚀的方法却是核物理科学家的一种美好愿望。不论是建立以上的哪一种方法,都要有很高要求的专业知识和专有技术装备。相对而言,希望利用廉价的无纺布制造电池隔膜的想法比较自然,也比较大众化。

无纺布是大规模生产的廉价工业品,常见的材质有涤纶(PET)、丙纶(PP)、锦纶(PA)、氨纶(PU)、腈纶(PAN)等,厚度范围在几十微米到几毫米之间。无纺布本身带有形状随机、不规则的大孔,这是由其生产方式决定的。常见的无纺布基本上都不适合作为锂电池隔膜使用,主要原因是纤维直径粗大、厚度大,同时肉眼可见的孔径必定会导致电池的短路。因此,如果将某种无纺布作为锂电池隔膜的基材,它至少需要具备两个条件:超薄、致密;在此基础上,还需要对它进行必要的孔隙改造处理。

德国德固赛公司曾推出一款基于无纺布的复合隔膜,商品名为 Separion®。其基膜为约 20μm 厚的 PET 无纺布,采用浸涂 Al_2O_3 纳米颗粒的方法形成复合膜(图 1.10)。这是无纺布的多孔骨架得到应用制造隔膜最早、也是至今唯一无纺布复合膜产品化的实例。

Separion® 作为隔膜在电池制造业中的应用似乎并不算成功,PP 和 PE 隔膜在市场中占据的绝对支配地位无法撼动。除了成本和产量以外,在应用中较高的短路率也是困扰 Separion® 的主要问题。尽管存在问题,但也无法否认 Separion® 是锂电池隔膜材料发展进程中的一个里程碑。实际上,它还是耐高温复合隔膜的代表。从图 1.10 的 SEM 图可以看出,PET 无纺布的纤维直径在 5~10μm,多层叠加之后厚度会比较大。而隔膜的发展趋势之一是减小厚度。为获得更薄或者是性能更好的隔膜,努力的方向应该是获得更细的纤维。

图 1.10　剥离了表面部分涂层后的 Separion® 隔膜 SEM 图像

静电纺丝是制备纳米纤维和纳米纤维膜的有效方法。采用实验室电纺设备，制备的纳米纤维直径范围通常在几十到几百纳米之间；而采用大流量静电纺丝设备制备的纤维直径会大一些，在一两百纳米到 1μm 之间。通过材料的选择和对工艺的控制，可以制备出各种形态的纳米纤维，纤维多层叠加后就形成纳米纤维薄膜，如图 1.11 所示。

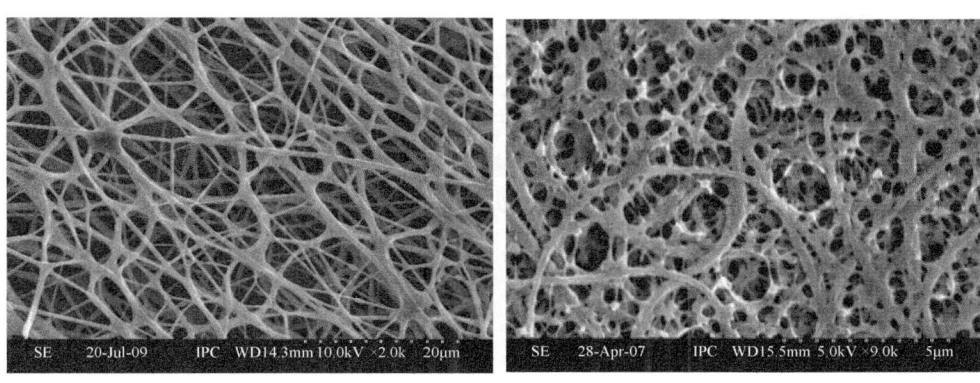

图 1.11　两种纤维和孔隙形态不同的纳米纤维膜的 SEM 图

事实上，在确保电池不会短路的前提下，隔膜的孔隙率越高，对电解液的吸收和保持性能越好，对电池性能的发挥就越有利。采用静电纺丝法制备的薄膜材料作为锂电池隔膜，其出色的性能是其他材料所无法比拟的。这是因为具有高比例的复杂 3D 孔结构是纳米纤维膜的天然属性。当然，孔径过大、孔隙率过高也带来使电池发生微短路的潜在风险。因此，压实处理或者适当的孔隙调整处理在纳米纤维隔膜的制备工艺中是必不可少的过程。

1.3.3 规模化制膜工艺和面临的困境

随着锂电池在电动汽车、储能、移动数码设备领域的广泛应用，电池生产企业对隔膜的需求与日俱增，数量以 10 亿 m^2 计。因此，隔膜的制造需要有很高的生产效率。前面提到 PE、PP 隔膜的制造，体现了材料特性与机械精密拉伸工艺的完美结合。但是，在当前新型隔膜的研发之中，还没有同样成功的成果。近十年来，被研究的材料体系虽然很多，也有不少论文发表，但是真正能够进入实用的新材料体系隔膜基本没有。这意味着研发工作依然任重而道远。

隔膜制造对工艺和设备水平的依赖度很高。要生产出合格的产品，首先需要有成熟、优化的生产工艺，其次需要有高品质的设备来保证工艺的实现、产品质量和生产效率。没有科学、合理的工艺，就谈不上使用怎样的设备；没有高品质的设备，工艺的要求将无法实现。因此二者相辅相成，缺一不可。

1.4 高技术是隔膜制造业的标签

1.4.1 工艺是制膜的灵魂

研究、优化隔膜的生产工艺，至少需要中试以上级别的设备，消耗大量的原料、能源，需要各种相应的配套条件，因此成本很高。只有材料专家、设备专家、技术工人、有经验的薄膜制造企业结合起来，经过充分工艺试验的积累，才能形成成熟的工艺并提出设备的优化方案，制造出品质优良的产品。研究工业化制膜工艺的门槛很高，但工艺是制膜的灵魂，是成功驾驭它的关键。

1.4.2 高水平的设备

不论是生产正当其时的 PE、PP 等聚烯烃隔膜，还是未来的隔膜新品种，高品质的生产设备都必不可少。在中国锂电池隔膜制造业空前发展之际，来自中国的订单甚至可买断几家日本设备供应商几年的产能。大量的订单给设备供应商带来丰厚的利润，但应该说是用户和设备供应商相互成就。能否有更多的供应商提供更好的高端设备呢？

就聚烯烃隔膜的生产而言，所需的混料、挤出、铸片、拉伸、定型等设备，虽然在工艺参数上有特定的要求，但在薄膜制造业中还是有同类的设备可以借鉴，如双向拉伸聚丙烯（BOPP）和双向拉伸聚酯（BOPET）薄膜。并不存在发达国家限制我国出口隔膜制造设备的情况。相反，国外能提供高品质相关设备或部分工艺设备的企业有很多，只不过它们大多数不是锂电池隔膜设备的专业制造厂家。

具有大量整线成功销售案例的设备供应商并不多。因此，其他设备供应商希望买家能提出明确的技术要求。隔膜生产线是若干大型工艺设备的集成，技术含金量很高，这要求操作者和管理者对它有深入的理解。

1.5 隔膜制造业的发展历程

1.5.1 国外产业的发展

锂电池隔膜的生产技术和规模化产业原来主要是在日本和美国。仅旭化成（Asahi Kasei）、东丽（Toray）、Celgard、Exxon-Tonen、宇部兴产（Ube Industries）等几家就占据了全球市场份额的绝大部分，主要面向三洋、索尼、松下、三星 SDI、BYD 等大型电池厂商。韩国隔膜产业的发展比中国早，以 SK Innovation、W-Scope 为代表；但近几年发展的态势却不如中国迅猛。

干法 PP 隔膜以 Celgard 和 Ube Industries 生产的产品为代表。Celgard 在其官方网站上写明"Celgard 是高性能隔膜开发和生产的全球领导者，……，凭借 40 多年的市场领先的研究、开发和生产经验，Celgard 提供具备稳定质量和性能的尖端产品"。当然，Celgard 的自信无可辩驳，因为它的确是干法隔膜的最佳制造商。在 Celgard 的产品目录上，二十几个品种规格给用户提供了足够的选择；单层 PP 材质的 Celgard 2400、2500 经常作为用户对标的样品；而 PP/PE/PP 三层复合的 Celgard 2320、2325、2340，至今没有其他产品可以超越。

旭化成（Asahi Kasei）和东丽（Toray）是湿法 PE 隔膜制造商的代表。但是 2015 年旭化成斥资收购美国 Polypore International 公司及其子公司 Celgard，成为当年隔膜行业一件影响深远的大事。收购 Celgard 之后，旭化成同时在湿法 PE 隔膜和干法 PP 隔膜方面占据优势，使其在锂电池隔膜行业拥有了无可争议的话语权。2017 年 3 月旭化成宣布再投资 150 亿日元用于滋贺县守山市的锂离子二次电池（LIB）用的隔膜，每年新增 2 亿 m^2 的产能，并在 2020 年实现 11 亿 m^2/a 的产能。

1.5.2 国内产业的发展

在我国锂电池隔膜产业发展的历程中，曾有一段较长的时间面临着进退维谷的困境。先是来自实验室的工艺成熟度不够，同时也没有现成的设备可以借鉴；接着是一两个企业长期独自摸索、踽踽独行。当时把国内造不出高品质隔膜的原因归结为国外设备价格太高用不起，而国产设备的水平较低。从现在的眼光反观过去，我们认为主要问题是当时的生产尚处于工艺放大的验证阶段，技术人员极度匮乏，大资金不敢投入早期的项目。后来随着锂电产业在国内爆发式的增长，隔膜企业也如雨后春笋般地大量涌现，反而演变成为投资过度、低端同质化竞争的局面。即使是现在，我国的锂电池隔膜产量已经位居世界第一，但真正把制膜工艺吃透、有能力优化设备的企业依然是屈指可数[11]。

最近我国的锂电产业持续进步，发出了一些积极的信号。一是，几个发展最快的企业逐步成为行业的龙头；二是，一些大企业之间发生了并购重组；三是国企、央企有意向在这一领域有所作为，做大做强。我国的优势龙头企业一旦形成，它将对国内甚至是国际的产业格局产生深远的影响。

1.6　下一代的隔膜

隔膜是几种锂电材料之中制造技术门槛最高的一种，完美的产品是科学和技术结合的杰作。但发展是一切事物演变的必然，新型隔膜或者说下一代隔膜的出现只是时间的问题。当前锂离子电池/锂电池发展的方向是提高能量密度，耐高电压、高安全性是对隔膜适用性提出的要求。

下一代隔膜的研究方向应该包括结构设计、材料和制造工艺等几个方面。基本的功能至少需要具备更好的热稳定性、高电压适应性以及更好的锂离子导通性能。我们期待着在隔膜研究的领域出现革命性的新成果，这也许需要不分国界的智慧凝结。

参 考 文 献

[1] Arora P, Zhang Z. Battery separators[J]. Chem Rev, 2004, 104: 4419-4462.
[2] 操建华, 于晓慧, 唐代华, 等. 锂电隔膜研究及产业技术进展[J]. 中国科学: 化学, 2014, 44 (7): 1125-1149.
[3] 王畅, 吴大勇. 锂离子电池隔膜及技术进展[J]. 储能科学与技术, 2016, 5 (2): 120-128.
[4] Shannon R D. Revised effective ionic radii and systematic studies of interatomic distances in halides and chalcogenides[J]. Acta Crystallogr A, 1976, 32: 751-767.
[5] Zhan C, Wu T, Lu J, et al. Dissolution, migration, and deposition of transition metal ions in Li-ion batteries exemplified by Mn-based cathodes: a critical review[J]. Energy Environ Sci, 2018, 11: 243-257.
[6] Bard A J, Faulkner L R. Electrochemical Methods: Fundamentals and Applications[M]. New York: John Wiley and Sons, Inc., 2001: 147.
[7] Anantharamulu N, Koteswara R K, Rambabu G, et al. A wide-ranging review on Nasicon type materials[J].

J Mater Sci, 2011, 46（9）: 2821-2837.

[8] 宋文生, 阎宏永, 付青存, 等. PEO 在聚合物锂离子电池中的应用[J]. 化学推进剂与高分子材料, 2006, 4（6）: 1-8.

[9] 鲍俊杰. 全固态锂电池用聚氨酯基固态聚合物电解质的制备与性能研究[D]. 合肥: 中国科学技术大学, 2018.

[10] 曹殿亮, 刘杰, 曲晓华, 等. 利用重离子辐照技术制备锂离子电池隔膜[J]. 原子核物理评论, 2010, 279（1）: 102-106.

[11] 吴大勇, 张圣安, 高保清. 锂电隔膜产业的九大问题[J]. 新材料产业, 2017,（9）: 34-38.

02

隔膜的特性指标

评价一款产品的性能要看它的技术指标。材料类产品的技术指标可以从两个大的方面考虑，一方面是材料固有的性质，如基本化学性能和物理性能，包括热学性能（熔点、沸点、玻璃化转变温度、热分解温度、热容、热导率、受热膨胀率、线膨胀系数等）、力学性能（弹性模量、拉伸强度、抗冲强度等）、电学性能（电导率、电阻率、介电常数、击穿电压等）、磁学性能（顺磁性、反磁性、铁磁性）、光学性能（透光率、折射率、吸光度、荧光强度、磷光强度等）；另一方面是功能物性，指在一定条件和一定限度内对材料施加某种作用时，通过材料将这种作用转化为另一形式功能的性质，包括热-电转换性能（热敏电阻、红外探测等）、光-热转换性能（如将太阳光转变为热的平板型集热器）、光-电转换性能（太阳能电池）、力-电转换性能、磁-光转换性能、电-光转换性能、声-光转换性能等。

锂电池隔膜是一种薄膜型的功能材料，它的特性主要有主体材料的特性和制造成微孔结构之后体现出的性能。隔膜的特性指标比较多，我们把对电池性能发挥影响最显著的称为核心指标。

2.1 技术指标

在表2.1中列出了反映锂电池隔膜性能的主要测试项目以及相应的参考指标。

表 2.1 锂电池隔膜的主要性能指标

	项目	参考指标	说明
1	膜面表观	平整，无褶皱、塌边、针孔等	反映制膜工艺及质量水平
2	厚度	5～40μm	—
3	孔隙率	30%～55%	特性参数[a]
4	孔径	<200nm	特性参数
5	孔径分布	较窄的正态分布	特性参数
6	真密度	由于材料的差异而不同	计算时扣除膜内微孔体积
7	透气性	100～500s	可以反映通孔及盲孔的情况
8	浸润性	由于材料及结构的差异而不同	—
9	吸液率	由于材料及结构的差异而不同	—
10	离子电导率	$0.6×10^{-3}$～$2×10^{-3}$S/cm	核心参数[b]
11	拉伸强度	>100MPa（MD）* 10～20MPa（TD）*	双向拉伸制造的聚乙烯隔膜机械方向（MD）、横向（TD）的拉伸强度均可达到100～200MPa

续表

项目		参考指标	说明
12	拉伸应变	60%～90%（MD）* 20%～30%（MD）*	—
13	穿刺强度	3～5N	—
14	热收缩率	<2%@90℃/120min	陶瓷涂覆隔膜的建议指标为<2%@180℃/120min；高安全性隔膜的建议指标为<3%@250℃/120min
15	熔融温度	≥135℃	核心参数
16	闭孔温度	—	特性参数
17	电化学窗口	0～4.6V 0～5.0V（高电压体系）	核心参数
18	电气强度	介电强度≥18kV/mm	核心参数
19	水分残留量	越低越好	是水性涂层隔膜的特性参数
20	剥离强度	无确定指标	是涂层隔膜的特性参数
21	厚度均一性	CPK≥1.33^c	反映制膜工艺及质量水平
22	透气均一性	CPK≥1.33	反映制膜工艺及质量水平

*以单向拉伸制造的聚丙烯隔膜为例。
a. 特性参数：体现产品材料特点、技术特点及工艺水平的重要参数。
b. 核心参数：将显著影响电池性能发挥及安全性的参数。
c. CPK：过程能力指数。

表 2.1 列出的性能指标大致可以分为以下几类：第一类，常规物理指标，如厚度、真密度、浸润性、吸液率等。通常，在计算电池能量密度时也需要把隔膜的质量考虑在内，虽然它很轻。在做电池设计和材料选型时需要考虑隔膜的厚度。隔膜夹在正负极片之间，如果电池装配采用的是卷绕工艺，正负极片之间会发生位置的滑移，这时就需要考虑隔膜厚度的差异。另外，隔膜的厚度还是一个安全性的考量。一方面，隔膜是带有孔隙的绝缘性薄膜，在厚度很薄时是电池内部发生微短路的薄弱环节；另一方面，在循环过程中极片上容易因极化而产生锂枝晶，当锂枝晶刺破隔膜时会造成电池瞬间短路。

表 2.2 是一组评价不同厚度隔膜抗击穿能力的测试结果。测试方法是层叠好正极片/隔膜/负极片，装入铝塑软包，在内部抽真空的条件下用仪器测试在正负极片间施加不同的电压时二者之间的电阻。当电阻低于某个设定值时（如 10MΩ），则判定为未通过。在表格中，以√表示通过测试，以×表示未通过测试。施加的电压越高，说明测试的条件越严格。通常，50V 是较低的测试条件，100V 适中，而

250V 和 500V 都属于很严格的条件。能在严格的条件下通过测试，表明被测产品的可靠性很高。

表 2.2　不同厚度 PE 隔膜的抗击穿测试

测试电压/V	5μm PE			9μm PE			12μm PE	16μm PE
25	×	×	√	√	√	√	√	√
50	×	×	×	√	√	√	√	√
100	×	×	×	√	√	×	√	√
250	×	×	×	×	×	×	√	√
500	×	×	×	×	×	×	×	√

从测试结果可以看出，5μm PE 的隔膜仅在 25V 条件下通过三次测试中的一次，其他测试均无法通过，表明如果不经过后续的涂覆处理，基本可以判定不适合在电池中使用。9μm PE 隔膜在 100V 条件下有一次测试不通过，表明安全性存在风险。而 12μm 及以上厚度的 PE 隔膜就具有了很好的可靠性。对电池能量密度提升的要求似乎是没有止境的，而在电池有限的空间进一步降低隔膜的厚度的确是一件不容易完成的任务。

第二类，力学特性，包括拉伸强度、穿刺强度等。目前被普遍使用的 PE 隔膜和 PP 隔膜都有比较高的拉伸强度，可以适用于目前常见的电池的生产方式。需要重点关注力学特性的应该是无纺布复合隔膜、电纺复合隔膜等新型隔膜，力学特性是这两类隔膜的短板。

第三类，结构特性，包括孔隙率、孔径分布、透气性等，而透气性还有一个相对更常用的英文名 Gurley 值。Gurley 值的单位是秒（s），指的是一定量空气在特定的压力下透过某一薄膜截面所需要的时间。Gurley 值是隔膜透过性的体现。Gurley 值小说明隔膜的透气性好。当然，这一数据要结合隔膜的厚度及孔隙率综合来看，孔隙率低、孔径小的隔膜，其 Gurley 值比较大。

在结构特性的指标中，最常被提及的是孔隙率。隔膜孔隙率比较理想的范围在 30%～55%之间。孔隙率较低的隔膜在电池应用中会增大电池的内阻；而孔隙率较高的隔膜发生微短路的概率会比较高。当然，如果离开了平均孔径及孔径分布的数据，孔隙率的数据就失去了意义。因为，如果隔膜的中间有一个占总面积 30%的大洞，这样的隔膜肯定是废品。理想的孔径分布是钟形的正态分布，如图 2.1 所示。表 2.3 中给出了一些典型的 PE 隔膜、PP 隔膜和 PP/PE/PP 三层复合膜的 Gurley 值、孔隙率和平均孔径的数据。

从表 2.3 中典型产品的技术指标可以看出，对于具有固定厚度的某种隔膜产品（如 PP），如果要提高其孔隙率，可行的方法是增大孔径。而孔隙率和孔径的提高会使隔膜透过性得到显著改善。Celgard 2500 和 Celgard 2400 都是 25μm 厚的 PP 隔膜产品，Celgard 2500 的孔隙率高达 55%、平均孔径为 64nm，其 Gurley 值为 200 s，远低于 Celgard 2400 的 620 s。也就是说，如果这两种隔膜都应用于同种电池，使用 Celgard 2500 的电池功率特性会优于使用 Celgard 2400 的电池。

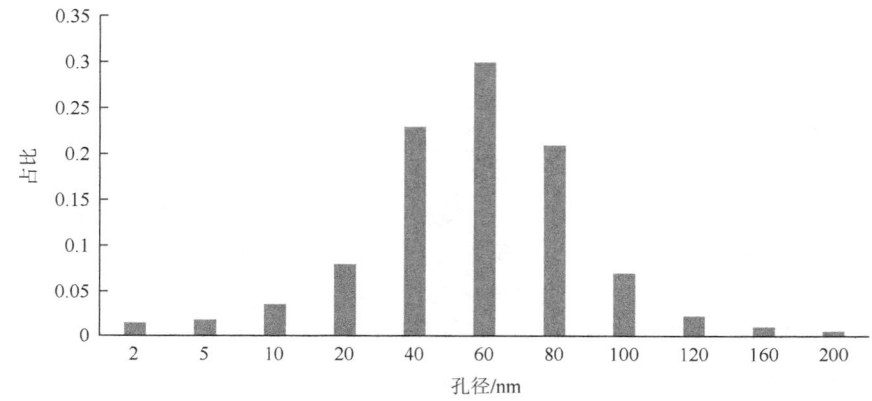

图 2.1 理想的隔膜孔径分布示意图

表 2.3 几种典型隔膜的孔隙特性数据*

编号	产品	厚度/μm	材质	Gurley 值/s	孔隙率/%	平均孔径/nm
1	Celgard 2500	25	PP	200	55	64
2	Celgard 2400	25	PP	620	41	43
3	Celgard 2320	20	PP/PE/PP	530	39	27
4	Celgard 2325	25	PP/PE/PP	620	39	28
5	Celgard 2340	38	PP/PE/PP	780	45	35
6	国内某厂 PP	25	PP	321	41	35
7	国内某厂 PE	18	PE	142	31	48
8	国内某厂 PE	14	PE	153	30	42

*Celgard 隔膜的性能参数摘自 Celgard 公司官网。

第四类，热学特性。熔融温度和热收缩率是隔膜主要关注的热学特性。这两个指标由制膜材料的种类决定，其他因素对它的影响不大。随着对电池安全性关注度的提高，业内普遍寄希望于发展出耐热性能更好的隔膜来解决电池安全方面的问题。热熔性聚合物在受热过程中会发生收缩，当隔膜尺寸收缩到小于极片尺寸时易发生电池短路。

第五类，电化学特性，包括电气强度、电化学窗口等。这里电气强度指的是材料的绝缘性，只有绝缘性好的材料才能作为阻断正、负极之间电子转移的"隔离"膜。电化学窗口这个指标也一样，是材料本征的特性，如果它不满足电池应用的要求，这种材料就无法被考虑应用。目前常见的锂电池的充放电区间在3.0～4.2V，也就要求隔膜在0～4.2V之间不能发生电化学反应。事实上，PE、PP、PET等材料的电化学窗口都在0～4.6V，在通常情况下都可以正常使用。PE和PP隔膜在过去三十年的电池应用中已经充分证明了其可靠性。但是对于要求充电电压到达4.8～4.9V的电池体系，简单的PE、PP隔膜就不能被选用了。

离子电导率不是隔膜的本征属性，它是隔膜其他几个特性共同影响的结果。主要的影响因素有：孔隙率、孔径、亲液性、吸液率等。隔膜离子电导率的测试需要将其组装成不锈钢对称阻塞电池并在电化学工作站上进行。

2.2 核心指标

以上我们对锂电池隔膜的技术指标做了简单的分类。事实上，大多数的指标不能独立地用来判断隔膜的优劣，除非是明显偏离了正常的数值范围。例如，是否孔隙率高的隔膜就比孔隙率相对低的隔膜好？答案当然是否定的。隔膜的作用就是两个，使正、负极隔离并允许Li^+迁移穿越，评价隔膜性能最重要的核心指标是离子电导率。但正如前文所述，离子电导率不是隔膜的本征特性，它是由隔膜的孔隙特征和亲液性特征共同影响决定的。

为了研究隔膜孔隙率对亲液性以及离子电导率的影响，我们选择两种表面极性接近的聚酰亚胺纳米纤维膜，一种是BPDA-ODA，另一种是ODPA-ODA。从表2.4中所列的数据我们可以看出，ODPA-ODA的孔隙率为72%，与电解液的接触角为8.6°；而BPDA-ODA的孔隙率提高至86%，与电解液的亲润性提高，接触角减小为完全浸润的0°。把表2.4中的孔隙率和离子电导率数据转化成图（图2.2），可以看出孔隙率提高的比例与离子电导率提高的比例非常接近。也就是说，对于同种材料或者性质接近的材料，随着孔隙率的提高，隔膜离子电导率也相应地提高。

表 2.4 两种纳米纤维膜的孔隙率与亲液性及离子电导率

纳米纤维膜样品	厚度/μm	吸液率/%	接触角/(°)	孔隙率/%	离子电导率/(mS/cm)
BPDA-ODA	51	862	0	86	2.24
ODPA-ODA	50	465	8.6	72	1.92

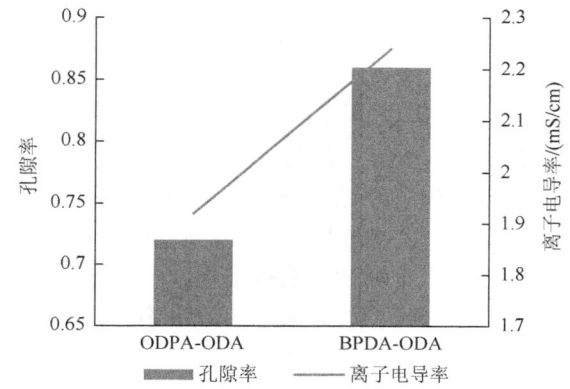

图 2.2 隔膜孔隙率和离子电导率变化比例的对比关系图

当然，影响隔膜离子电导率的因素比较多，包括材料的种类、极性、孔隙率、孔径分布和隔膜表面的微结构等。当我们比较不同种材料时，不能简单地根据某种隔膜的孔隙率高或者亲液性略强，就判定它的离子电导率相对较高。例如，在实际工作中我们发现 BTDA-ODA 纳米纤维隔膜与电解液的接触角是 26.7°（图 2.3），离子电导率为 2.18×10^{-3}S/cm；而 ODPA-ODA 纳米纤维膜与电解液的接触角是 8.6°，离子电导率为 1.92×10^{-3}S/cm。

图 2.3 几种隔膜与电解液的接触角

2.3 隔膜指标差异对电池性能的影响

隔膜指标差异对电池性能的影响是显著的。隔膜的一些指标通常会在性能指标的列表中给出，如厚度、拉伸强度、断裂伸长率、孔隙率、在某个温度下的收缩率等；而也有一些特性生产厂家是不给出的，如材料的耐氧化性、在酸性或碱性条件下的降解情况、离子电导率等。隔膜的耐氧化性、降解特性无疑会对电池的寿命产生影响,受热收缩特性更是影响电池在特殊条件下的安全性;而孔隙率、吸液率和离子电导率等指标会直接影响电池的寿命和倍率等特性。隔膜制造企业通常不给出产品的离子电导率数据,其原因一方面在于测试标准尚未统一,测试结果差异较大,另一方面在于用户应用的电池体系和规格不同,不一定可以类比。但确定无疑的是,隔膜指标的差异对电池性能的影响是显著的。

2.3.1 安全性指标

安全性指标至少应该包括熔融温度、热收缩率以及发生微短路的极限电压。隔膜的熔融温度越高,当发生局部短路时它的热缩比例就会越小,对电池的安全保障就越高。隔膜能承受较高的电压而不发生微短路,说明它在制造和使用过程中发生短路的风险也就越低。关于这一点,表 2.2 中给出的隔膜抗击穿测试的数据已经说明了问题。

电池的安全性能实验包括过充、过放、加热、高温、低温、针刺、挤压、跌落等,考核在极端条件下电池的安全性以及可以发挥出的性能。电池的工作性能和安全性能主要由电极材料和工艺水平决定。但是,隔膜对电池安全性所起的作用也非常重要。特别地,在最严苛的电池高温和针刺实验中,隔膜的重要性体现得最为突出。如图 2.4 所示,一款使用耐高温隔膜的软包电池电芯在满电态通过 30min@180℃的高温实验,不起火、不冒烟,仅因电解液气化而鼓胀;而使用普通商业化聚烯烃隔膜的电池在 150℃时就已经严重鼓胀。如图 2.5 所示,一款使用耐高温隔膜的软包电池电芯在满电态被钢针穿透,不起火、不冒烟;而使用普通商业化聚烯烃隔膜的电池发生冒烟,进而起火。

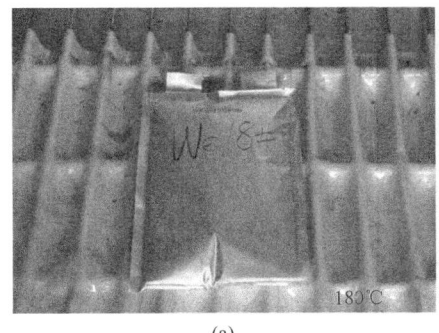

(a) (b)

图 2.4 电芯的高温实验

(a) 使用耐高温隔膜的电芯;(b) 使用普通聚烯烃隔膜的电芯

(a) (b)

图 2.5　电芯的针刺实验

（a）使用耐高温隔膜的电芯；（b）使用普通聚烯烃隔膜的电芯

在电池的正常工作温度下，聚烯烃隔膜不会发生明显的热收缩，但是在 90℃@2h 时，PE 的热收缩率为 4%，PP 的热收缩率为 2%。在 120℃时，PE 的热收缩率为 12%，PP 的热收缩率为 5%。在 150℃时，已经超过了 PE 的熔点，而 PP 隔膜的热收缩率高达 40%。可以看出，即使聚烯烃（PE 和 PP）隔膜在电池中是紧紧地被夹在正极片和负极片之间，也难以在 180℃下坚持半小时。隔膜大比例收缩的后果是电池因大面积短路而发生热失控。这种情况不仅出现在电池安全实验中，也会发生在某些事故现场。

因此，隔膜基材的熔点、隔膜的热收缩率是重要的安全性指标。对于隔膜基材的熔点业内的预期很高，150℃、180℃、200℃、250℃，甚至是 300℃。不过，基于目前聚烯烃隔膜依然是产业主流、新型耐高温隔膜尚不成熟的情况，隔膜热收缩率这一指标起不到限制性的作用。为提高聚烯烃隔膜的耐热温度，无机纳米颗粒的涂覆技术在近十年兴起。无机涂层的作用是延缓热量的传导，而不能从根本上解决问题。带有无机纳米颗粒涂层的 PE 隔膜，其安全的使用温度上限大约在 150℃；而带有无机纳米颗粒涂层的 PP 隔膜，耐热温度可以预期达到 180℃。更高的耐热温度要期待基材为聚酯（PET）、芳纶（PMIA）或者聚酰亚胺（PI）的新型复合隔膜来实现。

2.3.2　孔隙率和吸液率

锂电池性能发挥得如何，与锂离子迁移的效率有关。在液态锂电池（指使用液态电解质）中，电解液起着至关重要的作用。那么，电解液能否被隔膜很好地吸收并保持在隔膜之中、持续发挥传导锂离子的作用就与隔膜的结构特性和理化特性有关。在隔膜材质确定的前提下，孔隙率高的隔膜吸液能力较强，离子电导率也相应地提高，这在本章的 2.2 节中已有论述。在表 2.3 中，我们列举了几种典型隔膜的孔隙特性数据，其中一对很好的对比是 Celgard 2500 和 Celgard 2400。二者的厚度均为 25μm，Celgard 2500 的孔隙率为 55%，而 Celgard 2400 的孔隙率为 41%。相应地，它们的 Gurley 值分别为 200s 和 620s，体现出的差别是显著的。应用高孔隙率隔膜的电池在循环过程中容量的衰减相对较慢，表现出的倍率特性也优于使用孔隙率较低隔膜的电池。

在电池的循环过程中电解液是被不断消耗的，吸液不足的电池寿命相对较短。在电池循环一段时间后造成容量急剧衰减的原因之一可能就是电解液耗尽。另外，电池发生极化、产生枝晶的现象也与电解液在隔膜中的分布不均匀有关。因此，隔膜孔隙率的高低、等效孔径的大小、成孔区域分布的均匀性、隔膜的亲液性等因素，都会对电池的性能产生直接的影响。

2.4 隔膜的测试

前文讲述了隔膜的特性参数及其对电池性能的显著影响。隔膜制造商需要通过检测获得产品的准确数据，这是质量控制的重要环节；某种隔膜产品的品质如何、能否用于某型号电池的制造，用户必须进行测试来评价。因此，采用正确的方法进行测试尤为重要。

科研院校、测试机构、隔膜制造企业的测试方法和仪器经常各不相同、得出的数据存在差异；业内虽然已经制定了一些测试标准，但尚未得到普遍认可。基于以往的工作经验，我们介绍一些隔膜关键性能参数的测试方法；并针对某些重要参数的不同测试方法做必要的评述。

2.4.1 厚度

厚度是锂电池隔膜最基本的参数之一，通常和锂离子的透过性成反比，与隔膜的力学性能成正比，故在满足机械强度的条件下应尽可能减小隔膜厚度以提升电池性能。目前隔膜中以 5μm、7μm、9μm、12μm、16μm、20μm 等厚度较为普遍，根据电池不同的用途，其隔膜厚度也有相应的差异。电子数码产品的电池隔膜厚度较小，9μm 和 12μm 较为常见；混合动力汽车和电动汽车上大功率、大电流电池的隔膜则需要较大的厚度，一般为 16μm 及以上。

目前关于厚度测试的标准主要有 GB/T 6672—2001[1]、GB/T 20220—2006[2]、ASTM D374/D374M：2016[3] 和 DIN ISO 4593：2019 等。由于锂电池隔膜大多以聚合物作为制造材料，质地柔软，在测量厚度时应尽可能减小接触压力对隔膜形变的影响。尤其是在实验室中利用小型手持式测厚仪进行测量时，若接触压力过大可能因变形而使测量结果失真，因此可借助非接触式测厚仪进行测量。非接触式测厚仪可以做到快速、无损测量，但测试是基于光学原理的点测量，相对于接触式的面测量而言较容易受到隔膜孔隙结构的影响，测试结果波动较大，不利于平均厚度的测量。

2.4.2 孔隙率

孔隙率是影响隔膜电化学性能的一个重要参数，理论上其余的参数如透气度、吸液率、电化学阻抗等都与其相关。孔隙率被定义为隔膜中微孔的体积与隔膜总体积的比值，目前隔膜生产厂商所控制的孔隙率大多为 30%～70%，隔膜中的微孔一般为通孔、盲孔和闭孔三类。通常有直接法和间接法来测定膜的孔隙率。直接法就是采用电子显微镜来观察膜的结构与形貌，然后采用图像处理软件来进行计算得到。而间接法就是测试膜对特定气体或者液体的渗透率来确定，包括称量法、液体浸润法和仪器测试法。

1. 电子显微镜

电子显微镜[扫描电子显微镜（SEM）或原子力显微镜（AFM）]常用来表征膜的形态结构、孔径及孔径分布，获得样品的微观结构图像后采用相关的图像处理软件来计算膜的孔隙率。在采用电子显微镜表征时制样非常重要。湿膜样品要经过脱水、蒸镀等处理，为避免因为毛细作用力使膜样品结构破坏，湿膜要么采用冷冻装置将膜样品放在液氮或其他低温介质中冷冻干燥，要么在干燥前用低表面张力液体替换膜中的水。对于聚合物膜来说，大多数聚合物都是不导电的，膜置于电子显微镜的电子束中时，有可能被烧坏或者毁坏，因此，在电子显微镜观察之前通常要镀一层金膜或者是碳膜。

对于 AFM 来说，膜可以不用预处理，且可以在大气条件下进行测试。根据 AFM 图像的横截面可以得到样品的孔径及孔隙率。但是如果膜表面粗糙，则会使结果很难分析，而且作用力较大时会破坏聚合物的孔结构。

采用图像处理软件来处理 SEM 得到的图像时，必须要确定膜孔的形状或者结构，需要对孔的几何结构做出许多假设，将膜的孔半径、孔隙率等与物理方程关联起来，有些方程中孔被认为是平行圆柱孔，而有的认为孔是紧密堆积的等径圆球之间的空穴。在大多数情况下，建立模型及其相应的孔的几何特性属极端情况，实际上是不存在的。因此，采用此种方法得到的膜的孔隙率是在各种假设的基础上得出的，并不能反映膜的实际情况。而且，对于大多数膜来说，其表面的 SEM 照片仅能反映膜的表面结构及孔隙率，而膜断面的 SEM 照片与表面的有所差别，难以得到膜的总孔隙率。

2. 称量法

根据膜材料的密度和膜的表观密度来求孔隙率：

$$P = \left(1 - \frac{\rho_m}{\rho_p}\right) \times 100\% \qquad (2.1)$$

称量法是目前大多数隔膜生产厂商所选用的测试方法，仅需要知道基体质量和材料尺寸等参数，利用式（2.2）可计算得出结果。

$$P = \left(1 - \frac{M/V}{\rho}\right) \times 100\% \qquad (2.2)$$

式中，P 为孔隙率；M 为样品质量；V 为样品体积；ρ 为样品密度。裁剪一定面积的膜，采用螺旋测微器测定膜的厚度，得到该膜的体积 V。称量得到质量 M 后根据 $\rho = \dfrac{M}{V}$ 计算得到膜的表观密度 ρ_m。ρ_p 为膜原材料的密度。该方法中所使用的样品密度可以采用原材料的密度、真密度仪测量或注塑方法测量的结果。不同的密度选取标准对应不同的孔隙率，一般原材料和注塑方法测量的结果包含通孔、盲孔和闭孔 3 种孔隙结构，而利用真密度仪测量的结果则不包含闭孔结构。

3. 液体浸润法

该法简单易行，适合在实验室中测量，但测试结果和隔膜在液体中的浸润性有关系，因此在测试时尽可能选取容易和隔膜相润湿的溶剂，一般选用无水乙醇、十六烷、正丁醇等。以无水乙醇进行测试时要先称量干膜质量 μ_0，将隔膜完全浸泡在无水乙醇中一定时间，然后快速将隔膜取出，用滤纸轻轻擦隔膜表面的无水乙醇，再称取湿膜质量 μ。根据式（2.3）计算，即可得到隔膜的孔隙率（ε）。式（2.3）中，ρ、ρ_0 分别为隔膜材料和无水乙醇的密度。

$$\varepsilon = \frac{(\mu - \mu_0)\rho}{\rho\mu + (\rho - \rho_0)\mu_0} \times 100\% \qquad (2.3)$$

4. 仪器测试法

仪器测试法精确度高，但需要采用特殊的仪器设备，因仪器设备价格昂贵，测试和使用费用较高，目前只限于大型隔膜厂商和部分有条件的科研团队使用。常用的仪器设备有 PMI 公司的毛细管流动分析仪、压汞仪和压水仪等，测量结果和测量原理、实验条件等密切相关，可以有效测量隔膜的孔径、孔径分布、最大孔径、孔数分布、气体渗透率、液体渗透率、表面积、完整性等细微参数，对隔膜微观结构的分析大有裨益[4]。

压汞法以圆柱形孔隙模型为基础。根据 Washburn 方程可知样品孔径和压力成反比。在给定压力下,将常温下的汞压入材料毛细孔中,毛细管与汞的接触面会产生与外界压力方向相反的毛细管力,阻碍汞进入毛细管。当压力增大至大于毛细管力时,汞才会继续侵入孔隙。因此,外界施加一个压力便可用于度量相应孔径的大小。注汞过程是一个动态平衡过程,注入压力就近似等于毛细管压力,所对应的毛细管半径为孔隙喉道半径,进入孔隙中的汞体积即该喉道所连通的孔隙体积。不断改变注汞压力,就可以得到毛管压力曲线,其计算公式为

$$P_c = \frac{2\sigma\cos\theta}{r}$$

式中,P_c 为毛细压力;σ 为汞和空气的界面张力,N/m;θ 为汞与样品的润湿角;r 为孔隙半径,μm。

该方法是将汞注入干膜中,并在不同压力下测定汞的体积,可以很准确地测定孔径分布。在较低的压力下,大孔被汞充满。随着压力增加,小孔逐渐被充满,直到所有孔均被充满,此时压入汞的量达到最大值。利用这种方法测定的孔径范围为 5nm~10μm,测定的是包括死端孔在内的所有的膜孔。根据汞的体积及膜的总体积测定膜的孔隙率。

由于压汞仪需要用到汞,存在一定的毒性,而且对测试样品采取破坏性测试,因此逐渐被环保无害、无损性测试的压水仪取代。目前,主要测试标准有 GB/T 21650.2—2008[5]和 ASTM UOP578:2011[6]。

2.4.3 隔膜与电解液的浸润性

为了减小电池的内阻,要求隔膜能够被电池所用电解液完全浸润。浸润度一方面与隔膜材料本身相关,另一方面与隔膜的表面及内部微观结构密切相关。较好的浸润性有利于提高隔膜与电解液的亲和性,扩大隔膜与电解液的接触面,从而增加离子导电性,提高电池的充放电性能和容量。

浸润性可通过测定其吸液率和持液率来衡量:吸液率的测定尚无特定的测试标准,具体可以参考 QB/T 2303.11—2008 或 SJ/T 10171.7—2016 进行测定。虽然这两个标准并非针对锂电池隔膜,但测试原理仍适用。因此,锂电池隔膜吸液率可通过式(2.4)进行计算。

$$x = \frac{m - m_0}{m_0} \times 100\% \tag{2.4}$$

式中,m_0 和 m 分别为隔膜浸泡前后的质量。

考虑到电解液的毒性和挥发性,实际测试时可采用与隔膜润湿性较好的有机溶剂进行测定,如无水乙醇、正丁醇、环己烷等,由于吸液率的测定结果波动较大,应重复测试多次并取平均值,此外操作过程中应该保持各次测试变量

的一致性以减少误差。

直观的表现隔膜与电解液浸润性的方法是：取典型电解液（如 1mol/L $LiPF_6$-EC-DMC，EC-DMC = 1∶1，V/V），滴在隔膜表面，看液滴是否会被隔膜吸收而迅速消失，如果是则说明浸润性基本满足要求。更准确的测试可以用接触角测定仪来测试隔膜材料与电解液之间的接触角，一般认为隔膜材料与电解液之间的接触角小于 90°为亲电解液的，静态条件下测试的接触角越小，则二者的浸润性越好。接触角测试仪动态法测试采用超高时间分辨的摄像机记录从电解液液滴接触隔膜到液滴消失的过程，计算时间，通过时间的长短也可以定性比较两种隔膜的浸润性。

2.4.4 透气性

透气性是表征隔膜气体透过能力的一个指标，能够间接地反映离子的透过性，隔膜行业通常用 Gurley 值作为评判标准，是指将隔膜置于透气度检测仪内，一定体积的空气在一定的压力下透过规定面积隔膜的时间。目前隔膜行业中多采用日本工业标准，即在 1.22kPa 压力下测试 100mL 空气通过 $1in^2$（$1in^2 = 6.4516×10^{-4}\ m^2$）隔膜所需要的时间。因此，Gurley 值的大小与气体的透过性呈负相关。Gurley 值的检测可以参照 ISO 15105-1：2007、ISO 5636-5：2013、ASTM D1434：1982（2015）e1 和 GB/T 1038.1—2022 等标准，目前隔膜制造企业主要使用日本旭精工隔膜测试透气仪进行检测。对于透过率小于 60s 的样品，每一次测试结果差值在 0.2s，对于透过率大于 60s 的样品，测试结果差值在 1s 以内。如果膜两面测试的平均空气透过率不同，则膜样品的每一面需要测试 10 个样品，在出示报告时需要提供膜两面测试的结果。

各标准的测试方法有一定差别，但其原理基本相同，仅气体透过量有差别，因此执行不同标准测试所得结果仍可通过换算得到统一的数据进行对比。根据 USABC 的标准，Gurley 值应要求小于 350s。此外，因为 Gurley 值的大小依赖于空气通过隔膜中多孔结构流动的方式，所以能够从一定程度上反映隔膜内部孔隙的曲折程度，当隔膜的孔隙率和厚度都确定时，通过比较 Gurley 值可以大致评估隔膜孔隙的曲折度。大量的文献表明透气性均一、稳定的隔膜对提升电池的使用性能具有重要意义。

2.4.5 热收缩率

在电池生产过程中由于电解液对水分非常敏感，大多数厂家会在注液前进行 80℃左右的烘烤，要求在这个温度下隔膜的尺寸也应该稳定，倘若隔膜的热收缩率非常大，会造成电池在烘烤时隔膜收缩过大，那么隔膜对于隔离正负极的作用将被极大削弱，甚至发生短路。锂电池使用过程中，会时常处于热环境中，要求隔膜在电池使用的温度范围内（-20～60℃）保持热稳定。为了降低电池受热时的短路风险，应选择具有合适热收缩率的隔膜材料，否则极片外露造成短路。因此，热收缩率是衡量隔膜耐热能力的一项重要指标，可以通过热收缩率来表征隔膜高温下的尺寸稳定性。锂电池隔膜多采用聚烯烃——一种热塑性材料，受热时尺寸会发生一定收缩。根据制造工艺的不同，单向拉伸膜由于机械方向为分子链被拉伸的方向，因此隔膜在该方向易发生收缩，此情况下的横向收缩一般较小。双向拉伸膜因机械方向和横向均被拉伸，都会发生细微的收缩现象。例如，单层的 9μm 的 PE 隔膜放置在 120℃下仅 10min 就有近 10%的热收缩，对于锂电池隔膜而言，其热收缩率在 90℃下放置 60min 时应小于 3%。

当前隔膜行业对热收缩率的测试标准主要有 GB/T 13519—2016、ASTM D2732：2014(2020)、DIN EN ISO 14616：2004、DIN 53369：1976 等。

此外，还可以在实验室根据一定温度下隔膜面积的收缩值与原始面积之比简单估算，可用下面的公式进行计算：

$$热收缩率 = \frac{S_0 - S}{S_0} \times 100\% \tag{2.5}$$

式中，S_0 和 S 分别为隔膜收缩前后的面积值。取 3～5 个试样的平均值测量该样品的收缩率[7]。

热机械分析（TMA）法，测量的是温度直线上升时隔膜在荷重时的变形，通常隔膜先表现出皱缩，然后开始伸长，最终断裂。TMA 法能够对隔膜材料熔体完整性提供可重复的测量。

2.4.6 水分残留量

隔膜中水分的残留量对电池性能有很大的影响，当隔膜水分含量高（>2000ppm，1ppm = 10^{-6}）时，电池的循环性能会出现"跳水"的情况。隔膜制造企业通常采用卡尔费休的测试方法来测试隔膜中的水分残留量。涂覆隔膜较易吸收水分，因此，在测试涂覆隔膜的水分含量时要处理好环境和操作方法对测试结果的影响。称取 3 份 0.1g 左右隔膜样品，密封于样品瓶中，将密封好的样品瓶置于加热炉中，加热温度 150℃，利用卡尔费休水分测定仪进行测试，完成测试后取 3 个试样测量值的平均值。

2.4.7 拉伸强度

拉伸强度是反映隔膜在使用过程中受到外力作用时维持尺寸稳定性的参

数,若拉伸强度不够,隔膜变形后不易恢复原尺寸,会导致电池短路。通常参照 GB/T 1040.3—2006[8]和 GB/T 24218.3—2010[9]对隔膜的拉伸强度进行测试。测试过程中要注意夹具间距、拉伸速率以及试样尺寸等参数的设定。USABC 规定,隔膜的拉伸强度须满足如下条件:即当施加 1000psi 的外力时,隔膜的偏置屈服应小于 2%。

2.4.8 穿刺强度

在电池制造过程中由于电极表面涂覆不够平整、电极边缘有毛刺等情况,以及装配过程中工艺水平有限等因素,因此要求隔膜有相当的穿刺强度。正常情况下正负极的凹凸平面易造成隔膜的刺穿风险,另外当错误使用充电器或充电器故障、锂电池发生过充现象时,正极过多的锂离子脱嵌运动到负极,但负极嵌入不及时,锂离子便以金属锂的形式在负极表面沉积,形成树枝状结晶——锂枝晶,极易刺穿隔膜,发生短路。

具体测试方法可以参照 ASTM D3763:2018 和 ASTM F1306:2021 等标准,测试结果和穿刺针的规格、穿刺的速度以及夹具的尺寸大小有关。大致是在一定的速度(3~5m/min)下,让一个没有锐边缘的直径为 1mm 的针刺向环状固定的隔膜,为穿透隔膜所施加在针上的最大力就称为穿刺强度[10]。同样地,由于测试时所用的方法和实际电池中的情况有很大的差别,直接比较两种隔膜的穿刺强度不是特别合理,但在微结构一定的情况下,相对来说穿刺强度高的,其装配不良率低。足够的穿刺强度可以防止锂枝晶、极片毛刺刺穿隔膜造成短路,抗穿刺强度值一般在 300~500g[11]。

2.4.9 离子电导率

离子电导率和离子电阻率互为倒数,实际测试得到的通常是电池的离子电阻,即体积电阻。而实验测试得到的离子电阻(R_b)是隔膜电阻(R_s)与电池中电解液的电阻(R_e)之和,如式(2.6)所示。

$$R_b = R_s + R_e \tag{2.6}$$

为便于计算,可忽略 R_e 的影响,近似地认为 $R_s = R_b$,再根据式(2.7)和式(2.8)即可求得隔膜的电导率(σ_s)。

$$\sigma_s = \frac{1}{\rho_s} \tag{2.7}$$

$$\rho_s = \frac{R_s \cdot S}{d} \tag{2.8}$$

式（2.7）和式（2.8）中，ρ_s 为隔膜的电阻率；S 为隔膜的有效面积（即电极片的面积）；d 为隔膜的平均厚度。因此隔膜的电导率（σ_s）如式（2.9）所示。

$$\sigma_s = \frac{d}{R_s \cdot S} \tag{2.9}$$

离子电导率在电化学工作站上采用交流阻抗法进行测试。将浸渍了电解液的隔膜组装成"SS|隔膜|SS"阻塞电池，其中 SS 为不锈钢片，可以采用频率范围为 0.1~1MHz、振幅为 5mV 的条件进行测试[12]。所测曲线与实轴的交点即为隔膜的本体电阻，如图 2.6 所示。

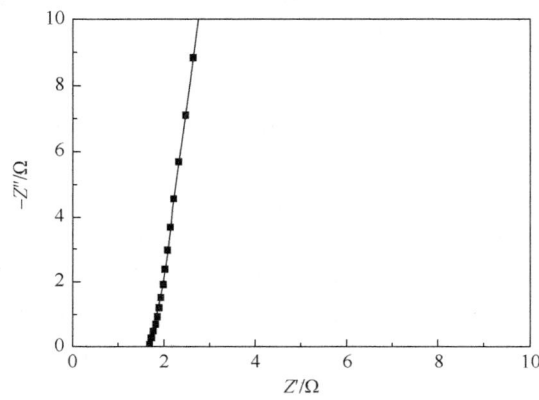

图 2.6　交流阻抗测试得到 Nyquist plots 的举例

将本体电阻值代入式（2.9）计算得到隔膜的离子电导率。离子电导率 δ 与测试隔膜的厚度成正比，与本体电阻成反比。因此，在测试厚度相同的不同种隔膜时，本体电阻小的离子电导率高。同时我们还应该意识到，隔膜的离子电导率指标的优劣要与其厚度结合在一起来看。

2.4.10　电化学窗口

测定隔膜的电化学窗口，可以采用不锈钢片作为工作电极，锂金属片作为参比电极，并将吸收电解液后的隔膜放置在不锈钢片和金属锂片之间，装配成"SS|隔膜|Li"体系的扣式电池[13]。采用电化学工作站在电池开路电压至 6V 的电位区间扫描，以 10mV/s 的速率对测试电池进行线性伏安扫描，结果如图 2.7 所示，电化学窗口的电压上限由线性扫描伏安法（LSV）曲线读出。

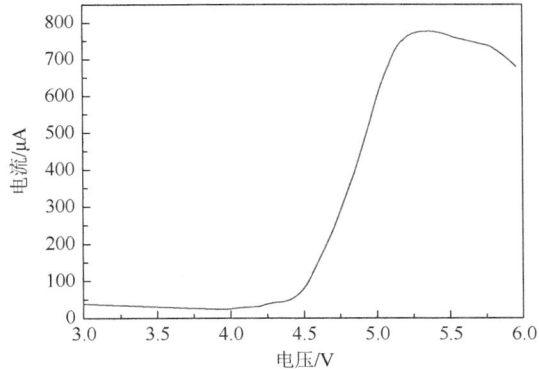

图 2.7　隔膜电化学测试得到的 LSV 曲线举例

参 考 文 献

[1] 中华人民共和国国家质量监督检验检疫总局. 塑料薄膜与薄片 厚度测定 机械测量法：GB/T 6672—2001[S]. 北京：中国标准出版社，2002.

[2] 中华人民共和国国家质量监督检验检疫总局，中国国家标准化管理委员会. 塑料薄膜和薄片 样品平均厚度、卷平均厚度及单位质量面积的测定 称量法（称量厚度）：GB/T 20220—2006[S]. 北京：中国标准出版社，2006.

[3] US-ASTM. Standard test methods for thickness of solid electrical insulation：ASTM D374/D374M：2016[S]. 2016.

[4] 中华人民共和国国家质量监督检验检疫总局，中国国家标准化管理委员会. 压汞法和气体吸附法测试固体材料孔径分布和孔隙度 第 1 部分：压汞法：GB/T 21650.1—2008[S]. 北京：中国标准出版社，2008.

[5] 中华人民共和国国家质量监督检验检疫总局，中国国家标准化管理委员会. 压汞法和气体吸附法测定固体材料孔径分布和孔隙度 第 2 部分：气体吸附法分析介孔和大孔：GB/T 21650.2—2008 [S]. 北京：中国标准出版社，2008.

[6] US-ASTM. Automated pore volume and pore size distribution of porous substances by mercury porosimetry. ASTM UOP578：2011[S].2011.

[7] 中华人民共和国国家质量监督检验检疫总局，中国国家标准化管理委员会. 塑料 薄膜和薄片 加热尺寸变化率试验方法：GB/T 12027—2004[S]. 北京：中国标准出版社，2004.

[8] 中华人民共和国国家质量监督检验检疫总局，中国国家标准化管理委员会. 塑料拉伸性能的测定 第 3 部分：薄膜和薄片的试验条件：GB/T 1040.3—2006[S]. 北京：中国标准出版社，2006.

[9] 中华人民共和国国家质量监督检验检疫总局，中国国家标准化管理委员会. 纺织品 非织造布试验方法 第 3 部分：断裂强力和断裂伸长率的测定（条样法）：GB/T 24218.3—2010[S]. 北京：中国标准出版社，2010.

[10] US-ASTM. Standard test method for index puncture resistance of geomembranes and related products：ASTM D4833/D4833M：2007（2020）[S]. 2020.

[11] 白耀宗，王令，苏相樵，等. 锂离子电池隔膜材料标准解读[J]. 储能科学与技术，2018，7（4）：750-757.

[12] 许洁茹，凌仕刚，王少飞，等. 锂电池研究中的电导率测试分析方法[J]. 储能科学与技术，2018，7（5）：926-955.

[13] 祝夏雨，金朝庆，赵鹏程，等. 国内外动力锂电池安全性测试标准及规范综述[J]. 储能科学与技术，2019，8（3）：428-441.

ёc
03

锂离子电池中的隔膜

3.1　锂离子电池和隔膜发展的重要机遇期

自 1990 年至今，锂离子电池作为笔记本电脑、智能手机、iPad、数码相机等广泛使用的 3C 产品（computer、communication、consumer electronics 三者的结合，又称"便携式电子产品"）的移动能源，已经成为我们生活中不可或缺的物品，也是全球范围内大量生产的工业产品。

进入 21 世纪 20 年代，相信很多人如果离开智能手机已经无所适从，手机加充电宝是人们出门必须携带的装备。而 5G 通信时代到来之迅速则是一个惊喜，它从一个概念直接走进生活的现实。我们的许多观念和习惯的事物也许会就此彻底地被改变。当然，5G 时代带来对移动电能储备更高的需求，要么我们随身装备太阳能电池，要么我们在运动中就实时把动能转化为电能，要么我们期待制造出能量密度更高的电池。因此，提升容量、具有更稳定的充放电性能、延长使用寿命，无疑是消费者对 3C 电池发展的不变的期待。当然，没有高品质的隔膜就造不出好电池，因此这份期待也同样属于隔膜。

2017 年 5 月，作为电动汽车行业的明星和风向标的 Tesla 宣布：计划 2017 年年底前实现每周生产 5000 辆 Model 3；在 2018 年达到周产万辆的目标，同时 2018 年全部车型总产能 50 万辆。这一消息立即振奋了电动汽车行业、锂离子电池行业和资本市场。其实，2017 年 4 月 25 日，工业和信息化部等三部委发布关于印发《汽车产业中长期发展规划》的通知，指出"2020 年，新能源汽车年产销达到 200 万辆，动力电池单体比能量达到 300W·h/kg 以上，力争实现 350W·h/kg，系统比能量力争达到 260W·h/kg、成本降至 1 元/（W·h）以下。到 2025 年，新能源汽车占汽车产销 20% 以上，动力电池系统比能量达到 350W·h/kg"。引用 China EV100《锂和电池企业可持续发展研究报告 2017》中 2020～2025 年中国动力锂子电池市场需求预测中的数据，2020 年 200 万辆、2030 年 1520 万辆新能源汽车，分别需要 130GW·h 和 500GW·h 动力电池。相应地，可以计算出所需的高品质动力电池用隔膜的需求量大致是 2020 年 23.4 亿 m^2、2030 年 90 亿 m^2。以上并未计入储能用电池和消费电子类电池对隔膜的需求，实际上 2020 年我国电池隔膜的出货量为 37.2 亿 m^2；而 2030 年隔膜的需求量也将远超 100 亿 m^2。

根据中国汽车工业协会的数据：我国 2020 年和 2021 年新能源汽车的销量分别为 136.7 万辆和 352.1 万辆；2022 年上半年的产销量分别为 266.1 万辆和 260 万辆，同比增长均为 1.2 倍，市场渗透率达 21.6%（图 3.1）。自 2020 年初波及全球并影响至今的新冠疫情对我国和世界经济产生了严重的影响。即便如此，我国新能源汽车产业在 2020 年短暂下滑后重新呈现高速增长态势。毋庸置疑，我们正在经历一场百年不遇的汽车革命。

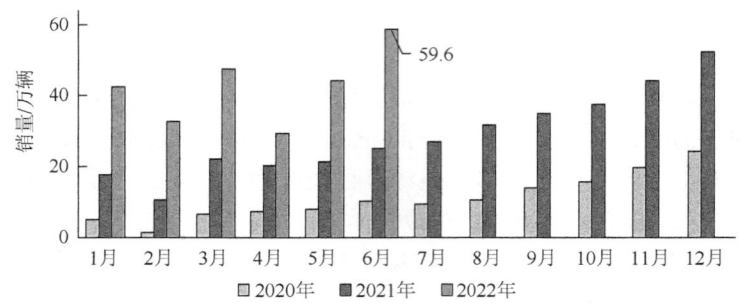

图 3.1　新能源汽车月度销量

引自中国汽车工业协会网站

受益于新能源汽车产业的高速增长，近两年锂离子电池隔膜出货量的增长超过以前的预期。2021 年我国锂离子电池隔膜出货量为 78 亿 m^2，2022 年达 124 亿 m^2。

一方面，锂离子电池作为新能源汽车动力来源优势是明显的，无疑会成为主流。当动力电池的能量密度达到 400W·h/kg 时，电动汽车的续航里程将会达到甚至超过燃油车的水平。在储能领域，锂离子电池逐步取代铅酸电池取得主导地位，也是趋势所在。另一方面，在理论上可以对锂离子电池发起挑战的几种新型电池还处于基础研究阶段，在 10～20 年内颠覆现有锂离子电池产业的可能性几乎为零。基于国家对新能源汽车行业的大力支持以及业内企业自主积极发展的态势，我们相信锂离子电池及相关材料产业将在中长期加速发展。对于锂离子电池隔膜，可以乐观地看好 10～15 年甚至更长的时间。

3.2　锂离子电池中的隔膜

从锂离子电池发展的趋势看，对隔膜材料的要求主要集中在两个方面：提供更充分的安全保障和实现更好的离子传输能力。在现阶段，业内对前者的要求更为迫切。

隔膜为锂离子电池工作体系提供的安全保证包括以下几方面的内容：第一，在突发异常高温条件下保持物理形态及尺寸的稳定。动力电池朝着功率密度和能量密度越来越高的方向发展，实际应用中如果在异常高温条件下隔膜发生熔缩导致电池大面积短路将造成不可控的严重后果。因此，耐高温的隔膜材料是一个必然的选择。第二，隔膜需要有足够的机械强度和一定的厚度，从而防止被大颗粒、毛刺、枝晶、异物直接刺穿造成短路。第三，也是最基本的，即电子绝缘性。

隔膜的离子传输能力，即锂离子是否能在电解质中顺畅地反复穿越隔膜上的微孔，反映在性能指标上是离子电导率。这是隔膜作为电池体系的一个重要组件对电池性能发挥重要影响的关键特性。电池的内阻、循环寿命、倍率性能、功率特性等重要指标皆与其相关[1-3]；而隔膜本身的基础材料、制造工艺、结构特点、微结构特征等特性均影响其离子传输的能力。因此，从隔膜的设计，到研究材料、制造工艺和微结构的调控，其核心问题是如何提高隔膜的离子电导率。

隔膜材料看似简单，但要实现在亚微米甚至纳米尺度上的微孔结构均一性、纳米尺度上的填充材料均一性，对制造工艺的要求非常高，甚至需要一些纳米技术应用其中。要实现对隔膜较高的功能要求，做好结构设计是走向成功的重要的第一步。当然，没有哪种隔膜可以满足所有电池设计的需要，具体的电池型号需要对隔膜的性能有所侧重和取舍。

3.2.1 锂离子电池隔膜对材料的基本要求

用作锂离子电池隔膜的材料，最基本的物理性质是绝缘，另外三个重要的条件是需要具有良好的化学稳定性、电化学稳定性和热稳定性。化学稳定性通常指某种物质对大多数酸、碱、盐、氧化剂显惰性，在常见的电解液溶剂中基本不溶解并且不会显著溶胀；电化学稳定性指不参加电极反应、在锂离子电池工作条件的电压窗口内不发生氧化还原反应、不发生降解；热稳定性指具有较高的熔点或熔融温度，并在一定的温度下收缩率较小。大约在十年前，一般认为隔膜材料在90℃受热60min后其物理尺寸在纵（MD）、横（TD）两个方向上的收缩率均小于5%即可满足应用要求。但近年来随着对电池安全性要求的不断提高，在某些特殊型号电池的应用中对隔膜材料热收缩率的要求已经提高到200℃受热120min后小于2%。这一变化如果成为行业认可的标准，那么现在广泛使用的聚丙烯（PP）、聚乙烯（PE）隔膜，以及 PP/PE/PP 复合膜都将淡出历史舞台，甚至目前正处于热点的 PE 或 PP 涂覆氧化铝等陶瓷颗粒的复合材料也难以达标。新型高温稳定的锂离子电池隔膜材料必将成为行业的热点。

3.2.2 锂离子电池隔膜的基本功能特性

除了对材料提出的基本要求以外，隔膜要在锂离子电池中很好地发挥导通锂离子的功能，还需要具备很多其他的特性。如对电解液的润湿性、孔隙特性、透过性、对电解液的吸收和保持等，在本书第 2 章隔膜的特性指标中已有讨论，这里不再赘述。

3.2.3 关于隔膜的"Shutdown"功能

PP/PE/PP 三层复合隔膜是美国 Celgard 公司的一类明星产品。在 Celgard 公司的产品目录中，PP/PE/PP 三层复合隔膜有 2320、2325 和 2340 三个型号，厚度分别是 20μm、25μm 和 38μm，平均孔径分别是 27nm、28nm 和 35nm。而所谓的"Shutdown"，是 Celgard 公司对其 PP/PE/PP 产品的一种功能设定和宣传，指的是在 135℃附近位于两层 PP 之间的 PE 发生熔缩，因孔隙结构破坏而阻断了电池中锂离子的导通，从而使电池工作状态"关闭"；此时，由于温度尚未达到 PP 的熔点（135℃），隔膜的基本形态还没有被破坏，不至于发生大面积的短路[3]。这种符合逻辑的解释容易被人接受，因此在若干年前 PP/PE/PP 三层复合膜曾被认为是动力电池保证安全性的首选产品。之所以称其为明星产品，是因为该产品的工艺水平高、产品质量好，其他企业一直未能成功仿制。

如果隔膜能在非正常温度升高的状态下及时地关闭电路，从而保护电池不至于发生严重的热失控，那么 Shutdown 就是一种非常有意义的功能。当然，这种 Shutdown 是不可取消的，之后电池就报废了。不过，对隔膜 Shutdown 功能有效性的争议始终存在。支持的一方认为用实验的方法可以轻松验证该功能有效，即将三层复合隔膜装入电池，检测电池内阻随温度升高的变化情况：当温度上升至 130~135℃时电池的阻抗值出现激增的拐点就可以证实闭孔的发生。持反对意见的一方认为，如果检测 PE 隔膜的电阻随温度上升的变化也可以得到类似的结果；另外，对电池的保护主要应该通过电池管理系统（BMS）来实现，而不是依靠响应不太灵敏的隔膜 Shutdown。也有意见认为在刺穿的情况下三层复合隔膜也起不到对电池的保护作用。总体而言，对隔膜 Shutdown 功能设定的评价莫衷一是，近些年它也不再作为一个被强调的指标。虽然 PP/PE/PP 三层复合隔膜是一种很好的设计，但制造工艺难度较大、成本高，近年来已逐步被涂覆 Al_2O_3 的 PE 膜所替代。

Shutdown 是隔膜设计的一种思路，即在电池安全温度的上限隔膜通过闭孔使电池停止工作。当然，在闭孔温度下隔膜不能发生破膜或大面积的熔缩。

同时，理想的闭孔温度应不高于液态电解液中溶剂的沸点。但是，常用的电解液溶剂碳酸乙烯酯（EC）、碳酸二甲酯（DMC）、碳酸二乙酯（DEC）中，DMC 和 DEC 的沸点均低于 130℃（90℃和 127℃），温度超过 90℃后电解液已经部分气化，所以隔膜即使能在 130℃闭孔也不理想[4]。

3.3 制膜材料的性能

用于隔膜制造的材料一般是高分子材料以及高分子材料与无机颗粒的复合物。高分子材料通常采用 PE、PP、聚氧化乙烯（PEO）、聚丙烯腈（PAN）、聚偏氟乙烯（PVDF）以及 PVDF 的共聚物。近几年，将纤维素和聚酰亚胺（PI）用于隔膜制造的研究显著增多。

3.3.1 材料的介电强度

隔膜首要的特性是一种绝缘材料，因此它必须具有较高的介电强度（dielectric strength）。介电强度又称击穿强度，是指在规定的实验条件下击穿电压与施加电压的两导电部分之间距离的商，单位是 kV/mm。几种高分子材料的介电强度见表 3.1。

表 3.1 几种高分子材料的介电强度

	PE	PP	PVDF	PET
型号	—	—	KYNAR 460	杜邦 FR530，3.2mm
介电强度/(kV/mm)	~35	~35	63	18

3.3.2 不同材料及制膜方法对离子电导率的影响

作为体现隔膜性能的核心技术指标，离子电导率几乎与隔膜的每一个特征相关。PP 和 PE 是应用最广的隔膜材料，但由于它们对电解液的亲润性较差，导致单纯的 PP 和 PE 微孔膜的离子电导率停留在 $(0.6\sim1.2)\times10^{-3}$S/cm 水平。湿法双向拉伸的 PE 微孔膜对电解液的亲润性比 PP 微孔膜好，离子电导率相对略高。基于 PVDF 和（偏氟乙烯-六氟丙烯）共聚物（PVDF-HFP）的隔膜材料与电解液的亲润性明显高于 PP、PE，特别是用静电纺丝（electrospinning）法制备的纳米纤维隔膜，其离子电导率通常可以达到 $(2\sim4)\times10^{-3}$S/cm。有些材料，如高内相乳液聚合物，离子电导率还可能高达 8×10^{-3}S/cm。一系列的 PI 材料也能与电解液很好地润湿，均苯四甲酸二酐（PMDA）-二氨基二苯醚（ODA）结构的 PI 纳米纤维隔膜材料的离子电导率可以接近 1.0×10^{-2}S/cm。

孔隙率的大小直接影响隔膜对电解液的吸收能力，以及电解液在电池中的分布情况。对电解液有足够的吸收能力，是高品质隔膜材料所需要具备的要素，它对离子电导率有着重要的影响。表 3.2 给出了一些具有不同孔隙率的 PVDF 膜对电解液的吸收率，数据引自文献[5]。

表 3.2　PVDF 膜孔隙率与不同电解液的吸收关系

电解液	孔隙率/%	吸液率/%
LiTFSI-EC/DEC	22	32
1mol/L LiPF$_6$-EC/PC	30	40
	39	50
1mol/L LiPF$_6$-EC/DMC	22	75
	58	175
	78	325
1mol/L LiPF$_6$-EC/DMC/PC	70	58
	71	75
	75	60
LiClO$_4$-EC/PC	80	220
1mol/L LiCF$_3$SO$_3$-TEGDMA	59	215
1mol/L TEABF$_4$-AN	80	120

3.3.3　孔结构对离子电导率的影响

孔结构是另一个对电解液的吸收产生影响的重要特性。所谓孔结构主要包括孔径和孔的三维（3D）特征。以机械拉伸工艺制造的聚烯烃膜，孔径较小，纤化程度低，接近通孔，因此对电解液的吸收率不高，大约是其自身质量的 1 倍或略低；而具有 3D 孔隙结构的隔膜，特别是纳米纤维膜具有超强的电解液吸收能力，通常可达其自身质量的 2~4 倍，同时对电解液的保持能力也很好（图 3.2）。

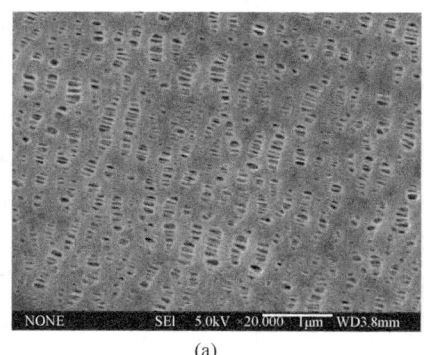
(a)

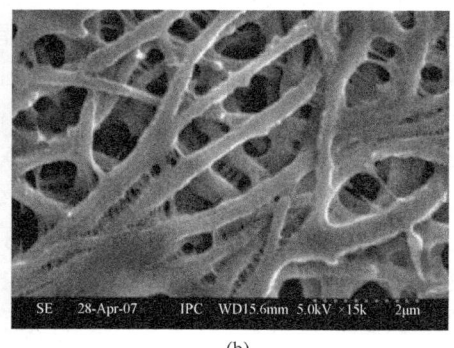
(b)

图 3.2　SEM 图像：聚烯烃隔膜的平面通孔结构（a）和纳米纤维膜的 3D 立体结构（b）

3.3.4 孔隙率与孔径分布

孔隙率是影响隔膜性能的重要指标。目前商品化的聚烯烃隔膜孔隙率通常在 30%～55%之间。中低品质的隔膜孔隙率会低于 30%，同时孔隙分布不均匀。采用孔隙率较高的隔膜，电池性能发挥较好。但隔膜的孔隙率更高、厚度更薄，意味着制造的难度会显著提高以及良率下降。隔膜的孔隙率并不是越高越好，超过 60%后电池发生微短路的概率较高，同时自放电的速率加大。

对聚烯烃隔膜的测试结果显示，其孔径分布在几个区域，如 30～70nm（比较集中），100～150nm、300nm 附近。无纺布基膜的孔隙随机产生，有的大孔孔径达到 mm 级；可用于锂离子电池隔膜制造的无纺布基膜需要非常均匀，孔径分布应在 1.5～5μm（图 3.3）。无纺布复合隔膜的平均孔径比较难控制在 100nm 以下，常见的范围大致在 1～2μm。

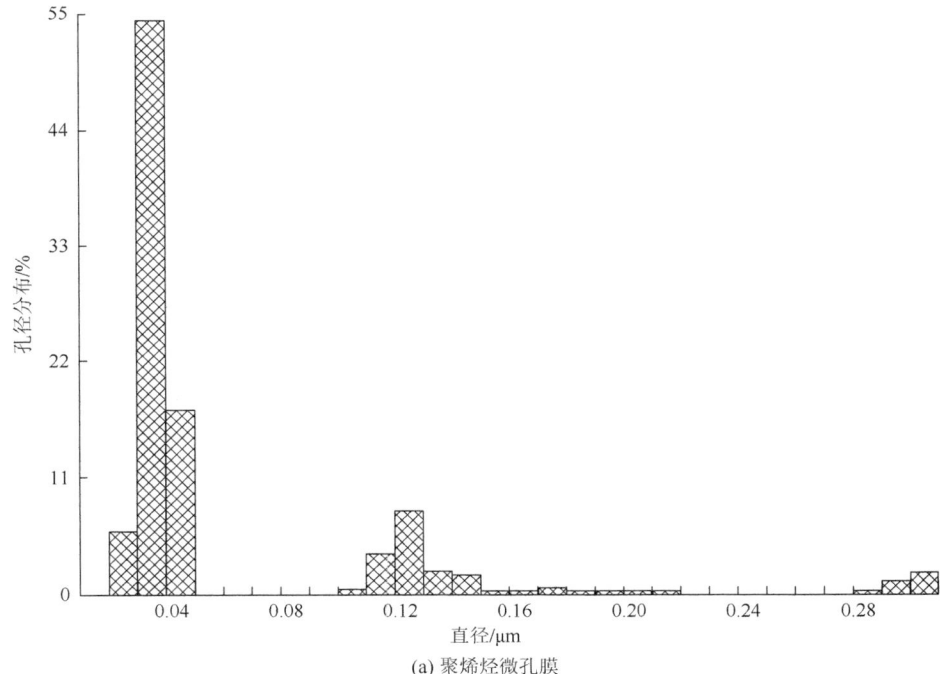

(a) 聚烯烃微孔膜

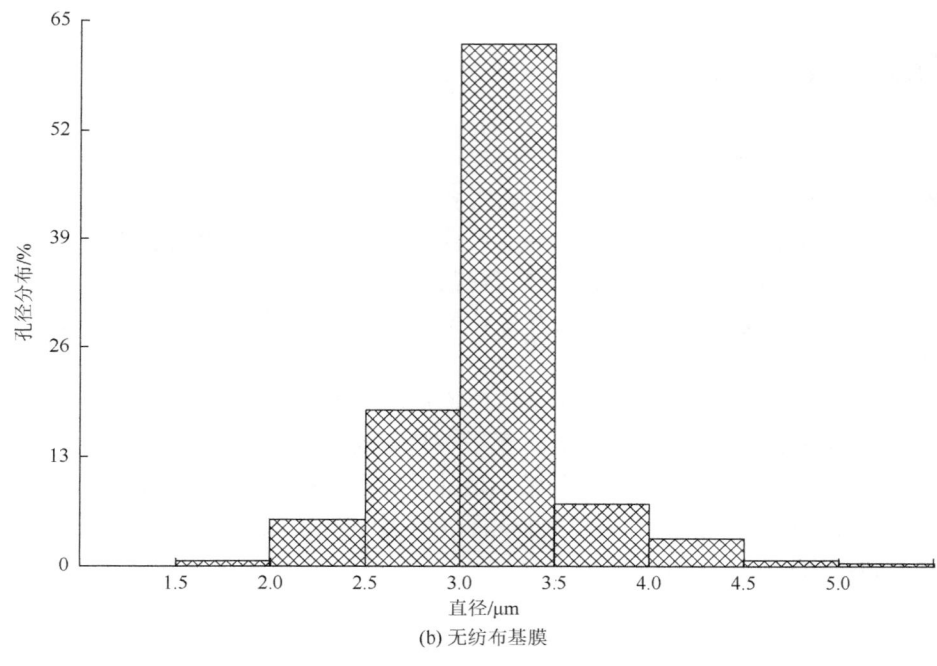

图 3.3 孔径分布

3.4 不同材料体系的隔膜

3.4.1 聚丙烯隔膜

单向拉伸工艺，利用晶片分离原理，将聚烯烃树脂采用熔融-挤出的方法得到低结晶度、高取向的硬弹性纤维，再高温退火获得高结晶度的取向薄膜。这种薄膜先在低温下进行拉伸形成银纹等微缺陷，然后高温下使缺陷拉开，形成微孔。这种方法生产的隔膜具有扁长的微孔结构，横向强度比较差，但在一定温度范围内几乎没有热收缩。现在美国 Celgard 公司、日本 UBE 公司采用此种工艺生产单层 PP 以及三层 PP/PE/PP 复合膜。双向拉伸工艺，利用晶型转换原理，一般需要添加 β 成核剂。如中国科学院化学研究所 2008 年申请的专利，将聚丙烯及 β 成核剂熔融共混后在170~250℃挤出，熔体铸片后经双向拉伸得到孔隙率在 30%~40% 的微孔薄膜。

3.4.2 聚乙烯隔膜

湿法即热致相分离法，是将高沸点小分子如石蜡油作为造孔剂添加到聚烯烃中，加热熔融成均匀体系，由螺杆挤出铸片，经同步或分步双向拉伸后用有机溶剂如二氯甲烷萃取出造孔剂，再经拉幅热定型等后处理得到微孔膜材料。日本旭化成、东燃及美国 Entek 等公司采用该工艺生产单层 PE 隔膜。

关于聚丙烯和聚乙烯隔膜的制造在本书第 6 章有具体的阐述。

3.4.3 PET 基隔膜

1. PET 无纺布-纳米颗粒复合膜

当聚烯烃微孔膜的孔隙率和热稳定性难以进一步提高时，新型隔膜研究的热点逐渐聚焦在无纺布/无机超细颗粒复合体系上。造孔是隔膜制造的难点和关键技术，而无纺布提供了天然的孔隙。但是，无纺布上的孔通常很大（对于导通 Li^+ 而言），如果直接用作隔膜，电池必定短路。因此，需要采用适当的填充物对其大孔进行填充、调控。常用的填充物是一些惰性无机材料的纳米颗粒，如 SiO_2、TiO_2、Al_2O_3、MgO、$LiAlO_2$、$CaCO_3$ 和 $BaSO_4$ 等；而填充物的粒径以及填充后复合膜的平均孔径会对电池性能产生显著的影响[6-9]。无纺布的大孔由紧密堆积的超细无机陶瓷颗粒来填充并保留适当的孔隙，形成的复合隔膜材料有望成为聚烯烃隔膜的换代产品。

较早开展此类研究并有产品投放市场的是德国德固赛（Degussa）公司，其产品 Separion® 采用 PET 无纺布为基材经浸涂水性浆料复合 Al_2O_3，经干燥和硬化处理后制得。Separion® 的纤维直径在 10～30μm，无机填充物的粒径分布在 100nm～5μm；其最突出的特征是热稳定性好、可提高电池的安全性，尚未彻底解决的问题是掉粉带来的安全隐患（图 3.4）。

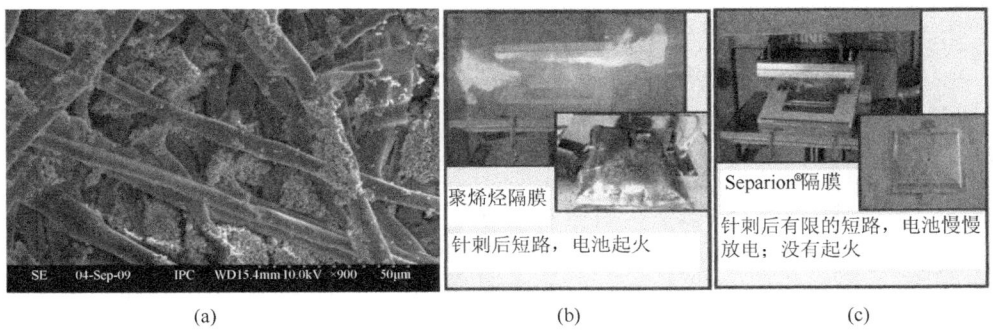

图 3.4　（a）表面涂层剥离后 Separion® 隔膜的 SEM 图像；（b）聚烯烃隔膜电池在针刺实验中着火；（c）Separion® 隔膜电池在针刺实验中不胀气不着火

除 Al_2O_3 外，SiO_2 微球也是常用的无机填料。将 SiO_2 纳米颗粒与 PVDF-HFP 混合物（9/1，质量比）制成浆料，用来浸涂 PET 无纺布可以制得 PET-SiO_2 复合隔膜。其中，PVDF-HFP 的作用主要是作为黏合剂。有研究表明，采用上述隔膜组装电池，当填充物 SiO_2 颗粒的粒径有较大差异时，电池性能显示出明显的不同。与采用粒径 530nm 的 SiO_2 大颗粒相比，40nm 的小颗粒使复合膜具有更高的孔隙率和较短的供锂离子迁移的通道；电池经过 100 次 1C 充放电循环后容量几乎没有下降。更重要的是，此类复合隔膜的抗热缩特性、润湿性和吸液能力均很出色[10]。

除使用无机物的纳米颗粒以外，还可以使用有机物颗粒对无纺布的孔隙进行填充，如聚甲基丙烯酸甲酯（PMMA）微球。以乳液聚合得到的含 PMMA 纳米颗粒（~400nm）的胶体溶液浸涂 PET 无纺布，可以使 PMMA 微球嵌入无纺布的孔隙内得到复合膜。检测结果显示，隔膜的离子电导率达到 $0.96×10^{-3}$S/cm，吸液率达到 160%，Gurley 值为 54s，150℃时的热收缩率为 0%；相应地，PE 参比膜的对应参数分别为 0.73mS/cm、120%、240s 和 94%[11]。

2. 无纺布-有机物复合膜

如果采用聚合物的溶液直接浸涂无纺布，无纺布的孔隙会被填死，这样就无法作为电池隔膜使用。因此，在有机物填充无纺布孔隙的同时还要给有机物造孔，常用的技术手段是相转换法。例如，将 PVDF-HFP 的丙酮溶液浸涂 PET 无纺布，并通过加入不同比例的水来控制相转化的程度，使有机物部分形成微孔。有研究表明，这类复合膜的离子电导率达到 $0.86×10^{-3}$S/cm，高于参比样品 PE 隔膜的 $0.73×10^{-3}$S/cm[12]。

3.4.4 聚偏氟乙烯及其共聚物隔膜

1. 聚偏氟乙烯及其共聚物

聚偏氟乙烯（PVDF）是一种高度非反应性热塑性含氟聚合物，可通过 1,1-二氟乙烯的聚合反应合成。PVDF 的密度为 1.75~1.78g/cm^3，玻璃化转变温度为-39℃，脆化温度为-62℃，熔点为 170℃，热分解温度在 316℃以上，长期使用温度在-40~150℃，可用一般热塑性塑料加工方法成型。由于 C—F 键的稳定性强，PVDF 具有优良的耐腐蚀、耐高温、耐氧化、耐气候、耐紫外线和高能辐射的性能，在室温下不被酸、碱、强氧化剂和卤素所腐蚀，发烟硫酸、强碱、酮、醚等少数化学药品能使其溶胀或部分溶解，二甲基乙酰胺和二甲基亚砜等强极性有机溶剂能使其溶解成胶体状溶液，其薄膜在室外放置一二十年也不变脆龟裂。

同时，PVDF 具有良好的电化学稳定性，在 0～5V（vs. Li/Li$^+$）的电化学窗口内不发生氧化还原反应。

由于这些优异的特性，PVDF 的应用范围非常广泛。自 1965 年，法国阿克玛公司陆续将 PVDF 及其共聚物工业化，商品名为 Kynar，其结构如图 3.5 所示。采用浸没沉淀法、热致相分离法或熔融拉伸法制备的 PVDF 平板或中空纤维膜广泛地应用于化工、电子、纺织、食品、生化等领域。

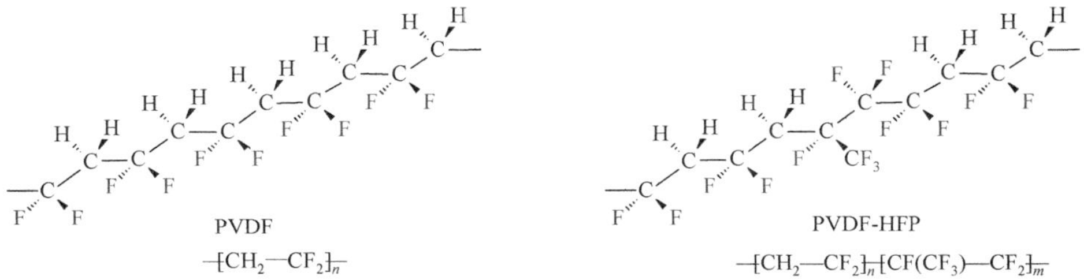

图 3.5 PVDF 及 PVDF-HFP 的化学结构式

PVDF 的结晶度一般为 40%～60%，无定形部分分布在片状结晶结构中。PVDF 是一种多晶型的聚合物，主要有 α、β、γ 和 δ 四种晶型，最常见以及最重要的晶型是 α、β 相。α 相是非极性、热稳定性更高的一种晶型，当 PVDF 由熔体或者在温度超过 80℃时溶剂挥发处理得到的 PVDF 为 α 相。当 PVDF 从极性溶剂如二甲基乙酰胺（DMAc）或二甲基甲酰胺（DMF）中浇铸成膜或 α 晶型进行高温热处理就可以得到 γ 相。β 相为极性的，β 相的介电常数为 10～13，偶极矩为 $7×10^7$C·m，具有压电、铁电、介电等电活性而在工业应用上更受关注。β 相可以通过溶液在 70℃以下结晶直接得到多孔的微结构，α 相 PVDF 在 70～100℃机械拉伸、高电场极化和高压条件下都能形成 β 晶型。

PVDF 的一种重要共聚物是 PVDF-HFP。与 PVDF 一样，PVDF-HFP 也具有优良的耐化学腐蚀性、耐高温、耐氧化、耐气候、耐紫外线和高能辐射的性能。但是，PVDF-HFP 中较大的—CF$_3$ 基团形成空间位阻，阻碍了聚合物链的规整排列，使其结晶度降低。

PVDF-HFP 的无定形区有利于溶胀吸收更多的电解质，改善电导率；而结晶部分提供了一定的机械强度。通过调节 HFP 的含量，可以得到优于 PVDF 在丙酮中的溶解度，形成稳定的 PVDF-HFP 溶液，降低在电解液中的溶出率，使其在高温下的流动性降低。

2. PVDF 的制膜方法

将 PVDF 制成微孔膜的方法有：浸没沉淀法、萃取-活化法、控制蒸发沉淀法、热诱导相分离法（TIPS）、超临界 CO_2（$SCCO_2$）诱导相分离法及静电纺丝法等。

1）浸没沉淀法

工业上应用的大部分多孔膜都是采用浸没沉淀法制备的。将聚合物溶液刮涂在适当的支撑体上，然后浸入含有非溶剂的凝固浴中，溶剂和非溶剂相互交换达到一定程度后，聚合物变成热力学不稳定的溶液，聚合物发生液-液分相或固-液分相成为贫聚合物相和富聚合物相，富聚合物相固化后成为膜的主体，而贫聚合物相则成为膜的孔。浸没沉淀法至少涉及聚合物、溶剂和非溶剂三种组分，为适应不同应用过程的要求，常常需要加入添加剂、非溶剂来调整制膜液的配方，以及改变制膜的工艺条件等。

有许多因素影响膜的结构，包括聚合物的种类、溶剂和非溶剂的种类、制膜液组成、凝固浴组成、制膜液和凝结浴的温度、蒸发时间。这些参数并不是互相独立的，通过改变其中的一种或者多种可以得到不同的膜结构：从高孔隙率的孔状膜到非常致密的无孔膜。得到的多孔膜的孔隙率高、孔径可达微米级、机械强度较高，孔的结构多为海绵状、球状、蜂窝状、指状等。多孔膜用液态电解质活化后为多相体系：无定形区溶胀形成的凝胶、结晶区、孔中填充的液体（液相）。膜的孔径、孔隙率、相互贯穿程度、厚度、吸附电解液的量以及电解质与膜孔壁的润湿程度是影响该膜离子电导率的重要因素。这种多孔电解质有良好的机械稳定性、好的电解质的浸润性，电解质和电极之间形成稳定的界面，因此，多孔聚合物电解质预期具有高离子迁移率、高电导率、低电阻、高倍率性能，适合应用于高功率密度电池中。

2）萃取-活化法（Bellcore 法）

1995 年 Gozdz 等先采用溶剂挥发法制备聚合物膜，萃取模板分子后得到多孔膜，最后采用液体电解质活化多孔膜得到电解质膜，该法被称为 Bellcore 法。这样仅在用电解液活化时才要求在无水条件下进行，之前的步骤都可以在通常条件下进行。利用此方法也可以制备正、负极膜，然后复合制成不同形状的聚合物锂离子电池。但是，该法制备的膜的孔隙率较低，孔径为纳米级，导致该隔膜的离子电导率较低；Bellcore 技术的制造工序中残留的溶剂或非溶剂很难完全除尽，这会影响锂聚合物电池的电化学稳定性和安全性等电化学性质。而且，使用此聚合物隔膜的商业化的锂离子电池在高的放电速率下容量仅达到设计容量的 50%。

3）控制蒸发沉淀法

控制蒸发沉淀法早在 20 世纪初就曾被采用，这种方法是将聚合物溶解在一个低沸点的溶剂和高沸点的非溶剂的混合物（这种混合物作为聚合物的溶剂）中，因为溶剂比非溶剂更容易挥发，所以蒸发过程中非溶剂和聚合物的含量会越来越高，最终导致聚合物沉淀并形成带皮层的膜。

4）热诱导相分离法

TIPS 是将聚合物与高沸点、低分子量的稀释剂在高温时（一般高于结晶聚合物的熔点）形成均相溶液，降低温度时发生液-液或固-液相分离，然后脱出稀释剂就成为聚合物微孔膜。许多结晶的、带有强氢键作用的聚合物在室温下溶解度低，难有合适的溶剂，因此不能用传统的非溶剂诱导相分离法成膜。该方法制备的膜结构多样，可以是蜂窝状（cellular）的，也可以是网状结构（lacy）的；孔径及孔隙率可以调控，需要调节的参数较少；制备过程易连续化。

5）超临界 CO_2 诱导相分离法

前面介绍的一些方法需要使用大量的有机溶剂，会造成环境污染，而且残留在膜中的有机溶剂影响膜的性能，造成溶剂的浪费。借助 CO_2 超临界技术制作具有微孔结构的高分子膜的方法引人关注。CO_2 的临界温度为 31.5℃，临界压力为 7.38MPa，在室温附近就可以实现超临界操作，而且临界压力也不高，因此在有关超临界流体的应用中多采用超临界 CO_2（$SCCO_2$）。$SCCO_2$ 诱导相分离法中 $SCCO_2$ 是聚合物的非溶剂，与聚合物的溶剂相容，即压缩流体非溶剂（compressed fluid antisolvent）过程，其实就是一个湿纺过程。

6）静电纺丝法

静电纺丝是一种制备纳米纤维、纳米纤维薄膜材料的高效技术方法，其原理、装置非常简单：以一根内径很小的金属管作为喷头与直流高压电源的输出导通，在其对面设置一个与零电位端子接通的金属接收装置，如金属屏或辊。以液体输送装置向喷头输送聚合物材料的溶液，溶液在喷头出口处形成液滴；在高压电场的作用下，带电的聚合物液滴被拉长，首先形成所谓的"Taylor 锥"，进而形成螺旋状鞭动的纳米射流飞向接收装置，并在其上沉积。在射流飞行过程中溶剂逐渐挥发，聚合物在接收装置上固化成纳米纤维。纳米纤维经过累积形成纳米纤维膜。改变静电纺丝的工艺参数，可以调节制备纳米纤维的直径和其他形貌及结构特征。这种方法我们将在本章的 3.5.5 节中具体讲述。

3. 制备 PVDF 隔膜的研究报道

溶剂对浸没沉淀法制备 PVDF 聚合物电解质膜的结构有很大影响，采用磷酸三乙酯（TEP）为溶剂时得到的膜为海绵状结构，N-甲基吡咯烷酮（NMP）为溶剂时得到指状孔结构膜且孔隙率较高。当孔隙率为 75% 时，电导率达到最大，为 $2×10^{-3}$S/cm。Wu 等制备了蜂窝状结构、莲花状结构及海绵状结构等不同结构的 PVDF-HFP 电解质膜，电导率在 $(0.9\sim2.1)×10^{-3}$S/cm。

采用邻苯二甲酸二丁酯（DBP）为增塑剂，将 DBP 与 PVDF-HFP 溶解在丙酮中，浇铸成膜后采用二乙醚萃取 DBP，再用 $LiPF_6$-EC-DMC 活化后得到的电解质的电导率为 $0.2×10^{-3}$S/cm（25℃）。为了提高其电导率，加入无机填料

SiO_2 到聚合物基体中,将该聚合物的电导率提高到了 3×10^{-3}S/cm。采用 PEO 低聚物代替 DBP,由于 PVDF-HFP 与 PEO 之间存在着微观相分离,制备得到的聚合物多孔膜孔径为 1~5μm,而 PVDF-HFP/DBP 体系得到的膜的孔径为 10~100nm,结果表明采用 PEO 低聚物为添加剂时提高了离子电导率和锂离子迁移数。

Boudin 等采用丙酮和丁醇的混合物为 PVDF-HFP 的非溶剂,丙酮/丁醇/PVDF-HFP 的质量比为 6/1/1,丙酮的沸点较低而先挥发出去,当溶剂和非溶剂都挥发之后得到的 PVDF-HFP 膜的孔径为 0.5μm,孔隙率为 70%,采用 $LiPF_6$-PC-EC-3DMC 活化之后的电导率为 3.7×10^{-3}S/cm(25℃)。Pasquier 等采用丙酮和乙醇为 PVDF-HFP 的溶剂,也加入了纳米 SiO_2,在 $LiPF_6$-EC-DMC 中活化后电导率在 $(0.87\sim3.09)\times10^{-3}$S/cm,其随着 SiO_2 含量的增加而增加。Stephan 等研究了戊烷和丁醇为非溶剂制备纳米孔的 PVDF-HFP 多孔膜,戊烷为非溶剂时得到的膜的孔径为 12nm,BET 比表面积为 120m^2/g,丁醇为非溶剂时膜的孔径为 40nm,BET 比表面积为 48m^2/g。

Xu 等详细研究了 TIPS 法制备 PVDF 及 PVDF-HFP 电解质膜过程中稀释剂种类及用量、萃取剂等的影响,PVDF-HFP 膜的孔隙率为 67.5%,室温电导率为 4.07×10^{-3}S/cm;将 PVDF-HFP 与 PMMA 共混后制备的膜为蜂窝状结构,该膜的电化学窗口为 4.7V(vs. Li/Li^+),室温电导率为 3.38×10^{-3}S/cm;将 PVDF-HFP 与 PEO/PPO/PEO 共混制备的膜的电导率为 2.9×10^{-3}S/cm,电化学窗口为 4.7V(vs. Li/Li^+)。

Cao 等采用 $SCCO_2$ 诱导相分离法制备 PVDF-HFP 多孔膜并将其用作锂离子电池的电解质膜,研究了溶剂、聚合物浓度、温度与压力、成孔剂等对膜结构和性能的影响。与传统的相转化法制备的电解质膜相比,该膜结构上为海绵状孔,且呈各向同性,膜的孔隙率及吸液率和电导率均有所提高,吸液率最高可达 487%,相应的电导率为 3.1×10^{-3}S/cm。

Choi 等采用静电纺丝法制备了 PVDF-HFP 纳米纤维膜,得到的纳米纤维膜的纤维直径为 250nm,平均孔径为 0.65μm,孔隙率为 83%,结晶度为 43.9%,吸液率为 260%[1mol/L $LiPF_6$-EC/DMC(1∶1,质量比)],室温离子电导率为 1.7×10^{-3}S/cm。Choi 和 Kim 研究了静电纺丝法制备多孔 PVDF 纳米纤维膜基聚合物电解质的各种因素对聚合物电解质性质的影响,研究表明使用这种纳米纤维膜得到的纳米纤维聚合物电解质有优异的物理性质和电化学性质。

PVDF 隔膜的离子电导率与膜的孔隙率、孔径及其分布和孔的曲率相关,这些性质可以归属为膜孔的几何结构,而膜孔的几何结构可以通过合适的制备方法来控制,根据制备方法和膜孔结构之间的关系来确定该膜的用途。各种制备方法得到的孔结构如图 3.6 所示。相转化法制备膜的过程中成膜体系的组成(添加剂、溶剂、聚合物浓度）和凝固浴介质控制着膜的孔隙率、孔结构和孔径分布，可以得到截面为指状孔、海绵状孔、指状与海绵状孔共存的几种孔结构。TIPS 法和 SCCO$_2$ 诱导相分离法制备的 PVDF 多孔膜多呈海绵状孔或者 PVDF 结晶而形成的柱状孔。静电纺丝法制备的 PVDF 膜表面由纳米级的纤维构成，纤维与纤维之间的空隙为膜孔，孔隙率较高。

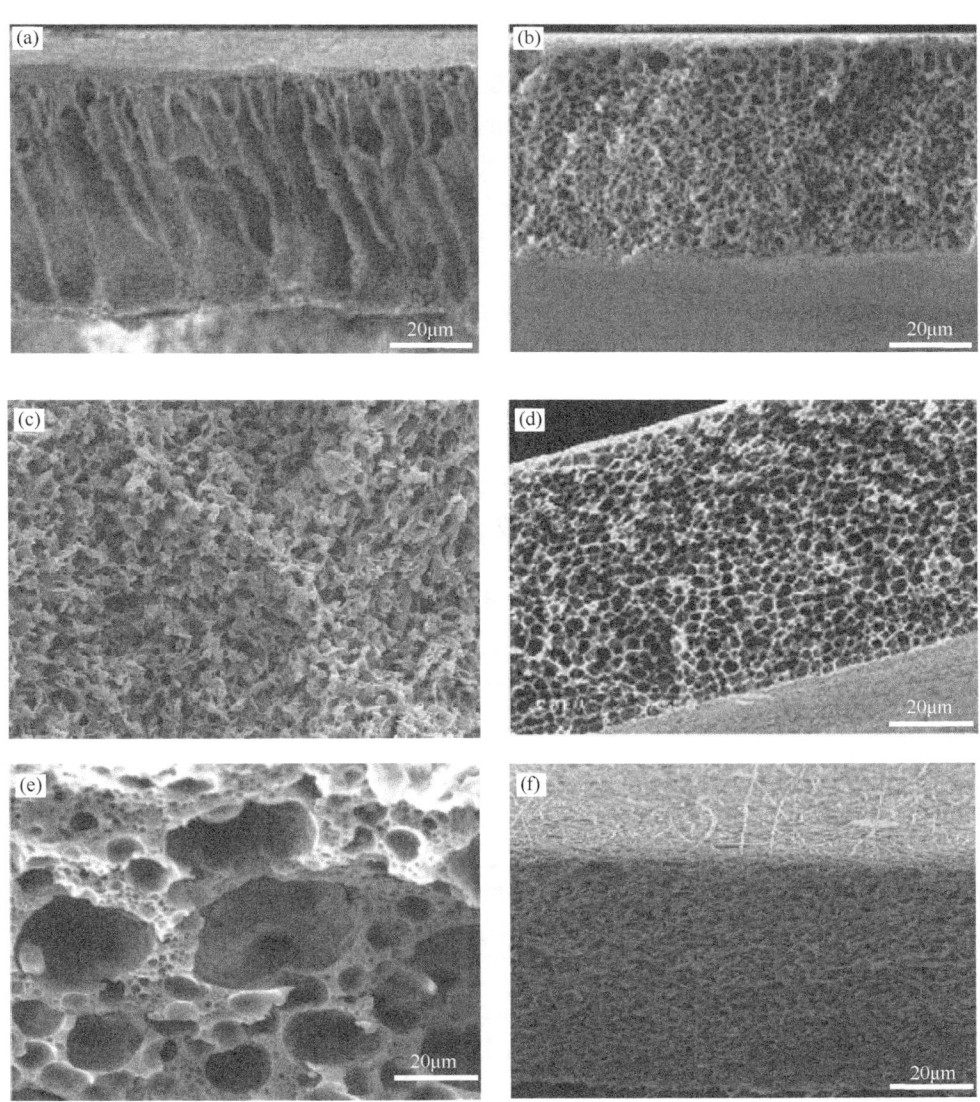

图 3.6　不同制备方法得到的 PVDF 隔膜的断面 SEM 照片：(a) 和 (b) 浸没沉淀法；(c) TIPS 法；(d) SCCO$_2$ 诱导相分离法；(e) 热诱导相分离法；(f) 静电纺丝法[13]

4. PVDF-纳米无机陶瓷颗粒复合隔膜的研究

为了提高聚合物电解质膜的电导率和力学性能，常在聚合物基体中加入一些无机填料，如 SiO_2、Al_2O_3、TiO_2、ZrO_2、$CaSiO_3$、$BaTiO_3$ 等。无机纳米粒子表面为亲水性的基团，与有机聚合物混合时相容性差，难以分散制备得到均匀的浆料，而且纳米粒子在溶液中易于团聚，因此如何将无机纳米粒子均匀分散在聚合物溶液中，并且防止无机粒子的团聚是制备 PVDF-纳米无机陶瓷隔膜的一个重要的环节。通常有两种方法，一种是将无机纳米粒子与 PVDF 混合之后超声分散，然后采用行星式球磨机球磨 12～72h 得到均匀分散的浆料，再采用相转化法、溶剂挥发法或静电纺丝法制备 PVDF-HFP-无机陶瓷复合隔膜。Lee 等将 PVDF-HFP 溶解于丙酮和水中，然后加入 SiO_2 球磨 1h 配制得到浆料后，通过相转化法成膜，当 SiO_2/PVDF-HFP 为 90/10 时，电解质为 $LiPF_6$/EC/DEC，电导率为 $0.9×10^{-3}$S/cm。Lee 等将 PVDF-HFP 溶解于丙酮中，加入 480nm 的 Al_2O_3 粒子（Al_2O_3/PVDF-HFP 为 50/50）球磨 2h，加入不同的非溶剂（水、丁醇、异丙醇）成膜，其电导率为 $0.719×10^{-3}$S/cm。Wang 等将 PVDF 溶解在 NMP 中，30nm 的 Al_2O_3 在行星式球磨机中球磨 72h，刮涂成膜后，得到的复合膜的平均孔径为 12.4nm，其具有优异的电化学性质。

还有一种方法是采用溶胶-凝胶法原位水解制备 PVDF-无机纳米粒子复合膜，将正硅酸乙酯或者四乙氧基钛在酸性或碱性条件下水解制备相应的无机纳米粒子。该方法有利于得到分散均匀的浆料，有利于后续采用其他方法制膜，但是前驱体在聚合物溶液中水解与在小分子体系中的水解环境不同，影响水解的因素比较多，因此复合膜中最终纳米粒子的大小难以确定。Wu 等将 PVDF-HFP 和 DBP 溶解在 NMP 中加入四乙氧基钛，在浓盐酸催化下原位水解，在玻璃板上刮膜后用醚萃取 NMP 和 DBP，没有加 TiO_2 时电导率为 $0.93×10^{-3}$S/cm，当 TiO_2 含量为 8.5wt%（wt%表示质量分数）时，孔隙率为 83%，电导率为 $2.4×10^{-3}$S/cm，活化能为 23kJ/mol。Wu 等采用溶剂挥发法原位水解制备 PVDF-HFP/TiO_2 复合膜，随 TiO_2 的含量增加，膜由无孔变成多孔，无 TiO_2 时膜的拉伸强度为 19.4MPa，断裂伸长率为 16.3%。当 TiO_2 为 9%时孔隙率为 67.3%，拉伸强度为 9.2MPa，断裂伸长率为 74.4%，离子电导率为 $0.94×10^{-3}$S/cm，离子迁移活化能为 18.71kJ/mol。

5. 增强 PVDF 隔膜机械性能的途径

上述采用相转化法、静电纺丝法等方法制备的 PVDF 隔膜材料的孔隙率较高，比表面积大，与电解质之间的浸润性好，随着隔膜材料的孔隙率升高，吸液率增大，相应的锂离子电导率较高，但是，孔隙率高而导致 PVDF 隔膜材料的机械强度较低，拉伸强度小于 10MPa，在锂离子电池的实际应用中会受到影响。目前增强 PVDF 隔膜材料的方法主要有：采用可以交联的聚合物与 PVDF 形成交联的互穿网络；采用高强度的聚合物材料为支撑体与 PVDF 隔膜复合而制备得到复合隔膜。

1）交联

可以采用热固化、光固化的方法增强 PVDF-HFP 凝胶电解质。例如，在 PVDF-HFP 溶液中添加聚乙二醇二甲基丙烯酸酯（PEGDMA）和聚乙二醇（PEG），PEGDMA 是一种热固化剂，小分子量的 PEG 为增塑剂。将溶液浇铸成膜后在一定的温度下使 PEGDMA 发生交联反应，形成网络结构来增强 PVDF-HFP 的强度。热固化的温度可以在 80～140℃之间选择，反应的时间需要数小时或者更长。文献报道，经热固化交联的 PVDF-HFP/PEG/PEGDMA（5:3:2）结构如图 3.7 所示，拉伸模量从交联前的 29MPa 提高到 52MPa，断裂伸长率由约 150%降至 87%。在吸收与自重相近量电解液（EC + DEC，1mol/L LiPF$_6$）的情况下，离子电导率约为 $1×10^{-3}$S/cm，电化学窗口为 5V（vs. Li/Li$^+$）。

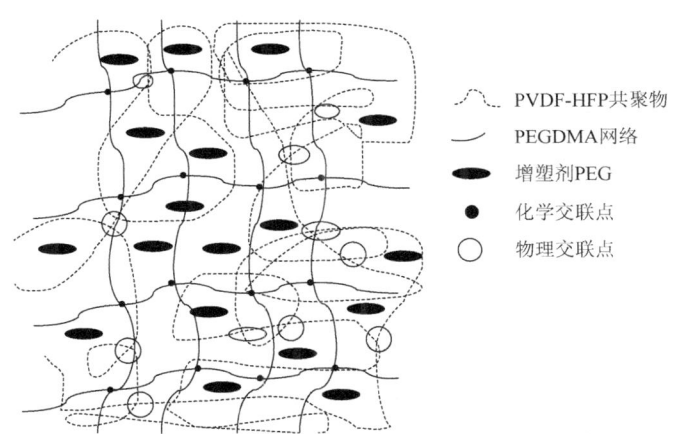

图 3.7　PVDF-HFP 与 PEGDMA 形成互穿网络结构示意图[14]

2）与其他材料复合

与其他高强度材料复合是增大 PVDF 拉伸强度的一种途径。具体的方法可以通过共混形成复合物，或者与其他膜材料复合形成多层膜。可以尝试的材料很多，如微晶纤维素。纤维素是由多糖环组成的天然线型聚合物，结晶度高达 70%；其中微晶纤维素的强度和硬度最高，经理论计算得到的拉伸模量为 80～160GPa，拉伸强度 7.5GPa。有研究表明，在 PVDF-HFP 中添加 20%微晶纤维素，复合材料的拉伸强度高达 3.2GPa，断裂伸长率降低至 7%。

与无纺布复合也是一种选择，技术手段可以选择在无纺布表面涂布、喷涂或电纺 PVDF-HFP。有报道将纳米 SiO_2/PVDF 分散液电纺在 PP 无纺布上形成 PVDF-SiO_2/PP 复合膜,拉伸强度从 2.8MPa 增大为 3.9MPa,而断裂伸长率从 180% 减小为 150%。在 PP/PE 无纺布双面涂覆一层 PVDF 的 DMAc 溶液,溶剂挥发后成膜对 1mol/L $LiPF_6$-EC/DMC/EMC 电解液的吸液率为 83.2%,室温电导率为 0.3mS/cm,拉伸强度为 25MPa,断裂伸长率为 27%。PP/PE 无纺布为复合膜提供了支撑强度,而外层的 PVDF 提供了吸收和保持电解液的能力以及抗燃烧的特性。

3.4.5 聚酰亚胺隔膜

聚酰亚胺(PI)具有优异的热稳定性、机械性能、绝缘性能以及化学稳定性,被誉为处于高分子材料金字塔顶端的材料,广泛应用于电气、电子器件、汽车、航空航天等领域。近年来,随着动力电池对隔膜耐热要求的不断提高,研究人员在不断尝试如何把 PI 材料制成高安全性的隔膜并在电池中得到应用。

1. 聚酰亚胺的物理及电化学特性

具体而言,PI 材料的物理性能如下:耐热性能优异,可长期在 $-200\sim300℃$ 范围内工作;机械性能良好,未填充的薄膜抗张强度大于 100MPa,纤维的抗拉强度达到 7.1GPa;尺寸稳定性高,热膨胀系数(CTE)一般为 $20\sim30$ppm/K,联苯型 PI 与金属在同一个水平上,个别品种可达到 0.1ppm/K;介电性能良好,普通 PI 的相对介电常数为 3.4 左右,介电损耗为 10^{-3}。

2. 聚酰亚胺的合成方法及加工工艺

PI 的合成方法较多,可根据不同目的选择合成方法,通常分为一步法和两步法。一步法是二胺和二酐在高沸点有机溶剂中高温直接生成 PI 树脂。聚合过程中生成的水由共沸溶剂带出反应体系。该法适用于反应活性较差的体系,且生成的 PI 在聚合的温度下可溶。两步法是二胺和二酐在极性非质子溶剂中先缩聚生成聚酰胺酸(PAA),然后进行热脱水环化或化学脱水环化,得到 PI 溶液或粉末。

PI 具有多种加工工艺,如将 PAA 或 PI 溶液流延成膜、旋涂或丝网印刷;利用熔融加工方法进行热压、注塑、挤出等成型;还可溶液纺丝或熔融纺丝等。

3. 不同单体对聚酰亚胺性能的影响

PI 的性能受单元结构、分子量及分布、聚集态等制约。分子量及分布与制备过程有关,聚集态结构受合成方法、加工工艺及材料形成的热历史影响。加工工艺相同时,单元结构直接决定其性能的优劣。

当分子链刚性增大、分子链间相互作用力增大时,PI 的力学性能、热性能和尺寸稳定性能增加；当分子链中引入—O—、—SO—、—CO—等桥联基团时，PI 依然具有较高的热稳定性能，但耐热性能略有下降；当引入脂肪直链结构时热稳定性、力学性能及尺寸稳定性能均明显下降；当引入具有空间效应和对溶剂具有亲和性的结构（如引入含氟、硅、磷基团或减少羟基）或打乱分子链的有序性和对称性使得聚合物结构松散（如引入桥联基团、大侧基、圈形结构、非对称单体或共聚）可明显增加聚合物的溶解性能；异构结构 PI 较传统 PI 具有更高的热性能、机械性能、电绝缘性能和溶解性能。Tamai 等、Numata 等和 Ding 等研究了 PI 结构对玻璃化转变温度、尺寸稳定性和溶解性的影响[15-17]。

4. 制造聚酰亚胺隔膜的难点

PI 隔膜的制备方法有相转化法、引入成孔剂法、离子模板法、熔吹法、静电纺丝法，还有将 PI 与普通隔膜复合制备复合隔膜等方法。

前三种方法得到的隔膜的孔容易塌陷、孔分布不均匀、隔膜质地不均匀，隔膜的耐热性能和力学性能较差，且不适合工业化生产。

熔吹法要求 PI 具有良好的熔融流动性能，这对 PI 结构以及设备的耐温性均提出了很高的要求，目前能应用此法的 PI 种类不多。复合法可显著提高隔膜的耐热性能，但碍于 PI 的热亚胺化温度较高很难与其他材料复合后实施热亚胺化。总体来讲制备 PI 隔膜存在如下难点：隔膜孔洞的均匀性及孔径大小；隔膜的拉伸强度高；热亚胺化温度高；成本较高。

电纺是一个制备 PI 多孔膜易操作可行、低成本的工艺。该法制备的隔膜孔隙率高、孔隙均匀，而且离子电导可通过调节纤维直径得到调控。结合电吹工艺、特殊的接收装置或调节聚合物结构使其发生高度取向等手段弥补了电纺纤维膜力学性能较差的缺点。图 3.8 是电纺 PI 纤维膜的 SEM 图像。

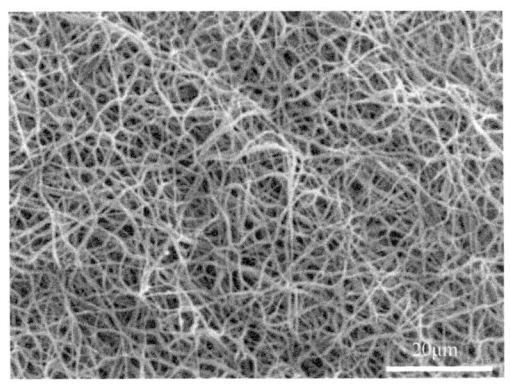

图 3.8　电纺 PI 纤维膜的 SEM 图

5. 高性能的聚酰亚胺锂离子电池隔膜

美国杜邦公司、中国科学院以及国内少数公司曾开展 PI 锂离子电池隔膜的研发及产业化工作。

曾有媒体发布消息称杜邦公司有产业化 PI 隔膜的计划，但在随后的几年中没有进一步的报道。根据当时的网络资讯，杜邦公司的 PI 隔膜是纤维形态，纤维直径约为 1μm，隔膜产品应用于混合动力汽车和电动汽车的电池，提高了电池的安全性和容量发挥，使电池寿命延长。当时，杜邦在韩国的工厂生产的 PI 隔膜售价折合人民币高达 80 元/m^2，但禁止对中国销售。当然，脱离了需求量谈价格并没有太大的意义。小批量制造 PI 隔膜的成本很高，这一价格并不算贵。

中国科学院理化技术研究所采用电纺工艺制备含苯并咪唑结构的 PI 隔膜，纤维直径为 200～500nm，平均孔径在 1～2μm，具有超高的耐热性能和高温尺寸稳定性能。电纺膜是由纳米纤维多层叠加形成的，在 30～40μm 的厚度范围内孔隙率很高、平均孔径偏大，不宜直接作为电池隔膜使用。PI 纳米纤维膜在经过热压和后续孔隙调控的处理后，才会成为性能可靠的高热阻电池隔膜。

PI 隔膜良好的耐热性和阻燃性可有效提高锂电的安全特性，并有可能提升锂离子电池的倍率性能和循环寿命。PI 隔膜与商品化的 PP/PE/PP 隔膜部分性能的对比在表 3.3 中给出。PI 隔膜能真正实现商品化并被广泛接受，取决于制造效率的提高和对成本的控制。

表 3.3　PI 隔膜与 PP/PE/PP 隔膜性能对比

隔膜	T_m 或 T_g/℃	孔隙率/%	热收缩率/%	离子电导率/(mS/cm)
Celgard 2340	<175	45	7（90℃，MD）	<1.0
中科院理化所 PI	>500	50～60	0（350℃）	8.3
江西先材 PI	>500	90	0（350℃）	—

注：电解液 1.1mol/L LiPF$_6$；EC：DEC：DMC = 1：1：1。

3.4.6　其他材料的隔膜

1. 纤维素隔膜

中国科学院青岛生物能源与过程研究所崔光磊研究小组采用纤维素和聚磺酰胺（PSA）混合物（3：1，质量比）的悬浮液为原料，经搅拌分散、研磨成纤后进造纸机制成纤维素/PSA 湿膜，再经干燥、热压和真空干燥等处理工艺制成复合膜。该复合膜的孔隙率可达 60%，吸液率为 260%，界面电阻图显示纤维素/PSA 复合物与锂片之间的界面电阻显著低于 PP 与锂片之间的电阻，表明它与电极材料之间良好的界面相容性。将纤维素/PSA 复合膜与 PP 隔膜分别制成电池对比其循环性能,纤维素/PSA 复合膜电池的容量保持率明显高于 PP 隔膜电池。该研究小组的另一项研究是醋酸纤维素/PVDF-HFP 复合膜。先以醋酸纤维素的 DMAc 溶液电纺形成纳米纤维膜,再将得到的薄膜在 2% PVDF-HFP 丙酮溶液中浸涂,经后处理得到醋酸纤维素/PVDF-HFP 复合膜产品。该产品同样具备良好的亲液性、热稳定性和较高的离子电导率。

2. 聚苯醚/SiO_2

其他作为高温稳定隔膜材料体系的还有聚苯醚/SiO_2 复合物,其耐受温度达到 250℃,在电池测试中体现出较好的循环性能和倍率性能。

3.4.7 凝胶隔膜

凝胶隔膜也称为凝胶聚合物电解质,它是由聚合物基体、增塑剂以及锂盐形成的凝胶态体系。凝胶聚合物电解质具有液体电解质体系中的隔膜与离子导电载体的功能。聚合物需要成膜性好、电化学性能稳定,在凝胶聚合物电解质中主要起骨架支撑作用。常见的聚合物主要有聚醚系(主要为 PEO)、PAN 系、PMMA 系、PVDF 系、聚偏氯乙烯(PVC)等。将聚合物与溶剂和锂盐混合形成均匀高黏度的液体,然后用溶液浇铸的方法成膜,其电导率通常为 $0.1 \times 10^3 \sim 1 \times 10^3$ S/cm。该类隔膜在电池应用中的安全性高于 PE 隔膜和 PP 隔膜。

例如,将纤维素纳米纤维在异丙醇和水的混合溶剂中制成悬浮液,利用异丙醇使纤维素分散而水使纤维素紧密堆积的特性,通过改变异丙醇和水的比例来改变纤维之间的距离,从而达成调节纤维素纳米纤维膜孔隙率的效果。这种材料用作锂离子电池隔膜,具有很好的电解液亲和性及良好的热稳定性。又如,以甲基纤维素作为凝胶聚合物电解质的聚合物主体,该电解质膜显示出优异的机械稳定性和热稳定性,离子电导率约为 0.20×10^{-3} S/cm。

3.5 制膜工艺方法

本节介绍几种主要的隔膜制造方法,包括 PP 隔膜、PE 隔膜、无纺布复合膜和纳米纤维膜等。因为 PP、PE 隔膜是目前电池制造采用的主流材料,我们将在第 6 章聚烯烃隔膜的制造中专题讲述;另外,关于无纺布复合膜制造的内容也将在第 9 章新型复合隔膜的设计与制造中重点讲解。所以,上述内容在本节仅做简要的概念讲解。

3.5.1　PP 的干法制膜

因为目前主流的 PP 微孔隔膜制造工艺不使用溶剂，所以这一方法被通俗地称为"干法"。一般地，PP 原料经熔融挤出后经铸片成膜，并在一定的温度程序及拉伸程序控制下拉制成膜。在拉制过程中，PP 膜中的非晶区部分破裂形成孔隙；被拉制成预定厚度后，薄膜再经过热定型处理收卷成为产品。

干法制膜工艺需要通过对温度、拉力、时间的设定来控制 PP 膜相态、结晶、厚度以及内部应力的变化；生产工艺和原料分子量分布的差异对隔膜的成型以及性能会产生较大的影响。干法工艺包括以下几种不同的形式：

（1）吹膜/单向拉伸：主要的工艺特点是将多层吹制成的膜复合成一层，再经 MD 方向的拉伸完成造孔。

（2）铸片/单向拉伸：主要的工艺特点是将铸成的厚片经 MD 方向的拉伸完成造孔。

（3）分步双向拉伸：主要的工艺特点为原料中需要加入具有成核作用的 β 晶改进剂。铸片后经 MD、TD 方向的拉伸完成造孔。

干法工艺设备的车速较低、生产效率不高，生产企业常采用叠层拉伸的方法弥补生产效率的不足。在拉伸结束后再将复合层剥离分开，因此生产工艺是分段的。

3.5.2　PE 的湿法制膜

PE 隔膜制造的工艺中要将 PE 原料与石蜡油混熔，在铸片并拉制后需要用溶剂将残留在 PE 膜内部的石蜡油萃取除去，所以称为"湿法"。湿法工艺主要包括混料、熔融挤出、铸片、在一定温度及拉伸程序控制下的双向拉制、萃取、干燥、热定型、收卷等步骤。石蜡油在铸片、拉伸时逐步与 PE 发生相分离并在萃取工序中被洗脱。生产工艺的差异以及 PE 原料分子量的分布对隔膜的成型和性能有较大的影响。按纵向和横向拉伸的时间差异，湿法工艺可分为以下两类。

（1）同步双向拉伸工艺：主要工艺特点是纵向拉伸与横向拉伸同步进行。铸片后的纵向与横向拉伸在夹具的牵引下由夹具间距的增大与轨道变宽同步完成。以同步双向拉伸工艺制造的 PE 隔膜微孔结构均匀，优于分步双向拉伸工艺制造的隔膜。

（2）分步双向拉伸工艺：主要工艺特点是先进行纵向拉伸再进行横向拉伸，拉伸在夹具的牵引下完成。因为纵向与横向的拉伸分步进行，产品的微观结构不如同步拉伸的产品均匀，会产生典型的树枝状结构。

3.5.3 布鲁克纳的半干法制膜

布鲁克纳的半干法制膜（Evapore®）工艺是德国布鲁克纳机械有限公司（Brückner Maschinenbau GmbH & Co. KG）研发并取得专利的一种创新的半干法工艺。这部分内容将在 6.2.4 节中详细描述。

3.5.4 无纺布复合膜

无纺布复合隔膜的制造工艺主要包括：制浆（制备无机陶瓷颗粒的悬浮浆料）、浸涂、干燥、固化等环节。无纺布可以选用孔隙分布和厚度均匀的 PET、PP、PP-PE 无纺布。但是，仅经过一次浸涂制成的复合膜存在大孔缺陷的概率很高的问题。因此，在复合膜的结构设计中必须设置增强层，在工艺中需要有热固化或光固化的环节。

3.5.5 静电纺丝技术制纳米纤维膜

静电纺丝技术从被发明至今已有近九十年的历史，经过科学家和工程技术人员的不断努力，静电纺丝的设备已经从原理装置发展到可以进行工业化生产的水平（图 3.9 和图 3.10）。

如图 3.9（a）所示，静电纺丝的原理装置非常简单。很多研究纳米纤维材料的高校和研究院所都有类似的简易装置。虽然经过一定的改造它可以用来制备各种各样的纤维材料，但效率非常低，不可能在生产中得到应用。但技术人员创新的热情和天才的设计往往能给一些旧技术赋予新的生命力。捷克人发明的"纳米蜘蛛"就是一项静电纺丝领域的天才设计。图 3.9（b）是"纳米蜘蛛"的第二代产品，在第一代产品的基础上进化而来。这一代产品以金属丝替代针状喷头，以移动的滑块不断给金属丝补充液体原料。这样，电纺在金属丝上的无数个液滴上进行，效率大幅提高。不过，这一设计也有不足：供液不连续，产物要从喷头上方收集。

高效静电纺丝技术是中国科学院理化技术研究所发明的经纬双向静电纺丝技术[18]。在保留针式喷头设计的同时，它采用了喷头的集成和程序组控技术，使纳米纤维膜的制备效率达到生产应用的水平。应用该技术，北京首科喷薄科技发展有限公司于 2011 年制造了世界首条经纬双向纳米纤维膜中试生产线（图 3.10）。

应用静电纺丝技术，可以将一些可溶性的高分子材料制成高孔隙率的纳米纤维隔膜，解决了很多材料造孔难的问题。另外，该技术更适合用于复合隔膜功能层的制备，如 PVDF 功能层。一些电池制造企业有在隔膜两侧涂覆 PVDF 的需求，同时要求严格控制水分的残留量。水性浆料分散 PVDF 微球的体系和涂覆方法就不能满足上述要求。而电纺 PVDF 形成纳米纤维膜涂层就是一个很好的解决方案。

图 3.9 （a）静电纺丝原理装置；（b）第二代"纳米蜘蛛"电纺装置

图 3.10 世界首条经纬双向纳米纤维膜中试生产线：全景图（a）和喷头组（b）

现在，静电纺丝技术被视为一种能够实现材料结构设计的制造手段，它赋予材料高比表面积、大孔隙率、可调的化学性质和结构特性[19]。

新型的隔膜材料需要满足以下几方面的要求：高温条件下形态稳定的材料体系、较强的吸液能力、三维立体结构的孔隙结构，从而保证电池的安全性和性能发挥。应用静电纺丝技术可以容易地选择不同的高分子材料的溶液或熔体、变化各种填充颗粒、选择受热稳定和机械强度好的基材、以工艺参数调节纳米纤维的形态和孔隙率的大小。电纺膜的天然特性是孔隙率高、具有 3D 立体孔隙结构，以适当的后续工序处理可以得到性能优异的隔膜产品。

适合电纺工艺条件用来制造锂离子电池隔膜的材料主要有 PVDF、PVDF-HFP、PAN、PMMA、PAA、可溶性 PI 等及上述材料与一些具有体系增强特性材料的复合物。PVDF 及其共聚物是一类在锂离子电池体系中不可或缺的重要材料,以 PVDF 为基础材料和其他辅助材料制成的原料经静电纺丝工艺制成纳米纤维隔膜,与电解液的亲润性良好,与正极片、负极片之间可以形成良好的界面,具有很好的相容性。纳米纤维膜的高孔隙率和由超细纤维反复交织形成的 3D 孔隙结构十分有利于电解液的吸收和保持。因此,纳米纤维隔膜电池在测试中显示更小的内阻,表现出优异的循环性能(较 PP/PE/PE 隔膜电池提高 20%~30%)和突出的倍率特性,如图 3.11 所示。

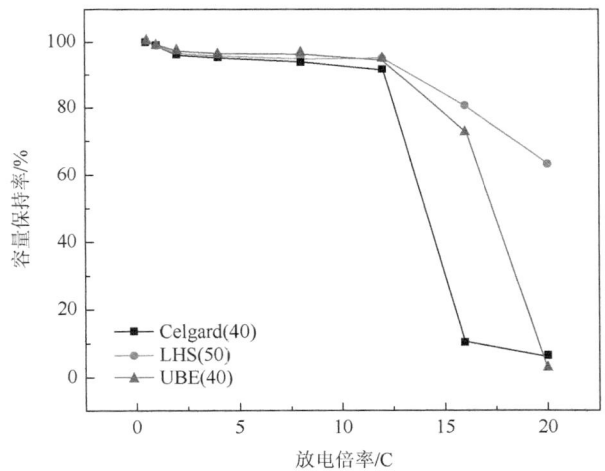

图 3.11 纳米纤维隔膜电池(LHS)与 PP/PE/PE 隔膜(UBE)电池倍率性能的比较

采用纳米纤维隔膜的电池通常显示出比聚烯烃隔膜电池更高的安全性。均匀吸收的电解液降低了电极部分区域极化、析出锂枝晶的风险,非直通的孔隙可以阻断枝晶的生长。以 PVDF 复合材料体系制造的纳米纤维隔膜,由于 PVDF 部分结晶的特性,非结晶区域在电解液中稍有溶胀,一定程度上体现类似凝胶电解质的特性,所以这类隔膜具有更高的安全性。

3.6 隔膜涂覆和多层功能化

应用的需求不断推动电池性能的提升,如今单组分均一结构的隔膜已很难满足高性能电池制造的需要,保证电池的安全性、保证电池性能的充分发挥、尽量使制造工艺保持简单可行,高品质的隔膜制造需要考虑的不仅是材料和工艺,还需要从源头做好隔膜的结构设计。

复合膜的出现是基于对隔膜机械强度和热稳定性提升的需求。掌握成熟双向同步拉伸工艺的企业可以制造出 6μm 厚的 PE 微孔隔膜。降低膜厚是隔膜发展的趋势之一,对电池企业来说这意味着可以为电池节省有限的空间以装进更多的电极材料并且降低电池内阻;对隔膜企业而言可以提高生产的效益。但是较小的膜厚对应着相对较高的刺穿风险和较低的热稳定性。因此,在聚烯烃微孔膜的表面做陶瓷颗粒的涂层是一种在业内容易被接受的隔膜强化方式,在后续章节中我们将进一步讨论。以其他不同材料进行多层的复合,如无机颗粒与无纺布基膜的复合、高分子凝胶与其他材料无纺基膜的复合等,也是近期隔膜研究的热点。

在 PP、PE 隔膜表面增加高分子涂层,一般出于以下三种考虑:为隔膜增加 Shutdown 功能,改善对电解液的亲润性,或是提高材料的耐温性能或阻燃性。

3.6.1 高分子涂层

因为 PE 的熔点更低,所以在 PE 表面涂层的研究多于在 PP 表面增加涂层。用作涂层的高分子材料除了要满足电池材料需要具备的各种物理、化学特性之外,它还需要有可涂布的特性,或者说可以找到适合的涂布方法。在涂布之后,涂层本身应形成一定的孔隙结构,同时不能阻塞聚烯烃隔膜原有的孔隙。形成复合膜的孔隙率的计算应适用乘法规则,即由聚烯烃薄膜的原有孔隙率乘以涂层自身的孔隙率得到。

图 3.12(a)显示的是采用狭缝转移涂布法在 PP 表面涂布高熔点的高分子材料后的效果;图 3.12(b)是采用 D 棒涂布法在 PP 表面涂覆 PVDF 材料后的效果。增加涂层后,复合膜的破膜温度达到了 200℃以上,同时亲液性明显提高。

(a)

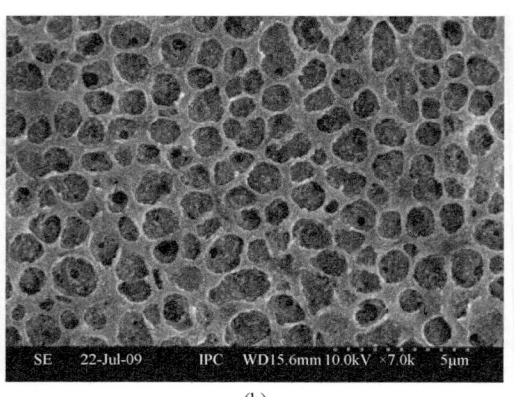
(b)

图 3.12 表面涂覆不同改性材料的 PP 隔膜的 SEM 图像

2009 年 Kim 等研究在 PE 隔膜表面涂覆聚乙二醇二甲基丙烯酸酯（PEGDMA）使复合膜的破膜温度提高到 155℃。在后续的研究中，他们进行以 PEGDMA/SiO_2 颗粒的复合物在 PE 隔膜表面复合的研究工作，PEGDMA/SiO_2 不但停留在 PE 的表面，而且通过表面的微孔渗入到孔隙结构之中，使复合膜的破膜温度提高到了 170℃，同时发现复合膜的透气性比 PE 隔膜有所降低。

3.6.2 纳米陶瓷涂层

Tsai 等用纳米 SiO_2 颗粒的分散液浸泡经表面等离子处理后的 PP/PE/PP 隔膜，SiO_2 纳米粒子在薄膜的表面及微孔内吸附形成纳米颗粒复合膜。与参比的 PP/PE/PP 隔膜相比，该复合膜显示出更好的润湿性，在电池应用中使电池具有更好的循环性能。

在聚烯烃微孔膜，特别是 PE 膜表面涂覆纳米陶瓷颗粒来提高隔膜热稳定性被视为一种可行的方法，得到深入的研究并迅速形成了产业化技术（图 3.13）。

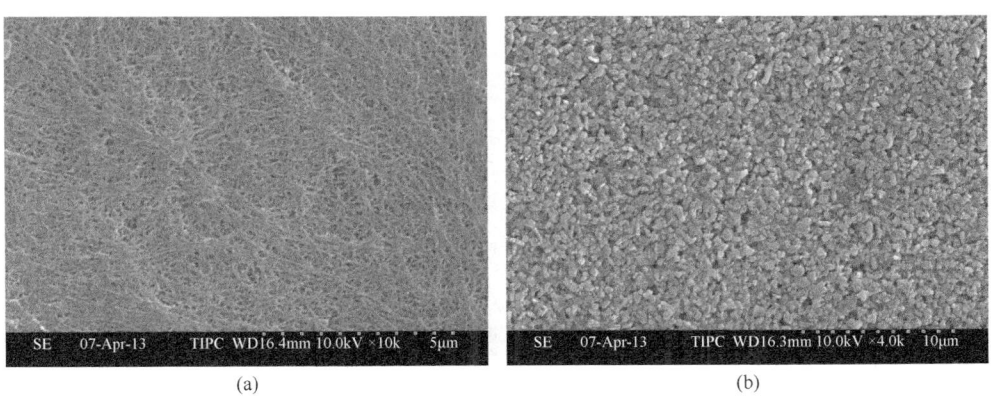

(a)   (b)

图 3.13　同步双向拉伸的 PE 隔膜（a）和表面涂覆陶瓷颗粒的 PE 隔膜（b）的 SEM 图像

虽然涂层干厚度为几微米的涂布技术有多种，但是业内对微凹转移涂布的方式情有独钟。这一技术最早由日本富士机械制造株式会社推出（图 3.14），目前国内广东、江苏的一些企业也可以提供功能相近的设备。

制造高温稳定的纳米纤维隔膜有两个基本途径，一是采用熔点在 200℃以上的可溶高分子材料电纺成膜，如聚酰胺酸或可溶性 PI 等；另一个是采用耐高温材料的无纺布作为基材与其他材料的电纺膜复合。聚酰胺酸电纺成膜后需要进行后续的热亚胺化处理，高温基材与其他材料电纺膜的复合需要生产工艺上的更多保证。图 3.15 为应用 PET/纳米纤维复合隔膜的电池通过安全测试的图片。测试项目是 180℃热箱实验和针刺实验。

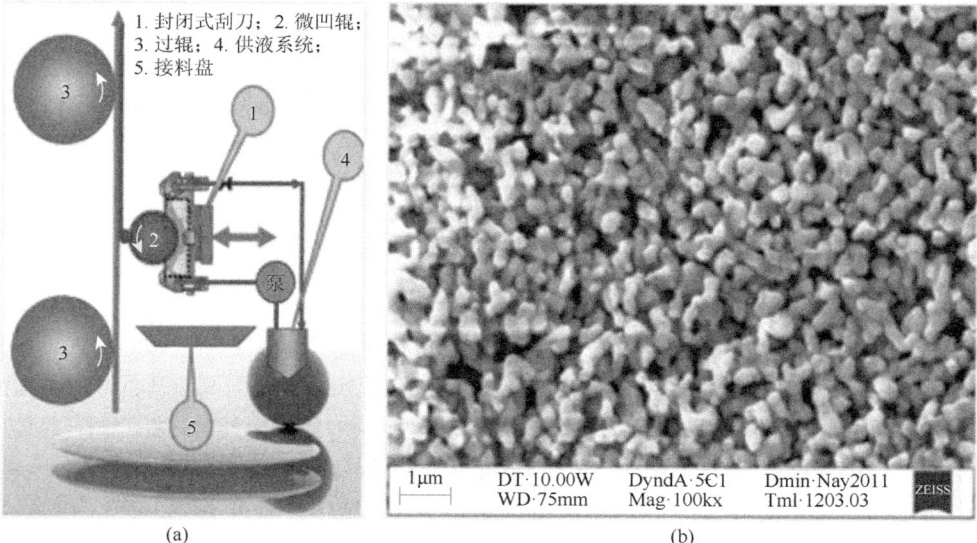

图 3.14　富士机械微凹涂布技术示意图（a）及涂布陶瓷颗粒效果（b）

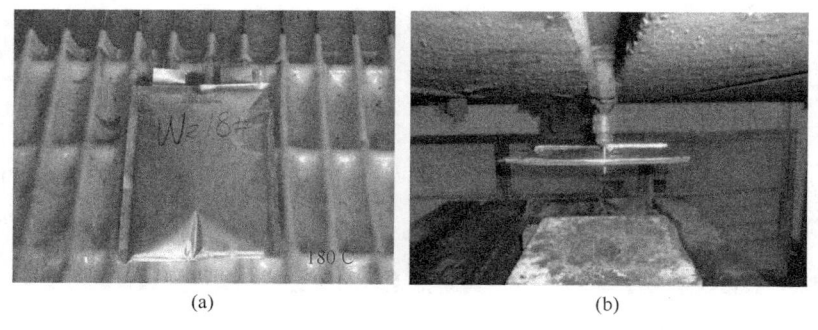

图 3.15　PET 基纳米纤维复合隔膜电池的安全性实验：180℃热箱实验（a）和针刺实验（b）

3.7　隔膜其他性能的提升

　　锂离子电池隔膜的性能主要体现在离子电导率、热稳定性及机械强度三个方面，目前的研究也正是基于以上三个性能的改善与提高上进行的。提高锂离子电池隔膜离子电导率的方法很多，使用与电解液浸润性好且介电常数高的聚合物材料；提高隔膜材料的孔隙率和控制孔径及其分布；无机纳米粒子与聚合物材料复合等。其中采用无机纳米颗粒与聚合物材料复合由于分散的无机微粒对有机溶剂具有一定的亲和性，可以起到稳定溶剂的作用，高比面积、高吸附性的 SiO_2 又可使电解质膜保持电解液的能力增强，从而提高了体系的电导率和电解质膜与电极之间的界面稳定性。这些性能的改善与无机纳米粒子的粒径和无机纳米粒子的种类有关。Zalewska 研究了粒径大于 500nm 和粒径为 100nm 两种 SiO_2 改性前后对 PVDF-HFP 凝胶电解质膜的电化学性能的影响，采用改性后的微米级 SiO_2 粒子填充之后，锂离子迁移数由 0.21 增大至 0.36，而电解质膜与电极之间的界面电阻由 80000Ω/cm 降至 500Ω/cm。

Raghavan 等研究了 SiO_2、Al_2O_3、$BaTiO_3$ 填料对 PVDF-HFP 基电解质性能的影响，当填料的含量为 6wt% 时，以 $BaTiO_3$ 为填料得到的 PVDF-HFP 基电解质的室温电导率最高为 7.21×10^{-3}S/cm，拉伸强度为 12.5MPa，断裂伸长率为 58%。

Kim 采用浇铸法制备 TiO_2/PVDF-HFP 聚合物电解质，研究了 TiO_2 含量对复合膜电导率的影响，TiO_2 含量为（聚合物 + TiO_2）总量的 50% 以下、厚度为 36～50μm 时，在 1mol/L $LiClO_4$/EC/DMC 中室温下的电导率为 2.8×10^{-3}S/cm，在 1mol/L $LiPF_6$-EC-DEC 中室温下的电导率为 8×10^{-3}S/cm。

在提高隔膜材料的高温稳定性方面常采用耐高温的聚合物材料为支撑层，在其上涂覆或纺丝制备一层隔膜材料而得到复合膜。Choi 采用浸涂法制备了 SiO_2/PVDF-HFP/PET 复合膜，研究了 40nm 和 500nm 两种粒径的 SiO_2 对复合膜性能的影响。复合膜在 150℃@0.5h 时几乎无收缩，而与 SiO_2 的粒径没有关系。但是 40nm SiO_2 纳米粒子复合膜的孔隙率为 61.2%，平均孔径为 133nm，电导率为 0.91×10^{-3}S/cm，而 500nm SiO_2 纳米粒子复合膜的孔隙率为 44.7%，平均孔径为 201nm，电导率为 0.66×10^{-3}S/cm，粒径小的 SiO_2 的引入使隔膜/电极之间的界面稳定性提高，与电解液的润湿性增强且电导率提高。

Choi 采用 PET 无纺布作为支撑层，在 PET 表面浸涂一层 PVDF-HFP/SiO_2 溶液，当 SiO_2/PVDF-HFP 为 90/10 时，Gurley 值为 41s，150℃@0.5h 的热收缩率几乎为 0%，而 PE 膜在此条件下热收缩率为 94%。

Lee 在 PE 隔膜双面涂覆聚（4-苯乙烯磺酸）锂盐和 Al_2O_3（粒径 2～4nm）纳米粒子，在提高 PE 隔膜热稳定性的同时离子电导率也得以提高，105℃@1h 时 PE 隔膜的热收缩率为 13.8%，而复合膜的热收缩率为 3.8%，离子电导率从 2.5×10^{-4}S/cm 提高至 7.6×10^{-4}S/cm。Choi 在 PE 隔膜上涂覆 PVDF-HFP/Al_2O_3 溶液，膜的孔隙率和电导率及耐热性都有很大的提高，相应的电导率由 4.95×10^{-4}S/cm 提高至 7.19×10^{-4}S/cm，140℃@0.5h 时 PE 膜收缩 94%，而涂覆膜之后收缩为 74%。

Nho 在 PE 隔膜上通过电子束辐照交联 PVDF-HFP/PEGDMA 得到复合隔膜材料，提高了 PE 隔膜的离子电导率和高温稳定性。当湿度为 50%，PVDF/HFP-PEGDMA 比例为 8/2，电子束辐照剂量为 50Gy 时，复合隔膜材料在 $LiClO_4$-EC-DEC 中的电导率为 3.2×10^{-4}S/cm，150℃@1h 时热收缩率由 76% 降低至 25%。

3.8 挑战与前景

应用的高要求给锂电材料的发展带来巨大的压力,同时也带来空前的机遇。高功率、高能量的电池体系需要高安全性和高品质的隔膜材料。更新换代是事物发展的必然规律,传统材料面临改进的压力和新材料的挑战。有机/无机纳米颗粒复合材料、聚酰亚胺、芳纶、纤维素等耐高温材料将是新型隔膜研发的重点。除新材料以外,我们更应关注实用化的生产新工艺和关键生产设备的发展。没有相关工艺和设备的保证,新材料也难以实现产品化并成功走向应用。材料的突破会将市场的前景早日变为现实,纳米材料和具有纳米结构的材料以及实用的纳米技术将为我们带来希望。

参 考 文 献

[1] 王畅,吴大勇. 锂离子电池隔膜及技术进展[J]. 储能科学与技术,2016,5(2):120-128.

[2] 操建华,吴敏,吴大勇,等. 锂电隔膜研究及产业技术进展[J]. 中国科学:化学,2014,44(7):1125-1149.

[3] Arora P,Zhang Z M. Battery separators[J]. Chem Rev,2004,104:4419-4462.

[4] Zhu Y,Wang F,Liu L,et al. Cheap glass fiber mats as a matrix of gel polymer electrolytes for lithium ion batteries[J]. Sci Rep,2013,3:3187.

[5] Costa C M,Silva M M,Lanceros-Méndez S. Battery separators based on vinylidene fluoride(VDF)polymers and copolymers for lithium ion battery application[J]. RSC Adv,2013,3:11404-11417.

[6] Takemura D,Aihara S,Hamano K,et al. A powder particle size effect on ceramic powder based separator for lithium rechargeable battery[J]. J Power Sources,2005,146:779-783.

[7] Park J H,Cho J H,Lee S Y,et al. Close-packed poly(methyl methacrylate) nanoparticle arrays-coated polyethylene separators for high-power lithium-ion polymer batteries[J]. J Power Sources,2010,195:8306-8310.

[8] Kim M,Nho Y C,Park J H. Electrochemical performance of inorganic membrane coated electrodes for Li-ion batteries[J]. J Solid State Electrochem,2010,14:769-773.

[9] Nagai N,Ihara K,Mizukami F,et al. Fabrication of boehmite and Al_2O_3 nonwovens from boehmite nanofibres and their potential as the sorbent[J]. J Mater Chem,2012,22:21225-21231.

[10] Choi E S,Lee S Y. Particle size-dependent,tunable porous structure of a SiO_2/poly(vinylidene fluoride-hexafluoropropylene)-coated poly(ethylene terephthalate)nonwoven composite separator for a lithium-ion battery[J]. J Mater Chem,2011,21:14747-14754.

[11] Cho J H,Park J H,Kim J H,et al. Facile fabrication of nanoporous composite separator membranes for lithium-ion batteries:poly(methylmethacrylate)colloidal particles-embedded nonwoven poly(ethylene terephthalate)[J]. J Mater Chem,2011,21:8192-8198.

[12] Jeong H S,Kim J H,Lee S Y. A novel poly(vinylidene-fluoride-hexafluoro propylene)/poly(ethyleneterephthalate) composite nonwoven separator with phase inversion-controlled microporous structure for a lithium-ion battery[J]. J Mater Chem,2010,20:9180-9186.

[13] 徐又一，徐志康. 高分子膜材料[M]. 北京：化学工业出版社，2005.

[14] Cheng C L, Wan C C, Wang Y Y. Microporous PVDF-HFP based gel polymer electrolytes reinforced by PEGDMA network[J]. Electrochem Commun，2004，6：531-535.

[15] Tamai S，Yamaguchi A，Ohta M. Melt processible polyimides and their chemical structures[J]. Polymer，1996，37：3683-3692.

[16] Numata S，Fujisaki K，Kinjo N. Re-examination of the relationship between packing coefficient and thermal expansion coefficient for aromatic polyimides[J]. Polymer，1987，28：2282-2288.

[17] Fang X Z，Li Q X，Wang Z，et al. Synthesis and properties of novel polyimides derived from 2,2′,3,3′-benzophenonetetracarboxylic dianhydride[J]. J Polym Sci Polym Chem，2004，42：2130-2144.

[18] 吴大勇，王海燕，操建华. 经纬双向静电纺丝制膜设备及设备的应用方法[P]：中国，200910087706.5. 2010-12-29.

[19] Jung J W，Lee C L，Yu S，et al. Electrospun nanofibers as a platform for advanced secondary batteries: a comprehensive review[J]. J Mater Chem A，2016，4：703-750.

04

锂硫电池中的隔膜

4.1 锂硫电池

锂硫（Li-S）电池是锂电池的一种，以硫为正极反应物质，锂为负极反应物质（图4.1）。通常，Li-S 电池包含正极、黏合剂、隔膜、电解质、负极和集流体。元素 S 是电池主要的正极活性材料，这与其结构和电化学性能有关。硫的环状结构包括 8 个硫原子，热力学稳定；通过 S_8 分子中的 S—S 电化学键的断裂和键合，可以实现元素 S 的高容量和充放电性能[1]。Li-S 电池的理论比容量高达 1675mA·h/g，远远高于商业上广泛应用的钴酸锂电池（＜150mA·h/g），因此在近十年得到广泛的关注。

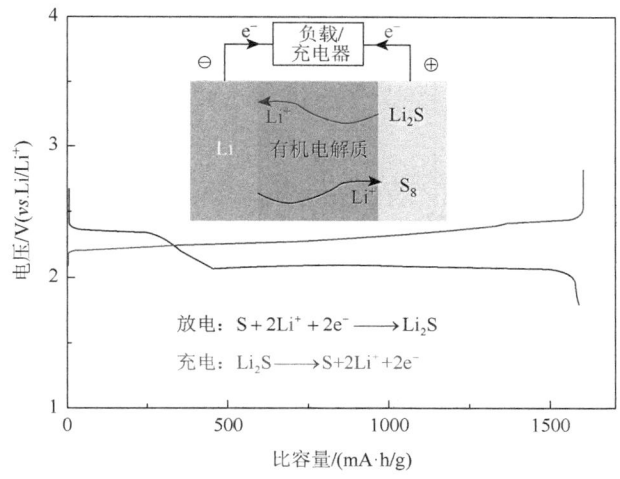

图 4.1　Li-S 电池原理示意图

4.2 锂硫电池的工作原理

Li-S 电池放电时负极反应为锂失去电子变为锂离子，正极反应为硫与锂离子及电子反应生成硫化物，正极和负极反应的电位差即为锂硫电池所提供的放电电压。在外加电压作用下，Li-S 电池的正极和负极反应逆向进行，即为充电过程。根据单位质量的单质硫完全变为 S^{2-} 所能提供的电量，可得出硫的理论放电质量比容量为 1675mA·h/g；同理可得出单质锂的理论放电质量比容量为 3860mA·h/g。

Li-S 电池的理论放电电压为 2.287V,当硫与锂完全反应生成硫化锂(Li$_2$S)时,相应 Li-S 电池的理论放电质量比能量为 2600W·h/kg[2]。

硫电极的放电和充电反应较复杂,硫电极在放电和充电反应中产生一系列中间产物(图 4.2)[3]。放电状态下,正极上的 S$_8$ 获得电子(+e$^-$)发生一系列的变化,经过中间产物 S$_8^{2-}$、S$_7^{2-}$、S$_6^{2-}$、S$_5^{2-}$、S$_4^{2-}$、S$_3^{2-}$ 变为 S^{2-} 和 S$_2^{2-}$,负极上 Li 失去电子(−e$^-$)发生氧化反应。总的反应结果为

$$S_8 \xrightleftharpoons[\text{充电: } Li_2S_8, Li_2S_6, Li_2S_4, Li_2S_3]{\text{放电: } Li_2S_8, Li_2S_6, Li_2S_4, Li_2S_3} Li_2S_2 / Li_2S$$

$$S_8 + 16Li \longrightarrow 8Li_2S$$

反应物				Li$_2$S$_8$ 的形成 反应 ⟶				产物
S$_8$	S$_8^-$	S$_8^{2-}$	2Li$^+$	Li$_2$S$_8$	Li$_2$S$_8^{2-}$	2Li$^+$	Li$_2$S$_7$	Li$_2$S
				Li$_2$S$_8$	Li$_2$S$_8^{2-}$	2Li$^+$	Li$_2$S$_6$	Li$_2$S$_2$
				Li$_2$S$_8$	Li$_2$S$_8^{2-}$	2Li$^+$	Li$_2$S$_5$	Li$_2$S$_3$
				Li$_2$S$_8$	Li$_2$S$_8^{2-}$	2Li$^+$	Li$_2$S$_4$	Li$_2$S$_4$
				Li$_2$S$_7$	Li$_2$S$_7^{2-}$	2Li$^+$	Li$_2$S$_6$	Li$_2$S
				Li$_2$S$_7$	Li$_2$S$_7^{2-}$	2Li$^+$	Li$_2$S$_5$	Li$_2$S$_2$
				Li$_2$S$_7$	Li$_2$S$_7^{2-}$	2Li$^+$	Li$_2$S$_4$	Li$_2$S$_3$
				Li$_2$S$_6$	Li$_2$S$_6^{2-}$	2Li$^+$	Li$_2$S$_5$	Li$_2$S
				Li$_2$S$_6$	Li$_2$S$_6^{2-}$	2Li$^+$	Li$_2$S$_4$	Li$_2$S$_2$
				Li$_2$S$_5$	Li$_2$S$_5^{2-}$	2Li$^+$	Li$_2$S$_4$	Li$_2$S
				Li$_2$S$_5$	Li$_2$S$_5^{2-}$	2Li$^+$	Li$_2$S$_3$	Li$_2$S$_2$
				Li$_2$S$_4$	Li$_2$S$_4^{2-}$	2Li$^+$	Li$_2$S$_3$	Li$_2$S
				Li$_2$S$_4$	Li$_2$S$_4^{2-}$	2Li$^+$	Li$_2$S$_2$	Li$_2$S$_2$

图 4.2　Li-S 电池各种电极反应的产物

在放电过程中,Li$^+$ 从负极扩散到正极并与正极材料发生反应;同时,电子通过外部电路流动而传递能量。在充电过程中,Li$^+$ 和电子以相反的方向返回到负极,它们通过电能的转换存储化学能。

从放电曲线(图 4.3)来看,锂硫电池存在两个放电平台,高电压平台 2.4V 左右,低电压平台 2.1V 左右,容量很高。放电过程中存在很多可溶性的中间产物,如 Li$_2$S$_8$、Li$_2$S$_6$、Li$_2$S$_4$ 等。中间产物给硫正极带来很多问题,如穿梭效应、活性物质减少的问题。而最终产物 S 是电子绝缘的,导致反应速率降低、电池倍率性能下降。S 的密度比产物 Li$_2$S 大,带来的问题就是电极体积的膨胀。

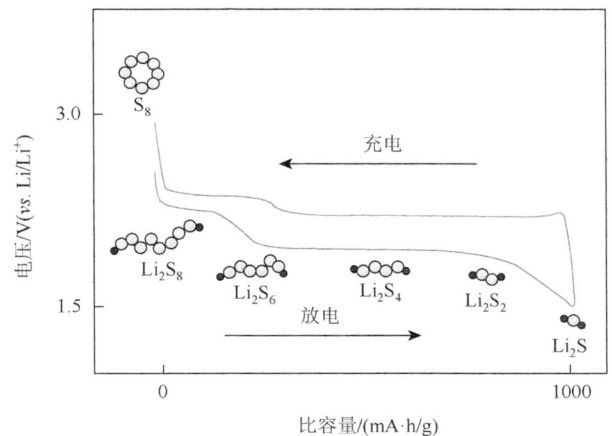

图 4.3　Li-S 电池的充放电过程示意图

4.3　锂硫电池面临的问题

（1）电子导电性和离子导电性的问题。硫在室温下的电导率极低（5.0×10^{-30} S/cm），反应的最终产物 Li_2S_2 和 Li_2S 也是电子绝缘体，不利于电池的高倍率性能。

（2）穿梭效应。中间放电产物多硫化物（PS）会溶解到电解液中，增加电解液的黏度，降低离子导电性；且多硫化物会跨越隔膜扩散到负极，与负极反应，破坏负极的固体电解质界面膜（SEI）。多硫离子能在正负极之间迁移，导致活性物质损失和电能的浪费。

（3）放电产物 Li_2S_n（$n=1\sim2$）电子绝缘且不溶于电解液，沉积在导电骨架的表面；部分 Li_2S_n 脱离导电骨架，无法通过可逆的充电过程变成硫或者是高价的多硫化物，造成容量的衰减。

（4）电极体积变化。在充放电过程中有高达 79% 的体积膨胀/收缩，导致正极形貌和结构的改变，以及硫与导电骨架的脱离，从而造成容量的衰减。

（5）锂负极容易形成枝晶。

（6）需要提高正极硫的载量。

Li-S 电池是高能量密度的电池体系，同时还具有生产成本低、相对环境友好的特点。但是 Li-S 电池要实现商业化，仍需解决以上几方面的挑战。相关的研究工作已从正极、负极、隔膜、电解液、黏合剂、导电剂、集流体等方面全面展开。

4.4 锂硫电池中应用的隔膜

与在锂离子电池中一样，Li-S 电池的隔膜也是电池的重要组成部分，起到隔离正极和负极（电子绝缘）、为锂离子迁移提供微孔通道的作用（图 4.1）。在放电过程中 Li 负极失去电子，Li^+ 穿过隔膜到达 S_8 正极；充电过程中，Li^+ 从 Li_2S 脱出穿过隔膜在负极得到电子恢复为零价的 Li。因此，Li-S 电池的隔膜也需要是绝缘材料制成的多孔膜，需要有足够的强度和柔韧性，以及对于电解液的润湿性。另外，隔膜在一定程度上抑制了多硫化物的迁移并保护电极不被破坏或失去功能。

目前使用的隔膜主要是聚烯烃薄膜，如 PP 微孔膜、PE 微孔膜和多层复合膜。应用在 Li-S 电池中，聚烯烃隔膜除了固有的问题（在高温和大电流工况下的安全性不足）以外，它不能抑制中间产物多硫化物在电池中的扩散。而这正是发展功能型 Li-S 电池隔膜的重要关切问题。

4.5 功能型锂硫电池隔膜的研究方向

研发新型 Li-S 电池隔膜的方向有两个，一个是有助于改善电池的性能；另一个是限制多硫化物在电池中的穿梭效应。

已有的工作包括基于聚烯烃隔膜涂覆改性，非聚烯烃类隔膜的研究包括 Nafion、聚丙烯腈（PAN）、聚丙烯酸（PAA）、聚偏氟乙烯（PVDF）、聚环氧乙烷（PEO）、聚甲基丙烯酸甲酯（PMMA）、聚醚酰亚胺（PEI）及其凝胶聚合物电解质等。对于各种不同的高分子聚合物材料，相应的制膜方法和设备也是需要聚焦的重要研究内容。

4.5.1 多硫化物的跨膜扩散

多硫化物能够跨过隔膜在 Li-S 电池的正极侧和负极侧迁移，这一现象已被科学家们所证实。例如崔屹于 2014 年所报道的[1]，将一个 U 形槽中间用一片 25μm 厚的聚乙烯隔膜分隔，一侧装入空白电解质，另一侧装入含 0.5mol/L Li_2S_8 的电解质。用照相机记录多硫化物穿过隔膜扩散到另一侧的情况。从图 4.4 可以清楚地看出，在计时开始之时棕红色的 Li_2S_8 被隔膜分隔在 U 形槽的一侧；随着时间的推移 Li_2S_8 逐渐进入到隔膜的孔隙中，隔膜带上棕色；时间继续延长，Li_2S_8 进而穿过隔膜扩散到 U 形槽的另一端。

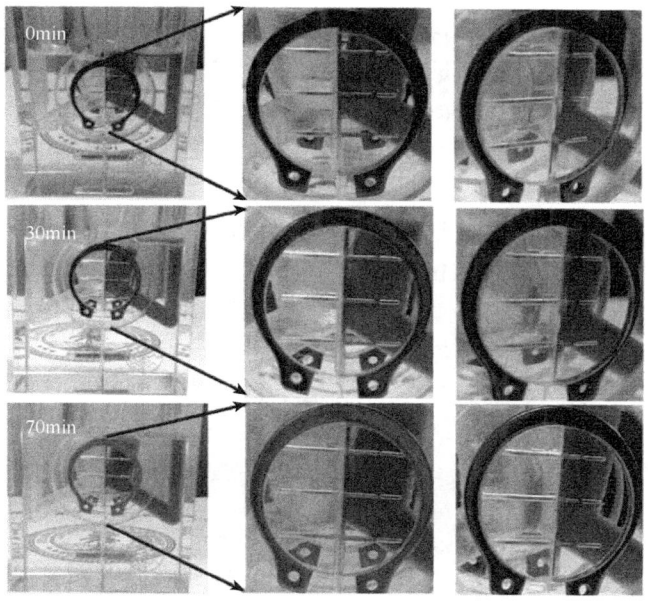

图 4.4　Li_2S_8 在电解液中的跨膜扩散[1]

4.5.2　涂层修饰的聚烯烃隔膜

多硫化物与锂负极的副反应和不可逆的分解导致电池循环过程中容量的快速衰减。涂层改性隔膜的主要设计思想是通过限制多硫化物的迁移或者捕获多硫化物来改善 Li-S 电池的循环特性。

作为聚烯烃隔膜表面修饰涂层的材料有很多，大致可以分为四类：第一类是碳材料，有报道的包括 Super P、乙炔黑、科琴黑、介孔碳、石墨烯、碳纳米管等；第二类是聚合物，代表性的有 Nafion、聚烯丙基胺盐酸盐（PAH）、聚丙烯酸、新型聚合物电解质（Li-PFSD）、多巴胺（dopamine）等；第三类是无机物，代表性的有氧化铝（Al_2O_3）、二氧化硅（SiO_2）、五氧化二钒（V_2O_5）、钛酸钡（$BaTiO_3$）、蒙脱石（montmorillonite）等；第四类是复合物，代表性的有聚乙二醇/碳、PAN/碳纳米管、PVDF/炭黑、明胶/乙炔黑、二氧化钛/石墨烯等[4]。

1. 碳材料修饰隔膜

碳材料具有良好的导电性和热稳定性，可以用于 Li-S 电池隔膜的修饰。见于报道的主要有导电碳粉（Super P、科琴黑、乙炔黑等）、碳纳米线、碳纳米管、石墨烯、多孔碳（介孔、微孔或分层多孔碳）、碳球及其混合物。

一些研究者认为，在隔膜上涂布碳层（图 4.5）可以形成一个上层集流体（upper

current collector），促进电子的转移并形成一个可以捕获（trap）多硫化物的导电网络，这样可以提高活性物质的利用率。例如，Zhang 等[5]使用导电碳粉 Super P TIMCAL 和 PVDF 制成浆料涂布在 Celgard 2320 上，并测得使用这种隔膜的电池在 0.5C 时的初始比容量为 1070mA·h/g，100 次循环后的容量保持率为 72.7%（778mA·h/g），见图 4.6。

将使用碳层涂覆隔膜的电池在循环测试后拆解，用扫描电子显微镜观察其表面，其形貌如图 4.7（a）和（b）所示。同时利用扫描电子显微镜中的 elemental mapping 功能，可以检测 S 元素在隔膜碳涂层表面的沉积和分布情况。从图 4.7（c）中可以清楚地看到 S 元素在碳层均匀地分布，说明多硫化物确实停留在碳层中。但是否可以定义为"捕获"（trap），我们认为还缺少进一步的证据。

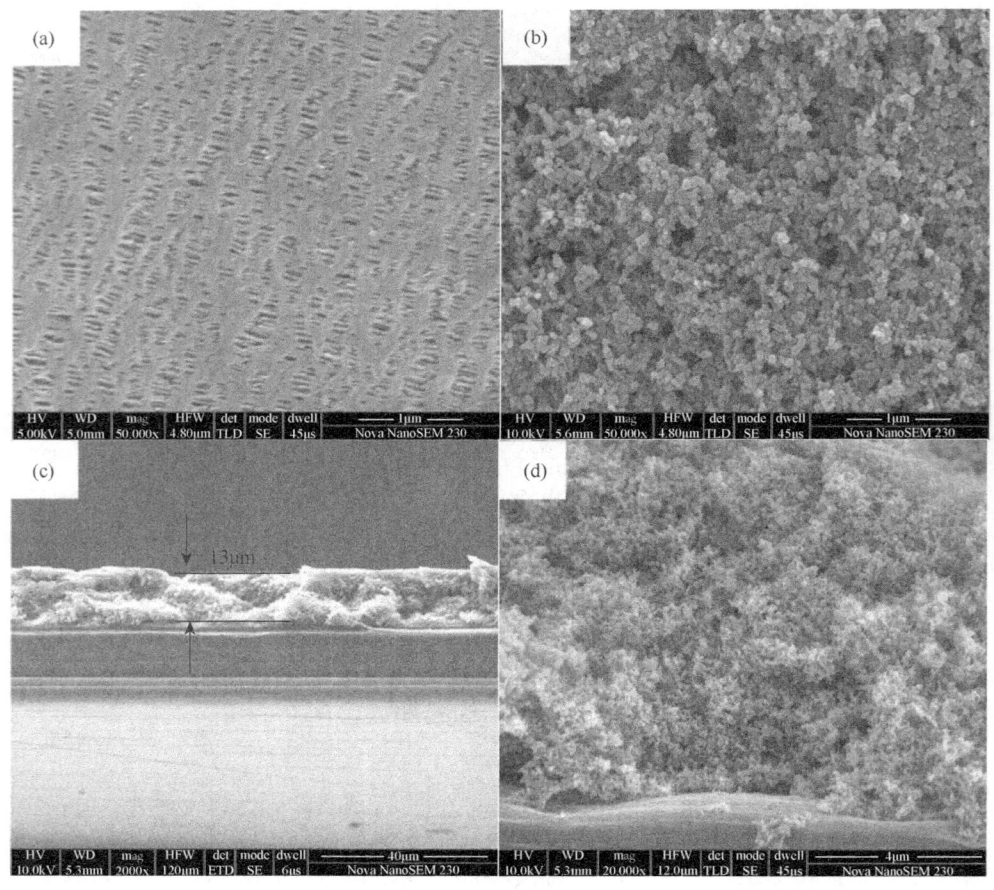

图 4.5　PP/PE/PP 三层隔膜表面涂覆碳粉的 SEM 图：（a）PP 表面；（b）碳粉层表面；（c）复合隔膜断面；（d）高倍放大的碳层断面[5]

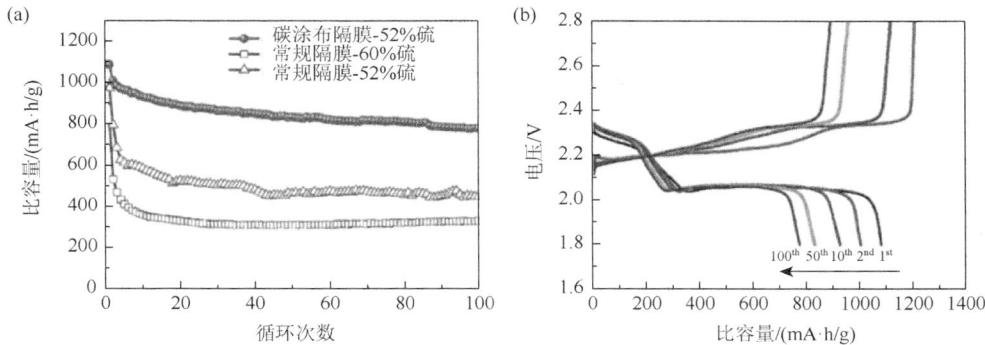

图 4.6 （a）碳涂覆隔膜电池与普通隔膜电池循环性能对比；（b）放电比容量对比[5]

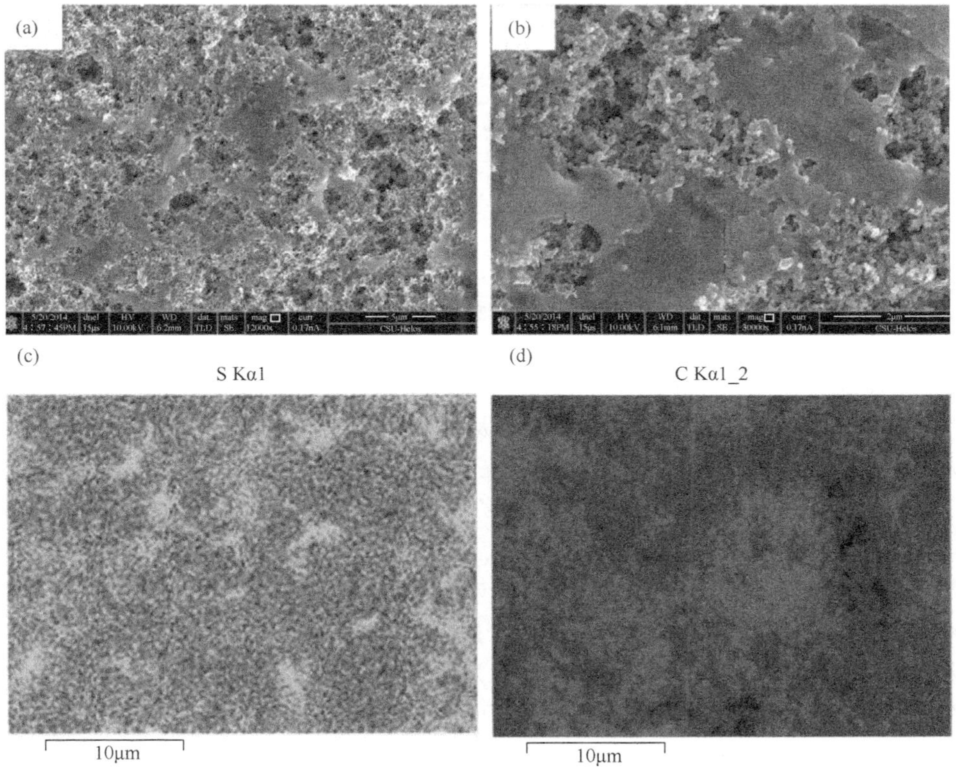

图 4.7 （a，b）碳涂覆隔膜在电池循环后的 SEM 图像；（c）表面 S 元素 mapping 图；（d）表面 C 元素 mapping 图[5]

如图 4.4 展示的多硫化物的跨膜扩散，首先多硫化物经过扩散进入隔膜的孔隙之中，然后经过进一步的扩散进入原本没有多硫化物的一侧，同时在隔膜的孔隙中保留了一定量的多硫化物。现在，碳层中的多硫化物是否还能进一步扩散我们不得而知。如果碳层真的可以捕获多硫化物，那么最后Li-S电池失效的原因会不会是隔膜的孔隙全部被堵塞？这些问题需要开展更深入的基础研究以及采用更先进的仪器分析手段去解决。但可以肯定的是，使用导电碳涂层隔膜，可以显著提高Li-S电池的比容量、循环性能和倍率性能。

为了了解碳涂层隔膜对电池电化学性能的影响，可以对电池进行电化学阻抗谱（EIS）分析。在第一次放电之前和循环之后，使用碳涂层隔膜和常规隔膜电池的奈奎斯特（Nyquist）图如图4.8所示。

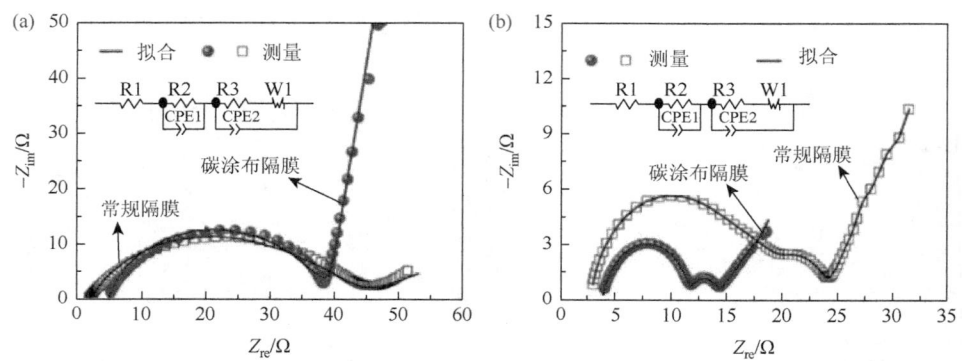

图4.8 使用普通隔膜和碳涂层隔膜Li-S电池的Nyquist图：循环前（a）和循环后（b）[5]

对于第一次放电之前的电池[图4.8（a）]，阻抗图由高频区的半圆和低频区的斜线组成。高频区的半圆对应于硫电极的电荷转移电阻（R_{ct}），低频区的斜线反映了Li离子扩散的有效质量。此外，在实轴Z上的截距对应于组合电阻R_e，它与电解质的离子电导率、正极、隔膜和负极的固有电阻以及在活性材料/集流体界面处的接触电阻相关。经过100次循环后，正极的阻抗图谱在高频和中频处出现两个半圆并在低频处出现一条斜线。高频区域的半圆对应于电荷转移电阻，中频区域的半圆对应于在电极表面形成的SEI膜的电阻（R_s）。此外，低频处的斜线反映了Li离子扩散到活性物质中的情况。为了更好地理解结果，可以建立相关的等效电路模型（图4.8中的内插图），得出的相关电阻数据列在表4.1中。

表4.1 采用不同隔膜电池循环前后等效电路中的阻抗值 （单位：Ω）

隔膜	循环前			循环后		
	R_e	R_s	R_{ct}	R_e	R_{ct}	R_s
普通	1.89	11	35	2.3	16	4.3
碳涂层	4.7	0	32.3	3.7	8	2.3

很明显，在循环之前使用碳涂层隔膜的电池的 R_{ct} 为 32.3Ω，小于使用常规隔膜电池的 35Ω。这可以归因于隔膜上的导电网络以及 PVDF-碳涂层对硫正极更好的黏附性能。循环后，使用碳涂层隔膜电池的 R_s 为 2.3Ω，小于使用常规隔膜的电池的 4.3Ω。这在一定程度上证实了碳涂层阻隔多硫化物的作用。两个电池在循环后电阻均有所降低，这是由活性物质溶解和再分布的化学活化过程所致。

同类使用碳涂层隔膜的研究还有很多，主要的结果是类似的。例如，Zhao 等[6]在隔膜上涂布一层科琴黑（KB）涂层。多孔 KB 涂层有效地阻隔了溶解的多硫化锂并起到上层集流体的作用。使用该隔膜的电池，在 0.1C 下获得了 1318mA·h/g 的初始放电比容量，在 1C 下循环 100 次后仍具有 815mA·h/g 的可逆放电比容量。

除碳粉以外，可用作涂层碳材料的还有碳纳米线、碳纳米片、碳球、碳纳米纤维、多壁碳纳米管（MWCNT）和三维（3D）碳材料。

使用工业化一氧化钛和多壁碳纳米管（如 TiO/MWCNT）对隔膜改性的研究表明，TiO 和 MWCNT 的协同作用使 Li-S 电池具有高达 1527.2mA·h/g 初始放电比容量，并且在 0.5C 下循环多达 1000 次，每个循环的衰减仅为 0.057%。同时，电池的自放电状况得到明显改善。当静止时间延长至 96h 时，电池的容量衰减仅为 12.4%[7]。

纳米线（氮掺杂）在隔膜上形成了光导层，被用作集流体并阻挡多硫化物扩散。这种结构具有快速和短距离电子传输的优异电子传导性，较大的导电表面积和氮掺杂，促进了多硫化物的物理和化学吸附，从而有效地抑制了多硫化物的"穿梭效应"（图 4.9）。带有 N-PCNW 改性隔膜的纯硫阴极具有出色的电化学性能。在 0.2C 时可获得 1430mA·h/g 的高初始放电比容量，在 0.5C 时具有良好的长期循环稳定性，每个循环的容量下降为 0.08%[8]。

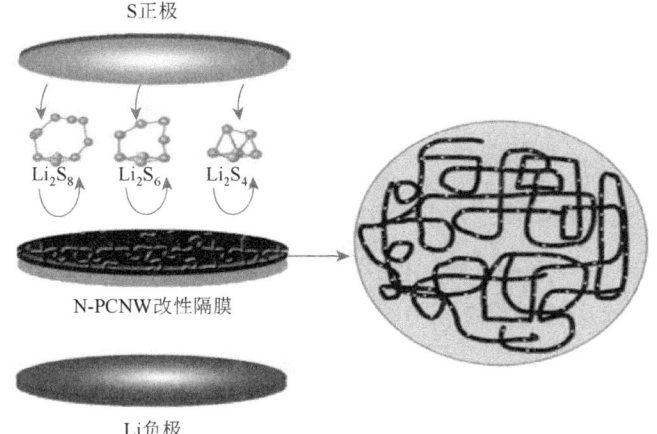

图 4.9　使用 N-PCNW 修饰隔膜的 Li-S 电池示意图[8]

Yu 等[9]制备了一种超轻的鳞片状碳涂覆 PP 隔膜（CFs@PP），该隔膜具有出色的电解液润湿性，碳材料涂层有助于减弱多硫化物在 Li-S 电池中的穿梭效应，在一定程度上抑制多硫化物的跨膜迁移。用于 Li-S 电池时，电池的初始放电比容量为 1063mA·h/g，在 0.5C 下经过 500 次循环后放电比容量仍保留在 683mA·h/g，每周的容量衰减率为 0.071%。

Kim 等[10]制备了超薄的氮和硫共掺杂石墨烯（NSG）纳米片层，并将其沉积在用于 Li-S 电池的 PE 隔膜上。这种隔膜有抑制锂金属电极上枝晶生长的作用。从图 4.10 可以清楚地看出，使用 PE 隔膜的 Li-S 电池在 200 次循环后负极长满枝晶；而使用 NSG/PE 复合隔膜后，产生枝晶的情况明显好转。

 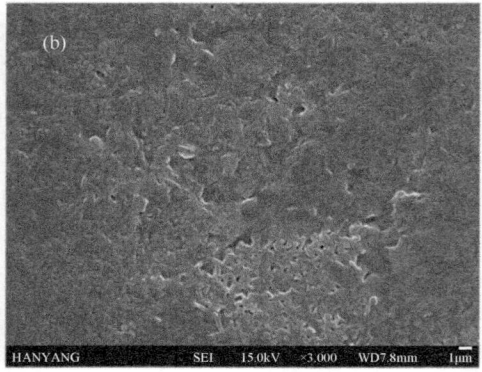

图 4.10　使用 PE 隔膜（a）和使用 NSG/PE 复合隔膜（b）的 Li-S 电池在循环 200 次后的负极 SEM 图像[10]

成会明院士课题组在 PP 膜（Celgard 2400）与正极接触一侧涂覆厚度为 30μm 的石墨烯导电涂层，利用电子迁移率高达 200000cm^2/(V·s)和电导率为 10^6S/m 的石墨烯，为电子提供丰富的活性接触点，利用石墨烯表面丰富的官能团来拦截多硫化物，改善电池循环性能。所组装的电池正极为单质 S，涂覆于石墨烯层上，负极为 Li，50 次循环后比容量为 1150mA·h/g，容量保持率为 97%。

2. 聚合物修饰隔膜

使用不同的功能高分子对聚烯烃隔膜进行表面修饰，可使隔膜具备不同的表面特性。高分子涂层需要带有孔隙结构，如微孔、介孔或者三维立体孔。同时，聚合物中可能包含多种杂原子，如氟、氧、氮、氯、硫、碘等。

Nafion 是一种全氟磺酸树脂（图 4.11），由美国杜邦（DuPont）公司在 20 世纪 60 年代末开发。Nafion 是有史以来第一种人工合成的具有离子特性的聚合物，成为一种全新的聚合物种类——离子交联聚合物。它的化学特性稳定，使用温度高达 190℃。由于磺酸基的存在，它具有很强的质子交换能力和离子导电性，可以用作阳离子交换聚合物。五十多年来，Nafion 膜和分散体为一些关键应用需求提供了解决方案，如用于燃料电池的商业化膜和催化剂层。其供应商在官方网站上对 Nafion 的描述是具有"无与伦比（unparalleled）的性能和耐用性"。

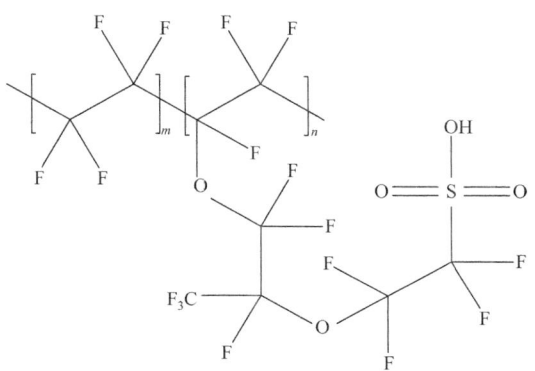

图 4.11　全氟磺酸树脂 Nafion 的分子结构

Nafion 的确是合成高分子材料历史上的一个里程碑。尤其是它在燃料电池中作为隔膜的应用，虽然存在甲醇渗透率高的问题，但至今没有更好的替代方案。Nafion 碳链上没有氢原子，全部被氟原子取代，支链全氟烷基醚的末端带有强极性的磺酸基，所以容易被强极性的溶剂（如甲醇、水）所溶胀。Nafion 溶胀之后会在主链和支链之间形成具有特殊尺寸的特殊微环境。这种特殊微环境，可以作为控制某些化学合成反应产物选择性的微反应器。

2014 年清华大学张强、魏飞等[11]设计了一种引入离子选择性膜以提高 Li-S 电池稳定性和库仑效率的策略。这里说的离子选择性膜是在 Celgard 2400 PP 隔膜上涂覆 Nafion 溶液形成的功能层。Nafion 全氟烷基醚末端的磺酸根通过大小约为几纳米的孔或通道相连接。带正电荷的物质（如 Li^+）可以经这些具有—SO_3^- 基团的通道发生离子跳跃（ion hopping）而迁移；但由于库仑相互作用，阴离子如多硫化物阴离子（S_x^{2-}）不能发生跳跃。因此，这样的阳离子渗透选择性膜充当多硫化物阴离子的静电屏蔽，将其限制在正极侧。这一设计的原理如图 4.12 所示；使用这种隔膜的 Li-S 电池在最初的 500 个循环内可以实现每循环 0.08% 的超低衰减率，不到使用常规膜电池容量衰减率的一半。

该研究中观察到两个主要的放电平稳段（图 4.13）：2.3V 左右的平稳段对应于从 S_8 分子到一系列可溶性多硫化物的转化；2.0V 的平稳期对应于 Li_2S_4 向不溶性 Li_2S_2 和 Li_2S 的转化。引入离子选择性膜后，放电平台电压没有明显变化，这表明如果引入适当的 Nafion 层，在此电流密度下电池的极化几乎可以忽略不计。

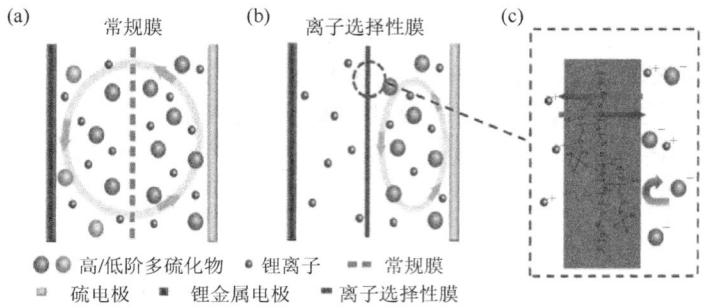

图 4.12 Li-S 电池示意图：（a）使用普通隔膜，多硫化物在正负极之间穿梭；（b）使用离子选择性膜，多硫阴离子被限制在正极侧；（c）放大示意图，显示阳离子选择性渗透膜允许 Li^+ 迁移但阻止多硫阴离子迁移[11]

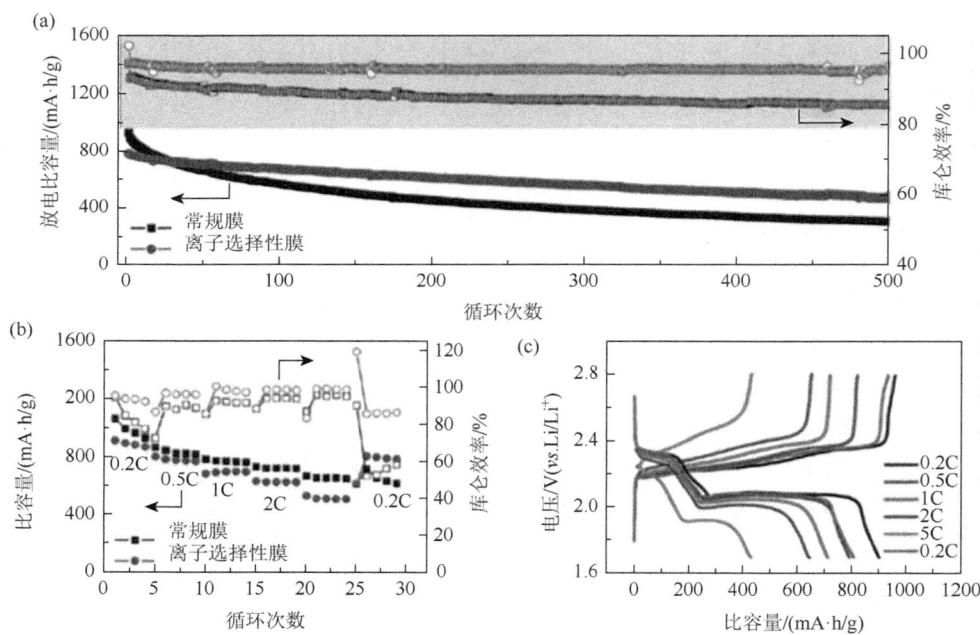

图 4.13 电池的循环和倍率性能：（a）1C 倍率下放电比容量和库仑效率随循环次数的变化；（b）倍率性能；（c）不同电流密度下使用离子选择性膜电池的电压特性曲线[11]

离子选择性膜阻止多硫化物阴离子的扩散，在改善锂硫电池的循环稳定性方面非常有效。在 Li-S 电池充电和放电过程中会生成多硫化物并扩散到电解质中，离子选择性膜通过两条途径增强了电池的性能：一是阻止了多硫化物跨膜扩散，减小了 S 活性物质的损失；二是极大地抑制由多硫化物和锂金属反应引起的穿梭效应，从而减少了过充并提高了 Li-S 电池的库仑效率。

Nafion 的负载量对 Li-S 电池电化学性能起着重要的作用[12]。少量的 Nafion（0.15mg/cm^2）不足以在 PP 膜上形成完整的致密膜，因此它对锂硫电池的电化学性能影响很小；当 Nafion 的负载量过高（如 3.5mg/cm^2）时，形成的涂层过厚，导致严重的极化作用反而会降低电池的性能；适当的 Nafion 负载量在 0.7mg/cm^2 左右。查阅 Nafion N 117 的指标，厚度 183μm，面密度为 360g/m^2，电导率为 0.083S/cm，离子交换容量为 0.89meq/g。据此计算，0.7mg/cm^2 的负载量对应的厚度大约是 3.56μm。

既然将 Nafion 涂覆到常规隔膜有效地屏蔽了多硫化物在正极和负极之间的穿梭，那么直接把 Nafion 涂在正极表面是否也同样有效？进一步的实验表明，当在正极上直接涂覆相同量的 Nafion 时，库仑效率没有明显提高。这归因于在多孔电极上不易形成完好涂层，不能完全抑制多硫化物从正极扩散出来。另外，Nafion 是电子绝缘的，涂在正极表面影响正极导电网络的形成，导致电池在高倍率放电时性能变差。

在 PP 隔膜表面修饰 Nafion 阳离子选择功能层的研究还有很多，例如进一步对 Nafion 层用 LiOH 进行锂化[13]，抑制了多硫化物的扩散，这可以提高电池的充电效率。尤其是在低充电/放电速率下，可以获得锂硫电池优异的速率能力和增强的充电效率。

PVDF 不仅是锂电池中使用最广泛的黏合剂材料，而且还是被寄予最多希望的制膜材料。在性能方面，PVDF 作为隔膜比 PE 和 PP 要强很多，但是有两个问题难以解决：一是没有找到高效的造孔制膜方法；二是 PVDF 膜比较软，机械强度差。如果在制膜方法上有所突破，PVDF 或者其衍生物、再或者是其复合物很有可能占据锂电隔膜材料的主流地位。2014 年的一项研究[14]将 PVDF 的 NMP 溶液与碳粉均匀混合形成 PVDF-C 涂覆在商品化的隔膜（如 Celgard 2320）上，以水置换 NMP 使 PVDF 成孔，其微观形貌如图 4.14 所示。所得的 Li-S 电池显示出更长的循环能力：在第 100 次、200 次和 500 次循环后记录的放电比容量分别为 918mA·h/g、827mA·h/g 和 669mA·h/g（电流密度为 0.5C）。电池循环稳定性的提升归因于微孔的强吸附能力、C—C 键的存在以及 PVDF-C 层中碳网络的导电性。PVDF-C 层不仅可以将多硫化物限制在正极侧，还可以增强电极的电导率。

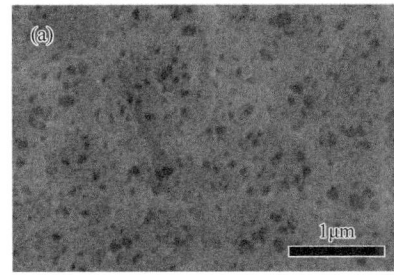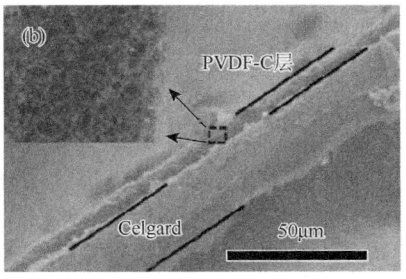

图 4.14　PVDF-C@Celgard 2320 的表面和横切面 SEM 图像[14]

聚乙二醇（PEG）具有许多典型的优点，包括亲水性、无毒以及水溶性。用PEG修饰的隔膜，可以将聚烯烃的疏水性表面变为亲水性以增加电解质的吸收量，同时降低Li-S电池电荷转移的阻力。此外，由于碳和多硫化物之间的物理化学相互作用，PEG层具有高电子传导性并限制多硫化物的迁移。这些因素有助于提升Li-S电池的性能。聚环氧乙烷（PEO）与锂盐具有良好的界面稳定性，可以在相转化过程中充当表面活性剂，以改善聚合物膜的多孔结构并提高电解质的吸收。Zhang等[15]用PEO与硫的复合物（PEO-S）改性商用聚烯烃隔膜，其高度多孔的结构极大地提高了隔膜对电解液的润湿性，并且PEO-S涂层中的硫还充当了额外的硫源。该Li-S电池的比容量在最初的25个循环中持续增加并达到最大值（1320mA·h/g）。

多巴胺（3,4-二羟基苯乙胺，$C_8H_{11}NO_2$）是一种神经传导物质，在动物的中枢系统中帮助细胞传送脉冲。因为同时含有邻苯二酚和氨基结构，它具有优异的电解质吸收能力和高离子导电性。研究证明，在常规隔膜上均匀涂覆聚多巴胺（PDA）可以增强隔膜的亲水性，并改善其电化学性能。在Li-S隔膜的改性应用中，聚多巴胺涂层（图4.15）可以抑制多硫化物的穿梭效应、改善电池正极的电子传递、抑制负极锂枝晶的生长[16]。

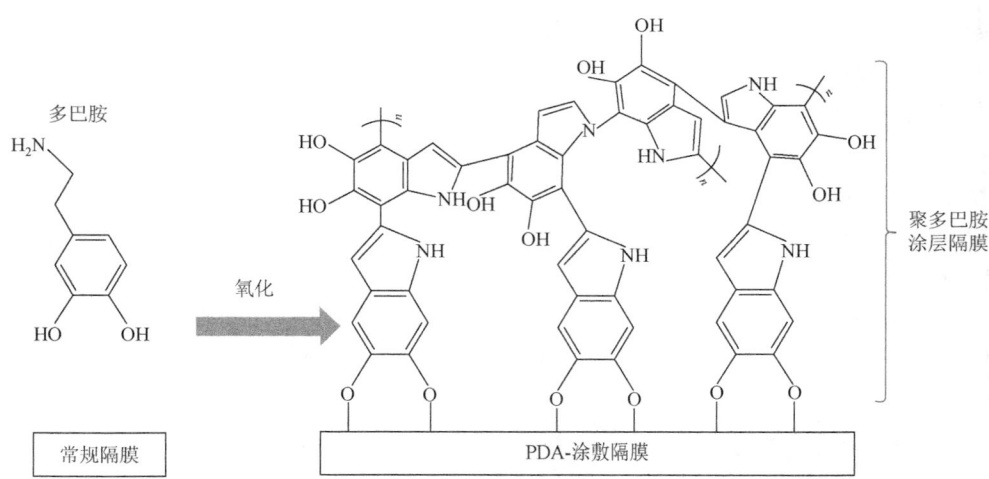

图4.15 聚多巴胺涂覆的隔膜示意图[16]

聚丙烯酸（PAA）具有优异的化学稳定性、出色的耐水和耐碱性能以及良好的黏合性能，在电池制造中有着重要的应用。与Nafion不同，PAA在有机液体电解质中会略微溶胀并解离。这个特征也使其适合用作硫正极的水基黏合剂。同时，PAA中的—COOH能够与多硫化物阴离子形成氢键，从而有效地抑制电池的"穿梭效应"。因此，PAA 复合膜已被应用于 Li-S 电池的隔膜中。例如，Zhang 等[17]制备了双层结构的硫正极，顶面涂有多孔的 PAA 膜。将多孔 PAA 膜浸入液体电解质中时，该膜发生凝胶化，PAA 中的—COOH 和带负电的多硫化物阴离子之间形成氢键以阻止多硫化物阴离子向外扩散。结果表明，PAA 凝胶将 Li-S 电池的循环寿命从 100 个循环增加到 300 个循环。Kim 等[18]制备了一种超薄的 PAA-单壁碳纳米管（PAA-SWNT）膜作为 Li-S 电池的协同功能膜，降低了电荷转移电阻。SWNT 膜具有高导电性和柔韧性，是理想的碳支架。除了物理阻断多硫化物阴离子迁移的作用外，PAA-SWNT 膜还可以通过 PAA 链上的羧基与多硫化物阴离子之间形成氢键，进一步抑制电池的"穿梭效应"。

3. 无机物修饰隔膜

Li-S 电池隔膜的另一种修饰方法是采用陶瓷或氧化物涂层。这类材料涂覆的制造工艺和设备非常成熟，效果也比较理想。最重要的是无机涂层是阻碍多硫化物迁移的物理障碍。

常见的是将 Al_2O_3 等无机陶瓷颗粒制成涂层来提高聚烯烃隔膜的尺寸稳定性、减少受热收缩率，并改善隔膜表面对电解液的亲润性。这与在锂离子电池中应用的作用是相似的。Al_2O_3 涂层内形成的多孔通道有利于捕获/沉积多硫化物并保持活性物质的离子导电骨架。此外，涂层还有利于降低电池电极的电荷转移电阻。

纳扎尔的研究小组以其 2009 年发表在《自然材料》上的论文而闻名，介绍了使用纳米材料制作锂电池的可行性。他们将纳米结构的碳硫阴极、10 种双峰介孔碳纳米纤维、11 种 Magnéli 相亚氧化钛（Ti_4O_7）、12 种二氧化锰纳米片（MnO_2）以及 13 种其他纳米材料用于 Li-S 电池。这些电池展示了超低的容量衰减率和稳定的循环性能。尤其是在解决多硫化物的"穿梭效应"方面，可以通过涂覆、掺杂、热电偶化等方法将纳米材料直接应用于阴极、黏合剂和电解质中，或间接用于隔膜、阳极和集流体中。

采用 Al_2O_3 涂层隔膜的 Li-S 电池，在 0.2C 下初始放电比容量达到了 967mA·h/g，并在 50 个循环后保持 593.4mA·h/g 的可逆容量[19]。在循环之前，使用 Al_2O_3 涂层隔膜电池的电荷转移电阻 R_{ct}（55Ω）小于使用常规隔膜电池的 R_{ct}（69Ω）。这归因于改善的润湿性以及 PVDF-Al_2O_3 对硫正极更好的黏附性。循环后，使用 Al_2O_3 涂层隔膜电池的 SEI 膜电阻 R_s（15.6Ω）小于使用常规隔膜电池的 R_s（18.9Ω）（图 4.16）。这在一定程度上证实了 Al_2O_3 涂层阻隔/分离多硫化物的作用。与循环前的电阻相比，两个电池在循环后的电阻均降低，这是由活性物质溶解和再分布的化学活化过程引起的。

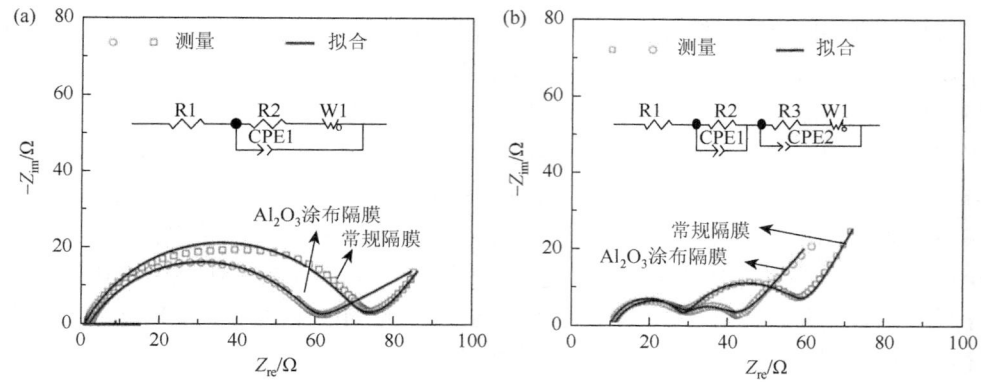

图 4.16 使用常规隔膜和 Al_2O_3 涂层隔膜的 Li-S 电池的 Nyquist 图：（a）循环前；（b）50 次循环后[19]

V_2O_5 是电子工业中的重要材料，它的电荷容量高并具有多色性。同时，V_2O_5 是锂离子的良好固态导体，在锂电池中也有很好的应用[20]。可以用 V_2O_5 涂层来修饰聚烯烃微孔膜来作为 Li-S 电池的复合隔膜[21]。带有 V_2O_5 涂层的隔膜可以抑制多硫化物阴离子的扩散，并允许 Li^+ 的固相传输。

TiO_2 是无机氧化物中的另一个多面手，用于很多研究和应用领域。作为无碳涂层，TiO_2 可以改善锂离子插入/脱出的动力学，还可以捕获 Li-S 电池中多硫化物阴离子[22]。

柔性的碳纳米管纸（CNTP）不仅导电而且机械强度高，是用于 TiO_2 生长的理想基材。针状金红石相 TiO_2 在 CNTP 表面均匀生长显示出独特的结构和良好的机械性能。重要的是，CNTP/TiO_2 中的大多数孔的孔径在 2～10nm 范围内，允许锂离子快速扩散。Zhang、Yan 课题组[23, 24]设计了一种多功能 CNTP/TiO_2 阻挡层，CNTP 上的 TiO_2 负载量控制约为 $2mg/cm^2$。该阻挡层可有效减少活性物质损失并抑制多硫化锂向阳极的扩散，从而提高锂硫电池的循环稳定性。使用该屏障，硫含量为 70%的活性炭/硫正极在 0.5C 的电流倍率下可在 250 个循环中提供稳定的循环性能和高库仑效率（~99%）。电化学性能的提高归因于 CNTP 和 TiO_2 设计物理屏障、Ti—S 和 S—O 结合形成的化学吸附以及 TiO_2 和硫物种独特的其他相互作用（图 4.17）。除了 Al_2O_3、SiO_2、V_2O_5、TiO_2、Ti_4O_7、MnO_2 这些常见的氧化物材料外，具有独特特性（包括高电导率、质量轻和高表面能）的其他氧化物或无机材料（如 $W_{18}O_{49}$、Ti_3C_2、NbN、$Ni_{0.6}Mn_{0.4}O$、TiS_2）也被研究人员所关注。$W_{18}O_{49}$ 纳米线是一种良好的固态锂离子导体，可以修饰商用聚合物隔膜用于 Li-S 电池[25]。$W_{18}O_{49}$ 纳米线层（图 4.18）可以阻止可溶性多硫化物阴离子的扩散，并允许 Li^+ 的固态传输。将 Ti_3C_2 纳米片层和玻璃纤维膜制成复合隔膜，导电 Ti_3C_2 纳米片提供了额外的导电网络，并且是强大的多硫化锂储层，可有效抑制多硫化锂的扩散、提高活性材料的利用率[26]。

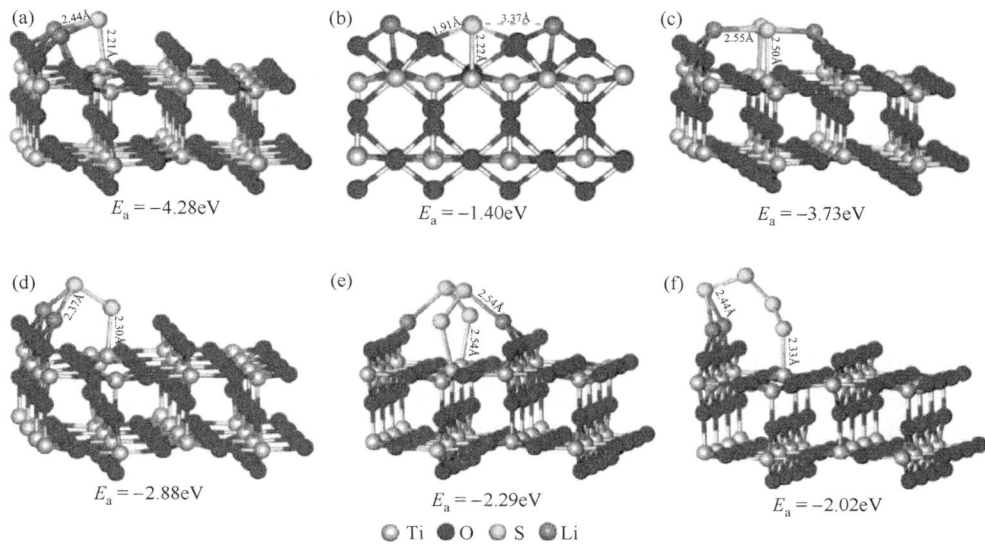

图 4.17 经过完全优化的几何图形示意图,显示 Li_2S_n(n = 1、2、4)分子与金红石 TiO_2(110 面)之间的相互作用:(a)和(b)Li_2S 吸附在 TiO_2 表面上;(c)和(d)Li_2S_2 固定在 TiO_2 表面上;(e)和(f)捕获在 TiO_2 表面的 Li_2S_4[24]

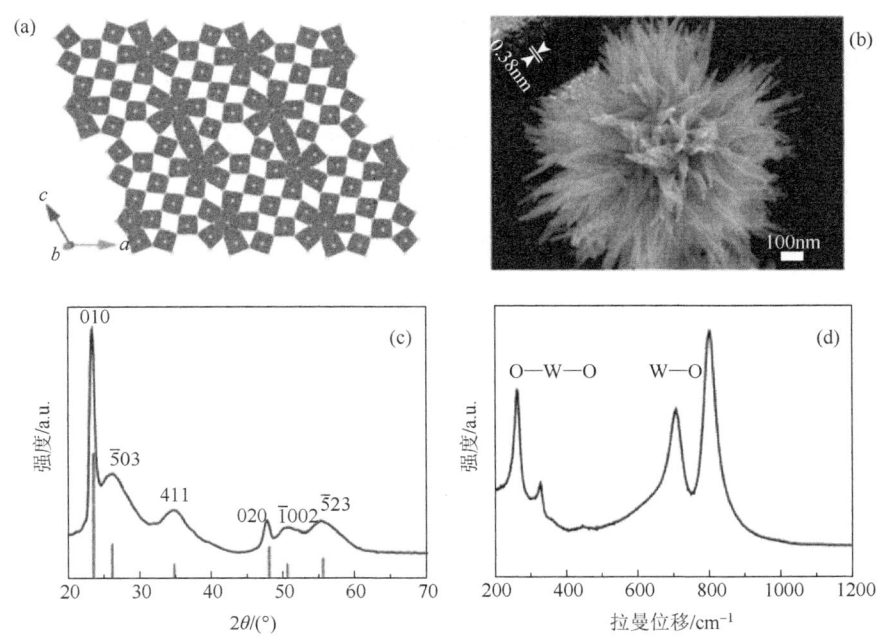

图 4.18 $W_{18}O_{49}$ 的表征:(a)晶体结构示意图;(b)SEM 照片;(c)XRD 图样;(d)拉曼光谱图[25]

相对而言，铌的化合物在锂电池中应用的研究较少。铌（Nb），原子序数 41，原子量 92.90638，属周期系ⅤB族。铌是灰白色金属，熔点 2468℃，沸点 4742℃，密度 8.57g/cm³。室温下铌在空气中稳定，在氧气中红热时也不被完全氧化，高温下与硫、氮、碳直接化合，能与钛、锆、铪、钨形成合金。它不与无机酸或碱作用，也不溶于王水，但可溶于氢氟酸。铌的氧化态为–1、+2、+3、+4 和+5，其中以+5 价化合物最稳定。氮化铌是典型的 B-1 型化合物，氯化钠晶体结构，热稳定性和化学稳定性高，抗中子辐照，是优良的超导薄膜材料。它的超导临界温度为 17.3K，上临界磁场为 43T，临界电流密度 J_c（4.2K，20T）高达 $2\times10^6 A/cm^2$，常用于制作高度稳定的超导量子仪器器件。

过渡金属氮化物是一类具有收缩的金属 d 带且在费米能级附近具有高态密度的化合物。由于这些特性，过渡金属氮化物通常具有独特的功能，如高电导率和独特的催化活性。氮化铌（NbN）就是一种具有极好电子导电性的高极性材料。此外，NbN 对常见的电解质成分及其分解产物（如 HF）在化学上稳定。通过 NbN 与多硫化物的化学/物理相互作用，可以利用 NbN 的这些有利特征来改善隔膜对可溶性多硫化物的阻隔性能（图 4.19）。另外，NbN 的高极性可用于改善电解质亲和力并降低电池中 Li^+ 传输的电阻。NbN 改性 PP 隔膜可以物理阻断多硫化物，有效抑制穿梭效应[27]。

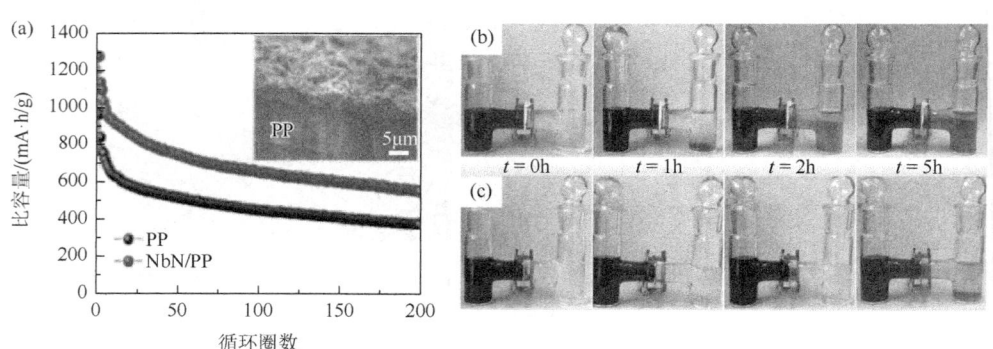

图 4.19 （a）NbN/PP 复合隔膜的应用效果[27]：（a）隔膜组装电池的充放电循环曲线；（b）Li_2S_4 透过有 PP 隔膜的 H 形池子；（c）Li_2S_4 透过有 NbN/PP 隔膜的 H 形池子

4. 官能团修饰隔膜

对商品化聚烯烃隔膜进行处理还有一些其他方法。例如，采用氧等离子体处理隔膜的表面使其产生负电性官能团，如—COOH 和—OH。负电性氧官能团对多硫化物产生静电排斥，抑制多硫化锂的溶解和跨膜迁移，提高正极活性材料利用率。另外，等离子体改性后隔膜表面的润湿性得到改善。还有通过化学反应在

PP 隔膜表面接枝磺酸盐,如苯乙烯磺酸盐形成 PP-g-PLiSS 接枝共聚物。引入的磺酸基起到抑制多硫化物扩散的作用。

5. 复合方法修饰隔膜

还有一些更复杂的对商品化隔膜进行修饰的方法,将不同方法进行组合,希望组合集成每种方式的优点。例如,在 PP 隔膜的两侧分别涂覆 Al_2O_3 和碳纳米管。涂覆 Al_2O_3 的方法成本较低、工艺方法成熟,适合大规模生产,但在 Li-S 电池中应用效果并不是最优的。通过本章前面大量的举例我们可以得出这样的结论。因此,考虑在 PP 隔膜的另一侧涂覆高度多孔的碳纳米管层来增强效果是一个合乎逻辑的思路。碳纳米管层充当电子导体以改善硫的电化学反应,并作为捕获多硫化物物种,抑制多硫化物迁移的基质。类似的方法还有构造石墨烯/PP/Al_2O_3 复合隔膜等。

磷酸锗铝锂(LAGP)是一种固态锂离子导体,由高离子导电性的 $Li_{1+x}Al_xGe_{2-x}(PO_4)_3$ 晶相组成,是一种 NASICON 结构的离子导体,室温离子电导率约为 10^{-4}S/cm。LAGP 由两个多面体 GeO_6 八面体和 PO_4 四面体组成,它们的角相互连接以形成刚性的$[Ge_2(PO_4)_3]^-$骨架,锂离子在这一结构中的三维隧道内迁移。有人提出,除了具有传输锂离子的能力外,LAGP 还可以促进锂-氧气电池中氧气的催化还原,这是因为 LAGP 的结构与众所周知的沸石相似。近期的研究中发现 LAGP 在 Li-S 电池中的作用类似。离子导体可以催化多硫化物的转化并提高正极活性材料的利用率。2016 年的一项研究[28],在常规 Celgard 隔膜的一侧涂覆由乙炔黑(acetylene black,AB)、碳纳米管和锂离子导体组成的"电子导体+离子导体"涂层[制备方法:乙炔黑和碳纳米管以 3∶1 的质量比混合;LAGP 粉末过 200 目筛;将碳材料∶LAGP∶黏合剂(PVDF)= 5∶4∶1(质量比)通过溶剂 N-甲基吡咯烷酮(NMP)形成浆液]。商品化隔膜采用 Celgard 2320。其设计目的是将多硫化物限制在正极侧并用作上层集流体,以进一步利用硫;同时减少放电和充电过程中溶解的多硫化物引起的离子电导率降低。此外,发现了固态离子导体对多硫化物的催化转化,显著改善了电池的比容量和循环稳定性。使用这种复合隔膜的电池初始放电比容量为 1247mA·h/g,在 0.5C 倍率下经过 150 次循环后可逆容量为 830mA·h/g。同时,放置实验表明改性电池的自放电低,容量保持能力出色。在同样的电池测试条件下比较,使用导电碳+ CNT + LAGP/PP 隔膜的电池性能优于使用导电碳 + CNT/PP 隔膜电池,优于使用 PP 隔膜的电池(图 4.20)。

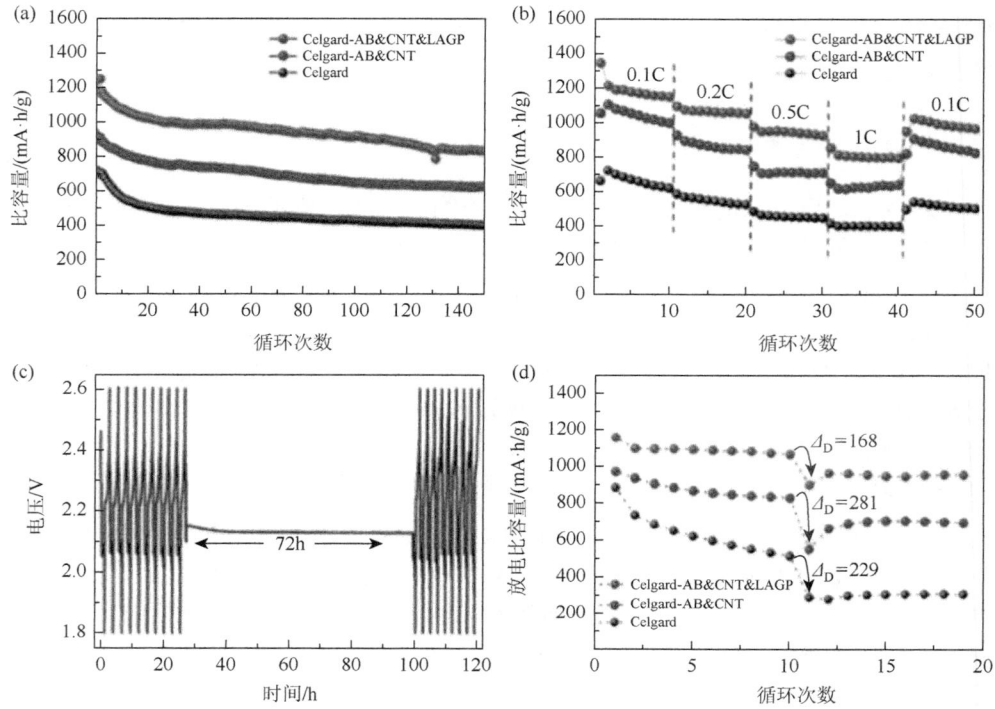

图 4.20 使用不同隔膜 Li-S 电池的性能比较：（a）0.5C 条件下的放电比容量与循环次数的关系；（b）不同倍率下的放电比容量；（c）带测试时间的带电放电曲线（第 11 次放电在 2.1V 电压下中断 72h）；（d）相应的循环性能，其中 $\varDelta$ 为放电比容量损失[28]

李峰课题组[4]将 Al_2O_3 和石墨烯分别涂覆在隔膜两面，制得三明治结构的改性隔膜，其中，石墨烯层与正极 S 接触，Al_2O_3 层与负极 Li 接触，石墨烯层的引入可以储存足够的电解液使电子和离子能够快速传输，促进电池内部的电化学反应，而 Al_2O_3 层的引入使该隔膜在 157℃下加热 1min 几乎不发生形变。所组装的电池正极为单质 S，负极为 Li，在 0.2C 条件下，初始放电比容量可达 1067.7mA·h/g，100 次循环后可逆放电比容量依然有 804.4mA·h/g，容量保持率为 75%。

还有其他的一些组合方式，如硫和石墨烯、富氮有机物和中孔碳、TiO_2-Super P、Al_2O_3-Super P、聚苯胺纳米纤维/多壁碳纳米管（PANiNF/MWCNT）等。

4.5.3 新材料隔膜

聚烯烃微孔隔膜不仅在锂离子电池中得到普遍的应用，而且也是 Li-S 电池隔膜的首选材料。然而，目前 Li-S 电池还没有实现真正的商业化，面临的问题还比较多。对于隔膜而言，基本问题与锂离子电池应用中是相同的，主要是需要提升对电解液的润湿性和受热时的尺寸稳定性。而是否能抑制多硫化物的迁移，则是在 Li-S 电池应用中有针对性的问题。因此，设计和制造更适合 Li-S 电池的隔膜，以充分实现 Li-S 高能量密度的特性、延长其循环寿命、提高容量的稳定性，是十分必要的。

在 PP 和 PE 以外，有可能作为 Li-S 电池隔膜主材的聚合物有 PAN、PAA、PVDF、PEO、PMMA、PEI 等。Nafion 的性能独特，但昂贵的价格确是大规模应用的动力电池不能承受之重。

玻璃纤维（GF）成本低、热稳定性优异，而且具有天然的高孔隙率结构。这些特点能否使它成为 Li-S 电池隔膜的候选材料呢？

在 2016 年的一项研究中，玻璃纤维膜被用作 Li-S 电池的隔膜。这里用到的玻璃纤维膜 GF membrane（Whatman）是硼硅酸盐（borosilicate）超细纤维，厚度为 260μm；作为参比样品的是 Celgard 2400 PP 隔膜，厚度为 25μm。从电子显微镜照片（图 4.21）可以看出 GF 纤维毡中大部分纤维的直径在 200~400nm 之间，最粗的直径为 3.5μm[29]。这对于玻璃纤维而言已经是不错的产品，但是作为电池隔膜而言纤维的直径还是不够均匀、孔隙率比较高、随机缺陷无法控制。因此，要避免电池短路，GF 层的厚度不能太小，要达到 Celgard 2400 的 25μm 无法做到。

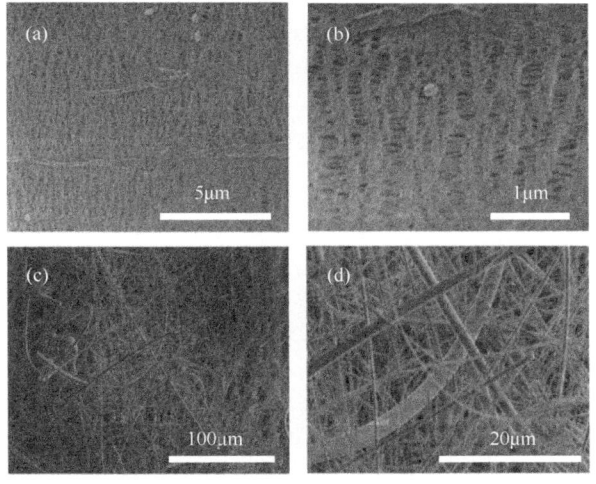

图 4.21 SEM 图像：(a, b) PP 隔膜；(c, d) 超细玻璃纤维[29]

研究结果表明，GF 隔膜对电解质的摄入量大，离子导电率高，有利于快速离子迁移。另外，该膜体现了硼硅酸盐固有的高热阻。使用该隔膜的电池在 0.2C 循环 100 次后电池的放电比容量为 617mA·h/g，比使用商品化 PP 隔膜的参比电池剩余容量高 42%。如图 4.22 所示，该研究的作者认为 GF 隔膜在一定程度上抑制了多硫化物的跨膜扩散。孔隙率高，相应会有良好的与电解质的润湿性，但这也是容易造成电池短路的薄弱环节。因此，在适合作为隔膜的厚度范围内是否能够调控好孔径和孔隙率，是 GF 能否走向实用的关键因素。

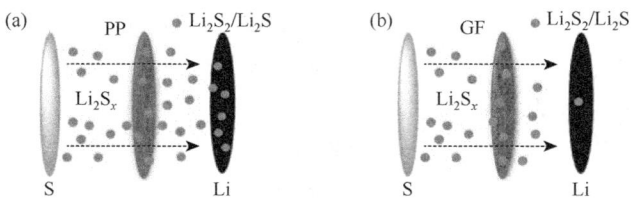

图 4.22　使用 PP 隔膜（a）和 GF 隔膜（b）的 Li-S 电池示意图[29]

在 GF 的基础上，Zhu 等[30]制备了碳粉涂覆 GF 复合隔膜（图 4.23），与在本章已介绍过的碳涂层复合隔膜一样，导电碳层可以减小电池电阻，并作为第二集流体以容纳从电池正极迁移的活性材料，还是多硫化物跨膜迁移的屏障。使用该隔膜的 Li-S 电池在经过 200 次循环后，实现了 956mA·h/g 的高容量以及在高倍率条件下显示出优异的倍率性能（图 4.24）。

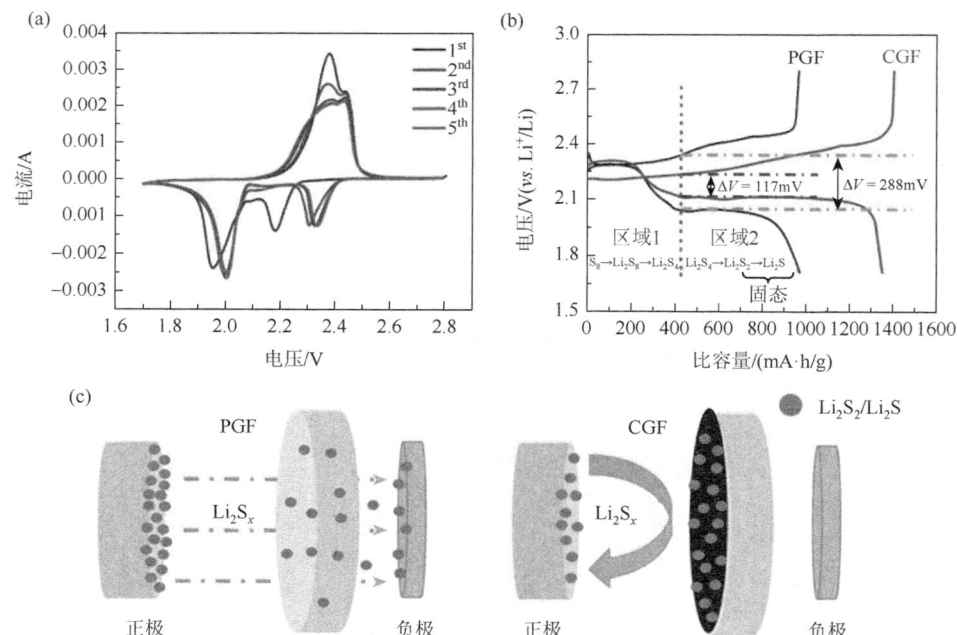

图 4.23　（a）使用碳涂覆玻璃纤维膜 CGF 的 Li-S 电池循环伏安扫描；（b）在 0.2C 倍率下使用单纯剥离纤维膜 PGF 和碳涂覆玻璃纤维膜 CGF 的 Li-S 电池的第一周放电/充电曲线；（c）使用 PGF 膜（左）和 CGF 膜（右）Li-S 电池中的多硫化物扩散示意图[30]

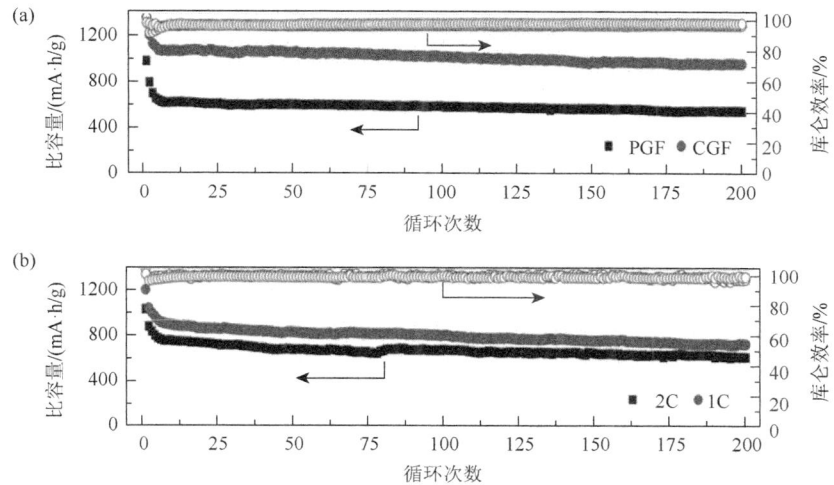

图 4.24 （a）使用 PGF 膜和 CGF 膜的 Li-S 电池在 0.2C 下的循环性能；（b）使用 CGF 膜 Li-S 电池在 1C 和 2C 倍率下的循环性能[30]

在新材料方面，我们依然期待在研究领域有所突破和创新。特别地，更需要适合大规模制造的制膜新工艺的出现。

4.5.4 锂硫电池隔膜的制备方法

1. 基于聚烯烃隔膜的涂覆改性

目前可以用于 Li-S 电池规模化制造的商品化隔膜主要还是 PP、PE 以及 PP/PE/PP 三层复合隔膜。常见的型号如 Celgard 2400、2500 和 2320。由于多硫化物的穿梭效应是 Li-S 电池性能衰减的主要原因，因此，"抑制穿梭效应"的能力应该作为评价 Li-S 电池隔膜性能的一个重要指标。可以说，现有的聚烯烃隔膜并不完全适合 Li-S 电池的应用要求。从已有报道的研究结果看，在聚烯烃隔膜表面做涂层修饰的复合隔膜与单纯的聚烯烃隔膜相比，在 Li-S 电池中的适用性有了更大的提升。

关于聚烯烃隔膜的制造我们在前面的章节中已经做过初步的介绍，而且在后续的章节中还会有更详细的内容，在本章不做进一步的展开。从 20 世纪 90 年代到 21 世纪的前十年，以单向或双向精密机械拉伸工艺制造聚烯烃微孔膜在中国还是一个难以攻克的技术壁垒。但是这一不利局面在 21 世纪第二个十年逐步被改变。国内的 PP 隔膜近年来在品质上已经有了长足的进步，相信已经可以作为 Li-S 电池隔膜的基膜使用。

PP 微孔基膜以及在基膜上的功能涂层，应该是 Li-S 电池隔膜组成的必要选项。在本章我们已经系统地介绍了 Li-S 电池的功能涂层，包括分类、性能、效果以及大致的复合方法等内容。其中绝大多数的研究是在实验室制备方法和小样制备的水平上开展的，如滴涂、旋涂、浸涂等。虽然某些实验室方法并不具备工艺放大的前景，但是制造 2~4μm 功能涂层的工业制造方法不仅成熟而且是多样化的。这项关键技术就是涂布（coating），本书中将有一章专门介绍涂布技术并展开讨论。

隔膜的概念，决定了其基本形态是膜。独立成膜的物质一个基本的特性是柔韧，在其他基体上的镀膜除外。柔性主要需要有机物成分来实现，而无机物通常比较硬。隔膜对应的英文是"separator"，有时用"separator film"。用双重烧结工艺制造 Al_2O_3 薄片作为电池隔膜的研究，英文用的是"Al_2O_3 membrane as a separator for lithium-ion battery"。实际上我们认为"membrane"用在这里并不恰当，因为经烧结和压延成型的 Al_2O_3 薄片并不具备膜的特征。但是作为"separator"却是恰当的。虽然以无机材料 Al_2O_3 作为"separator"在实验中取得了良好的电池应用结果，但是它并不具有实际应用的价值，因为它不具备卷对卷制造或其他连续制造的可能性。

碳材料，无论是炭黑、碳纳米线、碳纳米管，还是石墨烯；聚合物，无论是 Nafion、PVDF、聚丙烯酸及其衍生物，还是多巴胺；无机材料，无论是 Al_2O_3、MnO_2、V_2O_5，还是 Ti_4O_7；或者是复合的涂层材料，单面涂覆或者是双面的不对称涂覆，使用微凹版转印涂布的方法都可以实现高效的卷对卷生产。需要核算的是材料的成本以及最终膜产品的性价比。碳纳米管、石墨烯的合成至今已不是难题，价格走势持续走低是必然的趋势；而 Nafion 依然被冠以"无与伦比"的美誉，并且拥有与地位相称的美好价格。至于哪种复合方案是 Li-S 电池隔膜的最佳选择，最终的决定因素应该还是性价比。

2. 静电纺丝制膜及后处理

静电纺丝和电喷纺丝的方法是否可以用于某些新型 Li-S 电池隔膜的制造？答案应当是肯定的，至少在实验室层面是非常成功的。PVDF/多面体低聚倍半硅氧烷（PVDF/POSS）纳米纤维膜、二氧化硅/芳纶（SiO_2/PMIA）纳米纤维膜、纳米纤维/凝胶聚合物电解质、聚偏氟乙烯-六氟丙烯共聚物/聚酰亚胺（PVDF-HFP/PI）复合纳米纤维膜、PVDF-HFP-TiO_2@PI 纳米纤维膜等，作为 Li-S 电池隔膜的研究已有报道[31-33]。其中，PVDF 树枝状纳米纤维膜在抑制多硫化物"穿梭效应"方面的作用非常突出[34]。通过调整电纺工艺参数中的电压，可以得到不同形态的纳米纤维膜；而某些纳米纤维膜的特殊微观形态对 Li-S 电池的性能会产生显著的影响。

4.6 理想的锂硫电池隔膜及其设计制造

Li-S 电池是高比能的二次电池体系,但实际应用仍受到容量快速下降的阻碍。为实现真正的商业化应用,还有许多科学和技术问题需要解决。例如,多硫化锂溶出、硫电化学活性的提升、实现高负载硫碳正极、适配的电解质、锂负极保护技术、正极厚极片技术等。要制造出高度稳定的锂硫电池仍然是一个严峻的挑战。因此,发展出理想的 Li-S 电池隔膜是研究领域和产业界共同的期待。

4.6.1 应用现状

隔膜产业发展的机遇必定建立在 Li-S 电池产业发展的基础上。相对于已经在每个家庭普及的锂离子电池,做好 Li-S 电池的确很难,至少是从现在的发展水平来看。因此,至今在世界范围内的 Li-S 电池产业化公司还是稀若晨星。

中科派思储能技术有限公司成立于 2016 年 8 月,位于辽宁省大连经济技术开发区,注册资本壹亿零伍佰万元,已经实现 Li-S 电池规模化生产。公司依托中国科学院大连化学物理研究所的锂硫电池技术优势,并结合派思集团在资金、工程开发和市场开拓等方面的卓越能力,进行优势互补,合力推动 Li-S 电池的研发、生产和应用。公司所研发生产的 Li-S 电池作为一种高能量密度的新型的一次或二次电池,可应用于储能、动力等领域(图 4.25 和表 4.2)。

携行电源

动力电源

平流层无人机电源

图 4.25 锂硫电池应用实例

表 4.2　锂硫电池与其他电池指标对比

二次电池	能量密度/(W·h/kg)	功率密度/(W/kg)	记忆效应	安全性
铅酸电池	40	150~200	无	硫酸存在一定隐患
镍镉电池	50	300~500	有	存在一定隐患
镍氢电池	70~80	1000	有	安全
锂离子电池	120[LFP] 180[NCM] 260[NCA]	1000~3000	无	安全性获大突破
ZKPS-锂硫电池	609	1000~3000	无	安全性能初步验证

技术壁垒总会有攻克的一天，希望 Li-S 电池能给我们每一个人带来移动设备电力支持长续航的美好体验。在 Li-S 电池的制造真正形成产业之前，使用怎样的隔膜似乎还没有形成共识，也就还没有专门为 Li-S 电池制造的专用隔膜。现在使用的聚烯烃隔膜，基本上属于"还可以用"的水平。为了使 Li-S 电池高能量密度的特性充分地发挥，适用性强的隔膜必不可少。

4.6.2　设计思想和制造方法

基于目前已有的研究结果和经验积累，我们认为未来 Li-S 电池专用隔膜应该是一种多层复合的膜结构。对于复合膜而言，每增加一个功能层就多了一个界面，内阻会相应地增加，这是不利的一面。但是如果寄希望于某种均相的单层膜能够实现热稳定性、对电池提供绝缘安全性、支持 Li^+ 快速穿越、抑制多硫化物的"穿梭效应"、对电解液吸收和保持能力强、稳定金属锂负极等全部要求，这几乎是不可能实现的。所以，多层复合的形式是一种较为可行的解决方案。

锂离子电池隔膜产业近些年发展很快，产能扩张迅猛，品质也有明显的提升。以聚烯烃隔膜为基膜进行涂覆改性的可行性较高，一是基础材料来源稳定、价格较低；二是涂覆改性的工艺通用性强，设备相对成熟。可用于涂覆改性的材料虽然很多，但性价比高，简单实用的基本是炭黑、氧化铝纳米颗粒、PVDF 等几类。

PVDF 及其衍生物、膨化 PTFE 等从性能方面讲是制造隔膜的理想材料，但在成膜、造孔方法的效率方面无法与 PE 和 PP 相比，同时 PVDF、PTFE 材质的膜普遍偏软，机械强度不佳。如果方法上有所创新并以此类聚合物为主材制备出新型复合隔膜，其性能应该会有显著的提升。

参 考 文 献

[1] Yao H, Yan K, Li W, et al. Improved lithium-sulfur batteries with a conductive coating on the separator to prevent the accumulation of inactive S-related species at the cathode-separator interface[J]. Energy Environ Sci, 2014, 7 (10): 3381-3390.

[2] Deng N, Kang W, Liu Y, et al. A review on separators for lithium sulfur battery: progress and prospects[J]. J Power Sources, 2016, 331: 132-155.

[3] Kang W, Deng N, Ju J, et al. A review of recent developments in rechargeable lithium-sulfur batteries[J]. Nanoscale, 2016, 8: 16541-16588.

[4] Song R, Fang R, Wen L, et al. A trilayer separator with dual function for high performance lithium-sulfur batteries[J]. J Power Sources, 2016, 301: 179-186.

[5] Zhang Z Y, Lai Y Q, Zhang Z A, et al. A functional carbon layer-coated separator for high performance lithium sulfur batteries[J]. Solid State Ionics, 2015, 278: 166-171.

[6] Zhao D, Qian X, Jin L, et al. Separator modified by Ketjen black for enhanced electrochemical performance of lithium-sulfur batteries Check for updates[J]. RSC Adv, 2016, 6: 13680-13685.

[7] Li Z, Liu H M, Wang Y G, et al. A polar TiO/MWCNT coating on a separator significantly suppress the shuttle effect in a lithium-sulfur battery[J]. Electrochim Acta, 2019, 310: 1-12.

[8] Zhou X Y, Liao Q C, Yang J, et al. A high-level N-doped porous carbon nanowire modified separator for long-life lithium-sulfur batteries[J]. J Electroanal Chem, 2016, 768: 55-61.

[9] Zheng B, Yu L, Zhao Y, et al. Ultralight carbon flakes modified separator as an effective polysulfide barrier for lithium-sulfur batteries[J]. Electrochim Acta, 2019, 295: 910-917.

[10] Shin W K, Kannan A G, Kim D W. Effective suppression of dendritic lithium growth using an ultrathin coating of nitrogen and sulfur codoped graphene nanosheets on polymer separator for lithium metal batteries[J]. ACS Appl Mater Interfaces, 2015, 7: 23700-23707.

[11] Huang J Q, Zhang Q, Wei F, et al. Ionic shield for polysulfides towards highly-stable lithium-sulfur batteries[J]. Energy Environ Sci, 2014, 7: 347-353.

[12] Bauer I, Thieme S, Brückner J, et al. Reduced polysulfide shuttle in lithium-sulfur batteries using Nafion based separators[J]. J Power Sources, 2014, 251: 417-422.

[13] Tang Q W, Shan Z Q, Wang L, et al. Nafion coated sulfur-carbon electrode for high performance lithium-sulfur batteries[J]. J Power Sources, 2014, 246: 253-259.

[14] Wei H, Ma J, Li B, et al. Enhanced cycle performance of lithium-sulfur batteries using a separator modified with a PVDF-C Layer[J]. ACS Appl Mater Interfaces, 2014, 6: 20276-20281.

[15] Zhang S S, Tran D T. A simple approach for superior performance of lithium/sulphur batteries modified with a gel polymer electrolyte[J]. J Mater Chem A, 2014, 2: 7383-7388.

[16] Zhang Z A, Zhang Z Y, Li J, et al. Polydopamine-coated separator for high-performance lithium-sulfur batteries[J]. J Solid State Electrochem, 2015, 19: 1709-1715.

[17] Zhang S S, Tran D T, Zhang Z C. Poly (acrylic acid) gel as a polysulphide blocking layer for high-performance lithium/sulphur battery[J]. J Mater Chem A, 2014, 2: 18288-18292.

[18] Kim J H, Seo J, Choi J, et al. Synergistic ultrathin functional polymer-coated carbon nanotube interlayer for high performance lithium-sulfur batteries[J]. ACS Appl Mater Interfaces, 2016, 8 (31): 20092-20099.

[19] Zhang Z Y, Lai Y Q, Li J, et al. Al$_2$O$_3$-coated porous separator for enhanced electrochemical performance of lithium sulfur batteries[J]. Electrochim Acta, 2014, 129: 55-61.

[20] Leger C, Bach S, Soudan P, et al. Structural and electrochemical properties of ω Li$_x$V$_2$O$_5$ ($0.4 \leqslant x \leqslant 3$) as rechargeable cathodic material for lithium batteries[J]. J Electrochem Soc, 2005, 152: A236-A241.

[21] Li W, Hicksgarner J, Liu P, et al. V$_2$O$_5$ polysulfide anion barrier for long-lived Li-S batteries[J]. Chem Mater, 2014, 26: 3403-3410.

[22] Wang Y Q, Gu L, He X Q, et al. Rutile-TiO$_2$ nanocoating for a high-rate Li$_4$Ti$_5$O$_{12}$ anode of a lithium-ion battery[J]. J Am Chem Soc, 2012, 134: 7874-7879.

[23] Li J Y, Ding B, Yuan C Z, et al. Enhanced cycling performance and electrochemical reversibility of a novel sulfur-impregnated mesoporous hollow TiO$_2$ sphere cathode for advanced Li-S batteries[J]. Nanoscale, 2013, 5: 5743-5746.

[24] Xu G, Yuan J, Zhang X, et al. Absorption mechanism of carbon-nanotube paper-titanium dioxide as a multifunctional barrier material for lithium-sulfur batteries[J]. Nano Res, 2015, 8 (9): 3066-3074.

[25] Zhang W K, Lin C, Zhao Z G, et al. W$_{18}$O$_{49}$ nanowire composites as novel barrier layers for Li-S batteries based on high loading of commercial micro-sized sulfur[J]. RSC Adv, 2016, 6: 15234-15239.

[26] Lin C, Zhang W K, Jin J, et al. A few-layered Ti$_3$C$_2$ nanosheet/glass fiber composite separator as a lithium polysulphide reservoir for high-performance lithium-sulfur batteries[J]. J Mater Chem A, 2016, 4: 5993-5998.

[27] Qiu W J, Deng Q B, Li J S, et al. Suppressed polysulfide shuttling and improved Li$^+$ transport in Li-S batteries enabled by NbN modified PP separator[J]. J Power Sources, 2019, 423: 98-105.

[28] Wang Q S, Wen Z Y, Yang J H, et al. Electronic and ionic co-conductive coating on the separator towards high-performance lithium-sulfur batteries[J]. J Power Sources, 2016, 306: 347-353.

[29] Zhu X, Yanilmaz M, Fu K, et al. Understanding glass fiber membrane used as a novel separator for lithium-sulfur batteries[J]. J Membr Sci, 2016, 504: 89-96.

[30] Zhu D, Kim D, Zhang X W, et al. A novel separator coated by carbon for achieving exceptional high performance lithium-sulfur batteries[J]. Nano Energy, 2016, 20: 176-184.

[31] Song X Y, Ding W Q, Cheng B W, et al. Electrospun poly(vinylidene-fluoride)/POSS nanofiber membrane-based polymer electrolytes for lithium ion batteries[J]. Polym Compos, 2015, 36: 629-636.

[32] Chen W Y, Liu Y B, Ma Y, et al. Improved performance of PVdF-HFP/PI nanofiber membrane for lithium ion battery separator prepared by a bicomponent cross-electrospinning method[J]. Mater Lett, 2014, 133: 67-70.

[33] Chen W Y, Liu Y B, Ma Y, et al. Improved performance of lithium ion battery separator enabled by co-electrospinnig polyimide/poly(vinylidene fluoride-co-hexafluoropropylene) and the incorporation of TiO$_2$-(2-hydroxyethyl methacrylate)[J]. J Power Sources, 2015, 273: 1127-1135.

[34] Li Z J, Kang W M, Cheng B W, et al. Fabrication of polyvinylidene fluoride tree-like nanofiber via one-step electrospinning[J]. Mater Des, 2016, 92: 95-101.

05

锂一次电池隔膜

5.1 锂一次电池的种类及其隔膜

锂一次电池所指的实际上是不可以通过充电而重复使用的锂电池。以前，锂电池和锂离子电池的概念似乎是有明确区别的，即锂电池主要是指以锂或锂合金为负极活性物质的电池；而锂离子电池是指以锂化合物为负极活性物质的电池。但是，随着锂离子电池材料体系的发展，一些高能量密度的锂离子电池也采用锂金属作为负极材料。因此，锂电池和锂离子电池定义的界限又变得不清晰了。笔者认为锂电池应该是一个包含锂离子电池的更宽泛的概念。为避免混淆，本章的锂一次电池指不可充电重复使用的电池。

锂作为负极的一次电池在许多方面都优于其他传统的电池[1]。其主要特点包括以下几个方面。

（1）单体电压高。以适当的活性物质作正极，电池的电压可以达到4V。

（2）比能量高。输出比能量超过870W·h/kg或1180W·h/L。

（3）比功率高。经过专门设计的电池，可以在大电流和高功率放电条件下输出能量。

（4）工作温度范围广。有的电池可以在150℃的高温下工作，而有的可以在-80℃的低温下工作。

（5）具有平稳的放电性能。在放电过程的大部分时间内电池的电压和电阻保持不变。

（6）储藏寿命长。室温储藏10年已有实验数据支持，预测寿命可达20年；即使在70℃也可以储藏一年。

据报道[2]，2019年我国锂一次电池的出口量为13.24亿只，金额为3.11亿美元；而锂离子电池的出口量为20.87亿只，金额为130.31亿美元。锂一次电池出口的数量并不算大，但实际上国内在智能水表、电表、天然气表上大量使用锂一次电池。尤其是近几年共享单车在国内迅速发展、蔓延，Li/MnO_2电池、$Li/SOCl_2$电池的需求也随之爆发。

锂一次电池的负极都是锂，正极材料常见的有二氧化锰（MnO_2）、亚硫酰氯（$SOCl_2$）、二氧化硫（SO_2）、二硫化铁（FeS_2）、一氟化碳（CF）等。按正极材料分类，可以分为可溶正极电池、固体正极电池和固体电解质电池等三个类型。

1. 可溶正极电池

采用锂金属为负极、液体或气体材料为正极的电池，二氧化硫、亚硫酰氯和硫酰氯（SO_2Cl_2）可溶于电解质或作为电解质溶剂。正极材料和锂负极表面相互作用形成一个保护层，阻止二者之间进一步发生化学反应（自放电）。这类电池的特征是高能量和高功率输出、适用于低温环境、有长储存寿命。

锂/亚硫酰氯（Li/SOCl$_2$）电池是实际应用的化学电源中电压和比能量最高的一种，也是无机电解质锂电池中最为成熟的一种。其标称电压为 3.6V，比能量可达 590W·h/kg 或 1100W·h/L。商品化的低放电率电池主要用于要求长工作寿命的电池领域，大型方形电池作为应急备用电源已用于军事领域。Li/SOCl$_2$ 电池的开路电压为 3.65V，典型的工作电压在 3.3~3.6V，终止电压为 3V。它可以在宽广的温度范围内和低中放电倍率下放电，具有平坦的放电曲线和优良的性能。Li/SOCl$_2$ 电池可以在极高的温度下很好地工作，如在 145℃ 下以高倍率放出其大部分容量。在实际使用中，Li/SOCl$_2$ 电池堆可以在不超过 150℃ 的条件下工作，并承受高冲击和振动。1996 年 10 月，我国研制的 30A·h Li/SOCl$_2$ 电池在返回式卫星上首次飞行试验获得成功。目前，700A·h 的 Li/SOCl$_2$ 电池组已成功为返回式卫星电源系统配套。

亚硫酰氯（SOCl$_2$）是淡黄色至红色、发烟的液体，有强烈的刺激性气味，可溶于苯、氯仿、四氯化碳等有机溶剂。它的沸点为 78.8℃，化学性质不稳定，遇水水解、加热分解，需要密封保存。Li/SOCl$_2$ 电池采用 Li|LiAlCl$_4$/SOCl$_2$|C 电化学体系。负极活性物质是金属 Li，正极活性物质为 SOCl$_2$；碳是 SOCl$_2$ 的载体和放电固体产物的接收器，电解液是四氯铝酸锂（LiAlCl$_4$）的 SOCl$_2$ 溶液。其电化学反应过程如下：

负极：$Li \longrightarrow Li^+ + e^-$（氧化反应）

正极：$2SOCl_2 + 4e^- \longrightarrow SO_2\uparrow + S\downarrow + 4Cl^-$（还原反应）

总反应：$4Li + 2SOCl_2 \longrightarrow SO_2\uparrow + S\downarrow + 4LiCl$

电池反应产生的硫和二氧化硫溶解在过量的亚硫酰氯电解液中。电池放电期间，由于产生二氧化硫，电池中会产生一定的压力。在储存期间，锂负极与电解质接触，就与亚硫酰氯反应生成 LiCl 保护膜，有益于延长电池的储存寿命。但在放电开始时会引起电压滞后。

Li/SOCl$_2$ 电池有各种形状。碳包式电池被制作成圆柱形，满足中高放电倍率的 Li/SOCl$_2$ 电池主要采用卷绕式电极结构设计（图 5.1），呈扁形、盘形或大型方形。

卷绕式电极结构的 Li/SOCl$_2$ 电池，负极由金属锂与镍或不锈钢导电网栅组成，正极由碳与镍或不锈钢导电网栅组成，电解液由溶剂 SOCl$_2$ 与电解质 LiAlCl$_4$ 组成。与常见的锂离子电池隔膜不同，Li/SOCl$_2$ 电池目前普遍采用的是玻璃纤维（GF）隔膜。GF 隔膜通常是以抄纸法制造，并添加黏合剂。隔膜的功能依然是使正负极隔离、电子绝缘，同时允许离子透过。Li/SOCl$_2$ 电池的工作原理如图 5.2 所示。

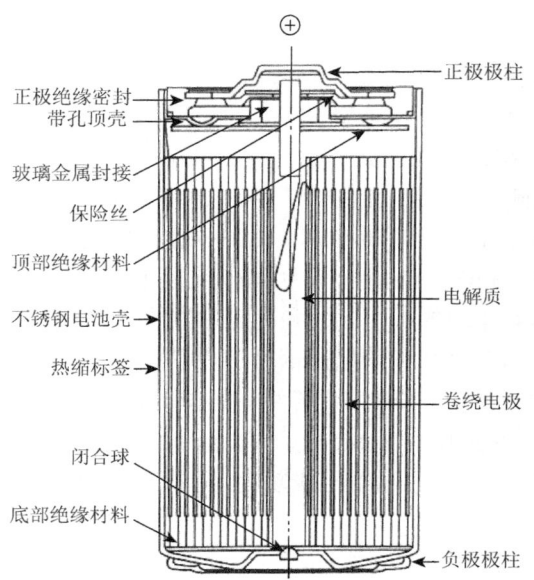

图 5.1 锂/亚硫酰氯卷绕式电池剖面图

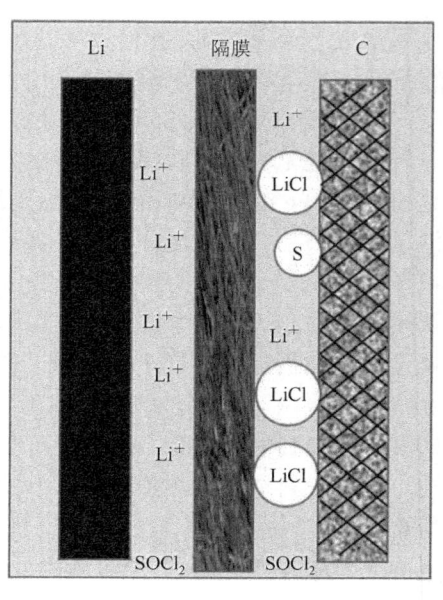

图 5.2 锂/亚硫酰氯电池的工作原理示意图

锂/硫酰氯（Li/SO$_2$Cl$_2$）电池与锂/亚硫酰氯电池类似，以锂金属为负极、碳为正极、LiAlCl$_4$ 溶于 SO$_2$Cl$_2$ 为电解质。SO$_2$Cl$_2$ 作为电解质溶剂的同时还作为去极化剂。Li/SO$_2$Cl$_2$ 电池的开路电压为 3.909V，放电的机理如下：

负极：Li $\longrightarrow$ Li$^+$ + e$^-$

正极：SO$_2$Cl$_2$ + 2e$^-$ $\longrightarrow$ 2Cl$^-$ + SO$_2$↑

总反应：2Li + SO$_2$Cl$_2$ $\longrightarrow$ 2LiCl + SO$_2$↑

锂/二氧化硫（Li/SO$_2$）电池，以金属锂为负极、SO$_2$ 为正极活性物质、多孔碳为其载体。Li/SO$_2$ 电池电极一般采用卷绕式结构，把金属锂箔、微孔聚丙烯隔膜、正极（在铝拉网骨架上压合的聚四氟乙烯与炭黑的混合物）、第二层微孔聚丙烯隔膜叠在一起并卷绕成型。电池外壳通常是镀镍的钢外壳（图 5.3）。壳内的中央棒和壳体分别与正极极耳和负极极耳焊接。壳内注入含有去极化剂 SO$_2$ 的电解液，如溴化锂的乙腈溶液等。因此，正极的活性物质是 SO$_2$，其载体是碳，电池放电的过程发生以下化学反应：

2Li + 2SO$_2$ $\longrightarrow$ Li$_2$S$_2$O$_4$↓（连二亚硫酸锂）

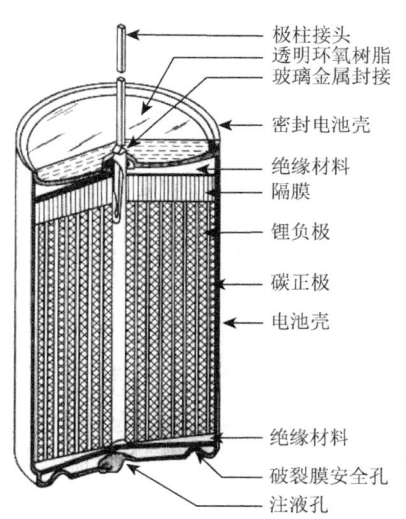

图 5.3 Li/SO$_2$ 电池的剖面图

2. 固体正极电池

采用锂金属为负极,固体物质为正极的锂电池,如五氧化二钒(V_2O_5)、钒酸银($AgV_2O_{5.5}$)、二氧化锰(MnO_2)、氟化碳(CF_x)、硫化铜(CuS)、二硫化亚铁(FeS_2)、硫化亚铁(FeS)等。这类电池的特征是电池内部不产生压力,功率适中时可以高能量输出。

锂/二氧化锰(Li/MnO_2)电池是第一种商品化的锂/固体电解质电池,也是应用最为广泛的锂一次电池。其电池性能非常优异,标称电压为3V,比能量达280W·h/kg或588W·h/L。Li/MnO_2电池价格低廉,可以在很宽的温度范围内保持性能稳定,有长的储藏寿命。它有多种结构形式:扣式、碳包式、卷绕圆柱式和方形,可用于需要长期服役的存储器备用电源、安全与防护装置、相机、军用电子设备中。而且,Li/MnO_2电池始终保持着良好的安全记录。

Li/MnO_2电池以锂金属为负极、以经过热处理的MnO_2为正极活性物质,采用溶解有锂盐的混合有机溶剂为电解质。电池放电的过程发生以下化学反应:

负极:$Li \longrightarrow Li^+ + e^-$

正极:$MnO_2 + x\,Li^+ + x\,e^- \longrightarrow Li_xMnO_2$

总反应:$x\,Li + MnO_2 \longrightarrow Li_xMnO_2$

Li在负极失去电子成为Li^+,Li^+穿过隔膜插层到正极MnO_2的晶格中成为Li_xMnO_2固溶体[3]。在这个过程中,Mn的化合价从Ⅳ变为Ⅲ。电池反应的理论电压为3.5V,但制成电池时要预放电至开路电压3.1~3.3V以减弱电池内部的电化学腐蚀。在工作过程中,电池的电压由3.1V下降到2.0V终止。不论电池制成哪种形式,隔膜总是置于正极片与负极片之间。Li/MnO_2电池的隔膜一般采用聚丙烯无纺布,被电解液所浸润。

锂/氟化碳$[Li/(CF_x)_n]$电池的理论比能量是固体正极锂电池中最高的一种,达2190W·h/kg。其开路电压为3.2V,工作电压为2.5~2.7V。小型电池的实际比容量可达250W·h/kg或635W·h/L,大型电池的实际比容量可达820W·h/kg或1180W·h/L,其应用以低中放电率放电为主。$Li/(CF_x)_n$电池以低放电率设计时,可以提供非常高的质量比能量和体积比能量,以及很长的服役时间。

$Li/(CF_x)_n$电池以锂金属为负极、聚一氟化碳固体为正极[$(CF_x)_n$中x的取值为0.9~1.2],以四氟硼酸锂的有机溶液为电解质。隔膜采用两层设计,第一层微孔膜用于阻挡粒子迁移;第二层由聚硫代苯制备,用于提供一定的机械强度、保持形态的热稳定性以及保持电解液的毛细作用。电池放电的过程发生以下化学反应:

负极:$Li \longrightarrow Li^+ + e^-$

正极:$CF_x + x\,e^- \longrightarrow x\,C + x\,F^-$

总反应：$x\,\text{Li} + \text{CF}_x \longrightarrow x\,\text{LiF} + x\,\text{C}$

电池放电时，聚一氟化碳转变为碳，生成的 LiF 沉积在正极结构中[3-5]。

3. 固体电解质电池

固体电解质电池采用锂金属为负极，$\text{PbI}_2/\text{PbS}/\text{Pb}$、$\text{I}_2/(\text{P}_2\text{VP})$ 等材料为正极。这类电池具有超长的储存寿命，储存时间可以超过 20 年，但只能以微安级的极低倍率放电，适合作为存储器备用电源、心脏起搏器以及类似要求小电流、长寿命设备的电池。

5.2 可溶正极电池体系对隔膜的要求

在以上介绍的三大类锂一次电池中，可溶正极电池是相对特殊的。因为 SOCl_2 和 SO_2Cl_2 是液体，而且具有比较强的腐蚀性，这对隔膜是一种比较严苛的考验。

5.2.1 Li/SOCl₂ 体系与 Li/SO₂Cl₂ 体系

Li/SOCl_2 电池对隔膜的基本要求是：孔隙率高、孔径小、对电解液的润湿性强以确保离子的快速传输。此外，还需要有足够的强度。SO_2Cl_2 与 SOCl_2 的化学性质相近，因此 Li/SO_2Cl_2 电池对隔膜的要求与 Li/SOCl_2 电池基本相同。对于大方形 Li/SOCl_2 电池而言，安全性是非常重要的考量。为确保其安全，通常采用双层复合的 GF 隔膜，以防止隔膜破损造成的短路。虽然使用厚膜能获得较高的机械强度，但是会增加电池的内阻，降低电池的输出电压和能量密度。

另外，有研究表明用不同 GF 隔膜制作的电池开路电压互不相同。这可能与 GF 膜中含表面活性剂相关，不同表面活性剂对电池电极电位产生的影响不同。因此，有必要制定 Li/SOCl_2 电池专用 GF 隔膜的生产制造标准。优化现有 GF 隔膜的成分或采用性能更好的新型隔膜是提高 Li/SOCl_2 电池性能的可行方案之一。在 Li/SOCl_2 电池新型隔膜的研究方面，聚四氟乙烯（PTFE）膜及聚酰亚胺（PI）膜吸引了研究人员的关注。PTFE 和 PI 具有优异的热稳定性和化学稳定性，近年来逐渐在电池制造中得到应用。

GF 膜的骨架是随机交叉的玻璃纤维，结构与无纺布类似，纤维间的空隙即隔膜的孔隙。随机出现的大孔使 GF 膜无法避免缺陷。因此，在 Li/SOCl_2 电池中只能使用比较厚的 GF 膜，甚至是双层使用。

GF 膜的孔隙率可以达到 80%～90%，孔径在 3μm 左右，吸液率大约是自身质量的 1.8 倍[6]。GF 的密度较低（0.344g/cm³），而电解液的密度相对较高；对于如此高孔隙率的膜材，1.8 倍的吸液率是比较低的。这说明 GF 的亲液性较差、GF 膜的保液能力也不佳。

为了提高 GF 膜的强度，在抄纸过程中通常需要添加聚丙烯酸酯乳液类的胶黏剂。胶黏剂并不影响 GF 膜作为空气过滤膜使用，但是如果作为 Li/SOCl$_2$ 电池隔膜，液态的 SOCl$_2$、金属锂会与聚丙烯酸酯类的胶黏剂发生反应。反应产物会对隔膜的透过性产生影响并降低隔膜的机械强度。

5.2.2　Li/SO$_2$ 体系

与 SOCl$_2$ 和 SO$_2$Cl$_2$ 相比，Li/SO$_2$ 电池中 SO$_2$/无机锂盐/有机溶剂电解质体系是相对温和的，没有很强的腐蚀性。常规的聚丙烯微孔隔膜就可以满足电池的需求。

5.3　新型隔膜对现有隔膜的替代

5.3.1　材料体系

1. 聚四氟乙烯

PTFE 是一种与我们生活相关度很高的含氟聚合物。我们在生活中或多或少会接触、使用到不粘锅或者生料带。制造不粘锅的涂层材料主要就是 PTFE，而 Teflon® 是杜邦公司为其注册的商品名。当然，PTFE 还有很多重要的应用，如用于电缆和塑料光纤、航天和国防产品、医疗、制药、过滤、服装面料、燃料电池组件等。PTFE 有"塑料王"之称，能获得这一殊荣与它本身的特性是分不开的。它没有真正的熔点，在 450℃ 以上时慢慢分解，直接变为气体；在 327℃ 时，机械强度突然消失。它不溶于任何溶剂，除了熔融的碱金属外，不与任何其他物质反应；即使在氢氟酸、王水、发烟硫酸或氢氧化钠中煮沸也不起任何变化。PTFE 有很宽的使用温度范围，从 −196℃ 到 250℃，即使在液氮中也有良好的机械韧性，保持 5% 的伸长率。在塑料中，它有最长的老化寿命；高润滑，是固体材料中摩擦系数最低者；不黏附，是固体材料中表面张力最小者。

PTFE 被合成出来或者说被创造出来是一次偶然的发现。1938 年，在杜邦工作的罗伊·普伦凯特（Roy Plunkett）博士在开发新型氟化制冷剂时，他用四氟乙烯（TFE）与盐酸（HCl）反应合成了制冷剂 CClF$_2$-CHF$_2$。4 月 6 日上午，他像以往一样检查一整缸 TFE 的压力，却惊讶地发现缸内没有压力但质量却和前一天一样。

当 Plunkett 和他的技术人员拆下了阀门打开气瓶时，他们回收了少量光滑的白色蜡状粉末物质。分析后他们把产物命名为聚四氟乙烯。

当然，当年 Plunkett 对 PTFE 的发现仅仅是开始。高效的单体合成方法、可控的聚合方法、不同形式的 PTFE 都需要去研发。从 20 世纪 40 年代到 60 年代，科学家们付出了巨大的努力来制造三种形式的 PTFE：颗粒、细粉和分散体。深入的研究解决了这些问题，Teflon® 的小规模生产于 1947 年在美国新泽西州的阿灵顿开始。1950 年，杜邦通过在西帕克斯堡建造新工厂扩大了 Teflon® 在美国的商业化生产。随着时间的流逝，直到 20 世纪 80 年代，人们开发出了多种 TFE 共聚物，并可以通过熔融挤出技术和溶液加工方法对其进行加工。杜邦公司的 Teflon® 也随之享誉全球。

2. 膨化聚四氟乙烯

膨化聚四氟乙烯（ePTFE）是 PTFE 的一个新类型。发现 ePTFE 与发现 PTFE 的故事非常相似，都是由天才的技术人员在反复的探索中在偶然的条件下发现的，并随之开创了每年数百亿美元的业务。

1969 年，杜邦公司的比尔·戈尔（Bill Gore）为降低 PTFE 的应用成本，尝试把它制成泡沫形式。在经历无数失败后，他偶然发现只有快速、大比例地拉伸高温处理过的 PTFE 棒才可以达到使其膨化的目的，得到的产物就是后来的 ePTFE。Gore 确定 ePTFE 既"非常多孔又非常坚固"，并注册了商标 Gore-Tex。ePTFE 的发现为数百种新产品的问世奠定了基础。ePTFE 具有 PTFE 的基本特性，包括化学惰性、低摩擦常数、广泛的使用温度范围、疏水性、室外耐久性和生物相容性。Gore-Tex 后来被发展成一种轻、薄、坚固和耐用的薄膜，它具有防水、透气和防风功能，突破一般防水面料不能透气的限制，所以被誉为"世纪之布"，不仅在宇航、军事及医疗等方面广泛应用，更被世界顶尖名牌采用，制成各式各样的休闲服装系列，因而被美国《财富》杂志列为世界上最好的一百个美国产品之一。

ePTFE 具有丰富的微孔结构（图 5.4）[6]，将其制成薄膜孔隙率很高，可以提供充足的 Li^+ 传输通道，提升离子电导率，从而提高电池性能[7]。

将 PI 制成隔膜的内容在其他章节中已有涉及，主要的方法有静电纺丝法和相转化法[8]。无论是静电纺丝法还是相转化法，都可以得到孔隙率较高的薄膜。而且，还可以根据需求通过工艺的改进对孔隙率在 50%～80% 之间进行调控。隔膜的孔隙率高，对电解液的吸收就好、离子电导率就高。但是高孔隙率无疑会增大电池微短路的可能性。因此，在确保电池安全性的基础上可以有限度地提高隔膜的孔隙率。

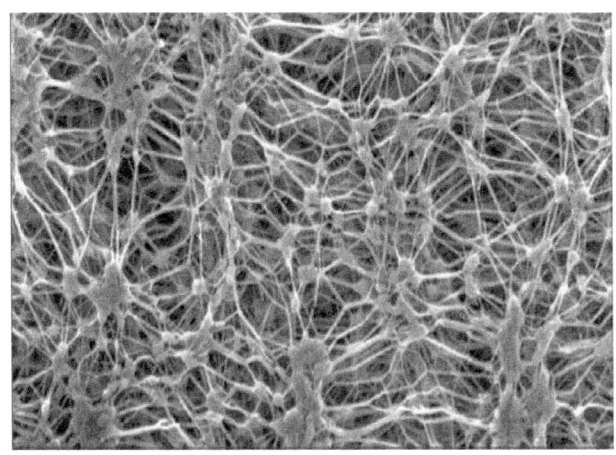

图 5.4　ePTFE 的 SEM 图像[6]

5.3.2　工艺技术

作为特种工程塑料，PTFE 具有许多其他材料不具备的优异性能。但是 PTFE 的硬度高，回弹性差不易压缩。膨化处理是弥补上述缺点的有效方法。PTFE 的膨化可以通过高温下拉伸的方法实现，也可以通过溶剂法实现，即先在纯 PTFE 中添加成孔剂成型，再用溶剂将成孔剂洗脱。另外，在 PTFE 树脂中加入无机材料，如 TiO_2、ZnO、ZrO_2 和 Al_2O_3，是其最常见的改性方法，以改善膜的强度、耐久性、寿命和耐磨性。本节主要讨论面向锂电池隔膜应用的 PTFE 多孔膜制造工艺。

用于制备 PTFE 膜的双轴拉伸方法最初是 Stein[9]开发的，并用于多孔 PTFE 膜的制备。在 PTFE 树脂中添加润滑剂使粉末形成糊状物，然后在一定的温度下挤出形成厚片。对厚片在加热条件下进行双轴向的拉伸，润滑剂在拉伸过程中挥发。Gore 等首次申请了双轴拉伸 PTFE 膜的专利[10,11]。在随后的几十年中，双轴拉伸方法被许多研究人员采用并改进。PTFE 膜在拉伸的过程中经历不同的状态阶段，如图 5.5[12]所示，包括原料厚片[图 5.5（a）]、拉伸前期的条状开裂[图 5.5（b）]、在单轴向拉伸过程中形成节点[图 5.5（c）]和在双轴向拉伸过程形成均匀的连接节点[图 5.5（d）]。

在拉伸的初期 PTFE 膜片开裂，并在裂缝中形成原纤维，原纤维沿拉伸方向取向。PTFE 膜微结构上周期性变化的尺寸取决于 PTFE 的数均分子量和拉伸条件。

PTFE 不溶于常规溶剂，在高温时的黏度又很大、流动性差，所以可加工性能差。采用高温双向拉伸制备的 PTFE 膜通常孔径分布宽、孔隙率较高。减小孔径分布、降低孔隙率是制造 PTFE 微孔膜的难点。有文献报道 PTFE 微孔膜制备工艺，基本流程如下[13]。

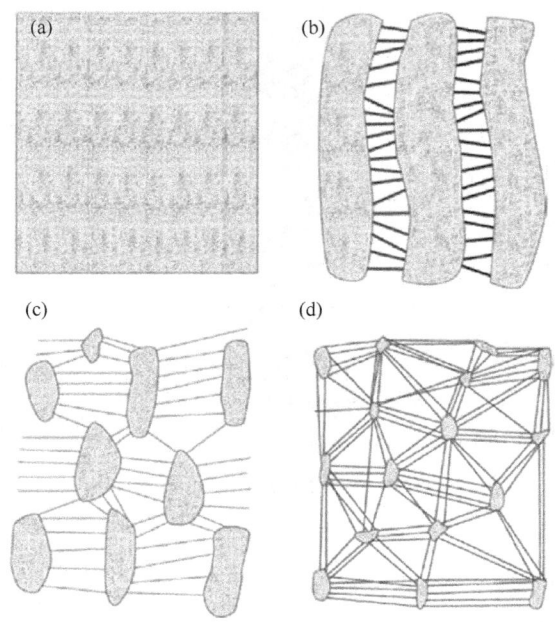

图 5.5　PTFE 厚片在双轴向拉伸过程中的形态变化[12]

（1）混合。将一定比例的分散性 PTFE 树脂、溶剂油、表面活性剂进行混合；溶剂油可能是石蜡油、煤油、石油醚、硅油、芳香族化合物之类物质中的一种或几种的混合物；表面活性剂可以选用阳离子表面活性剂、阴离子表面活性剂或者非离子表面活性剂。

（2）陈化。将上述混合物密封，在一定的温度下陈化数小时，陈化温度大致在 40~60℃。

（3）压坯。将陈化的混合料用压坯机压制成坯体，再经挤出机挤制成棒，最后由压延机压成基带。

（4）脱油。将基带在 150~220℃脱油。

（5）拉伸。对脱油后的基片依次进行纵向拉伸、热处理和横向拉伸，拉伸温度大致在 280~360℃；拉伸倍率大致在 5~10。

（6）定型。在 320~360℃条件下对拉伸后得到的薄膜进行热定型处理。

表面活性剂提高了溶剂油对 PTFE 树脂的润湿，形成更好的包覆，使得在拉伸膨化过程中容易形成微孔。

参 考 文 献

[1]　Thomas B R. 电池手册[M]. 4 版. 汪继强，刘兴江，等译. 北京：化学工业出版社，2013.

[2]　刘轶涵，刘彦龙. 2019 年中国电池行业出口分析[J]. 电源技术，2020，44（5）：641-645.

[3] Gabano J P. Lithium Batteries[M]. London：Academic Press，1983.

[4] Morita A，Iijima T，Fujii T，et al. Evaluation of cathode materials for the lithium/carbon monofluoride battery[J]. J Power Sources，1980，5：111-125.

[5] Eyre D，Tuck C D S. Modern Battery Technology[M]. New York：Ellis Horwood，1991.

[6] Ebnesajjad S. Expanded PTFE Applications Handbook：Technology，Manufacturing and Applications[M]. London：Elsevier，2017：129-161.

[7] 魏俊华,谭思平,戴长松,等. 采用 PI/PTFE 复合隔膜的 Li/SOCl$_2$ 电池的性能[J]. 电池, 2016, 46（6）：325-327.

[8] He L，Cao J H，Liang T，et al. Effect of monomer structure on properties of polyimide as LIB separator and its mechanism study[J]. Electrochim Acta，2020，337：135838.

[9] Stein R S. The X-ray diffraction，birefringence，and infrared dichroism of stretched polyethylene generalized uniaxial crystal orientation[J]. J Polym Sci，1958，31：327-334.

[10] Gore R W. A porous products, methods and devices[P]：USA，767423. 1971-05-19.

[11] Gore R W. Porous high strength inert material esp PTFE obtd by very high speed stretching to large elongation[P]：DE，DE2417901-A. 1975-01-30.

[12] Feng S S，Zhong Z X，Wang Y，et al. Progress and perspectives in PTFE membrane：Preparation，modification，and applications[J]. J Membr Sci，2018，549：332-349.

[13] 黎鹏,曹亚丽,王霞,等. 一种小孔径窄分布聚四氟乙烯微孔膜及其制备方法[P]：中国，201811128631.6. 2019-01-18.

06

聚烯烃隔膜的制造

本章涉及的聚烯烃隔膜是指聚乙烯（PE）和聚丙烯（PP）隔膜。如前文所述，PE 和 PP 由于其自身材料的特性适合拉伸造孔，加上近三十年来工艺和设备的不断优化、发展，已经成为应用最广泛的锂电池隔膜材料。不过，时至今日聚烯烃隔膜的制造依然是一个技术门槛很高的产业。要想制造出高品质的隔膜，在打通工艺的基础上还需要有高端的生产设备来保证。

6.1 PP 隔膜

PP 隔膜在生产过程中因为不涉及溶剂，因此生产工艺称为"干法"。干法工艺按照成孔机理可分为双向拉伸工艺和单向拉伸工艺，即原料熔融挤出后经流延或吹制形成厚片，并在一定的温度程序下进行单轴向或正交双轴向拉伸成型。拉伸的作用一方面是将厚片均匀拉薄，另一方面是将薄膜在晶界处拉破形成大量微孔，这是形成微孔膜的主要原因。生产工艺的差异和原料的分子量分布对隔膜的成型以及性能有较大的影响。

6.1.1 原料

制造 PP 隔膜的原料主要是等规 PP 树脂，干法双向拉伸隔膜还需要一定量的添加剂。PP 的密度为 890~910kg/m^3，熔点约为 165℃，大致在 155℃软化。添加剂主要有成核剂和孔径调节剂。成核剂如 β 晶成核剂，见于报道的包括有机二元羧酸盐、稠环化合物、芳香胺类化合物、稀土类化合物、有机磷酸盐、酰胺等；孔径调节剂如苯甲酸盐（钠、钙、镁）、短链的烷基羧酸盐（琥珀酸钠、戊二酸钙、己酸钙、1,3-丁二酸钙、己二酸镁等）。添加剂的比例一般在 1%~5%。

PP 的分子量分布通常在 $4.5×10^5$~$8.5×10^5$，熔融指数在 (2.0~5.0)g/10min 之间。表 6.1 给出了一些全同立构 PP 的基本物理性质。

表 6.1　全同立构聚丙烯的部分物理性质

聚合物	密度/(g/cm^3)	玻璃化转变温度 T_g/℃	熔点 T_m/℃	晶系	结晶温度 T_{max}/℃	结晶速率最大时温度/℃	软化温度/℃
全同立构 PP	0.905	−18	176	单斜	110℃	120	~155

6.1.2 制膜工艺

PP 的制膜工艺通常包括熔融挤出、铸片冷却、拉伸、热定型、收卷等工艺步骤。为了调控 PP 的结晶状态以便于拉伸，一套完整的工艺中可能还会包括退火、再拉伸等步骤。原料熔融挤出后，可以先经流延或吹膜制成膜片，然后在一定的温度程序和张力控制下拉伸造孔。为了提升生产效率，有的生产工艺采用把多层预拉伸的薄膜叠层之后再进一步拉伸。

1. PP 双向拉伸的早期专利

1992 年中国科学院化学研究所的徐懋等[1]提出了专利申请"高透过性聚丙烯微孔膜及其制法"。这是我们可以溯源到的国内拉伸 PP 制膜最早的技术源头。

该技术首先使用 β 晶成核剂提高 PP 树脂的 β 晶型含量（最佳 K 值大于 0.7），熔体温度在 180～250℃，膜片的冷却温度在 90～130℃；然后双轴向同时或依次拉伸，建议的最佳拉伸温度为 90～130℃（实施例中使用 110～115℃），最佳的拉伸面积比为 2～10，单向应变速率应小于 10mm/min；热定型温度在 110～140℃，时间 0.5～5min。另外，该技术建议在两个轴向上设置相同的拉伸倍数，以利于形成匀称的孔型，典型产品的孔隙率在 30%～35%；同时拉伸时，两轴向上的速率也取相近值。拉伸温度过低，则难以拉开；若拉伸温度过高，则难以成孔。

同步双向拉伸工艺目前不是 PP 隔膜制造的主流，得到实际应用的是分步双向拉伸工艺。以该方法制备的隔膜，从表面微观形貌上看是很有特点的，孔呈椭圆形，容易与以单向拉伸法制备的具有长孔的 PP 隔膜相区别（图 6.1）。

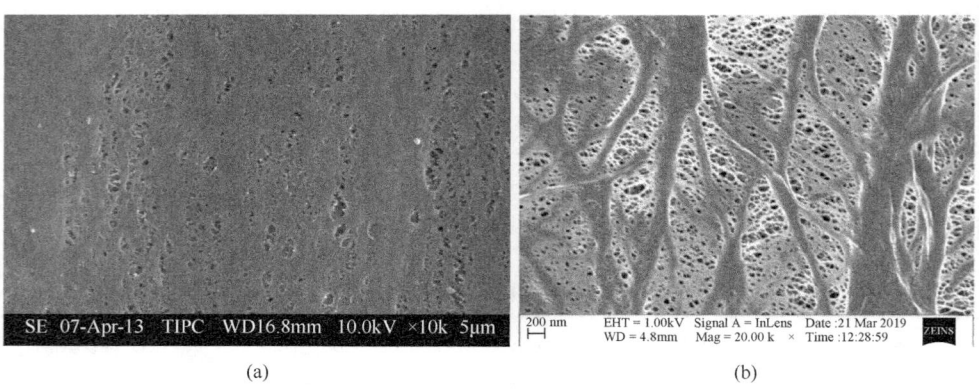

图 6.1 双向拉伸工艺制备的 PP 隔膜 SEM 图像：（a）国内某公司产品；（b）一项专利申请中提供的附图[2]

2. PP 单向拉伸工艺：厚片-退火-单向拉伸分段制膜工艺

主要特点是首先流延或吹膜形成膜片，再将若干层膜黏合在一起并以机器行进方向（MD）进行拉伸造孔，拉伸后把各层剥离开。工艺流程通常包括以下步骤：熔融挤出—流延制片—退火—叠层—单向拉伸—热定型—分层—收卷等。由于在制成厚片之后还要进行退火处理才能拉伸，因此这种工艺的生产过程是不连续的。另外，现有工艺的拉伸速率很低，为提高生产效率经常把十几层膜片黏合在一起，经过拉伸后再剥离。典型产品的表面形貌如图 6.2 所示，工艺环节大致如下。

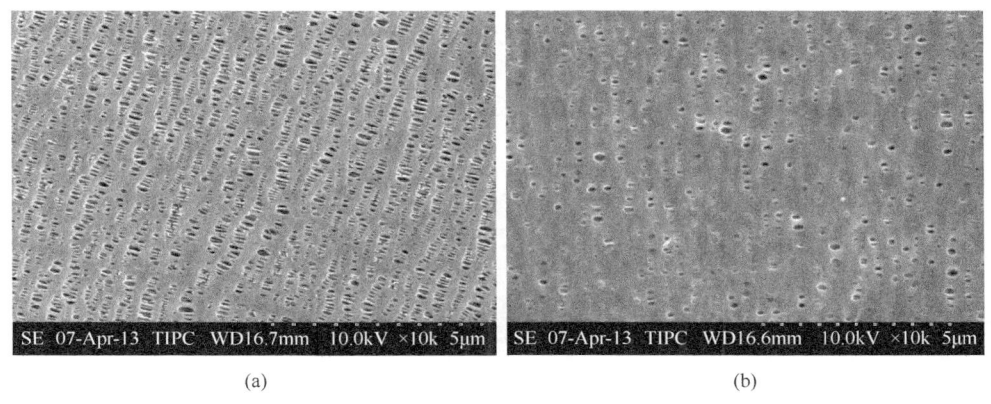

图 6.2　单向拉伸分段制膜工艺制造的 PP 隔膜 SEM 图像：（a）a 面；（b）b 面

（1）熔融挤出的温度由螺杆挤出机分段控制，逐段升高，大致在 170～240℃，口模温度最高为 230～250℃。

（2）流延冷却：流延得到厚片，厚度大致为 0.2～0.4mm；在冷却辊上冷却，温度可设置在 90～140℃。PP 双向拉伸在此处大量生成 β 晶体，使 K 值在 0.9 以上。

（3）退火：退火是将材料升温后慢速降温的处理方法，用来消除材料内部的应力。在锂电池隔膜制造过程中的退火处理是将制成的厚片在（120±30）℃保持一定的时间来消除内在应力，可采用单点温度或多点温度的组合；在某一温度下的退火时间一般在 1h 以内。

（4）叠层：将多层厚片叠压、黏合在一起。

（5）拉伸：纵向拉伸通过多点相邻主动辊之间的速差实现，温度控制在 100～155℃；在不同拉伸区间温度可以不同；相邻两个拉伸辊之间的速差并不大，总的拉伸倍率 1.5～3.5（中位数 2 倍左右）是在几十米长的拉伸段累积得到的。

（6）热定型：是消除薄膜拉伸后内部应力的必要步骤。在热定型区域有效的温度在 120～160℃，逐渐升高并保持在最高点；而薄膜从受张力状态逐渐到松弛状态，在高温下消除内部应力。

（7）分层剥离：将原来叠压在一起的各层剥离分开，通常底层和顶层需要弃去。

如果采用叠层拉伸的方法，各层的受力状况和成孔情况都有可能不同，甚至同一片膜两侧的形态也有可能不同。正如图 6.2 所示，我们发现了这种情况的存在（采自同一卷膜上的两个样品，a、b 面）。

3. 厚片-单向拉伸连续制膜工艺

这种工艺的主要特点是连续。将熔融的 PP 挤出铸成厚片后需要在线热处理，然后再进行 MD 方向的拉伸程序造孔和热定型。膜材料的在线时间和设备长度应该长于前一种工艺。典型产品的表面形貌如图 6.3 所示。

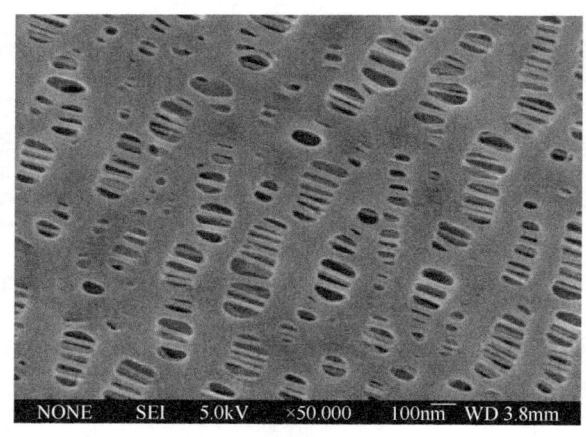

图 6.3　单向拉伸连续制膜工艺制造的 PP 隔膜的 SEM 图像

比较图 6.1、图 6.2 和图 6.3，可以明确对应于双向拉伸工艺和单向拉伸工艺产品的差别。单向拉伸产品的 SEM 照片清楚地反映出受力的方向；解读隔膜产品的 SEM 图像还可以获得一些关于生产工艺的其他信息。

6.1.3　制膜设备

1. 挤出机的选用

目前，国内干法双向拉伸锂电池隔膜生产企业多采用单螺杆挤出机，其具有挤出压力稳定、效率高、应用技术较为成熟等特点。但其剪切速率大、物料易分解、混炼塑化性能强，影响了隔膜的均匀一致性；而双螺杆挤出机喂料特性好，适用于粉料加工，且比单螺杆挤出机有更好的混炼、排气、反应和自洁功能；不足之处是出口压力波动较大、影响熔体输送的精确性,会造成隔膜纵向波动的产生;因此,进料的精确性及螺杆的精密设计至关重要。

2. 模头的设计

模头一般分为平肩型模头和衣架型模头,衣架型模头由于中间压力较大,会造成中间温度过高,铸片内晶体生长不一致;平肩型模头可能更加适合干法双向拉伸聚丙烯隔膜的生产线。

模头的唇口有加热和非加热两个大类,带有加热的模头可以使得唇口挤出的铸片温度更加一致均匀,但过高的唇口温度会造成唇口积料结炭,从而形成唇线,影响铸片质量。因此,模头唇口的光洁度要高,唇口的 R 角要尽可能小。

模头与铸片辊之间的间隙也是关键环节;影响铸片缩颈量及贴附效果;而这是铸片中 β 晶体生成多少、是否均匀的关键因素,直接影响锂电池隔膜的厚度均匀性和其微孔数量及分布。

3. 纵拉的控制

优质的铸片要转化成优质的微孔隔膜,拉伸工艺技术是关键因素之一。

铸片进行纵拉前因为暴露在空气中(温度较低)会产生大的回缩,纵拉第一级预热温度应设定得较低,防止铸片过热出现爆筋;逐步提高预热温度,让铸片的两面和芯部均匀受热,保证铸片均匀贴附;拉伸间隙应尽可能小,一定的拉力和适合的温度直接影响微孔膜的孔隙率、孔径大小及其分布;定型段,相邻两个拉伸辊的线速度之比要降低,定型温度应适当提高,使得拉伸应力得以释放,形成的微孔能够固定,降低纵向收缩。

4. 横拉的控制

横拉指通过烘箱加热后对纵拉出来的片材进行横向拉伸处理,使隔膜内部形成均匀一致的椭圆形微孔;并产生一定的横向拉伸强度。应注意以下几方面的控制环节。

(1)横拉链夹的运行平稳、可靠、无抖动,夹口开、闭合的灵活性及同时同步性,建议采用双夹柄链夹。

(2)横拉加热温度应分布均匀、波动小,温度控制精度高,建议功能区间应采用风帘设计,保证各区温度的稳定,防止串温的形成。

(3)合适的定型温度和定型缩颈,对横向收缩、透气性、穿刺及其一致性都有大的影响。

(4)保证纵拉与横拉之间的张力稳定;张力不易过大,否则会造成冷拉或断膜。

(5)保证膜边跟踪的稳定,防止脱夹或夹多夹少造成拉伸不均、断膜等。

5. 牵引和收卷的控制

锂电池隔膜经过纵向、横向拉伸后，内部孔径大小及微孔分布、孔隙率等内部指标均已成型；如何均匀一致、不变形、微张力下覆卷至收卷辊筒上成为重中之重。

（1）微张力扩展控制：收卷时不对隔膜进行微张力扩展，隔膜又会形成褶皱，造成隔膜褶皱变形，收卷会形成内皱和鼓包，影响分切质量及成品合格率。低张力的扩展是隔膜均匀一致收卷的基本保证。

（2）微张力收卷控制：收卷过程中拉伸力过大，会造成隔膜冷拉，引起隔膜产品内部性能指标发生变化；过小会造成母卷松卷；采用合适的微张力进行控制是关键控制环节。

6. 测厚控制的设计方案

隔膜在线测厚控制系统对隔膜的一致性有一定影响。测厚仪的种类很多，但大多数测厚仪不太适合微孔隔膜的在线控制；隔膜的微孔大小、分布及孔隙率只能控制到相对一致，质量法测厚仪没法对隔膜本身密度的不一致性进行区分，测量误差会转化为厚度上的误差，厚薄均匀性偏差控制在一定区间，很难提高。因此，要做好隔膜，必须做好隔膜本身，测厚仪只起辅助作用。当然，测厚仪厂家如果能研究在线密度的测量技术，修正厚度误差，隔膜厚薄均匀性将会更好。

6.1.4 影响产品质量和成品率的主要因素

1. 原材料对产品质量和成品率的影响

在干法双拉工艺生产的锂电池隔膜中，锂电池隔膜的生产原材料对锂电池隔膜内在指标的一致性有着关键的影响，原材料中的高分子材料在生产过程中容易发生降解、产生杂质；低分子材料会形成降解物贴附在滚筒上，造成产品的一致性较差、透气性差和孔隙率小，不能适应和满足目前锂电池行业发展的需求。

干法双向拉伸隔膜成孔原理：利用聚丙烯不同相态间密度的差异，铸片内密度较小、体积较大的 β 晶通过拉伸时在一定温度和应力下转换成密度较大、体积较小的 α 晶，晶体间产生一定大小的间隙，在隔膜内形成均匀一致的微孔，俗称晶型转换。铸片内 β 晶体含量和分布、铸片分子取向的稳定性与隔膜内孔径分布、大小、形态一致性等有着密切的联系，因此我们将从原料的等规度、熔融指数（MFI）、分子量分布等方面对提高产品质量和成品率展开研究。

2. 设备运行稳定对产品质量和成品率的影响

在运行过程中，设备的速度、压力、温度的波动都会对隔膜产品的内在品质产生一定的影响，甚至引起生产线的断膜和停机，所以如何减少设备故障和波动是锂电池隔膜生产线必须解决的问题。应该做好生产线设备的日常保养、巡检计划，及时发现设备隐患，提高设备的运行率。

3. 人员因素对产品质量和成品率的影响

锂电池隔膜制造是一个新兴的高科技行业，出于行业间竞争和保密的需要，隔膜企业内需要对部分基层员工做锂电池隔膜制造工艺和流程知识的基本培训。企业的生产基层是创造产品价值的根本，再优秀的企业领导、再优秀的生产工艺技术、再优秀的企业发展战略，最终的实现都将体现在生产基层员工的实操水平上。因此，生产基层员工的能力与技术不足也就成为企业生产中最重要的短板。

为解决这一短板，首先要做的是通过长期、系统的培训不断提高员工的知识技能和主观能动性，实行日常化的班组讨论，不断提高生产基层员工对于生产工艺、生产流程、质量控制、成本管理等要素的理解，促进基层员工的能力提高，实现现场管理对于效益、质量、成本的控制；其次，不断完善现场管理制度和作业标准文件，严格现场 6S 的管理，提高员工的自身素养和执行力；最后，要及时了解、帮助和解决员工的实际困难，稳定职工工作心态，进一步提升员工对企业的归宿感。

4. 环境因素对产品质量和成品率的影响

在传统工业企业生产过程中其对生产环境的要求都不是很高，但隔膜作为锂电池产品的主要材料，对生产环境有着苛刻的要求。在锂电池隔膜的生产过程中，我们一般要求生产线所在罩体的洁净度达到万级，分切间和时效库内达到十万级。同时工艺、产品等因素对生产线各段的温度和湿度也有一定的要求，这些都对产品的质量和成品率有着至关重要的影响。

6.2 PE 隔膜

生产 PE 隔膜需要先将作为成孔剂的石蜡油（LP）与熔融的聚乙烯树脂均匀混合，在拉伸成孔之后用有机溶剂萃取洗脱。因此，生产工艺称为"湿法"。而且，目前商品化的 PE 隔膜都是由正交双轴向的拉伸工艺制得。有所不同的是，双向拉伸可以分为同步双向拉伸和先纵向（MD）后横向（TD）的分步双向拉伸（也称为异步双向拉伸）。同步双向拉伸和分步双向拉伸对 PE 薄膜微孔结构的形成和特征的确有显著的影响。但是，PE 微孔膜产品的最终特性是由一整套复杂的工艺流程以及设备水平决定的，因此难以评价两种双向拉伸工艺到底孰优孰劣，应该说是各有特色。

6.2.1 原料

PE 通常有低密度 PE、线型低密度 PE、高密度 PE（high density polyethylene，HDPE）、超高分子量 PE（ultra high molecular weight polyethylene，UHMWPE）等品种。烯烃类自由基聚合过程中，自由基链转移导致无规支化，支化点随机地分布在主链上；深度支化可能导致无法分辨主链和支链。支化结构最典型的例子就是低密度 PE。支化使得低密度 PE 的结晶能力变弱、熔融温度与熔体黏度降低，利于加工成型，在某种程度上是一种优势。由于具有规整的短支链结构，线型低密度 PE 的成膜性能非常优异，这一特性决定了它在制膜方面应用的优势。高密度 PE 结晶度可以很高，使其具有较高的强度和耐热性。表 6.2 给出了一些高密度 PE 的基本物理性质。

表 6.2 高密度聚乙烯的部分物理性质

聚合物	密度	玻璃化转变温度 T_g/℃	熔点 T_m/℃	晶系	结晶度/%	结晶速率最大温度 T_{max}/℃	软化温度/℃
高密度聚乙烯	0.941～0.965 g/cm³	−80	141.4	正交	85～95	100～120	～120

PE 隔膜的主要成分是聚乙烯树脂和少量添加剂。聚乙烯树脂包括高密度聚乙烯和超高分子量聚乙烯。不过，在制造过程中还需要使用大量的石蜡油和二氯甲烷。添加剂主要是抗氧化剂，根据具体制造工艺的不同还可以使用其他助剂。

（1）HDPE：HDPE 的分子量一般在 40000～300000 之间，相当于 3000～20000 个—CH_2—单元的聚合，密度为 940～960kg/m³。它的主要优点是绝缘性好、耐酸碱和有机溶剂，在低温下仍能保持一定的韧性；机械强度高于 LDPE，接近 PP；主要缺点是易老化、熔融温度偏低。

（2）UHMWPE：其分子量应该是传统 HPDE 的 10 倍以上，密度大致为 935kg/m³。UHMWPE 的商品化出现于 20 世纪 50 年代，20 世纪 70 年代初被首次应用于铅酸电池的隔膜中。虽然依然属于 PE 系列，但 UHMWPE 与其他 PE 类型相比，具有优异的抗氧化性以及更好的延展性、强度、韧性和可制造性。

UHMWPE 是低压、Ziegler 型催化剂催化合成的线型聚乙烯树脂。商品化的树脂为细粉，粒径通常为 120~200μm，分子量为 50 万~600 万（也有些文献报道为 $8×10^6$g/mol）。在保持高分子量的同时降低树脂的粒径，是 UHMWPE 产品优化的方向之一。例如日本三井化学的 UHMWPE 产品的粒径可以达到 25~30μm，在未来甚至可以降低到 10μm 左右（图 6.4）。UHMWPE 在所有塑料中均具有最高的耐磨性和最高的冲击强度。在一些特殊的应用中，甚至可以用 UHMWPE 纤维替代钢。这种超高的耐磨性是由 UHMWPE 的长分子链及其半结晶结构所致。不仅在常温下，甚至在极低的温度下 UHMWPE 也能保持其高抗冲击性。当分子量从 $3×10^6$ 增加到 $6×10^6$，其耐磨性提高约 30%，而冲击强度略有下降[3]。

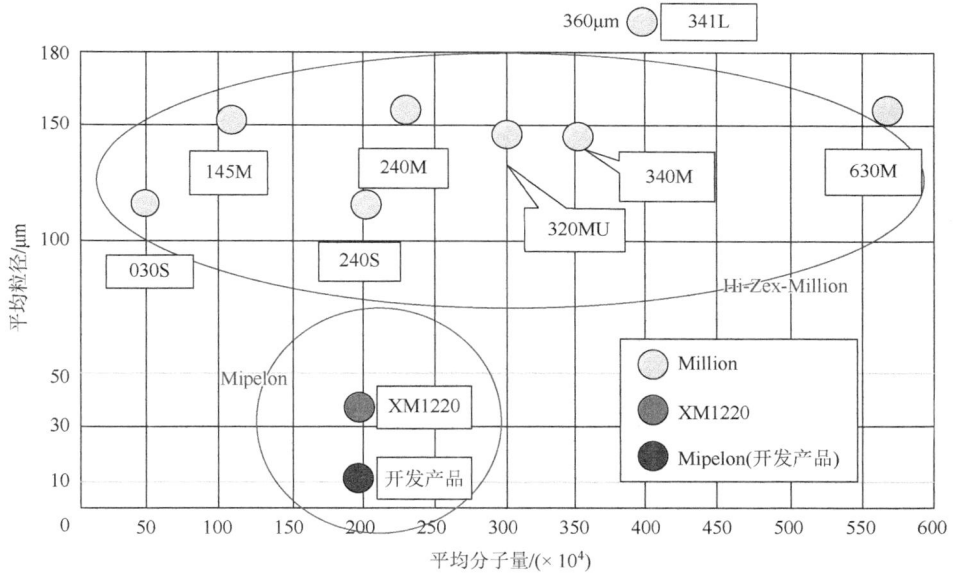

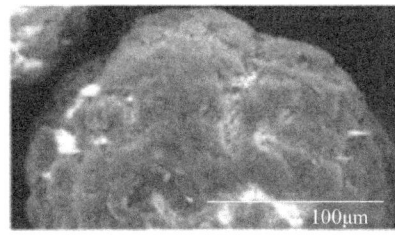

一般的聚乙烯(450倍)

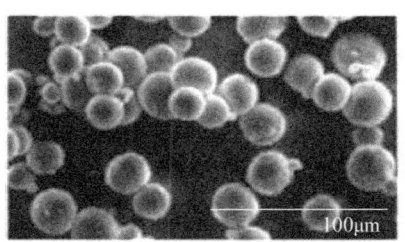

Mipelon™(450倍)

图 6.4　日本三井化学超高分子量 PE 的系列化产品

摘自三井化学官网

UHMWPE 的基本结构单元是—CH_2—，其独特性能是由分子量决定的。一个分子量为 $4×10^6$ 的 PE 包含约 28.5 万个碳原子，不能溶解，所以无法采用尺寸排阻色谱法（size exclusion chromatography，SEC）测定其分子量。UHMWPE 的分子量一般通过稀溶液黏度或降低的溶液黏度（RSV）来测定（参考标准 ASTM D1601：2018 和 ASTM D4020：2018）。将 RSV 外推至无限稀释会得到特性黏度（η）。UHMWPE 的特性黏度数值在 1600～2900mL/g。其标称分子量 M 通过 Mark-Houwink 方程估算：$M=5.37\eta^{1.37}$，其中 η 表示特性黏度。在螺杆挤出的过程中，较低分子量的 PE 熔体强度较低，而 UHMWPE 成分会显著提高溶体的强度。

（1）石蜡油：石蜡油是一种矿物油，是从原油分馏中所得到的无色无味的混合物。其主要成分是碳元素和氢元素，化学式为 C_xH_y。湿法 PE 隔膜制造工艺中需要使用超高分子量石蜡油，分子量在 150 万～200 万。

（2）抗氧化剂：抗氧化剂的加入可防止聚合物在加工过程中降解，并防止制成品在使用中氧化，如抗氧剂 1010、抗氧剂 DLTP、抗氧剂 168 等。

抗氧剂 1010，化学名为四[β-(3,5-二叔丁基-4-羟基苯基)丙酸]季戊四醇酯，分子式 $C_{73}H_{108}O_{12}$，分子量 1177.65，熔点 110～125℃，是性能优异的酚类抗氧剂，能有效地防止聚合物材料在长期老化过程中的热氧化降解，同时也是一种高效的加工稳定剂，能改善聚合物在高温加工条件下的耐变色性。它的挥发性小、不易迁移、耐萃取、热稳定性高、持效性长、不着色、无毒不污染，对聚丙烯、聚乙烯有卓越的抗氧化性能，可有效地延长制品的使用期限。一般用量为 0.1%～0.5%。

抗氧剂 168，化学名为三（2,4-二叔丁基苯基）亚磷酸酯，分子式为 $C_{42}H_{63}O_3P$，分子量为 647，其抗萃取性强，对水解作用稳定，并能显著提高制品的光稳定性，是一种性能优异的亚磷酸酯抗氧剂，可以与多种酚类抗氧剂复合使用。例如，美国 Cyanamid 公司开发的 Cyanox 2777 即是抗氧剂 168 和酚类抗氧剂 1790 的复配物。将亚磷酸酯与酚类抗氧剂复合使用可充分发挥协同效应；组分中的亚磷酸酯为辅助抗氧剂，虽然不能起到长期稳定作用，但与受阻酚复配后却获得了较好的复配效果。

（3）抗静电添加剂：用于减少对灰尘和污物的黏附。

（4）其他助剂：根据特定的设定可以添加相应的添加剂。

6.2.2 同步双向拉伸工艺

湿法 PE 隔膜制造工艺主要包括将 PE 原料与石蜡油混合、熔融挤出、铸片、在一定温度程序下双向拉伸造孔、萃取、干燥、拉幅热定型、收卷等步骤。石蜡油在铸片、拉伸时逐步与 PE 发生相分离并在萃取工序中被洗脱。生产工艺和 PE 原料的分子量分布对隔膜的成型以及性能有较大的影响。

同步双向拉伸的主要工艺特点是：铸片后的纵向与横向拉伸同步进行，由夹具展开与轨道变宽协同完成。以同步双向拉伸工艺制造的 PE 隔膜，微孔结构均匀，优于分步双向拉伸工艺制造的隔膜。典型的同步双向拉伸 PE 隔膜 SEM 图像如图 6.5 所示。

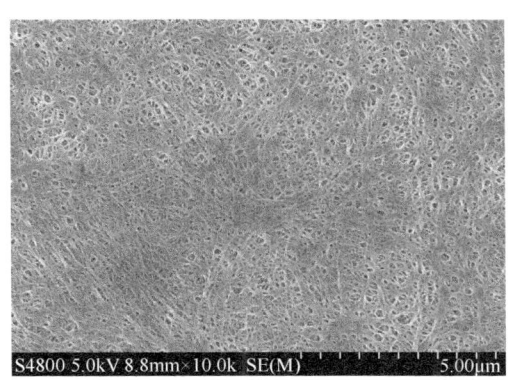

图 6.5　典型的同步双向拉伸 PE 隔膜 SEM 图像

1. 工艺部分

湿法制造 PE 隔膜的工艺虽然有同步双向拉伸工艺和异步双向拉伸工艺之分，但是二者除拉伸外在生产工艺的其他环节上的共性很多，可以相互借鉴的程度很高。因此，在介绍工艺和设备时，相同、相近或可以相互借鉴的设备我们将不做特殊强调或重复介绍。

同步双向拉伸工艺流程至少包括以下步骤：熔融混炼—挤出厚片—厚片冷却—MD/TD 拉伸—萃取造孔剂—横拉热定型—收卷。因为纵向与横向的拉伸同步进行，在隔膜的微观结构上有所体现。通常，同步双向拉伸工艺生产的隔膜微观结构呈现细枝均匀分布；根据 SEM 照片中树枝状结构的 MD/TD 方向难以判定。典型的同步双向拉伸 PE 隔膜 SEM 图像如图 6.5 所示。相应的工艺条件设置大致如下。

（1）熔融混炼：将超高分子量聚乙烯、超高分子量石蜡油和抗氧化剂通过高强度混炼挤出机混炼、熔融，质量比大致为 $1:1:X$，混炼区域温度设定在 190～245℃。

（2）挤出厚片：混炼后的物料经过计量泵并过滤后输送到模头并挤出；模头温度应略高于物料温度。

（3）厚片冷却：挤出的物料落在流延工艺段的冷却辊上进行冷却（20℃±10℃）并形成厚片；厚片离开流延辊时温度控制在 50℃±20℃。需要注意的是，冷却辊的温度以及环境的温度对厚片内部微结构的形成都有影响。

（4）双向拉伸：拉伸段预热和拉伸区域的温度设定为 100℃±30℃，拉伸比例为 6~10 倍，隔膜的机械强度也是由双拉倍率决定，拉伸后需要在 100℃以下热定型。

（5）萃取成孔：双拉后的薄膜牵引至萃取工艺段，在二氯甲烷中分多段抽提石蜡油，温度控制在 10℃左右为宜，负压。萃取后薄膜用软水清洗、干燥。

（6）横拉热定型：在原料 PE 熔点 10~20℃以下对萃取干燥后的薄膜进行二次横拉，以消除内在应力并定型。拉伸比例控制在 10%~20%。

（7）收卷：将热定型之后的产品切边，经在线缺陷检测之后收卷，成品幅宽多在 3~5m。

2. 设备特点

1）挤出机选型

国内目前湿法 PE 隔膜挤出机混合设备采用双螺杆挤出机，该结构特点：材料截切能力强，混合均匀性优越，通过近几年的不断摸索和试验改进，双螺杆机的工艺也越来越成熟，但是双螺杆挤出机存在压力波动的现象，需要更加稳定的入料工序和压力控制互锁工序。

2）模头的设计

模头一般采用衣架型模头，由于湿法 PE 混入了石蜡油为助剂进行混合，熔体物料的流动性更加顺畅，压力可控性相对提升，采用衣架式模头结构能够更好地保证片材的均匀性和一致性。

湿法 PE 隔膜的模头唇口同干法基本一致，在熔体流出的位置 R 角越小，越能保证片材表面的光滑性和一致性，所以唇口的光洁度也是非常重要的，需要保持超高的光洁度。

3）双拉

双拉其实就是 MD/TD 方向的一次性同步拉伸，通过烘箱加热后对流延的片材进行 TD 拉伸处理，使隔膜内部形成均匀一致的椭圆形微孔；并产生一定的 MD/TD 拉伸强度。应注意以下几方面的控制环节。

（1）双拉链夹的运行平稳、可靠、无抖动，夹口开、闭合的灵活性及同时同步性，行业目前采用三角架构的链夹，通过导轨的走向进行收缩和打开。

（2）加热温度应分布均匀、波动小，温度控制精度高，风口建议采用线缝式出风，在同步拉伸过程中，风的直接接触方式和面积决定了拉伸的稳定性。

（3）合适的定型温度和定型缩颈；它对横向/纵向收缩、透气性、穿刺及其一致性都有大的影响。

（4）保证纵拉与横拉之间的张力稳定；张力不易过大，否则会形成冷拉或断膜。

（5）保证膜边跟踪的稳定，防止脱夹或夹多夹少造成拉伸不均、断膜等。

4）萃取装备

（1）萃取入口张力控制需要实现自动化、数字化的功能，张力的稳定性决定了孔的一致性，由于从高温到萃取低温区，隔膜回缩量较大，建议在萃取入口采用软水冷却双拉以后的薄膜。

（2）萃取剂二氯甲烷属于易挥发有机溶剂，沸点 39.8℃；从目前的行业研究方向看，大多数厂家采取温度控制系统，控制萃取溶剂温度，防止萃取液体外漏。

（3）由于在双拉结束后膜材的含油量较高，萃取槽体的二氯甲烷流动性非常重要，一种好的结构也会对成孔性能起到关键的作用。

（4）萃取后的干燥工序决定了隔膜外观的优越性，行业中大多数采用两种方式进行：热辊干燥和热风干燥，不同企业选择不同的干燥路线。

5）定型拉伸

定型拉伸区属于产品稳定性能修正工序，张力控制/链夹选择一般采用平口小间距组成，拉伸倍率控制为 1.1～1.5 倍率，温度采用 PE 材料软化温度±10℃为佳。

6）收卷

收卷工序主要形成成品的外观品质，不同的收卷机效果也是完全不同的。在收卷过程中重点关注：根据收卷方式/收卷的长度不同选择不同的张力。

6.2.3 分步双向拉伸工艺

分步双向拉伸工艺的特点是：铸片后在夹具的控制下顺序经过纵向拉伸与横向拉伸，因此称为分步（异步）拉伸。

该工艺流程至少包括以下步骤：熔融混炼—挤出厚片—厚片冷却—MD 拉伸—TD 拉伸—萃取造孔剂—横拉热定型—收卷。因为 MD 与 TD 的拉伸分步进行，在隔膜的微观结构上有所体现。通常，分步双向拉伸工艺生产的隔膜会产生树枝状结构；根据 SEM 照片中树枝状结构的方向可以判明制造过程中 MD 和 TD 的方向。典型的分步双向拉伸 PE 隔膜 SEM 图像如图 6.6 所示。

相应的工艺条件设置大致如下[4]。

（1）熔融混炼：将超高分子量聚乙烯、超高分子量石蜡油和抗氧化剂通过高强度混炼挤出机混炼、熔融，质量比大致为 $1:1:X$，混炼区域温度设定在 190～245℃之间。

（2）挤出厚片：混炼后的物料经过计量泵并过滤后输送到模头并挤出；模头温度应略高于物料温度。

（3）厚片冷却：挤出的物料落在流延工艺段的冷却辊上进行冷却（20℃±10℃）并形成厚片；厚片离开流延辊时温度控制在 50℃±20℃。需要注意的是，冷却辊的温度以及环境的温度对厚片内部微结构的形成都有影响。

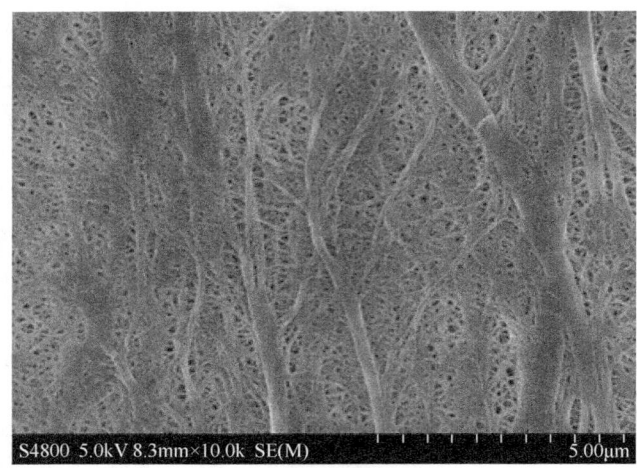

图 6.6 典型的分步双向拉伸 PE 隔膜 SEM 图像

(4)纵向拉伸:厚片牵引至纵拉机部分,预热后在低于结晶温度 10~40℃ 的条件下进行纵向拉伸,拉伸倍率 4~7;纵拉后冷却至 50℃ 以下。

(5)横向拉伸:横拉段预热和拉伸区域的温度设定较纵拉时略高,拉伸比例小于纵拉;拉伸后需要在 120℃ 以下热定型。

(6)萃取成孔:纵拉后的薄膜牵引至萃取工艺段,在二氯甲烷中分多段抽提石蜡油,温度控制在 10℃ 左右较为理想,负压。萃取后薄膜用软水清洗、干燥。

(7)横拉热定型:在原料 PE 熔点 10~20℃ 以下对萃取干燥后的薄膜进行二次横拉,以消除内在应力并定型。拉伸比例控制在 8%~15%。

(8)收卷:将热定型之后的产品切边,经在线缺陷检测之后收卷,成品幅宽多在 3~5m。

6.2.4 半干法制膜工艺

半干法(semi dry)PE 隔膜制造技术 EVAPORE® 是德国布鲁克纳机械有限公司(Brückner Maschinenbau GmbH & Co. KG)研发并取得专利的一种创新性工艺方法。

在为人们所熟知的湿法工艺中,塑化剂石蜡油在萃取槽中利用二氯甲烷等类有机溶剂被萃取出来;被塑化剂污染的有机萃取溶剂及被萃取出来的塑化剂必须根据严格的环境法规,并通过一个复杂的化学及物理过程来分离纯化后再循环利用;此类回收工艺是提升产能的最大制约因素,并且耗材及能耗成本居高,长期困扰着业界。

在 EVAPORE®工艺中所用的塑化剂是被工艺的温度自然蒸发,所以不需要使用萃取溶剂以及相应的传统回收工艺。此新工艺的其他优点是简化了传统湿法的生产工艺,可以省略第二个横拉定型烘箱;并且塑化剂经工艺温度蒸发回收后燃烧,回供生产工艺所需要的热能,进一步大量节省了生产所需的能耗。

与湿法工艺相比,它使电池隔膜生产能够以更环保且节能的方式生产聚乙烯隔膜,其孔隙结构和均质性与传统湿法异步拉伸工艺并无二致。此外,与湿法工艺一样,更有能力生产出比干法工艺厚度更薄的隔膜。EVAPORE®工艺的生产线概念图如图 6.7 所示。

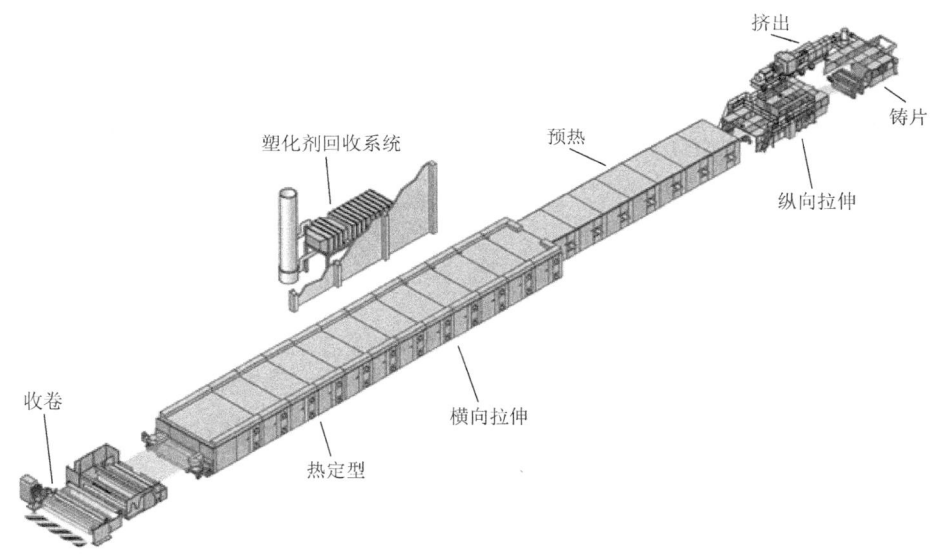

图 6.7　EVAPORE®工艺生产线概念图
由布鲁克纳机械有限公司提供

6.3　PP/PE/PP 三层复合膜

虽然现在我们无法确定当初 Celgard 公司将 PP 和 PE 制成三层复合隔膜的初衷到底是什么,不可否认的是,PP/PE/PP 三层复合膜的确是一种非常成功的隔膜产品,其制造水平和性能堪称锂电池隔膜产品的里程碑。

PP/PE/PP 三层复合膜一个突出的特性是安全性好。以往为高单体容量电芯选择隔膜材料时,它常被看作是一种安全的保障。在强度方面,PP 隔膜存在容易纵向撕裂的问题,PP 与 PE 隔膜复合在一定程度上可以弥补这一缺陷。在耐温性和耐氧化性方面，PE 隔膜不如 PP 隔膜，PE 与 PP 隔膜复合、被加在两层 PP 之间，使 PE 回避了以上两方面性能的不足。然而，中间 PE 层所谓的"Shutdown"功能又给这种复合膜增添了一个高性能的光环。因此，PP/PE/PP 三层复合膜给人的感受是 PP + PE 的复合性能大于 PP 和 PE 各自性能之和。

PP/PE/PP 三层复合膜代表性的产品是 Celgard 2320（20μm）、Celgard 2325（25μm）和 Celgard 2340（38μm）。三层复合膜横截面的 SEM 图像如图 6.8 所示。从图中可以清楚地看出三层复合膜上下两层 PP 的厚度相同，各占总厚度 30%；中间一层 PE 的厚度在总厚度的 40%。PE 层的孔径明显高于 PP 层。比较厚度同为 25μm 的 Celgard 2400 单层 PP 膜和 Celgard 2325 三层复合膜，Celgard 2400 的孔隙率、孔径和 Gurley 值分别为 41%、43nm 和 620s，而 Celgard 2325 的孔隙率、孔径和 Gurley 值分别为 39%、28nm 和 620s。也就是说，Celgard 对三层复合膜的设计目标是让它与单层 PP 隔膜具有同样的透气性。但是，从 Celgard 公司给出的指标参数看 25μm 单层 PP 隔膜的孔隙率和平均孔径均高于 PP/PE/PP 三层复合膜。如果说这是材料真实结构特征的数据，显然是讲不通的。我们知道三层复合膜比单层膜多出两个界面，界面两侧孔与孔的重叠不可能完全对正。因此对于三层膜而言，在测试中使用与单层膜测试相同的方法和模型，得到的等效孔隙率和孔径可能会偏大。

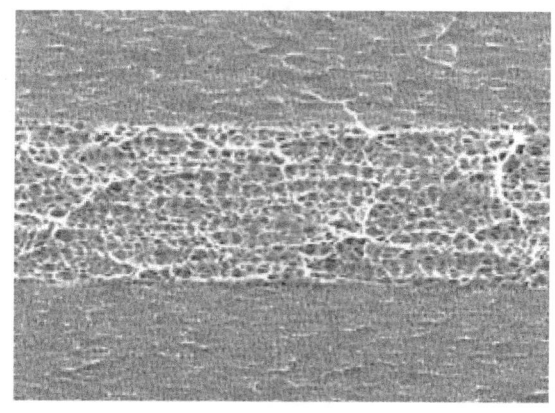

图 6.8　Celgard PP/PE/PP 三层复合隔膜的切面 SEM 图像

Celgard 三层复合膜的制造工艺是价值很高的技术秘密，业内的技术人员无疑对它会有浓厚的兴趣，但遗憾的是我们无从得知其工艺细节。不过，从几个在国内已公开的专利申请中，我们可以了解一下业内工程技术人员研发三层复合隔膜的大致思路。其中一项专利申请[5]公开工艺方法为：将 PP 在 240℃挤出，30℃淬火铸片；将 PP 和乙烯-丙烯酸酯无规共聚物的混合物（1.2%）在 200℃挤出，25℃

淬火铸片；随后 PP 厚片在 80～120℃之间退火 15～120min，PE 厚片在 80℃退火 120min；再按 PP/PE/PP 的顺序叠层，在 80～120℃之间恒温 20min；接着以 350% 的比例进行单向拉伸；拉伸后热定型 10min；最后收卷。

另一项专利申请[6]公开的工艺方法为一种三层共挤锂电池隔膜的制备方法。首先将 PP 和 PE 分别熔融后通过共挤模头流延至冷鼓上铸成厚片；进而对铸片进行退火处理，利用 4 个间隔布置的热辊筒将铸片分别升温至 115℃、117℃、118℃和 120℃；再经 5 个间隔布置的冷辊筒对退火后的铸片进行梯度式降温，温度分别设置为 115℃、110℃、105℃、100℃和 95℃；接着对厚片在 140℃进行纵向拉伸，拉伸比例为 230%；在 145℃进行横向拉伸，拉伸比例为 320%；随后进行热定型处理；最后得到三层复合隔膜产品。其中，冷辊筒的直径为 200mm，辊速沿铸片的移动方向逐渐升高，且相邻冷辊筒的辊速差为 1.2 倍；相邻冷辊筒的拉伸间距为 80mm。

以上两个专利申请中公开的实施例，体现了制造 PP/PE/PP 三层复合隔膜的两种可能途径。一是将三层厚片复合后再拉伸；二是将 PP 和 PE 三层共挤形成厚片再拉伸。

6.4 工艺对材料及产品特性的调控

PP 和 PE 的部分结晶以及适合大比例拉伸并成孔的特性对于锂电池隔膜制造业而言是一大礼物。基于此，科学家们才有可能发展出调控 PP 和 PE 相态变化及结构形态的工艺方法，而工程技术人员使之在成套的设备上得以实现并制造出合格的产品。不论是哪种工艺，其核心都是对聚烯烃物性的调控。与此最相关的是对材料结晶和在拉伸过程中形态的控制。

6.4.1 熔融挤出和铸片淬火

将聚合物从原料母粒加工成为薄膜产品，第一个重要的工艺步骤是熔融挤出，随后才能进入拉伸等后续环节。PP、PE 等晶态聚合物的拉伸所需应力大于拉伸非晶态聚合物，并且随结晶度的增大而提高。因此，在拉伸之前需要降低其结晶度。工业生产中通常采用的方法是熔融挤出后在水冷的铸片辊上使其骤冷来降低结晶度。这一步骤在 PE 和 PP 隔膜的生产线上都有应用。

6.4.2 拉伸

在塑料产品的加工工艺中经常会涉及拉伸，其作用是让聚合物的分子或链段取向。在 PP 和 PE 隔膜制造过程中的拉伸不仅是为了使分子取向，更重要的是拉出微孔。

对于非晶态聚合物的拉伸，相传有六字要诀：低温、快拉、骤冷。低温是指在 $T_g \sim T_m$ 之间，但偏向于 T_g 一侧。晶态聚合物拉伸过程中伴随着晶区和非晶区的形变，可能同时发生但速率不同。结晶区的取向发展快，非晶区的取向发展慢。晶区取向过程复杂，包括晶体的破坏、分子链段的重排、重结晶以及微晶的取向等；取向过程还伴随有相变。晶态聚合物拉伸的要点是：首先在拉伸前将材料转化为无定形态，也就是熔融挤出后骤冷来降低其结晶度；然后将温度回升到某一适合的温度 T_{dr}（$T_g \sim T_m$）进行拉伸。拉伸温度 T_{dr} 要避开最大结晶速率温度 T_{max}。拉伸时也同样遵循低温、快拉、骤冷的要点原则。在获得所需要的结构以后，同样需要经过冷却使得到的结构保留下来。

6.4.3 聚合物分子和链段在拉伸中的取向

聚合物分子的长度可能是其宽度的几百、几千甚至上万倍，在吹塑、熔融挤出、纺丝、拉膜等加工过程中产生的剪切力或拉伸力作用下，聚合物的分子会沿受力的方向择优排列，从而形成取向结构。聚合物分子中结构单元之间、原子与原子之间由共价键连接，是强作用力；而分子之间的作用力是范德瓦耳斯力、氢键等弱相互作用力，因此在取向聚合物的取向方向和垂直于取向的方向上材料表现出显著的各向异性，如光学特性、力学特性、导电或导热等性质。

聚合物熔体在受到剪切力和拉伸力的作用时，分子链会沿着受力方向择优取向[7]。可能是部分链段取向，也可能是整条链取向。部分链段的取向可以通过原子间共价键的旋转实现，速度较快；整条分子链的取向较难。而熔体的取向态通常不是热力学的稳定态，当外力的作用取消时分子的热运动使分子趋向于回到无序的平衡状态。这一过程即"解取向过程"。对于非晶聚合物，在取向后为了维持取向可以把材料的温度迅速降低到其玻璃化转变温度之下，把分子链和链段的运动冻结起来。而这种热力学的非平衡态会随着时间的流逝、温度升高或溶剂溶胀被破坏，继而发生解取向。对于结晶聚合物，通过结晶可以获得聚合物稳定的取向结晶结构，因此能够固定分子或链段的取向。

在大多数情况下，剪切或拉伸诱导的聚合物结晶会产生排状结构（row structure）[8]，由很长的片晶堆积而成，堆积方向与剪切或拉伸方向平行。这一现象在本章给出的单向拉伸 PP 的 SEM 图像（图 6.2、图 6.3）以及分步双向拉伸 PE 的 SEM 图像（图 6.6）中也有体现，即片晶沿拉伸方向堆积。

晶态聚合物的结晶，不论是从溶液中析出还是由熔体冷却，都倾向于形成由折叠链片晶组成的球晶。全同立构 PP 在拉伸形变过程中，PP 的晶轴取向程度随拉伸比的增大而提高；当拉伸比高于600%时，在拉力的作用下无规取向的晶体整齐地沿拉伸方向排列[7]。图6.9给出了典型的聚合物应力-应变曲线，以及应力-应变曲线不同部位上由拉伸引起结构变化的图解。最初应力随拉伸迅速增加，并且应力-应变几乎呈直线关系，相应于图中的起始模量。在这一很小的延伸区内球晶作为整体发生弹性形变。随着应力的增加，应力-应变曲线的斜率缓慢下降。在这一应变软化区发生的形变过程是：在球晶中心区沿形变方向的半径上发生了少量的不可恢复性晶体破裂，在与形变方向呈一角度取向的半径上晶片内发生分子倾斜；沿球晶赤道区的半径上发生了晶片分离。在应力-应变曲线的这一区域内所发生的形变已经有很大一部分属于塑性形变。应力继续增加，随即达到了屈服点。在屈服点之后，随应变的加大应力下降到某一极限。此后，在一定的范围内应变继续加大而应力保持为一个常量。这时，常在实验样品的某些区域出现截面积减小的现象，称为"细颈"现象。"细颈"将一直发展至样品截面均一为止。在结构层面上，屈服点意味着此时球晶内的剪切应力占优势，晶片产生滑移；超过屈服点，应变继续加大，球晶被拉开但仍保持球晶内的连续性。随着晶球的形变，不断发生球晶的滑移、取向、分离，直到球晶内所有的片晶以其长周期方向几乎平行于形变方向排列。结构上一旦达到这一阶段，晶体取向就变得十分困难，这一步的形变必须以晶体解离为主才能发生。一旦全部球晶转变为微纤，继续增大应变需要持续加大应力，直至样品断裂。这就是所谓"应变硬化区"。达到应变硬化转变点，意味着球晶的形变过程已经完成。因此，应力-应变曲线的应变硬化区可以表征为微纤的形成及形变区。

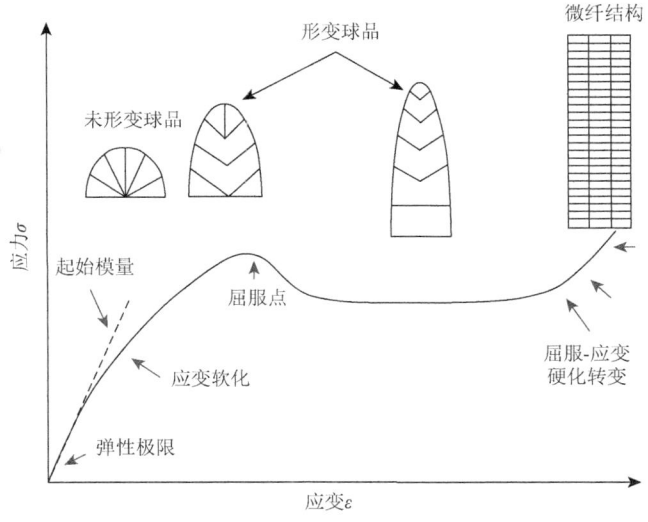

图6.9 典型的聚合物应力-应变曲线及对应其不同部位的结构变化示意图

在薄膜产品的制造过程中采用单轴拉伸使分子链在膜平面内沿拉伸方向排列，取向方向的性能得到提高，而垂直于取向方向上的性能会变差。因此，对薄膜材料进行双轴拉伸取向，使分子链在膜平面内无规取向、实现各向同性，可以提高材料的力学性能和尺寸稳定性。

6.4.4 工艺过程中的结晶

晶态聚合物由熔体冷却或从溶液中析出，是大分子链段重排进入晶格、由无序变为有序的松弛过程。大分子链重排需要一定的热运动能，要形成结晶结构又需要分子间有足够的内聚能。所以，热运动的自由能和内聚能要有适当的比值是聚合物结晶必需的热力学条件。聚合物结晶的过程只能发生在 $T_g<T<T_m$ 之间，结晶的速率（v）由晶核生成速率（v_i）和晶体生成速率（v_c）叠加的效果决定。最大结晶速率（v_{max}）必然在 $T_g \sim T_m$ 有一个对应的温度，该温度即为最大结晶速率温度（T_{max}）。T_{max} 对实际生产有重要的指导意义。例如，若产品需要保持较高的结晶度，则成型的冷却过程中需要在 T_{max} 附近保温一段时间。如果产品的结晶度需要尽量低，则冷却时需要用最快的速度脱离 T_{max} 区域。关于 T_{max} 有一些估算公式，如：

$$T_{max} = (0.80 \sim 0.85)T_m \tag{6.1}$$

$$T_{max} = 0.85T_m \tag{6.2}$$

$$T_{max} = 0.63T_m + 0.37T_g - 18.5 \tag{6.3}$$

在隔膜制造的过程中，树脂的熔融、铸片、退火、加热拉伸、冷却、再拉伸、热定型，所有参数的设定，围绕的核心问题就是结晶和相态变化。

等规聚丙烯（IPP）常见的结晶结构有 α、β、γ、δ 晶型。α 晶型属于单斜晶型，在广角 X 射线衍射（WAXD）实验中可以在 14.0°、16.8°和 18.5°观察到对应于（110）晶面、（040）晶面、（130）晶面的衍射峰。PP 熔体在自然冷却的条件下只能形成 α 球晶结构。β 晶型属于六方晶系，内部排列比 α 晶型疏松；但在一般的结晶条件下难以生成，需要加入一定的成核剂来诱导。IPP 的结晶温度为 110℃，当有一定比例的 β 晶产生时，结晶温度会略有上升[9]。

PP 在自然结晶的条件下形成 α 球晶而不能形成单晶；但是在外力作用下结晶形态会发生变化，如生成纤维状晶体和串晶结构。通常，结晶度提高会使 PP 的弹性下降。纵向拉伸时，球晶破碎后成为微纤，同时产生微缺陷，横拉时这些缺陷会扩大。

温度对结晶速率的影响：在某合适的温度下结晶速率最大。因为晶核的生长速度和晶体的生长速度对温度的依赖性不同，晶核生长速度在低温时快，这是因为高温会破坏形成的有序晶核（尤其是在均相成核中），而高温体系黏度小，链段运动快,向晶核扩散快,容易规整堆积,有利于晶体生长。加入成核剂最主要的作用是使晶体粒度变小,提高了材料力学性能,结晶速率变快,结晶度变高,生成的聚合物更均匀,透光率增加。

6.4.5 热定型

热定型的实质是"退火"处理。退火的概念借鉴于金属材料的加工工艺,即把可结晶的聚合物逐步从非晶态向结晶态转变的过程。晶态聚合物在加工过程中结晶之后,其结晶过程可能并未真正完成。一部分来不及结晶的区域在加工后会继续结晶。它发生在球晶的界面上,并不断地形成新的结晶区域,使晶体进一步长大,这称为后结晶。后结晶会使产品的尺寸和性能在使用或储存过程中发生变化。因此,常在 $T_g \sim T_m$ 温度范围内对产品进行热处理,以加速高分子链的二次结晶或后结晶过程,即"退火"处理。退火实际上是分子链的松弛过程,能促使分子链加速重排以提高结晶度并使晶体结构趋于完善。通过退火处理,产品的微观结构发生了变化,内应力降低,尺寸和形状稳定性得到提高。

制膜过程中热定型的基本原则是对已形成一定结构的薄膜施加一定的张力,在 T_{max} 温区保持一段时间再冷却下来。一方面,热定型处理可以恢复材料原有的结晶度、改善其结晶结构;另一方面,可以在保持聚合物分子取向的基础上解除链段的取向。链段取向虽然对膜产品力学强度的贡献不大,但是却能引起较大的收缩率。

6.4.6 温度

温度是制膜工艺中最重要的控制参数之一,在隔膜生产线上涉及温度的工艺控制点数以百计。在拉伸工艺段,各点温度的设定应考虑材料的结晶温度和可拉伸状态,需要系统考虑的还有预热效果、拉伸效果、定型、再结晶状态等。

(1)熔融挤出:结晶性聚合物在加工前的聚集态中都具有一定数量的晶体结构。因此,熔融温度的高低以及在此温度停留时间的长短将影响熔体内是否残存有微小的结晶或晶核的数量。挤出的温度要显著高于材料的 T_m,一方面获得足够的流动性,另一方面高温使聚合物分子的热运动自由能远大于内聚能,熔体内不存在结晶甚至是晶核。

(2)铸片冷却:应显著低于聚合物的 T_{max},使铸成的厚片保持在结晶度很低的状态以利于后续的拉伸工艺。

(3)拉伸:理论上拉伸可以在 $T_g \sim T_m$ 进行。那么拉伸温度是选择在 $T_g \sim T_{max}$ 还是选择在 $T_{max} \sim T_m$?这取决于被加工材料的结晶速率。对于结晶较快的材料,为减弱晶区与非晶区形变的不均匀性，T_{dr} 应选在 $T_{max} \sim T_m$。如果材料的结晶速率较慢，则 T_{dr} 应选在 $T_g \sim T_{max}$。然而，在实际生产中无论材料结晶速率的快与慢，通常在 $T_g \sim T_{max}$ 选择拉伸温度。这样做的实际意义是可以显著降低能耗并减轻冷却设备的负荷。

（4）退火：在实际生产中，退火的温度通常控制在所加工材料热变形温度以下 10~20℃，以保证在退火过程中不至于发生大的形变。

在 PP 膜的制造工艺中，常用的纵向拉伸温度高于 PP 的结晶温度，但低于其软化温度，即在 110~155℃之间；而热定型段的最高温度需要达到 PP 的软化温度。超高密度 PE 的熔点为 140~142℃，在 100~120℃之间结晶，峰值温度为 113℃；其软化温度约为 120℃。PE 隔膜常用的拉伸温度在 70~100℃之间。制造 PP 和 PE 隔膜，因为二者物料的状态不同、材料的物理性能有差异，所以在拉伸工艺段的工艺参数设定不能直接相互借鉴。

在拉伸段不同的温度设定，会对产品的孔隙率、强度等重要指标产生影响。一项研究 HDPE/氧化铝（15%）复合体系拉伸特性的结果表明[10]，比较在 80℃、100℃和 120℃条件下的拉伸，随温度升高，膜拉伸后的孔隙率增大、结晶度提高；120℃拉伸后的 HDPE 膜结晶度达到最大值（图 6.10）。在 80℃的拉伸温度下的拉伸强度比在 100℃和 120℃的拉伸温度下的拉伸强度稍大。电解质吸收率和离子电导率与孔隙率成比例地增加。有报道研究了拉伸温度对氧化铝填充的 HDPE 膜性能的影响。随着拉伸温度的升高，氧化铝填充的 HDPE 膜的孔隙率增加。

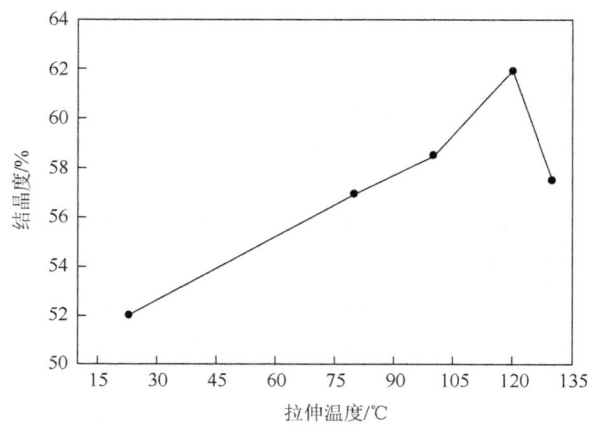

图 6.10　HDPE 拉伸温度与结晶度的关系

人们普遍认为，HDPE 在 50~110℃温度范围内的弛豫与结晶相中分子迁移的复杂过程有关[11, 12]。在丙二醇浴中拉伸之前，所有填充有氧化铝的 HDPE 膜都具有相同的形态，包括略微定向的薄片晶体。之后，将氧化铝填充的 HDPE 膜在丙二醇浴中于不同温度下退火 1min。对于低于 HDPE 弛豫温度的低拉伸温度，晶体中的迁移率可以忽略不计，并且在变形过程的时间尺度上没有发生非晶相的有效分子弛豫，因此不会发生晶体增厚。对于高于 HDPE 弛豫温度的高拉伸温度，晶体很容易被破坏和重结晶。而且，在拉延氧化铝填充的 HDPE 膜退火之后，能够使非晶相松弛并且晶体增厚。

PE 是被广泛应用的聚合物。因此，对松弛和相变温度的了解对于建立加工技术以及预测性能和耐久性至关重要。PE 可以代表高度结晶的聚合物，并且其易于使用的不同形式在研究结晶度和分子支化度的影响时非常有用。通常认为，在约 $-120℃$ 时，γ 弛豫发生在非晶相中，并且与玻璃化转变有关。低于 $0℃$ 的 β 弛豫归因于非常宽松的折叠和相对未延伸的链的运动，因此在 LDPE 中更明显。发生在 $50\sim120℃$ 范围内的 α 弛豫与层间剪切过程相关，并且通常分为具有不同活化能的两个过程（α 和 α′），这可能是样品结晶度不均匀的结果。

研究挤出温度、片材厚度对隔膜成孔性能的影响，发现随着挤出温度的升高，隔膜的孔径逐渐增大，孔隙率逐渐提高；但温度过高会导致隔膜的拉伸强度下降；随着片材厚度的增加，隔膜的孔径增大。

6.4.7 拉伸比例和车速

1. 拉伸比例

拉伸比例选择的前提是 PE 材料的配方选择。对于 PE 湿法隔膜产品，目前行业设备的拉伸比例有：MD×TD = 6×6、8×8 和 10×10 等几种。根据不同产品的性能要求，有时需要对拉伸倍率进行调整。因此，选择拉伸倍率大的设备有助于后期产品的路线不被局限化。

2. 车速

决定车速的因素很多，如挤出机的挤出体积流量、下料设备的线速度、结晶方式、萃取能力等。这些与车速都存在相关性。目前业内可选择的有 30m/min、40m/min、50m/min 和 60m/min。

在图 6.11 中我们给出了一个拉伸出的 PP 纤维断裂的例子。显然，这种现象的存在会对产品的拉伸强度和断裂伸长率造成明显的影响。部分拉断可能涉及几个因素，如温度的设定、拉伸比例等。

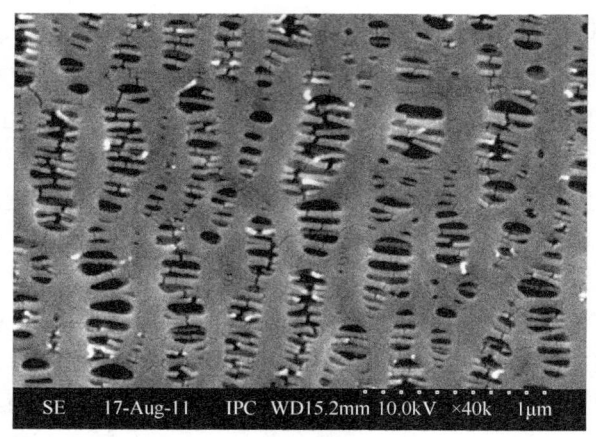

图 6.11　某种单向拉伸 PP 隔膜的 SEM 图像

6.4.8　螺杆挤出

双螺杆挤出机通常会选择具有较大长径比的设备。通常，长径比越大，设备的混合性能越强。

6.4.9　结晶方式

流延法和压延法，两种工艺都可进行，但是在提高车速过程中，冷却面积、时间等都会对结晶度造成影响。

6.4.10　萃取能力

萃取是隔膜去除石蜡油的一个关键工艺步骤。为了将石蜡油充分移除，萃取段的有效行程不能太短。但是，萃取路线的延长会增大膜材的变形量。因此，萃取路线的长度建议控制在 150m 以下。

6.5　影响产品品质的其他因素

6.5.1　原料组成对产品制造和膜结构的影响

超高分子量聚乙烯（UHMWPE）的性能优异，具有突出的耐磨性、抗冲击性、抗老化性等。但是 UHMWPE 的分子链很长，存在大量的无规缠绕，导致熔体黏度高；另外，它对热剪切极敏感，容易发生剪切断裂或受热降解，所以单独使用 UHMWPE 难以直接通过传统的高分子挤出注塑等成型设备进行加工。在 UHMWPE 中添加一种或几种能使其相互缠绕的分子链部分解开的物质，就可以降低熔体的黏度，从而改善加工性能，如添加 HDPE、LDPE、聚乙烯蜡、石蜡或石蜡提取物等。

将 UHMWPE 和 HDPE 共混可以有效地解决 UHMWPE 的加工问题。在 UHMWPE 中加入 5%～30%的 HDPE，在熔点温度以上时 UHMWPE 就会悬浮在 HDPE 的液相中，形成可挤出的悬浮体物料。有研究报道，当 UHMWPE 的含量低于 7%时，共混体系基础物的表面性能明显改善[13]。加入 HDPE 能够改善 UHMWPE 的加工流动性，并且保持耐磨性基本不变。日本专利昭 60-240-748 中的实施例采用 70%的 UHMWPE（特性黏度 22.7dL/g）与 30%的 HDPE（MFI 0.03g/10min，密度 0.950g/cm^3）共混，挤出试样的拉伸强度为 39MPa，断裂伸长率为 290%，在缺口冲击实验中不断裂，砂浆磨耗量为 81mg（普通 PE 为 300～500mg）。日本专利昭 60-55042 报道，用 35%～65%的 UHMWPE（特性黏度 13.5dL/g，黏均分子量 $2.5×10^6$）与 65%～35%的 HDPE（黏均分子量 $3.8×10^4$）共混，可以用单螺杆挤出机顺利挤出 1mm 厚的板材（ϕ25mm，L/D=20，压缩比 3∶1，螺杆转速 20r/min，加工温度 160～240℃）。板材的耐磨性与纯 UHMWPE 大致相当[14]。

LDPE 的分子链短、分子量较小、容易渗入到 UHMWPE 分子链间，从而改善 UHMWPE 加工性能。但是 LDPE 与 UHMWPE 的分子量相差悬殊，共混物的相容性较差，在加工过程中容易分层。因此，可行的方法是将 UHMWPE 与中等分子量聚乙烯和低分子量聚乙烯共混。这样既能使 UHMWPE 分子链解缠、降低聚合物熔融温度，又可减少分层，并且共混物的性能下降不多。日本专利昭 57-177037 的实施例，在 100 份 UHMWPE 中加入 30 份分子量为 6000 的 LDPE 作为模压成型物料，使原来在 200℃下压制 50mm 厚板材的成型时间从 3h 缩短至 2h。但是，LDPE 的分子量越小、用量越多，共混物性能下降的幅度越大。

石蜡油，在湿法 PE 隔膜制造工艺中所起的作用不仅是造孔剂，而且还是 UHMWPE 的稀释剂、流动改性剂。加入流动改性剂也是改善 UHMWPE 加工性的重要途径之一。但是，如果仅作为流动改性剂，石蜡油的用量一般不超过 5%。

UHMWPE 与石蜡油的混溶和分离是实现聚乙烯隔膜造孔、聚乙烯稀释的关键，二者的混合物是部分相容的体系。通过温度来控制聚合物与稀释剂之间的相容性，这就是所谓的"热致相分离"的实质。理解 UHMWPE 与石蜡油的分离过程，需要借助 Flory-Huggins 公式。1942 年 Flory 和 Huggins 从液体的似晶格模型出发，用统计热力学的方法推导出了高分子溶液的混合熵、混合热和混合自由能的关系式。

$$\Delta G_M = \Delta H_M - T\Delta S_M \quad (6.4)$$
$$\Delta H_M = \chi_{12} RT n_1 \varphi_2 \quad (6.5)$$
$$\Delta S_M = -R(n_1\ln\varphi_1 + n_2\ln\varphi_2) \quad (6.6)$$
$$\Delta G_M = \chi_{12} RT n_1 \varphi_2 + RT(n_1\ln\varphi_1 + n_2\ln\varphi_2) \quad (6.7)$$
$$= RT(n_1\ln\varphi_1 + n_2\ln\varphi_2 + \chi_{12} n_1 \varphi_2) \quad (6.8)$$

式中，ΔG_M、ΔH_M、ΔS_M 分别为高分子溶液的混合自由能、混合热和混合熵；n_1 和 n_2 分别为聚合物和溶剂的物质的量；φ_1 和 φ_2 分别为二者的体积分数；χ_{12} 为二者之间的相互作用参数。当 $\Delta G>0$ 时，聚合物与溶剂不相容，如图 6.12（a）中曲线 1 所示；当 $\Delta G<0$ 时，聚合物与溶剂可以部分相容或者完全相容，如图 6.12（a）中曲线 2 或 3 所示。

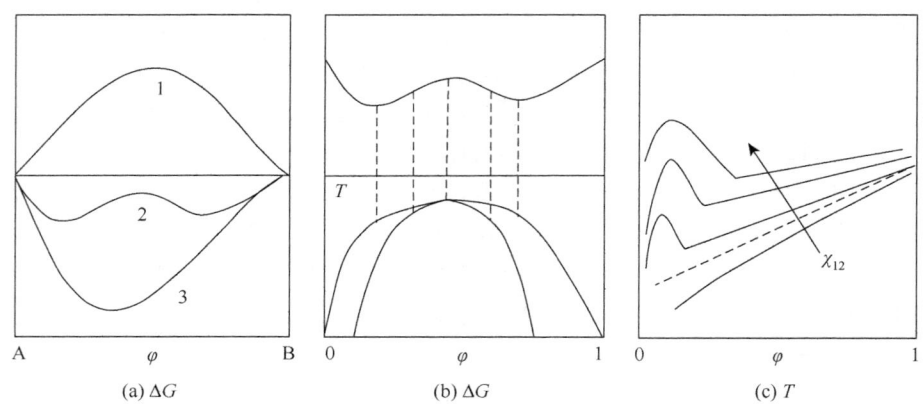

图 6.12　聚合物-稀释剂共混物相图的演变过程

白耀宗等[15]采用热台-光学显微镜装置研究了 UHMWPE（分子量约 150 万）与石蜡油（分子量 150 万～200 万）、抗氧剂 1010 共混体系的相分离过程。样品熔融后在 160℃铸膜，保温 10min 后在室温下冷却。萃取石蜡油使用的溶剂为无水乙醇。当温度改变时，对应的自由能曲线会发生变化，两个极小值点和两个拐点会发生改变。每个温度下对应的极小值点是代表该温度下稳定的聚合物和稀释剂混合物的组成；而其对应的两个拐点是热力学自由能亚稳态时的组成，将每个温度下的自由能曲线的特征点分别连接起来就构成图 6.12（b）相图中的双结线和旋节线。聚合物-稀释剂体系的混合自由能小于两种小分子混合时熵增的变化，很大程度上取决于混合焓变的贡献，而混合焓变又与聚合物-稀释剂的相互作用参数 χ_{12} 密切相关。

图 6.12（c）中，χ_{12} 越大，对于具备最高临界共溶温度的体系来说聚合物与稀释剂的相互作用就越弱，热力学相分离温度就越高；χ_{12} 越小，聚合物与稀释剂

的相互作用越强,热力学相分离温度就越低,甚至无最高临界温度。UHMWPE与石蜡油具有相同的亚甲基烷烃结构,两者分子之间极性相似,相互作用强,因此 UHMWPE/石蜡油体系更倾向于发生固液相分离。

白耀宗等还绘制了 UHMWPE/石蜡油共混物的热力学相平衡温度与组成的关系曲线(图 6.13),证明不同质量分数的聚乙烯对 UHMWPE/石蜡油体系的相平衡温度有着明显的影响。由于 UHMWPE 熔体的黏度很大,即使加入了大量的稀释剂石蜡油,混合物熔体中聚乙烯链段的运动能力仍然受到较大限制,宏观上相变表现出对温度的响应有一定的滞后。

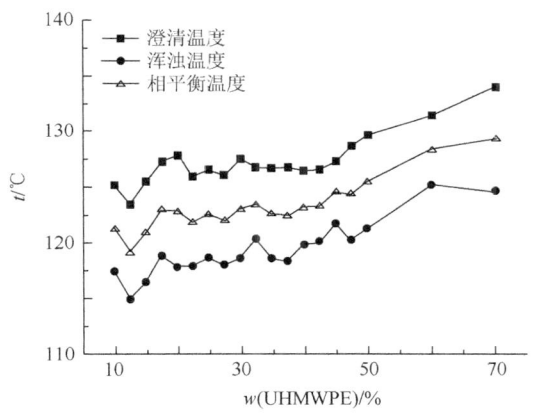

图 6.13　相平衡温度与 UHMWPE/石蜡油混合物组成的关系图

采用 1℃/min 的速率对 UHMWPE/石蜡油热力学相平衡体系进行升温和降温,并通过光学显微镜观察,发现升温过程中记录到的澄清温度曲线与降温过程中记录到的浑浊温度曲线并不重合。将二者的平均值作为 UHMWPE/石蜡油体系的热力学平衡相分离温度。UHMWPE/石蜡油是强相互作用体系,相分离过程会引起熔体的黏弹性变化。在测试的质量比例范围内,UHMWPE/石蜡油体系的热力学相平衡温度随着 UHMWPE 含量的增加而升高。这是由于高分子量的 UHMWPE 链段越多,链段运动的自由体积越小,链段之间发生碰撞的概率越大,发生缠结的趋势就会更大;成核速率提高,导致在更高的温度发生相分离过程。

图 6.14(a)是 UHMWPE/石蜡油体系熔点、结晶峰值温度和结晶起点温度与聚乙烯质量分数的关系曲线[15]。其中,T_m 表示熔融吸热峰值温度,T_c 表示结晶放热峰值温度,二者的差值大约是 15℃。从熔点-聚乙烯质量分数曲线可以看出,随着 UHMWPE 的含量增加,混合体系的熔点呈上升趋势,符合稀释剂对熔点降低的理论经验公式。作为稀释剂,石蜡油的加入增加了聚乙烯分子链段的运动空间、降低了聚乙烯分子链缠结程度,同时削弱了 UHMWPE 的结晶能力,使得高分子链段

更倾向于形成较薄的晶片，最终导致混合膜的熔点和结晶温度都随着聚乙烯含量的增加而上升。因为 UHMWPE 的结晶是一种成核生长的过程，图 6.14（a）中的结晶放热峰的峰值曲线与起点温度曲线和聚乙烯含量呈正相关性。在结晶放热峰的起点温度（onset of T_c），结晶基本完成，结晶区已经成熟稳定，UHMWPE 主要晶片、晶区已经完善。在该温度以下 UHMWPE/石蜡油体系中的微观结构基本不会发生较大的变化。整个 UHMWPE/石蜡油体系的相分离行为也因为 UHMWPE 的结晶固化而被冻结，停止了晶相和非晶相之间的成分交换。

UHMWPE/石蜡油体系呈现出高临界共溶温度相图的一般特点：高温相容、低温分相［图 6.14（b）］。由于长分子链的存在，整个体系分子运动能力受限，相

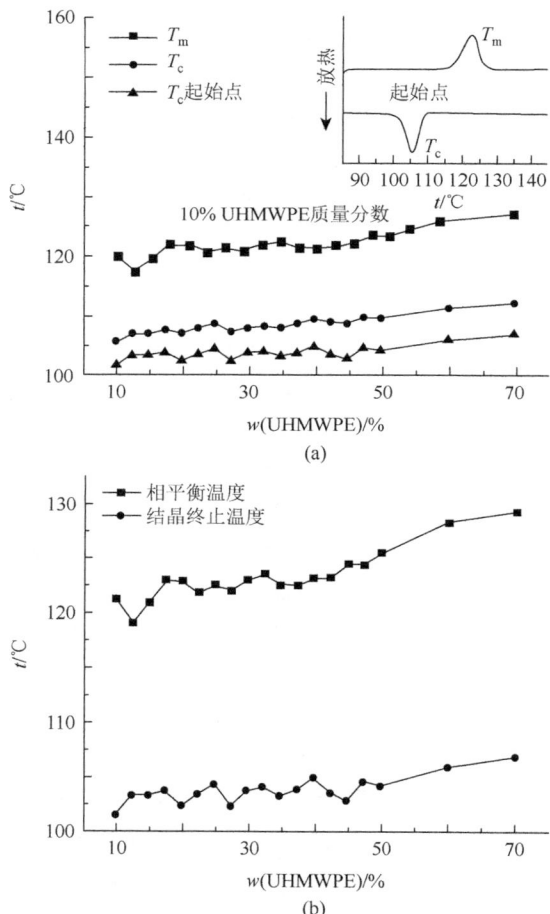

图 6.14 （a）UHMWPE/石蜡油混合物熔点、结晶温度和组成的关系图；（b）UHMWPE/石蜡油混合物的热力学相图

分离过程不如小分子体系迅速。但 UHMWPE 仍然可以结晶，相分离过程在后期会因链段结晶而冻结，从而被大大削弱甚至提前结束。将热力学相平衡温度曲线作为相分离开始的上临界温度，将混合体系的结晶温度作为相分离过程结束的下临界温度。这个相分离温度区间对膜微孔结构的形成起着决定性作用。UHMWPE/石蜡油体系的相分离是由聚乙烯结晶诱导产生的，整个相分离过程可以用聚乙烯的成核生长机理来进行解释。

6.5.2 冷却速率对最终膜产物孔结构的影响

混合体系的冷却速率是影响相分离过程的动力学因素。如果冷却速率非常慢，在聚乙烯结晶生长趋于完全之前石蜡油液滴仍有较大活动空间；小液滴被挤压聚集成大液滴，萃取之后液滴的位置以及液滴汇聚时的通道就形成了膜中的微孔结构。在结晶成核的温度附近还可能存在一个缓慢的液液（L-L）相分离的过程。当快速冷却时，聚乙烯的结晶迅速并很快降温到结晶终止温度以下，石蜡油液滴来不及迁移汇聚，所以会形成尺寸较小的孔。

6.5.3 石蜡油比例对最终膜产物孔结构的影响

在 UHMWPE/石蜡油体系中石蜡油的比例直接影响体系的黏度，其差异影响微孔的形成。石蜡油的比例越小，黏度就越高，不利于后续相分离的进行，导致形成的微孔越小。显然，在 UHMWPE/石蜡油体系中石蜡油的比例会显著影响最终产物的孔隙率、孔径大小和孔隙结构。UHMWPE/石蜡油体系冷却时，相分离发生在 100~130℃的温度范围内。在这个温度区间内从高温到低温，相分离速度的变化趋势为缓慢—快速—终止。相分离速度影响非晶相的尺寸大小，从而对最终的微孔结构产生重要影响。

6.5.4 石蜡油与 PE 的相分离

石蜡油与 PE 的相分离发生在 PE 隔膜生产流程中的多个位置，如在将挤出熔融片材冷却的流延膜机、拉伸段。在流延辊的工作过程中，熔融片材析出的石蜡油附着在流延辊上、冷却固化会影响铸片的质量，因此需要及时除去。

在不同的温度下，聚合物与石蜡油混合物的黏度不同，混合的均匀性也会有差异。在相同外部条件下，由不同温度下挤出的厚片冷却速率和时间不同。这些因素直接影响着 PE 和石蜡油的固-液相分离过程，从而产生有差异的隔膜孔结构。一般而言，随着挤出温度的提高，隔膜形成的孔隙率增加、平均孔径增大。相应地，随孔隙率的增加，隔膜的机械强度会降低。

6.5.5 石蜡油的萃取

PE 隔膜制造过程中涉及石蜡油的萃取，萃取也是生产工艺中关键的一环，直接影响产品的品质。萃取装置一般包括入料装置、萃取槽、浸没辊及出料装置，萃取槽中加注萃取剂。为延长含石蜡油的薄膜在萃取槽中停留的时间、获得更好的萃取效果，薄膜在槽中行进的路线被设计为波浪形。薄膜波浪形行进对槽中的有机溶剂起到搅拌作用，也利于石蜡油从薄膜向溶剂的扩散。

薄膜离开萃取槽时表面附着的溶剂中含有石蜡油，溶剂挥发后会残留在膜表面。因此，薄膜在热定型之前需要进行清洗。清洗可以用与萃取时相同的溶剂，也可以使用水和溶剂交替清洗。因为二氯甲烷的密度为 $1.325g/cm^3$，而且与水不能混溶，所以可以把水和二氯甲烷加入到同一个清洗槽中用于清洗薄膜。薄膜经清洗、风干之后即可进入热定型工艺段。

参 考 文 献

[1] 徐懋，胡世如，关家玉，等. 高透过性聚丙烯微孔膜及其制法[P]: 中国，CN 90109050.6. 1992-07-01.
[2] 李良彬，孟令蒲. 一种聚丙烯微孔膜及其制备方法和锂电池隔膜[P]: 中国，201910599181.7. 2019-09-24.
[3] Wang L C，Harvey M K，Ng J C，et al. Ultra-high molecular weight polyethylene（UHMW-PE）and its application in microporous separators for lead/acid batteries[J]. J Power Sources，1998，73：74-77.
[4] 舒均国，高保清. 一种制备高比能电池隔膜的生产工艺[P]: 中国，201610050000.1. 2016-01-26.
[5] 谷传明，徐长城，赵静，等. 聚烯烃三层复合微孔膜及其制备方法[P]: 中国，200910075830.X. 2009-10-30.
[6] 胡伟，吴磊，张德顺，等. 一种三层共挤锂电池隔膜及其制备方法[P]: 中国，201811621963.8. 2018-12-28.
[7] 马德柱. 聚合物结构与性能[M]. 北京：科学出版社，2012：226-233.
[8] Keller A. Unusual orientation phenomena in polyethylene interpreted in terms of the morphology[J]. J Polym Sci，1955，15：31-49.
[9] 孙辉，龚长华，孙学会，等. 等规聚丙烯/顺丁橡胶合金的结晶和抗冲击性能[J]. 合成树脂及塑料，2006，23（5）：65-69.
[10] Park J S，Gwon S J，Lim Y M，et al. Influence of the stretching temperature on an alumina filled microporous high density polyethylene membrane[J]. Mater Design，2010，31：3215-3219.
[11] Pegoretti A，Ashkar M，Migliaresi C，et al. Relaxation processes in polyethylene fibre-reinforced polyethylene composites[J]. Compos Sci Technol，2000，60：1181-1189.
[12] Matsuoka S. Relaxation Phenomena in Polymers[M]. Munchen：Hanser Publishers，1992.
[13] Aguilar M，Martin S，Vega J F，et al. Processability of a metallocene-catalyzed linear PE improved by blending with a small amount of UHMWPE[J]. J Polym Sci Polym Phys，2005，43：2963-2971.
[14] 蒋启柏，薛平，何亚东，等. 超高分子量聚乙烯复合材料的发展[J]. 工程塑料应用，2000，28（3）：36-39.
[15] 白耀宗，盛雷，张辉，等. 超高分子量聚乙烯/石蜡油体系的热力学相图及微孔膜结构[J]. 高分子材料科学与工程，2018，34（12）：78-82.

07

隔膜表面涂布技术

如本书第 3 章所述，PP 和 PE 膜在锂离子电池隔膜领域占据主导地位，这与其高效的造孔方法和高度发展制造工艺相关。但是，PP 和 PE 膜的熔点较低、受热收缩比例大、对电解液浸润能力差，在电池应用中始终有改进的需求。表面涂覆是在保持基膜主要特性前提下提高隔膜热阻和润湿性的有效方法，而实现的手段就是工业化的涂布技术（liquid film coating technology）。

7.1 涂 布

7.1.1 涂布的基本定义

涂布是将具有某种功能的液态材料或固液混合物均匀地涂覆在支持体（常为柔性片基）上，然后加热蒸发溶剂，得到目标膜产品的一种化工单元操作过程[1]。它曾伴随着感光胶片工业的发展迅速成长并拓展到其他应用领域。涂布的"布"通常是指柔性支持体，但也有玻璃板、金属板等平板支持体。涂布产品涉及的领域很多，如造纸、光学膜（偏光板、滤光片、光学背板）、印刷电路板（以 PI + 铜箔为代表的软板）、压敏胶胶带与标签、各种新型生物医学产品（伤口敷料、面膜、微针）、锂离子电池和太阳能电池等领域。

涂布浆料的构成：浆料及用于涂布的液态或固液混合原料，一般含有以下四类成分。

（1）功能材料，其中分散有有机或无机功能粒子，如彩色或阻光的颜料，光敏的卤化银，磁性的铁或铬粒子，锂离子电池中的正极和负极材料等。

（2）溶液或分散剂，一般分为水和有机溶剂两类。

（3）黏结剂，多为有黏结功能的有机物，如明胶、PVDF 等；压敏胶带中的压敏胶既是功能材料，又是与基膜的黏合剂。

（4）添加剂，如作为助剂的分散剂、表面活性剂、增稠剂、防腐剂、交联剂、减少静电的导电剂等[2]。

如图 7.1 所示，一套涂布设备至少由基材运行系统、涂布头、供液装置、干燥单元等四个基本机构组成：

（1）基材运行系统：是保证涂布基材持续稳定运行的各单元组，主要包括供卷、储片、驱动、调偏、收卷等。

（2）涂布头：是把涂布浆料均匀涂覆到基材上的核心部件。按涂布方式分类，包括坡流涂布、条缝涂布、微凹涂布、落帘涂布、辊式涂布、线棒涂布等不同类型的涂布头。

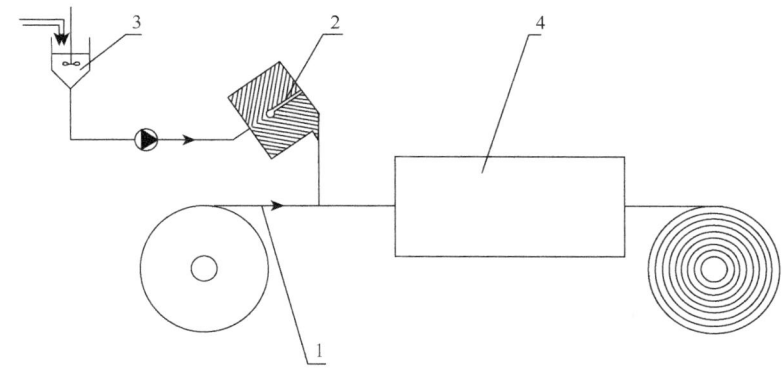

图 7.1　涂布设备基本结构示意图
1. 基材运行系统；2. 涂布头；3. 供液装置；4. 干燥单元

（3）供液装置：是把浆料输送到涂布头的装置，包括供料锅、过滤装置、泵、静态混合器、计量装置、消泡装置等。

（4）干燥单元：是把涂到基材上的浆料烘干的装置，其好坏直接影响涂布质量和能源消耗。按干燥方式可分为：热风干燥、UV 干燥、红外干燥等类型。

7.1.2　涂布方法与涂布方法的选择

涂布方式的种类很多，单层涂布包括浸涂（dip coating）、刮棒涂布（rod coating）、刮板涂布（knife coating）、刮刀涂布（blade coating）、气刀涂布（air knife coating）、凹版涂布（gravure coating）、顺转（forward）和逆转辊（reverse roll）涂布、条缝（slot）和挤压（extrusion）涂布（图 7.2）；多层涂布包括坡流涂布（slide coating）和落帘涂布（curtain coating）（图 7.3）。

上述涂布方法，没有哪一种可以通用于所有的涂布产品制造。一方面，产品的制造要求不同，物料特性不同，如不同的涂布量、溶剂参数和浆料黏度；另一方面，生产需要采用经济和高效的方法。因此，选择涂布方法时应主要考虑以下因素：

（1）涂布的层数：大多数的涂布方法一次涂一层，如果涂几层意味着要多次涂布，或者依次经过多个涂布点。有两个或多个条缝的条缝涂布、坡流涂布和落帘涂布能实现一次多层涂布，此类方法在彩色胶片涂布工艺中比较常见。

（2）涂层湿厚度：涂层的目标湿厚度是选择涂布方法的主要考虑因素。涂薄层的难度较大，但有的方法如凹版涂布不能涂布厚层。

（3）浆料黏度：流变性是浆料最重要的性能指标。黏度高的浆料不容易涂成较薄的涂层，黏度较小的浆料在浸涂和辊涂刮刀涂布中不容易被涂布辊带起形成较厚的涂层。

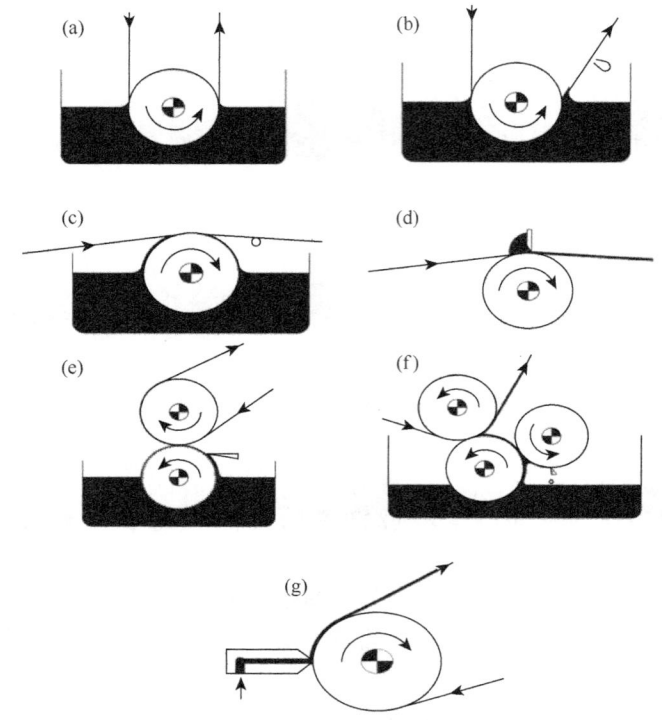

图 7.2 单层涂布方式示意图：(a) 浸涂；(b) 气刀涂布；(c) 刮棒涂布；(d) 刮刀涂布；(e) 凹版涂布；(f) 辊涂；(g) 条缝和挤压涂布

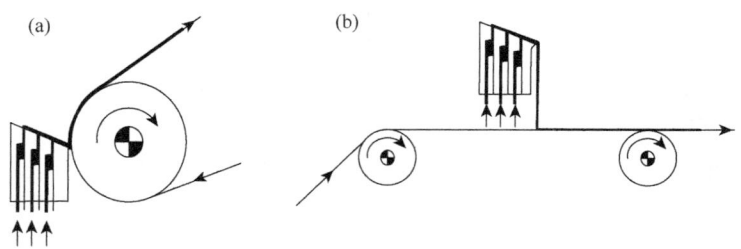

图 7.3 多层涂布方式示意图：(a) 坡流涂布；(b) 落帘涂布

（4）涂布量的精度：涂布产品的性能主要体现在厚度或面密度一致性上，也就是把涂布厚度的均方差或极差控制在产品性能对涂层均匀性要求的范围之内。凹版涂布、精密条缝涂布、坡流涂布和落帘涂布等方法通常能将涂布量误差控制在±2%以内，而某些方法的涂布误差只能控制在±5%以内。

（5）涂布支持体：是承接涂层的载体，其特性是选择涂布方法时的一个重要考量因素。首先，要考虑支持体的渗透性能。例如，当浆料对支持体有渗透性时，要尽量避免采用辊涂。否则浆料穿过支持体粘到涂布辊或背辊会对涂布精度造成影响。如果没有更好的方式，也需要对方法和设备做必要的改进。另外，支持体表面的润湿性能、粗糙度也是影响涂布精度的因素，需要予以考虑。

（6）涂布速度：速度也是选择涂布方法的重要因素之一。浸涂和刮刀涂布的速度一般较低，而落帘、坡流涂布需要一个最小流量以保持落帘本身或界面稳定，速度通常较高。《现代涂布干燥技术》[2]一书对涂布方法做出过总结。

考虑浆料黏度、目标湿厚度、涂布精度、最高车速、片幅粗糙度影响等五个因素，可以对涂布方法进行初步筛选，再根据生产企业的自身装备情况制定产品研发和试生产方案（表 7.1）。

表 7.1 几种涂布方法相应参数要求[2]

	方法	黏度/(Pa·s)	湿厚度/μm	涂布精度/%	最高车速/(m/min)	片幅粗糙度的影响
单层涂布	刮棒涂布	0.02~1	5~50	10	250	大
	逆转辊涂布	0.1~50	5~400	5	300	轻微
	顺转辊涂布	0.02~1	10~200	8	150	—
	空气刮刀	0.005~0.5	2~40	5	500	大
	辊上刮板涂布	0.1~50	25~750	10	150	大
	刮刀涂布	0.5~40	1~30		1500	大
	凹版涂布	0.001~5	1~25	2	700	—
	条缝涂布	0.005~20	15~250	2	400	轻微
	挤压涂布	50~5000	15~750	5	700	—
多层涂布	坡流挤压涂布	0.005~0.5	15~250	2	300	轻微
	落帘涂布	0.005~0.5	2~500	2	300	轻微

7.1.3 涂布技术的应用

近年来，在造纸、光学薄膜制造等传统应用领域以外，涂布技术在新能源材料和器件制造领域的应用也越来越广泛。

1. 在锂电池极片制造中的应用

极片制造包括合浆、极片涂布和干燥、极片的辊压与裁切等工序，虽然是锂离子电池制造的前段工序，但对电池质量的影响至关重要。极片的品质不仅影响电池的组装，而且会显著影响电池的电化学和安全性能[3]。锂离子电池极片涂布特点是：①双面单层涂布；②浆料湿涂层较厚（100~300μm）；③浆料为非牛顿型高黏度流体；④相对于一般涂布产品而言，极片涂布精度要求高，和胶片涂布精度相近；⑤涂布支持体为厚度 6~20μm 的铝箔和铜箔；⑥因为涂层较厚，受干燥速度限制，极片涂布速度并不高[4]。为了适应极片涂布的特点，二十多年来我国锂离子电池极片制造先后经历了逗号刮刀涂布、逗号刮刀转移涂布和条缝挤压涂布三个阶段。

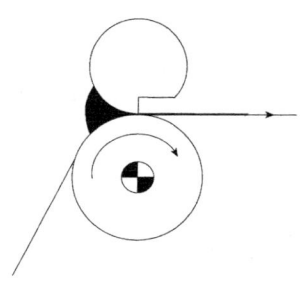

图 7.4　逗号刮刀涂布

在 21 世纪初，国内具有代表性的锂离子电池制造厂家为降低设备成本、适应国内人工成本低的特点，将日本锂离子电池自动化制造生产线分解为半自动生产线。其中，在极片涂布工序采用了逗号刮刀涂布工艺，如图 7.4 所示。它是一种半定量涂布方法，通过调整刮刀与涂布辊之间的缝隙高度，达到目标涂布厚度。这种涂布方法适用于涂布黏度较高、涂层厚度较大的应用场景。逗号刮刀的工作刃口为圆弧面，相较于图 7.2 普通刮刀，它的形状更有利于在加工制造时取得更高的机械精度。此外，因为刮刀工作刃口为圆弧面，相较普通刮刀更耐磨损。所以，这种方法更适用于钴酸锂、磷酸铁锂等较高硬度正极材料的涂布。但是，这种方法只能进行连续涂布，不能间歇涂布。然而，规律性地在铜箔或铝箔上留白不涂，是极片后续焊接极耳所必需的。因此，早期采取将部分正负极涂层刮除的办法实现留白，不但浪费材料，又降低了生产效率。所以，后来发展出了逗号刮刀转移涂布法。

逗号刮刀转移涂布头主要由逗号刮刀、涂布辊和橡胶背辊三部分组成，如图 7.5 所示。涂布厚度由刮刀与涂布辊之间的间隙确定，调整其高度可以得到不同厚度的涂层。橡胶背辊由电机或气缸驱动可以做水平移动，当橡胶背辊以零间隙或负间隙靠拢涂布辊时，涂布辊上的浆料完全转移到背辊上的铜箔或铝箔上；当橡胶背辊离开涂布辊时，铜箔或铝箔上可以实现留白不涂。配合适当的电气控制，可以实现不同涂层长度和留白长度，从而实现了间隙涂布（图 7.6）。这种涂布方法依然在手机电池等消费类电池生产中采用。

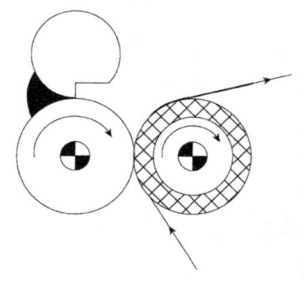

图 7.5　逗号刮刀转移涂布

逗号刮刀转移涂布方法在锂离子电池极片制造中存在两个主要的缺点：①受间隙涂布留白长度和极片干燥速度的影响，最快速度很难超过 10m/min，生产效率较低。②电池极片目标厚度的允许误差要求在±(1.0~1.5)μm 之间。极片面密度或极片厚度要通过调整刮刀间隙高度来试涂确定，在生产实践中有经验的操作员需要经过反复调整才能得到目标厚度，不但生产效率低，而且浪费物料。为解决这一问题，梁卫华等经过理论推导得出牛顿流体的逗号刮刀涂布湿厚度为缝隙高度的 2/3 左右[5]，幂律流体的湿厚度为缝隙高度的 $(n+1)/(2n+1)$ 左右[6]（n 为幂律流体的指数）。利用这一结论可以有效地提高生产效率。

图 7.6　逗号刮刀转移涂布机负极收卷

随着国内锂离子电池特别是动力锂离子电池的迅猛发展，生产效率和精度更高的条缝挤压涂布方法逐渐成为锂离子电池极片生产的主流方法。条缝挤压涂布方法的工作原理如图 7.7 所示，它主要由供料系统、条缝挤压嘴、涂布辊组成。其中，挤压嘴最为关键，它内部有一条或两条腔体，能够将浆料均匀分配成横向均匀的液膜（图 7.8）。储料罐中的正极或负极浆料由螺杆泵或齿轮泵等精密体积泵泵出，经过 Y 形三通，一路浆料通过电磁阀流入条缝挤压嘴，再挤出到铜箔或铝箔上；另一路通过电磁阀后流回储料桶。通过程序控制两个浆料阀的开关可以实现极片的涂布或留白。另外，如果用垫片将条缝挤压嘴横向的某一段或几段封闭，可以实现竖条涂布，俗称"斑马"涂布，如图 7.9 所示。目前，在锂离子

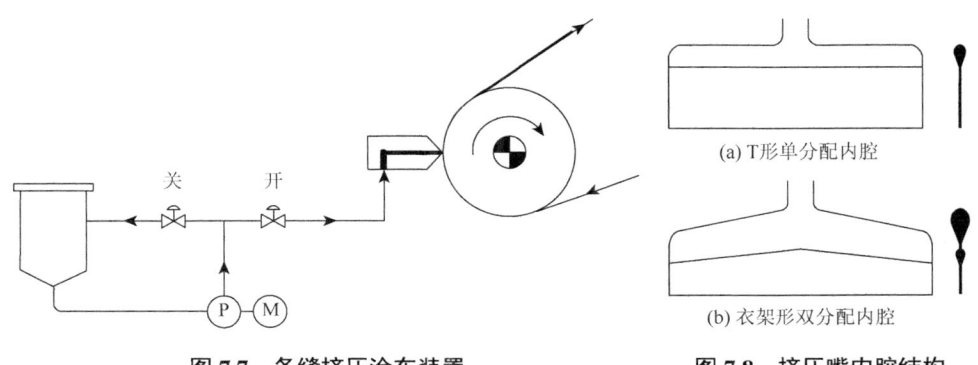

图 7.7　条缝挤压涂布装置　　　　图 7.8　挤压嘴内腔结构

图 7.9 "斑马"涂布

电池生产中应用条缝挤压涂布最高速度可达 40～80m/min，面密度误差可以控制在±1%以内，生产效率和成品率大幅提高。它的另一个优点是可以通过设定螺杆泵的体积流量预设涂布湿厚度和最终面密度，减少了刮刀涂布所需的试涂环节，提高了效率和精度。

2. 在柔性太阳能制造中的应用

柔性太阳能电池是以柔性膜材料为基底的太阳能电池，具有可弯曲、不易破碎、质量轻等特点。按照光电转换材料的不同可分为硅（微晶硅、非晶硅、纳米晶硅）、铜铟镓硒（CIGS）、染料敏（DSCs）、有机聚合物柔性太阳能电池等类型。其制备技术除了真空蒸镀、化学气相沉积以外，也会用到浸涂、旋转涂布、丝网印刷等方法。卷对卷（roll to roll）的涂布技术、印刷技术为降低柔性薄膜太阳能电池的制造成本提供了可能。

据报道，美国 Konarka 公司历时数年开发了一种高速生产技术，大规模地制造 PowerPlastic® 柔性电池产品。它采用的卷对卷工艺类似于狭缝式涂布或挤压式涂布：特种油墨在压力驱动下从存储容器中挤出，经狭缝喷涂在柔性衬底上。柔性衬底的运动方向和狭缝延伸方向正交。狭缝喷涂可以设置为水平方向、垂直向下或向上。其中，水平方向喷涂，喷涂的角度可以向下微调[7]，效果最好；向上的效果最差。

我国国家纳米科学中心魏志祥团队分析了狭缝挤压涂布（slot-die coating）方法制备的电池性能落后于旋转涂布的原因，协同地优化了有源层的形态、柔性基板的性能以及处理温度，从而使柔性单电池和模块两者都获得了高功率转换效率

（PCE）[8]。另外，中南大学阳军亮团队采用微凹涂布技术，使用低温、可溶液加工的氧化锌（ZnO）纳米粒子墨水在柔性基板上沉积电子传输层（ETL）以制造有机太阳能电池。据报道，该方法可生产具有可控厚度（10～50nm）的 ZnO 薄膜，被认为可用于柔性太阳能电池的大面积制造（图 7.10）[9]。

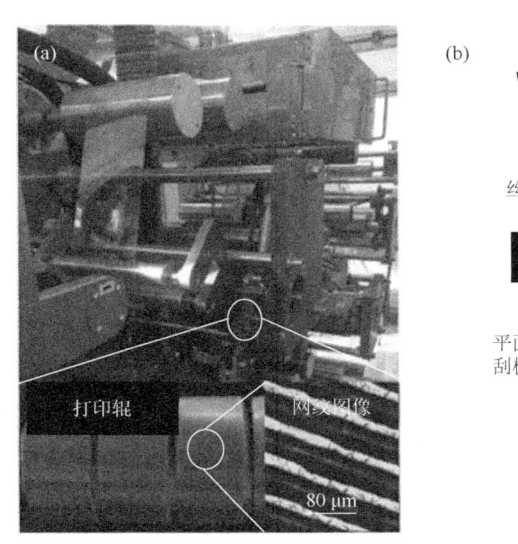
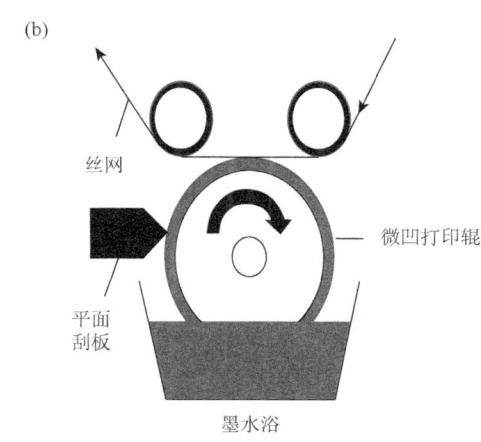

图 7.10 应用于柔性太阳能电池制造的涂布机[9]

另外，涂布技术还广泛应用于燃料电池膜电极（membrane electrode assembly，MEA）的制造。MEA 是燃料电池电化学反应的基本单元，它的设计和制备首先要遵循电池电化学反应的基本原理和特性，并且与电池最终使用条件相结合来综合考虑。MEA 主要由质子交换膜、催化剂层和气体扩散层"三合一结构"组成，其结构设计和制备工艺技术是燃料电池研究的关键技术，它决定了电池的工作性能和实际应用的优劣。目前主流的膜电极规模化制造主要有三种工艺：一是热压法：催化剂浆料配制—催化剂涂布到承载体聚合物膜上—热转印到质子交换膜（PEM）上—剥离承接催化剂的聚合物膜—密封边框加工—形成膜电极（MEA）。二是直涂式（CCM）法：将催化剂直接涂布在质子交换膜上或通过涂布辊再转移到质子交换膜上。三是有序化膜电极：膜电极的材料、结构及操作条件等决定着其电化学性能。膜电极结构的有序化使得电子、质子运输高效通畅，对提高发电性能和降低 Pt 族金属（PGM）的载量提供了新的解决方案。总体来看，有序化 MEA 是下一代 MEA 制备技术的主攻方向。目前从国内公开资料发现这类涂布机的宽度比较窄，速度也在 5m/min 以下，这主要是原料成本较高造成的。我国在锂离子电池极片制造工艺的经验将有助于规模化燃料电池膜电极制造及其封装工艺的进步。

7.2 隔膜规模化生产中的涂布方法

从本书第 3 章介绍的一些文献可以看出，研究者采用实验室的简易装置进行刮涂、浸涂、过滤沉积、静电纺丝来制备少量的隔膜样品，用来测试其耐热、润湿和电导率等特性，并组装电池测试电池应用效果。显然，实验室装置制备的复合隔膜不仅面积小，而且精度低、一致性差，其性能必定不如工业化制造的产品。所以，研究探索出的工艺方法还要通过工业化的精密设备来实现。目前，制造复合隔膜可以应用的高效工业方法有：浸涂、微凹涂布和喷涂等。本节将主要介绍浸涂方法，并讨论它的适用体系。

7.2.1 浸涂及涂布厚度

浸涂和刷涂是最古老的涂布方法。如图 7.11 所示，在浸涂法中，连续涂布片幅浸入涂布液中，然后拉出液面，单面或双面都可以被润湿涂敷。附着于片幅的液体性质决定了涂布湿厚度，杰里亚金（Deryagin）1958 年曾列出其流体力学方程和边界条件进行求解，得到最终涂布湿厚度方程式（7.1）[10]：

$$h_0 = \frac{2}{3}\sqrt{\frac{U\mu}{\rho g \sin\alpha}} \tag{7.1}$$

式中，μ 为浆料的黏度；ρ 为浆料的密度；α 为拉出片幅与浆料液面的交角，该公式没有考虑表面张力的影响。Landau 和 Levich 推导出方程式（7.2）：

$$h_0 = 0.994\sqrt{2}\left(\frac{U\mu}{\sigma}\right)^{2/3} R \tag{7.2}$$

式中，R 为拉出区域液面半径。后来研究者将表面张力对厚度的影响考虑进去，最终综合考虑重力、表面张力、黏性力的影响总结为方程式（7.3）[11]：

$$h_0 = \frac{0.944}{(1-\cos\alpha)^{1/2}}\left(\frac{U\mu}{\sigma}\right)^{2/3}\left(\frac{\sigma}{\rho g}\right)^{1/2} \tag{7.3}$$

式（7.3）考虑了黏性力和重力，忽略了表面张力对流动的影响，式（7.2）考虑了黏性力和表面张力，但忽略了重力的影响，是按平推流求解得出的。因此两个方程都有一定的适用范围，不能保证与实验数据严格吻合，文献[1]认为当毛细管准数 $Ca = \mu U/\sigma$ 小于 10^{-2} 时实验证实式（7.3）是有效的。他们认为当流体黏度和基膜速度足够大到拉直半月面时，黏度和重力决定着浸涂厚度，他们建议式（7.1）中的系数 2/3 改为 0.74 更有效。

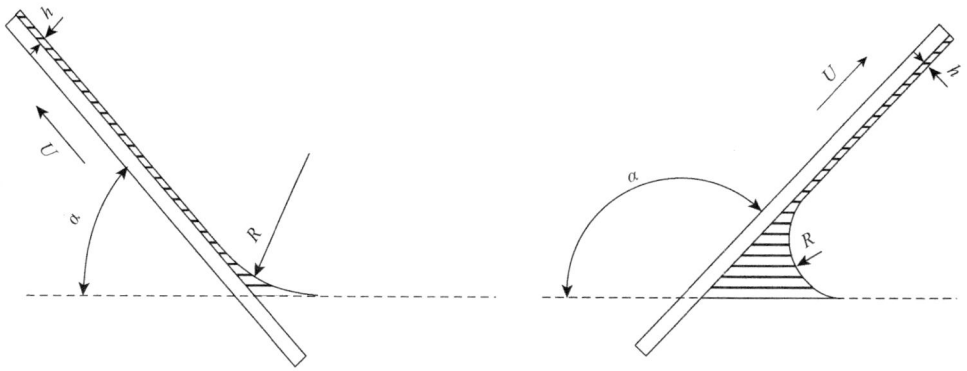

图 7.11 浸涂法厚度示意图

$$h_0 = 0.74\sqrt{\frac{U\mu}{\rho g}} \qquad (7.4)$$

式（7.3）和式（7.4）可以反映出浸涂最终湿厚度 h_0 与 μ、σ、拉伸速度 U 和半月面半径 R 的关系：①涂布湿厚度 h_0 与涂布速度 $U^{2/3}$ 或 $U^{1/2}$ 呈正比关系；②涂布湿厚度 h_0 与浆料黏度 $\mu^{2/3}$ 或 $U^{1/2}$ 呈正比关系；③涂布湿厚度 h_0 与浆料表面张力 $\sigma^{1/6}$ 呈反比关系；④涂布湿厚度 h_0 与涂布半月面半径 R 呈正比关系。

在涂布工艺中，达成产品质量和品质目标后，技术人员的另一个目标是降低涂布湿厚度或提高涂布速度。可是在浸涂工艺中，涂布湿厚度与涂布速度呈正相关，浸涂的速度快了，涂布的厚度就要加大，这个道理易从生活中的小事情联想到。以前去商店买油时，没有像现在商店用的计量机械，售货员使用小提勺来打油时的操作不能提得太快，这因为只有将提勺往上提得慢些，才能使提勺外壁带上的油（也就是浸涂在外壁上的油）再流回一些到油桶内，如果提得太快则会有亏本的可能。所以浸涂的速度不能太快，否则涂布湿厚度也难降低，实际上浸涂的速度最快也只能到 30m/min 左右。另外降低浆料黏度 μ 也可以得到较薄的涂层，但是浆料黏度一般同涂层功能材料和黏合剂的质量分数相关，降低黏度意味着降体涂布浆料浓度，必然会带来干燥能量的加大，对整个工艺是不利的。由上面的第三点可以推出增大浆料表面张力 σ 也会降低涂布厚度，但是浆料表面张力增大后不利于浆料在片幅上的铺展，容易带来漏涂或不润湿的弊病，在工业界增大浆料表面张力 σ 也是很少采用的。实际上工业界常常采取限制弯月面半径的办法。例如，①用气刀；②用机械刮刀；③用辊轮子；④从反方向抽真空，造成负压；⑤用电磁场等一系列的方法，其实质都是通过降低 R，以降低最终的涂布厚度[12]。

7.2.2 隔膜浸涂设备

浸涂工艺很容易在工业化生产中实现。这是因为浸涂设备的系统比较简单，成本低廉，适合于结构简单的复合隔膜的研制。21世纪初，广东省两家设备制造商推出了用于复合隔膜制造的浸涂设备，其片路如图7.12所示。PE或PP隔膜由放卷辊（1）放出，通过一对浸涂辊（2）后向上穿过2m左右高度的热风箱（4），再经过主动拉片辊（5）、手动纠偏辊（6）和张力辊（7），最后由纠偏收卷辊（8）进行收卷。隔膜运行速度是由整机可编程控制器（PLC）设定的拉片辊（5）速度所决定的，放卷张力由放卷的磁粉制动器设定，收卷张力由张力辊和收卷磁粉离合器闭环控制。料槽（3）下方设置一组气缸，当涂布时料槽升起，浸没浸涂辊（2），进行涂布；涂布完成时，料槽降下，不再进行涂布操作。

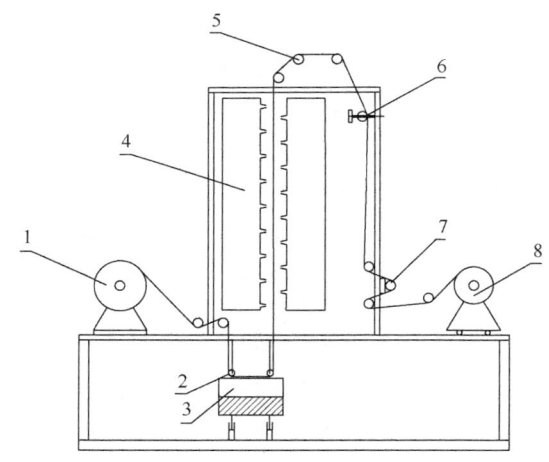

图 7.12　浸涂机片路系统示意图

1. 放卷；2. 浸涂辊；3. 料槽；4. 热风箱；5. 拉片辊；6. 纠偏辊；7. 张力辊；8. 纠偏收卷辊

为了保持浸涂过程中的料槽液面稳定，一套自动化控制加料系统作为浸涂机的辅助系统被采用。该系统如图7.13所示，主要由储料罐（1）、气动隔膜泵（2）、筒式过滤器（3）、浮球阀（4）、浸涂料槽（5）构成。其中浮球阀（4）通过电信号最终控制气动隔膜泵（2）的开启和关闭，从而控制浸涂料槽（5）液位高度。市场上现有一家企业生产的浸涂机（图7.14），除了上面介绍的片路系统、自动供料系统外，还包括空气加热系统用于提供复合膜干燥热风，以及蒸汽加湿配置和整机自动控制操作台等。另一家的立式浸涂设备要更为复杂和精密一些，生产效率也比较高（图7.15）。

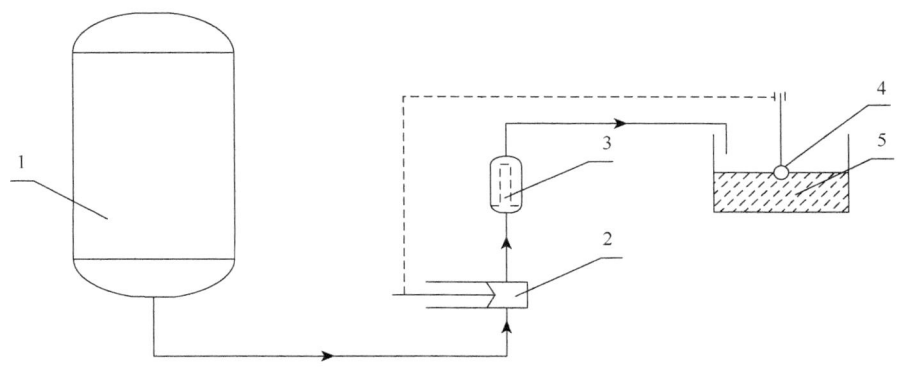

图 7.13　自动供料系统

1. 储料罐；2. 气动隔膜泵；3. 筒式过滤器；4. 浮球阀；5. 浸涂料槽

图 7.14　浸涂机外观

图 7.15　立式浸涂机外观

7.2.3 隔膜浸涂工艺与效果

有文献[13]曾报道以聚偏氟乙烯-六氟丙烯（PVDF-HFP）的丙酮（CP）溶液涂覆 PP/PE 隔膜。

涂布浆料制备：将 PVDF-HFP（Arkema 公司，2801 型）和丙酮用 15L 双行星高速搅拌机在 40℃下搅拌（自转 3000r/min，公转 35r/min）溶解，制备成浓度为 2%的涂覆浆料；将浆料装入隔膜处理机中，设定烘道温度为 80℃、处理速度为 5m/min，对 25μm 厚的 PP/PE 隔膜进行涂覆，涂层的厚度控制为 1μm。制备的涂覆隔膜与未涂覆隔膜的性质见表 7.2。

表 7.2 涂覆前后隔膜的物理性质

样品	厚度/μm	面密度/(g/m^2)	孔隙率/%	吸液率/%	拉伸强度/(kN/cm^2)	收缩率/% 纵向	收缩率/% 横向	透气时间/s
未涂覆隔膜	25	15.61	42	70	12.47	3	0	约 300
涂覆膜	26	16.27	32	82	5.09	2	0	324～407

电芯的制备：设计容量为 1200mA·h 的卷绕结构电芯，正、负极活性材料分别为钴酸锂和人造石墨，电解液为 1.2mol/L LiPF$_6$/EC + DEC + EMC。

电池测试：在 5V/3A 和 5V/10A 充放电设备上进行测试，电压为 2.75～4.20V。除循环性能测试采用快速充电外，其他电池性能测试均采用标准充电：以 0.2C 充电至 4.20V，转恒压充电至电流为 0.05C，停止充电，放置 0.5～1.0h。

正极活性物质比容量测试：电池采用标准充电后，以 0.2C 放电至 2.75V，记录放电容量。

内阻测试：电池采用标准充电后，用数显交流内阻仪测量内阻。数据显示由于涂覆隔膜在电芯制作过程中，辅助以热压工艺，使极片间的接触更为充分，直接表现出电芯内阻明显降低，降幅在 20%以上，处理后隔膜吸电解液能力明显增强，针对钴酸锂正极，客观上表现出比容量增加约 4mA·h/g。循环性能明显提升，经过 300 次循环后，电芯容量保持率在 90%以上，而常规隔膜容量保持均在 90%以下。

7.2.4 隔膜浸涂的优点与不足

由 7.2.1 节的方程式可知涂布厚度与涂布速度、浆料黏度、浆料的表面张力有关，对于 PVDF-HFP/PP 复合隔膜来说，涂层厚度通常为 1～3μm；厚度增加会减小隔膜的孔隙率,不利于离子的传导。2%（w/w）PVDF-HFP/丙酮溶液室温下的黏度约3.5mPa·s,密度约为795.0kg/m³,表面张力约为30.0mN/m。将以上参数代入式（7.1）、式（7.3）和式（7.4）估算文献[13]中的浸涂湿厚度,结果见表7.3。

表7.3 浆料体系性能相关的厚度计算

	式(7.1)	式(7.3)	式(7.4)
速度/（m/s）	0.0833	0.0833	0.0833
黏度/（mPa·s）	3.5	3.5	3.5
密度/（kg/m³）	795.0	795.0	795.0
表面张力/（mN/m）	—	30.0	—
湿厚度/μm	128.8	84.3	143.2

表7.3中式（7.3）计算的单面涂布湿厚度约为89μm,双面涂布湿厚度约为188μm。若不考虑表面张力,式（7.1）和式（7.4）估算湿厚度的值更大。以表7.2中的数据计算浸涂隔膜面密度的增加量 $\Delta m = 16.27 - 15.61 = 0.66$（g/m²）,涂布湿厚度为 $H_w = \frac{1}{2} \times \frac{\Delta m}{2\%\rho_w} = 20.7\mu m$, H_w 约为式（7.3）估算值的1/4。出现较大误差的原因如下:①该条件下的毛细管准数 $Ca = \mu U/\sigma = 9.44 \times 10^{-3}$,处于式（7.3）的边界处（$Ca < 10^{-2}$）,也就是说黏度、表面张力和重力三者的影响都要考虑。②隔膜是多孔半透薄膜,浸涂中先浸润再涂布,过程比单纯的不透膜的浸涂更复杂,没有相关的公式可以参考。可见,浸涂涂层湿厚度的预估是一件比较困难的事情,在使用浸涂公式时应当比较慎重,大多需要以实验为基础。

由式（7.1）～式（7.4）可知,隔膜浸涂厚度与涂布速度 $U^{2/3}$ 或 $U^{1/2}$ 呈正比关系,因此涂层厚度为1~3μm工艺条件限制了隔膜浸涂的生产速度。另外,如图7.12浸涂示意图显示,浸涂后,复合隔膜两面涂层进入垂直放置的干燥箱中,其间没有托辊支撑片路,干燥箱过高必然会加大片路悬空,容易被干燥热风吹偏,带来不稳定因素。所以干燥因素也限制了浸涂的涂布速度。因此工业上隔膜浸涂速度一般低于10m/min,生产效率比较低。

浸涂方法的改进如下:

较小的涂层厚度限制了浸涂的速度,所以该类型的浸涂速度一般都在10m/min以下。为了减小浸涂厚度对涂布速度的限制,技术人员在液面上方增加空气刮刀或计量棒的辅助装置,能够将隔膜带出的较厚湿涂层在气刀或计量棒下方形成回流,减小涂层厚度（图7.16）。气刀涂布常见于造纸行业,适用浆料黏度范围50~400mPa·s,涂布量一般为10~20g/m²[14],与隔膜浸涂的适用范围类似,隔膜行业的技术人员可参考相关文献。

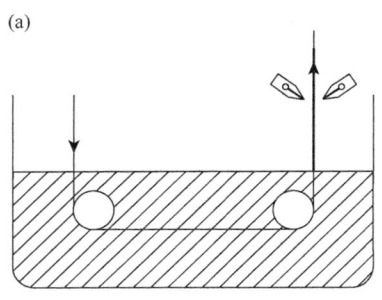
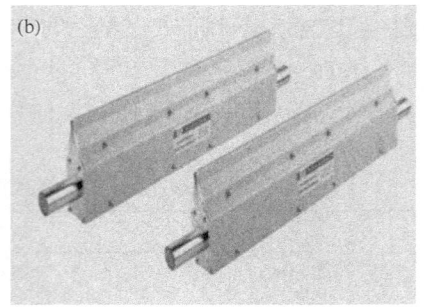

图 7.16 （a）气刀辅助浸涂；（b）气刀

使用计量棒辅助浸涂也是一种能够在较高涂布速度情况下得到较薄涂层的涂布方法，同气刀涂布一样，在隔膜穿出液面上方区域隔膜的两侧增设一对与隔膜方向逆向旋转的计量棒，刮除并回流多余的湿物料，实现减薄涂层的目的，如图 7.17（a）所示。计量棒来源于绕线刮棒，但是它采用挤压成型工艺加工而成，如图 7.17（b）所示。它具有沟槽，底部平坦，防止堵塞，易于清洗；不必担心金属丝松动、折断；不受金属丝线径的限制，可以自由控制沟槽的容积；多种表面处理工艺［镀硬质铬、喷涂类金刚石碳（DLC）涂层、喷涂特氟龙等］可满足不同涂布条件需要；同时可以灵活调整沟槽式样，完美匹配各种涂料及涂布条件等一系列的优点，其开始替代绕线刮棒，应用越来越广泛。计量棒的直径一般为 10~30mm，应用在宽幅较大的刮涂时它会出现挠度变形影响涂布横向均匀性。为了保证计量棒的轴向直线度和涂布均匀性，一般会将计量棒托在凹形的底座中。计量棒的涂布量由单位长度上凹槽的面积决定，有的厂家会在计量棒端面标出它的相应湿厚度，可向厂家咨询相关参数来确定。实验和生产中的某种浆料体系的涂布量还与隔膜进入和离开角度以及隔膜张力、浆料的性质有关，需要在实验中确定。

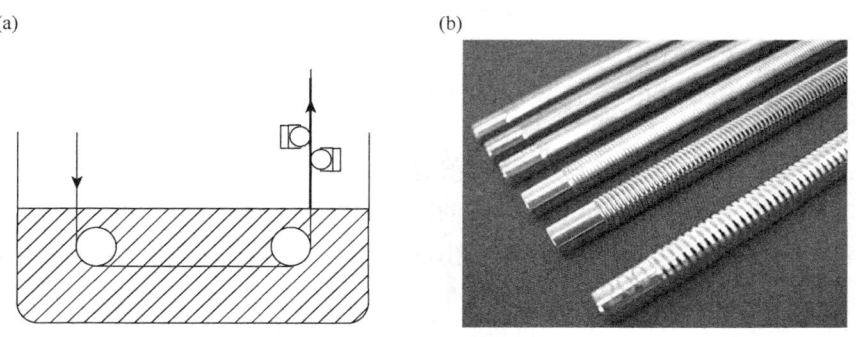

图 7.17 （a）计量棒辅助浸涂；（b）计量棒

7.3 微凹涂布

7.3.1 微凹涂布介绍

与传统悠久的凹版涂布（gravure coating）技术相比，微凹涂布（microgravure coating）技术是近二十年才出现的涂布方法。关于微凹涂布最早的文献是日本康井精机株式会社于 1986 年在美国申请并获得授权的专利[15]。明尼苏达大学化工系的 Scriven 教授在1996年美国影像科学与技术学会第 49 届年会论文集的报告中指出微凹涂布与凹版涂布的不同之处在于：凹版辊的直径一般在 150mm 或以上，而微凹辊的直径为 20～30mm（目前隔膜工业应用的微凹辊直径一般为 50～100mm）；凹板涂布辊对应的是可变形的背辊，而微凹涂布中微凹辊对应的是转向相反的基膜。刘凤山[16]和谢宜风[17]均指出这样小直径的凹版辊在涂布时与被涂基材的接触面积要小得多。涂布过程中凹版辊凹槽中的涂液一部分被转移到被涂基材上，一部分涂布液留在槽内。这样进入和离开涂布点的前后会分别形成两个液桥（图 7.18）。在通常情况下，大直径凹版辊易产生较大的液珠，特别是当凹版辊还有压紧背辊工作时，情况尤为严重。而微凹涂布工艺由于凹版的直径小，而且又没有压紧背辊，因此进入和离开涂布区的液珠量很小，比较稳定，从而有利于提高转移涂布的质量。

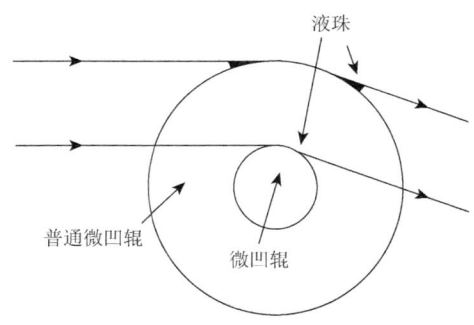

图 7.18 凹版涂布与微凹涂布液珠比较

由于激光刻蚀技术的进步，微凹辊上刻蚀的每英寸长度上刻蚀的线数越来越密集，微凹涂布的湿厚度越来越小，根据日本富士机械工业株式会社的宣传资料，微凹涂布的最薄涂布厚度可以达到≤1μm，如图 7.19 所示。微凹涂布工艺既可适应水溶性涂液，又可适应溶剂性涂液的涂布，其黏度范围为 1000mPa·s 以下。

微凹涂布具有涂布量范围宽，节省基材，基材的厚薄适应范围广，涂布表观现性好，表面平滑、有光泽等优点，目前微凹涂布工艺已得到越来越广的实际应用。据日本康井精机株式会社介绍，在过去 20 年中，该公司已向世界各大公司销售了 100 台以上的微凹涂布生产设备，服务于不同工业领域的顶尖企业。而众多有关功能性薄膜制备的专利文献中也列出了微凹涂布工艺应用于不同功能性涂层制备的例子。由于微凹涂布直接对逆转基膜涂布，而不是像凹版涂布需要背辊，消除了背辊挤压对基膜的损伤。这两个优点刚好迎合了隔膜涂布涂层较薄、隔膜材质软损伤的特点，在锂离子电池隔膜涂布领域应用越来越广泛，几乎绝大多数的隔膜涂布都是以这种方法涂布的。

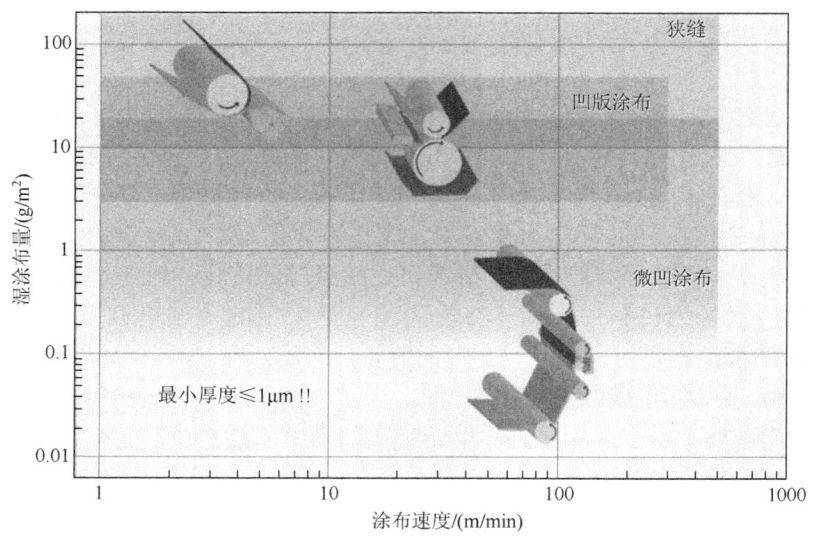

图 7.19　微凹涂布的适用范围

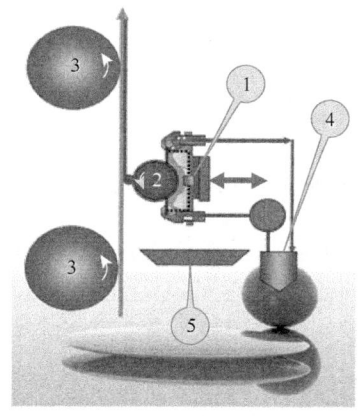

图 7.20　微凹涂布头结构图

1. 封闭式刮刀；2. 微凹辊；3. 过辊；
4. 供液系统；5. 接料盘

锂离子电池隔膜微凹涂布头的常见构成如图 7.20 所示，主要由封闭式刮刀、微凹辊、过辊、供液系统、接料盘等构成。其中供液系统中浆料由蠕动泵泵入封闭式刮刀的下入口，涂布过程中多余的浆料由封闭式刮刀上出料口回流到供料罐中，保证了料面液位的稳定，不但节省了胶液，控制了溶剂的挥发，减少了空气污染，改善了生产企业的车间环境，而且对提高用户的生产效率有很好的促进作用，如图 7.21 所示。

图 7.22 为微凹涂布机总体结构示意图，包括放卷、微凹涂布头、干燥箱、收卷，并辅有供料系统、收卷前的缺陷检测和厚度测量等辅助机构。为适应隔膜高速不间断涂布的需求，这类设备都配备了转塔式自动换卷。目前国内设备厂商进步迅速，技术指标已经达到了进口设备的指标，有的公司开发了连续双面接力微凹涂布，能一次上机完成双面涂布。

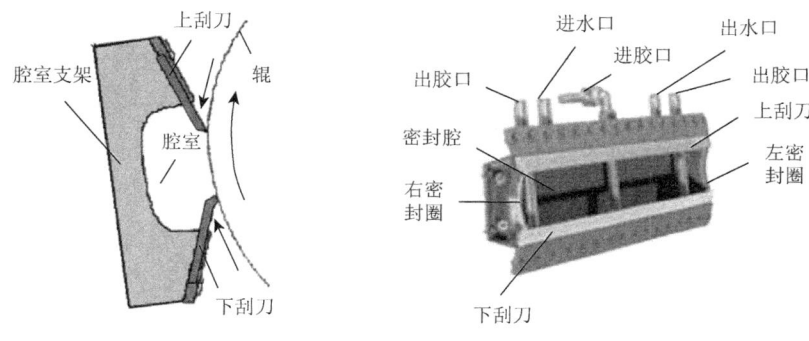

图 7.21　封闭式刮刀

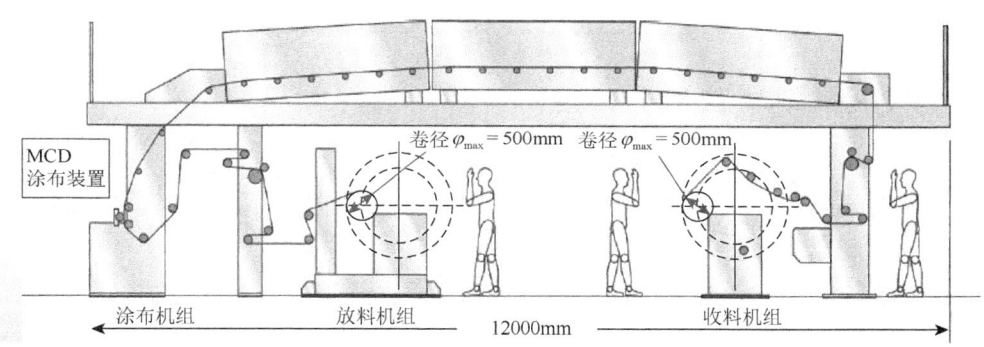

图 7.22　微凹涂布机示意图

7.3.2　微凹涂布的涂布湿厚度的确定

目前，国内外关于微凹涂布的影响因素及影响关系的报道不多。日本康井精机株式会社提供的资料给出了微凹辊不同网纹线数（lines/in，1in = 2.54cm）所对应的涂布量大致范围，如表 7.4 所示。在实际工作中，要根据涂布的目标湿厚度来选择微凹辊的线数。同时，另一个重要因素需要考虑，即微凹辊线速度与基膜线速度之比。

表 7.4　微凹辊网纹线数与涂布湿厚度对应关系表

网纹线数/(lines/in)	涂布湿厚度/μm	网纹线数/(lines/in)	涂布湿厚度/μm
25	50～80	38	25～40
30	30～45	45	28～43
36	28～43	50	5～35

续表

网纹线数/(lines/in)	涂布湿厚度/μm	网纹线数/(lines/in)	涂布湿厚度/μm
55	0～30	100	6～14
60	21～31	110	6～13
65	13～22	120	5～11
70	16～30	150	4～9
75	20～30	180	3～8
80	12～20	200	2～5
85	13～22	230	1.5～3.5
90	8～16	250	0.8～2
95	7～15		

研究者将带出率 Φ 定义为

$$\Phi = \frac{\text{基膜带出流量} Q_\text{W}}{\text{进入微凹辊沟槽流量} Q_\text{G}} = \frac{H_\text{W} U_\text{W}}{V_\text{C} U_\text{G}} \tag{7.5}$$

所以涂布湿厚度：

$$H_\text{w} = \Phi \frac{U_\text{G}}{U_\text{W}} V_\text{C} \tag{7.6}$$

式中，H_w 为涂布湿厚度；U_G、U_W 分别为微凹辊和基膜的线速度；V_C 为微凹辊的单位表面上的空槽容积，m^3/m^2。

借鉴对凹版涂布的影响因素及影响关系的理解，其中 Benkreira 和 Patel[18] 报道无因次厚度在高雷诺数 Re 时：

$$H_\text{w} = 0.30 V_\text{C} \tag{7.7}$$

即在高速涂布时涂布厚度/空槽容积为定值，系数为 0.30。

实际生产中，影响涂布厚度的因素很多，关系如图 7.23 所示。微凹涂布的影响因素可以分为设备参数、操作参数和物性参数。微凹辊的凹纹形状和线数，刮刀的类型、材料，微凹辊包角等都属于设备参数，这些因素确定后，刮刀操作压力、主机速度、微凹辊与主机速度比等操作参数同样也影响涂布厚度。当然，基膜性质和浆料的密度、表面张力等物性同样影响着涂布厚度。

徐树波等[19,20]采用广东某公司的涂布机对隔膜改性。该设备使用封闭刮刀式微凹涂布单元，基材为PP、PE隔膜，卷径400mm，宽幅500mm，浆料为纳米粉体的水性分散液，烘箱长度6m。研究结果报道了速比、主机速度、包角和刮刀压力对涂布干厚度影响的数据。

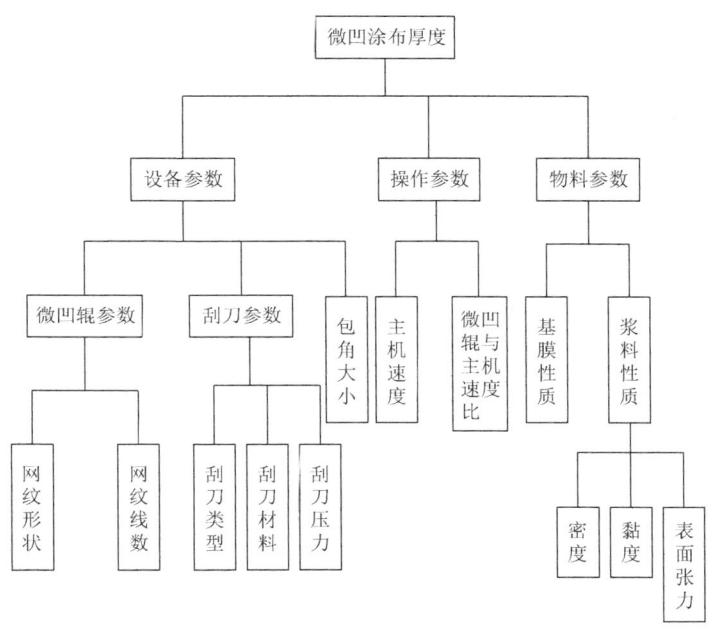

图 7.23 影响微凹涂布厚度的因素

实验过程如下。

1）速比与涂布干厚度的关系

将主机速度、包角、刮刀压力设定不变，通过改变涂布辊的速度来改变速比 S。固定参数的选取根据企业实际生产参数来定。其中各固定参数如下：主机速度 $U_W = 30\text{m/min}$，包角 $= 15°$，刮刀操作压力 $= 0.3\text{MPa}$。速比对涂布干厚度的影响见表 7.5。

表 7.5 速比对涂布干厚度的影响

速比 $S = U_G/U_W$	0.6	0.8	1.0	1.2	1.4	1.6	1.8	2.0	2.2	2.4
涂布干厚度/μm	0.4	1.0	2.2	2.7	3.1	3.4	3.9	4.1	4.0	3.8

通过图 7.24 可以得到以下结论：随着速比的上升，涂布干厚度也逐渐上升。在速比大约为 2 时，涂布干厚度达到了最大值，然后随速比增加而下降。在速比 0.6~1 的阶段，涂布干厚度上升比较快。实验数据表明，依据式（7.6）可以分析在速比 0.6~1 时带出率 $\Phi_{0.6~1}$ 基本保持在一个定值，涂布干厚度随速比的增大而增加；当速比 1~2 时带出率也保持一个定值 $\Phi_{1~2}$，涂布干厚度随速比增大而增加，只是增加趋势变得缓慢；当速比大于 2 时，带出率降低，涂布干厚度降低。

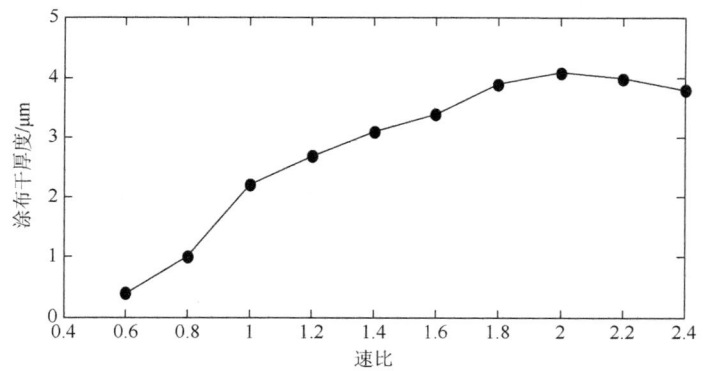

图 7.24　速比对涂布干厚度的影响

2）主机速度与涂布干厚度的关系

保持速比、包角、刮刀压力设定不变，改变主机速度，为了使速比保持不变，微凹版辊速度也随之改变。其中各固定参数如下：速比 = 1，包角 = 15°，刮刀压力 = 0.3MPa（表 7.6）。

表 7.6　主机速度对涂布干厚度的影响

涂布速度/（m/min）	10	20	30	40	50
涂布干厚度/μm	1.3	2.0	2.2	2.6	2.4

随主机速度的上升，涂布干厚度也上升，在 40m/min 时达到最大值，随后缓慢下降。实验数据表明，根据式（7.6）在速比 $S=1$ 保持不变，带出率 Φ 随着主机速度的增大而有所增加（图 7.25）。

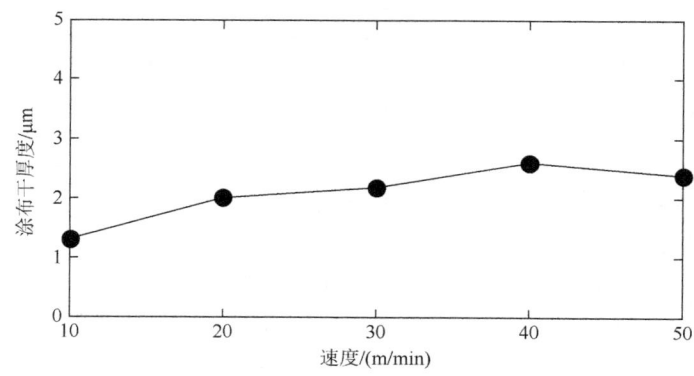

图 7.25　主机速度对涂布干厚度的影响

3）包角与涂布干厚度的关系

保持速比、主机速度、刮刀压力设定不变，改变包角大小。其中各固定参数如下：速比＝1，主机速度＝30m/min，刮刀压力＝0.3MPa（表7.7）。

表7.7 包角对涂布干厚度的影响

包角/（°）	5	10	15	20	25
涂布干厚度/μm	0.4	1.6	2.2	2.3	2.3

观察实验数据，发现在包角为5°和10°时，由于基膜对微凹辊包裹不够充分，浆料的带出率不足，涂层比较薄。当包角大于等于15°后，涂层厚度就比较稳定了（图7.26）。

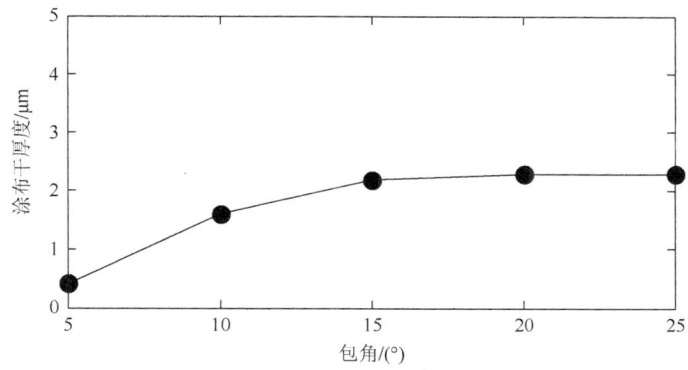

图7.26 包角对涂布干厚度的影响

4）刮刀压力与涂布干厚度的关系

保持速比、包角、主机速度设定不变，改变刮刀操作压力。其中各固定参数如下：速比＝1，包角＝15°，主机速度＝30m/min（表7.8）。

表7.8 刮刀操作压力对涂布干厚度的影响

刮刀压力/MPa	0.05	0.1	0.2	0.3	0.4
涂布干厚度/μm	2.8	1.8	2.0	2	2.0

由图7.27可知，在刮刀操作压力为0.05MPa时，刮料不充分，微凹辊表层仍有部分浆料留存，所以转移到基膜上的浆料较多，涂层较厚。刮刀压力在0.1～0.4MPa时，涂层厚度基本保持稳定。

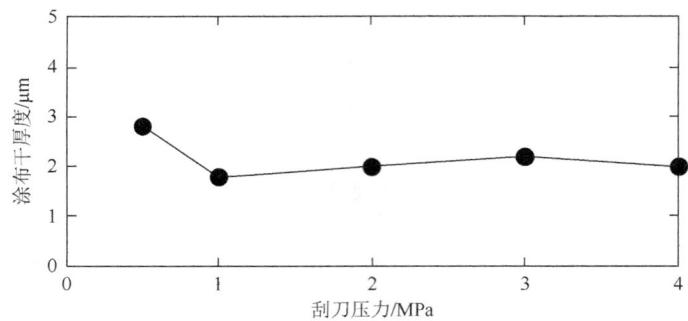

图 7.27 刮刀操作压力对涂布干厚度的影响

5）总结

微凹涂布是一种半定量涂布方式，涂布湿厚度（H_w）可由式（7.8）计算。

$$H_w = \Phi \frac{U_G}{U_W} V_C \tag{7.8}$$

工业化的隔膜涂布一般采用陶瓷网纹辊涂布。如表 7.4 所示，一旦选定了网纹辊的线数，就可以得到大致的涂布厚度。带出率的取值是直接影响涂布厚度的关键因素。在实践中我们发现锂离子电池隔膜微凹涂布带出率 Φ 的取值范围为 0.2~0.3。该数值与式（7.7）相似，高速微凹涂布时，涂布湿厚度约为 0.3 倍的空槽容积。

式（7.8）中另一个关键参数是微凹辊单位表面上的空槽容积量 V_C。经调研发现各个微凹辊生产厂家的空槽容积会根据网纹辊的网纹形状，主要包括网纹网口宽度、网墙厚度、网纹深度的不同而有所不同。设计工程师和工艺工程师在采购微凹辊时要与微凹辊厂家咨询所用线数微凹辊的容积量。上海运城制版集团股份有限公司的微凹辊容积量与线数的关系见表 7.9。

表 7.9 微凹辊线数与网纹深度及容积量表

线数/(lines/in)	网纹深度/μm	容积量/(cm³/m²)	线数/(lines/in)	网纹深度/μm	容积量/(cm³/m²)
30	250	125	140	85	35
40	230	111	150	70	32
50	210	92	160	63	29
60	180	84	180	52	27
70	160	77	200	50	24
80	140	66	220	46	21
90	130	55	250	40	19
100	120	51	280	38	16.7
110	115	47	330	35	14.2
120	90	42	360	32	12.8

续表

线数/(lines/in)	网纹深度/μm	容积量/(cm³/m²)	线数/(lines/in)	网纹深度/μm	容积量/(cm³/m²)
400	30	11.1	600	17	7.22
450	28	10.04	650	15	6.23
500	25	8.95	700	13	6.13
550	20	8.14			

注：表中数据由上海运城制版集团股份有限公司提供。

参照式（7.8）及表7.9，选用线数为180lines/in的微凹辊，容积量 $V_C = 27\text{cm}^3/\text{m}^2$，进行微凹涂布，主机速度 $V_W = 40\text{m/min}$，微凹辊速度 $V_G = 40\text{m/min}$，$\Phi = 0.25$，依次代入式（7.8）计算涂层湿厚度：

$$H_w = \Phi \frac{U_G}{U_W} V_C$$
$$= 0.25 \times \frac{40}{40} \times 27 \times 10^{-6} \text{ m}$$
$$= 6.75 \times 10^{-6} \text{ m}$$

该数值与表7.4中网纹线数为180lines/in时微凹涂布湿厚度范围3～8μm的结果吻合。当氧化铝浆料固含量为36%～38%时，氧化浆料密度 $\rho_l = 1.20\sim 1.30\text{g/cm}^3$，氧化铝涂层的面密度 $\rho_s = 1.80\sim 2.0\text{g/(m}^2\cdot\mu\text{m)}$，干厚度 H_d：

$$H_d = 0.36 \times H_w \times \rho_l / \rho_s = 1.62\mu\text{m}$$

在隔膜微凹涂布的生产中，经常选用线数在150～240lines/in的微凹辊。

比较图7.24和图7.28发现，数据与日本康井精机株式会社提供的技术资料基本一致。涂布厚度随速比的增加而增大，并在速比2.0左右达到最大值，之后随速比的增大而降低。我们推荐0.80～1.30的速比，因为在这个区间涂布厚度随速比的增加线性增大。另外，封闭刮刀的操作压力和包角也会影响涂布厚度，操作压力应保持在0.3MPa左右，包角在15°左右。

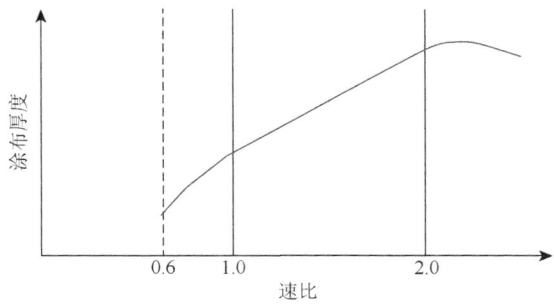

图 7.28 涂布厚度与速比的关系

由日本康井精机株式会社提供

7.3.3 常用的几种微凹涂布浆料配方

目前,锂离子电池制造企业微凹涂覆增强 PP、PE 隔膜的做法比较普遍。最常用的涂覆材料有氧化铝、勃姆石纳米颗粒(ALOOH)和聚偏氟乙烯-六氟丙烯共聚物(PVDF-HFP)等。近年来,采用勃姆石的应用逐渐增多,主要是因为勃姆石的硬度相对较低,对设备的磨损较小。另外,勃姆石密度低、杂质少、吸水率低、与电解液的相容性较好。

下面结合文献调研和作者的研究[21],列举几种常用隔膜涂层材料的基本配方。由于这些涂布粒子常见尺寸均为亚微米级,如图 7.29 所示,而涂层要求一般为几微米,有的文献中的涂层仅为 1.5μm,因此浆料配制过程中将大颗粒破碎和防止颗粒的团聚,控制涂布浆料的粒径分布是配制浆料的关键步骤。

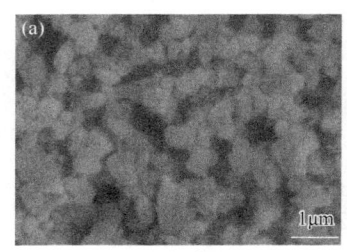

图 7.29 三种材料涂布 PP 膜的表面 SEM 图像
(a)氧化铝;(b)PVDF-HFP;(c)勃姆石

表 7.10 为某公司推荐的水性 PVDF-HFP 分散体制备配方。

表 7.10 某助剂公司推荐水性 PVDF-HFP 配方

组分	用量百分比/%	备注
去离子水	66.2	
PVDF-HFP	28.0	
BYK-LPC22136	4.2	分散剂
BYK-1785	0.5	消泡剂
BYK-LPX20990	0.5	润湿剂
LAPONITE RD	0.6	防沉剂
合计	100	

配制过程如下:先把水注入到容器中,然后依次加入分散剂、润湿剂、消泡

剂。在搅拌下慢慢加入 PVDF 粉进行预分散。在助剂的作用下，PVDF 与水浸润、混合。将预分散后混合均匀的浆料输送到砂磨机中进一步分散研磨。砂磨的工艺参数要根据实际需要设定，保证研磨后物料的性能符合要求；然后加入防沉剂；最后，加入黏合剂（参考 BYK-LPC22346，聚丙烯酸酯类），即制成 PVDF 涂布浆料。

表 7.11 和表 7.12 为某助剂公司推荐的该公司水性勃姆石和 Al_2O_3 分散体制备配方。以上的三个配方可以作为隔膜生产厂家配制浆料的参考。其中，黏合剂主要成分为水性聚丙烯酸酯类乳液，起黏结、固化固体物料的作用；分散剂能够阻止 PVDF 颗粒团聚，有利于颗粒分散。另外，聚乙烯醇（PVA）也是一种常用的水性黏合剂。刘宏宇等[22]和张志雄等[23]曾报道以 PVA 为黏合剂配制了水性浆料用于隔膜涂布，效果与丙烯酸酯黏合剂相近。

表 7.11　勃姆石微凹涂布制备配方

组分	用量百分比/%	备注
去离子水	65.35	
勃姆石	29.96	
BYK-LPX20992	0.30	分散剂
BYK-LPX20990	0.80	润湿剂
黏合剂	3.59	
合计	100	

表 7.12　Al_2O_3 粉体颗粒的推荐配方

组分	用量百分比/%	说明
去离子水	54.72	
Al_2O_3	40.0	
BYK-LPC22346	4.0	黏合剂
BYK-LPX20992	0.48	分散剂
BYK-1785/-018	0.20	消泡剂
BYK X 20990	0.20	润湿剂
LAPONITE RD/CMC（20∶80）	0.40	防沉剂
合计	100	

在以 NMP 和丙酮为溶剂的浆料中，PVDF-HFP 可作为黏合剂，以氧化铝、勃姆石、二氧化硅等陶瓷颗粒为增强材料，按一定的比例混合使用。PVDF-HFP 还起到提高隔膜表面润湿性能和隔膜的持液率的作用。这类混合涂层兼有无机材料的强度和热稳定性以及含氟聚合物的黏接能力，是一种常用的微凹涂布浆料。

值得注意的是，由于 PVDF-HFP 在 NMP 和丙酮中的溶解度不同，丙酮是不良溶剂，可以通过调节不同有机溶剂的比例来控制浆料黏度。为保证微凹辊的转移率和湿涂层均匀性，该类浆料的黏度需控制在 800～1000mPa·s 以下。另外有机体系浆料成本高，涂布尾气需要处理。

无论是水性涂布浆料还是溶剂型涂布浆料，在涂布前都必须经过几级过滤，以除去可能含有的大颗粒或杂质异物。需要根据浆料中固体颗粒的大小和粒径分布，制定合适目数的过滤器。对于常见的涂布浆料，滤网的目数要大于 180 目。有文献报道[24]，在涂布前浆料首先要滤除铁磁性异物，随后分别经过 100 目、240 目和 300 目三层过滤。

近年来，间位芳纶用于隔膜涂覆也有报道。它的热阻性能强于 PVDF 但远不如无机纳米颗粒，选用它的原因可能与电池设计有关。

7.3.4 微凹涂布的优点与不足

微凹涂布具有涂层薄、速度快等优点，特别是封闭刮刀的引入，改变了普通凹版辊涂时浆料暴露时间长的缺点，使浆料基本处于封闭状态，改善了厂房内的操作环境。它的不足在于：适用的浆料黏度应小于 1000mPa·s，实践中多控制在 200mPa·s 以下。另一个不足是微凹辊容易磨损。LPI 数越大，网纹深度越小，网墙越薄，越容易磨损。尽管微凹辊制造时多在表面镀一层陶瓷材料作为保护，但是浆料中的固体物质在辊面的刮除、流动必然造成网纹的磨损。因此，在生产中应注意涂布厚度或涂布量的变化。涂布量（厚度）明显减小意味着微凹辊磨损，需要更换。在正常生产的情况下，微凹网纹辊的更换周期在一至两个月之间。

7.4 基材张力控制条缝涂布

7.4.1 基材张力控制条缝涂布介绍

条缝涂布是预定量涂布，涂布量和涂布湿厚度能够用计量泵精确控制，而且精度高、涂布速度快。因此，它是各种光学膜工业化生产的主要涂布方式。

传统的背辊条缝涂布如图 7.30（a）所示。为了达到很小的涂布厚度，涂布嘴与涂布背辊之间的涂布间隙（coating gap）需要调整到很小的值。但是，当涂布间隙很小时，涂布辊和涂布嘴很容易碰坏、损毁；同时，涂布辊的机械误差（跳动在 0.5～1μm）、涂布头的装配误差（微米级）和涂布头运行时的机械振动都会记入涂布间隙，影响涂布精度，在薄层涂布时尤其明显。因此，一般认为传统条缝涂布的湿厚度的下限是 15μm。由表 7.1 可知，条缝涂布、挤压涂布和坡流涂布的最小涂布湿厚度一般很难低于 15μm。

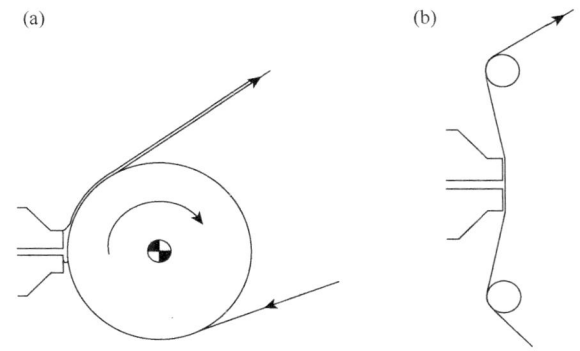

图 7.30　（a）背辊条缝涂布；（b）基材张力控制条缝涂布

　　15μm 对于光学膜涂层而言太厚，也不能满足锂离子电池隔膜涂布的需求。最近二十年出现了一种基材张力控制条缝涂布（tensioned web over slot die coating process，TWSC 或 TWOSD）的工艺方式，如图 7.30（b）所示。与有背辊条缝涂布不同，TWSC 条缝涂布嘴直接涂布在无背辊支撑的基膜上。基膜沿与条缝涂布嘴平行的两导辊运行，与条缝涂布模头相对应；借助供料液体压力与基材张力之间的力学平衡，维持恒定的涂布间隙，这是一种弹性流体动力学的涂布方式。最早，其由日本富士公司开发，并用于涂布磁带的底层非磁性物质，以及干厚度仅为 0.2μm 的上层金属磁粉。以往，采用金属蒸镀法才能达到这样的厚度水平。由于张力控制条缝涂布没有背辊，这避免了涂布背辊对条缝涂布嘴的撞击损毁的风险。涂布液珠处，液体压力与基膜张力处于微妙的力学平衡，距液珠较远的两个张力辊即使有一定的机械误差、组装误差和机械振动引起的误差，也会因为长距离传递到液珠区域而减小了误差，从而使涂布精度更高。另外，基材张力控制条缝涂布的一个优点是它不需要像背辊条缝涂布或坡流涂布那样设置真空箱来稳定涂布液珠。

7.4.2　基材张力控制条缝涂布窗口

　　由于基材张力控制条缝涂布是预定量涂布，它的涂布湿厚度容易求得：

$$H_w = \frac{Q}{W \times U} \tag{7.9}$$

式中，H_w 为涂布湿厚度；Q 为涂布体积流量；W 为涂布宽度；U 为涂布速度。

在解决了涂布厚度的问题之后，这种涂布的应用界限——涂布窗口就成为操作人员最关心的问题。直到现在，我们对这种涂布技术的理解仍然非常有限。由于它的涂布间隙可变，所以 TWSC 的流动要比传统背辊条缝涂布复杂得多。对于涂布液珠描述涉及两个基本问题：一是关于液珠的流体力学 N-S 方程，涉及流场的速度和压力；二是基膜在张力和液体压力下的形变，基膜的形变反过来影响液珠的形状，从而影响第一个问题的边界条件。求解这样一个耦合了关于涂布液的流场控制方程和关于基材形变的力学方程非常复杂，不能得到一个明确的解析解。

台湾新竹清华大学刘大佼教授小组[25]建立了关于基膜长度方向上的一维模型，耦合了流体压力与基膜张力，建立了关于上液珠半月面长度与涂布厚度关联表达式的模型。该模型基于润滑理论和简化的膜理论，通过计算机程序求解出最小上半月面位置时所对应的涂布最小厚度。他们的理论计算考察了影响流场的四个参数：液体黏度、基膜张力、涂布速度和基膜包角对最小涂布厚度的影响。计算结果表明降低黏度和涂布速度或提高基膜张力和基膜包角都能降低 TWSC 涂布的最小涂布厚度，这与他们的实验研究得到的结果一致[26]。

美国明尼苏达大学的 Nam 和 Carvalho[27]应用流场可视化技术在涂布嘴出口处建立了一套高速光学相机，如图 7.31 所示，记录在不同参数下涂布液珠的状态，当在某一涂布速度下涂布液量供应高过某一数值时，涂布上半月面的静态接触线超过条缝挤压嘴的上唇位置，向上游爬升，不能稳定地"钉"在上唇线，从而引起垂液或滴液（weeping），涂布厚度失去控制，这就是涂布窗口的上限。当在某一涂布速度下涂布液供应量低于某一数值时，涂布上半月面的动态接触线超过条缝嘴出口位置，向下游移动，不能稳定在基膜上，从而液珠沿基膜横向中断，出现"溪流"（bead breakup），这就是涂布窗口的下限。最终绘制成关于涂布厚度和张力准数的涂布窗口图（图 7.32）。另外在一定操作条件下，当下弯月面的静态接触线向下游移动超过下唇拐角线时，液体在下唇拐角堆积，造成沿基膜横向的周期化波动，条道（ribbing）缺陷出现。

图 7.32 中纵坐标为厚度无因次数：

$$h^* = \frac{H_w}{R_d} \tag{7.10}$$

式中，H_w 为湿厚度；R_d 为条缝涂布嘴上下唇嘴的曲率半径，这里 $R_d = 6.35$mm，横坐标为张力准数：

$$N_T = \frac{\mu U_w}{T} \tag{7.11}$$

式中，μ 为涂布液黏度；U_w 为涂布速度；T 为基膜张力，这里 $T = 350.7$N/m。在图 7.32 涂布窗口内，除了划分出垂液（weeping）和溪流（bead breakup）弊病区外，由于显微光学可视化能够观察到涂布嘴间隙内的微涡流的出现，在稳定涂布窗口内还划分了无涡流区和有涡流区两个部分。这对于工艺设计者非常重要。因为有的涂布体系需要避免涡流带来的弊病，而有的体系可以容忍小涡流的存在而不影响涂布效果。

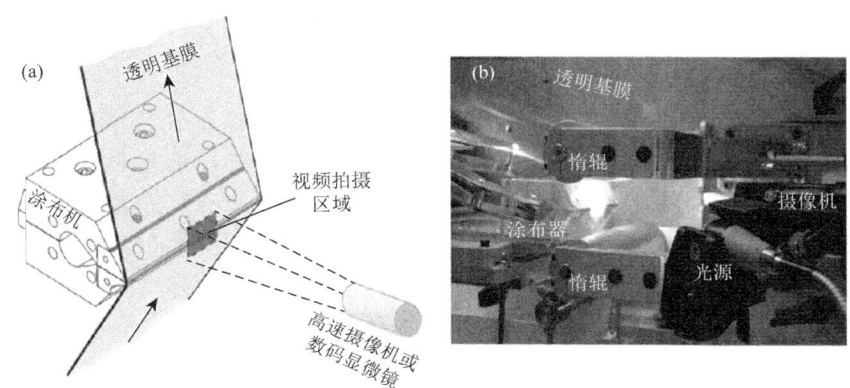

图 7.31　涂布液珠的可视化装置：(a) 示意图；(b) 实物图

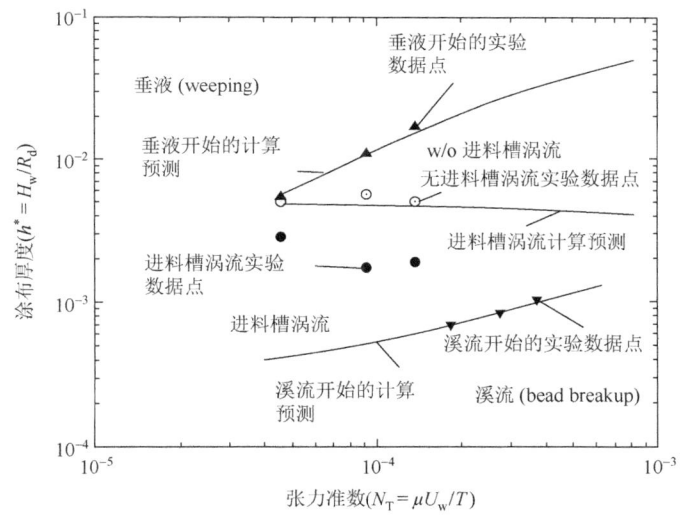

图 7.32　基材张力控制条缝涂布

与文献 [25]、[26] 不同，Nam 进行了二维流体力学计算模拟，建立了一个 2D 模型，耦合了 2D 纳维-斯托克斯方程和弹性力学的板壳理论，假设下游的半月面固定在外侧下模唇角位置，通过对上半月面的位置计算得到了图 7.32 涂布窗口，计算得到的窗口曲线与实验数据非常吻合[28]。基于以上的理论和实验研究，TWSC 涂布的最小涂布厚度无因次数与张力准数的基本关系可以总结为式（7.12）[28]。

$$h^* = CT_N^m \tag{7.12}$$

在现有的文献中 m 约为 0.5，其中关于 C，Lin 等[25, 26]认为其是关于压力和半月板无因次长度的函数，而 Nam 认为 C 是关于挤压嘴嘴唇曲率半径函数。

7.4.3　基材张力控制条缝涂布在隔膜涂布中的应用

上一节介绍了一些关于基材张力控制条缝涂布的基础知识。由于这种涂布方法具有涂层薄、涂布速度快的特点，适应隔膜表面涂布的技术需求，有广阔的应用前景。与微凹涂布相比，基材张力控制条缝涂布有自身独有的优势，具体表现在：一是，基材张力控制条缝涂布是一种预计量涂布，它的涂布量和涂布厚度都可以提前通过计量泵设定，减少了试涂环节，降低了操作的难度；二是，供料体系是完全封闭的，浆料一次消耗完毕而不像微凹涂布部分浆料回流再使用，消除了涂布浆料随搅拌涂布时间性能改变的可能性，提高了涂布稳定性；三是，可以在管道和涂布嘴中比较容易地增加控温装置，准确地控制涂布浆料的温度，适应温度变化敏感的涂布浆料。在第 4 章 4.5.2 涂层修饰的聚烯烃隔膜一节介绍了用石墨烯、Nafion 等材料对 Li-S 电池隔膜进行修饰，这一类高成本的浆料中功能材料的硬度相对较低，采用基材张力控制条缝涂布这种涂布方式非常合适。

梁卫华曾设计开发了一台涂布试验机（图 7.33），用于涂覆聚乙烯蜡、聚偏氟乙烯、无机陶瓷等材料的混合物到聚丙烯薄膜表面形成复合膜。高温下，低熔点物质熔化堵塞 PP 膜的微孔，实现断路保护功能[29]。该涂布机采用基材张力控制条缝涂布方式，干燥道长度 6m，在涂布速度 6m/min 时可以达到湿厚度 40μm、干厚度 5μm 的涂布目标。而且涂布量由计量泵控制，避免了刮刀涂布和微凹涂布的试涂环节，操作相对简单，方便应用于新型材料的开发与试验。

图 7.33　温度敏感性功能材料涂布机及涂布膜的 SEM 图

7.4.4 基膜张力控制条缝涂布的不足

每一种涂布方法都有适用的浆料体系和应用范围，TWSC 涂布也不例外。该方法主要应用于各种光学膜、OLED 膜的制造，鲜有报道用于锂离子电池隔膜的涂布。主要原因是：①TWSC 涂布头机械精度高，制造工艺复杂，设备成本高；②TWSC 涂布工艺对涂布浆料质量要求高，不能存在可能堵塞涂布嘴或形成涂布缺陷的大颗粒；③涂布高硬度无机材料时应格外注意涂布嘴的磨损，条缝涂布内部腔体、流道和唇口的磨损会影响涂布均匀性。图 7.34 对比了采用超硬合金材料和普通不锈钢使用一段时间后的刃口（唇口）细节照片。碳化钨硬质合金与不锈钢刃口模头涂布厚度均匀性对比见图 7.35。

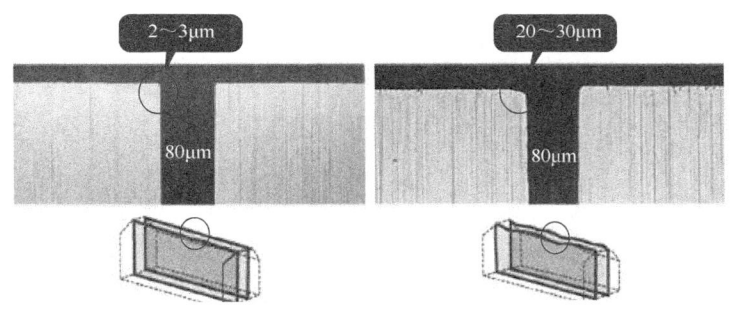

图 7.34　超硬合金刃口和普通不锈钢刃口对比

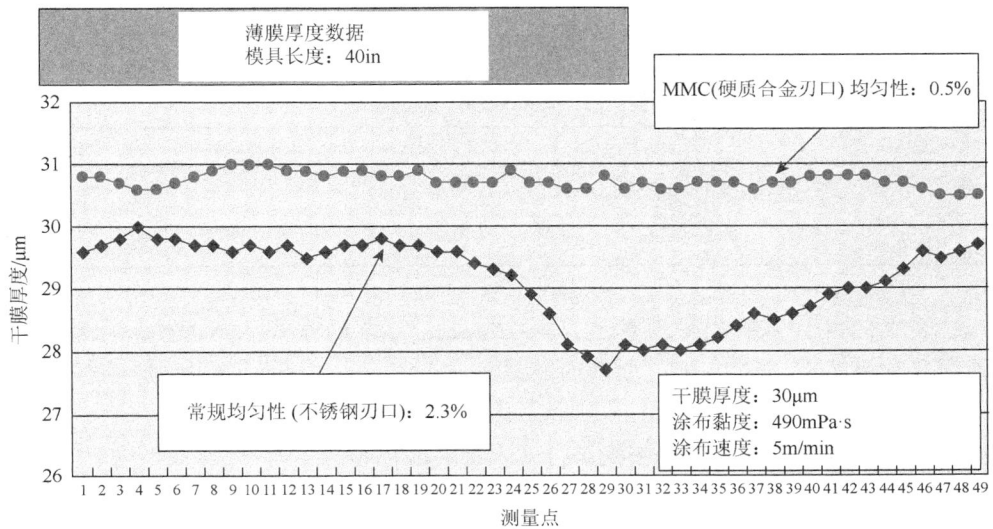

图 7.35　碳化钨硬质合金与不锈钢刃口模头涂布厚度均匀性对比[30]

7.5 涂布厚度测量

涂层厚度或涂层面密度控制是涂布工艺的重要品控参数。这个数据包含两方面的内容：平均厚度和厚度均方差。产品的平均厚度要控制在工艺要求的上下限之间；厚度均方差是厚度均匀性的衡量指标。在锂离子电池极片涂布生产前通常要进行试涂，测量涂层厚度和面密度。质量员采用离线方式测定电极的面密度和样品总厚度。

隔膜涂布及涂层厚度有几个显著的特点：①基膜较薄，仅为 6.0~12.0μm；面密度小，为 4.0~8.0g/m²。②涂层很薄，只有 0.5~3.0μm。螺旋千分仪的分辨率为 1.0μm，系统误差为 1.0~2.0μm，其精度和分辨率均不满足对隔膜涂层厚度测定的要求。面密度的测定需要多点采样计算平均值。

图 7.36 微力测厚仪

7.5.1 离线测厚仪的工作原理

微力测厚仪是一种快速测定薄膜厚度的高效仪器，如图 7.36 所示。三丰精密量仪公司的 VL-50-B 测量范围 0~50mm，测量精度 0.01μm，测量面直径 0.10mm。它采用恒力模式，每次测量探头压到隔膜上的力都是相同的，一般为 0.01N，因此得到的厚度数据更精确。

表 7.13 是一组基膜和涂布厚度采样的数据。

表 7.13 涂布基膜与样品厚度

位置序号	1	2	3	4	5	6	7	8	9	10
基膜厚度/μm	6.72	6.79	6.78	6.78	6.56	6.59	6.77	6.82	6.77	6.86
基膜与涂层厚度/μm	8.78	8.88	8.84	8.78	8.77	8.55	8.60	8.66	8.57	8.62

表 7.13 中，基膜的平均厚度 $H_1 = 6.74$μm，厚度均方差 $\Delta_1 = 0.07$μm。基膜与涂层平均厚度 $H_2 = 8.70$μm，厚度均方差 $\Delta_2 = 0.10$μm。由此可知平均涂层厚度：

$$H_3 = H_2 - H_1 = 1.96 \mu m$$

涂层厚度均方差可由误差积累公式求得，即

$$\Delta_3 = \sqrt{\Delta_1^2 + \Delta_2^2} = 0.12 \mu m$$

涂层厚度均方差只有 0.12μm，显示该涂层具有较好的横向均匀性。

7.5.2 在线测厚仪的工作原理

目前，隔膜涂布的速度越快，对涂布产品的质量控制也就越高。采用传统的采样离线称重法和手持螺旋测厚仪测厚法，已经不能适应高速生产的技术需求。因此锂离子电池制造厂家和隔膜制造厂家往往在锂离子电池涂布机、隔膜涂布机收卷位置前安装测厚系统检测涂布厚度。又因为复合隔膜有一定的透光性，所以隔膜厂家也会安装视觉识别系统以发现涂布缺陷。这些高科技检测设备有助于技术人员快速发现涂布厚度的变化和捕捉到缺陷的出现，进行涂布参数的调整和浆料方面的调整，最终提供稳定良好的涂布产品。

在线测厚设备从原理上可以分为射线类测厚仪、激光类测厚仪、电感/电容式测厚仪。射线类测厚仪的工作原理：X 射线或 β 射线穿透物质后发生衰减，面密度越大衰减越多，测量射线衰减强度可反推出被测物质面密度。国内锂离子电池极片和隔膜涂布线上的这类测厚仪代表厂家有美国 NDC 红外技术公司和浙江双元科技股份有限公司。浙江双元科技股份有限公司胡美琴[31]在第三届新型电池电解质/隔膜材料技术国际论坛中列出了射线穿透复合隔膜的衰减量的公式：

$$H = K \times \ln \frac{I_b}{I_r} + b = K \times \left(\ln \frac{I_o}{I_r} - \ln \frac{I_o}{I_b} \right) + b \tag{7.13}$$

式中，H 为隔膜涂层厚度；I_o 为传感器空载数据；I_b 为传感器穿透基膜后测量数据；I_r 为传感器穿透涂层后的测量数据；K 为传感器灵敏度系数；b 为补偿系数。

因为 X 射线穿过氧化铝涂层比穿过等厚度的聚烯烃隔膜衰减要大得多，所以穿透不同物质时，K 值明显不同。例如，单 X 射线测量隔膜涂层时，基膜厚度 20μm，涂层厚度分别为 2μm 和 4μm。空载数据 I_o = 54272，透过 20μm 基膜后测量数据 I_b = 53383，20μm + 2μm 复合隔膜的测量数据 I_r = 51590，20μm + 4μm 复合隔膜的测量数据 I_r = 49829，按式（7.13）计算：

H（基膜）$= K \times \ln(54272/53383) + b = 20.017 (K_1 = 1212, b = 0)$

$H (2μm) = K_2 \times [\ln(54272/51590) - \ln 54272/53383] + b = 2.008 μm (K_2 = 58.8, b = 0)$

$H (4μm) = K_2 \times [\ln(547272/49829) - \ln 54272/53383] + b = 4.051 μm (K_2 = 58.8, b = 0)$

所以，基膜灵敏度系数 K_1 是涂层灵敏度系数 K_2 的 20 倍，说明 X 射线对氧化铝涂层灵敏度是聚烯烃隔膜的 20 倍。在实际测量时，只需要测量 I_o 和 I_r 的值，而会把 $\ln(I_o/I_b)$ 记为常数。在涂布时经常会遇到的一种情况，涂层厚度基本稳定，而基膜波动比较明显，如在被测基膜有 3μm（±1.5μm）波动而涂层厚度仍为 2μm 时，由基膜厚度波动代入的误差 $\varDelta = ±0.08μm$，与实际涂层厚度偏差不大。用手动千分表测试或激光测厚仪测厚时通常会认为涂层厚度误差为 ±1.0μm。这比较明显地说明了射线法能够直接测量复合隔膜陶瓷类涂层的厚度而不容易受基膜厚度波动的影响。

X 射线测厚法的优势是可以直接得到涂层面密度和厚度的值,测量精度高。它的缺点也非常明显,价格比较昂贵,面密度数据需要提前标定。另外辐射源的维护管理成本较高,使用不当会对人体造成伤害,复合隔膜生产厂家在采购、使用、储存和报废过程中应严格遵守关于放射源管理和辐射防护的相关法律和国家标准技术规范。

激光测厚仪一般由两个上下对射的激光位移传感器组成。每个传感器一般为主要由电荷耦合器件(CCD)组成的激光位移传感器,它使用三角测量的测定原理。当目标物的位置发生变动时,互补金属氧化物半导体(CMOS)上的入射光位置会发生移动。通过检测入射光位置来测定目标物的变化,如图 7.37 所示。上下两个传感器分别测量被测物体的上下表面位置,通过计算得到被测物体的厚度如图 7.38 所示。被测涂布厚度(含基膜厚度):

$$d = d_0 - d_1 - d_2$$

式中,d 为涂布厚度(含基膜厚度);d_0 为激光传感器间的总距离;d_1 为涂层上表面到上传感器的距离;d_2 为基膜下表面到下传感器的距离。

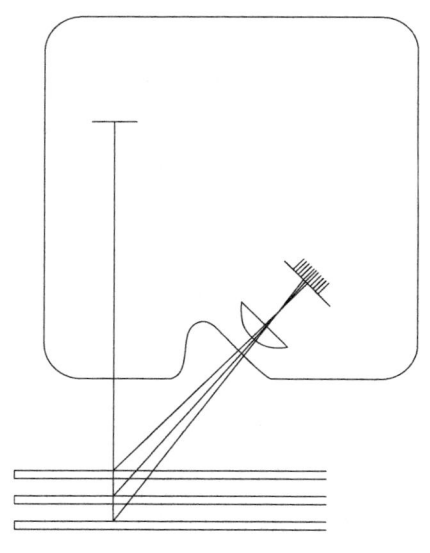

图 7.37　CCD 三角测定原理

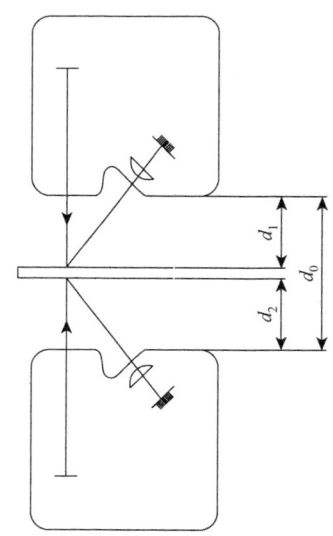

图 7.38　激光在线测厚仪工作原理

当涂布极片发生抖动时,需要通过软件耦合上下距离 d_1 和 d_2,消除抖动影响,得出真实的厚度值。激光测厚仪的分辨率可以达到 $0.1\mu m$,测量精度达到 $±1.0\mu m$,它的精度相对较低,一般不用在隔膜在线测厚领域,而在锂离子电池极片测厚中较为常见。它的优点也是采用非接触式测量，测量精度高，相对于射线类测厚仪无辐射污染。

另外还有电感/电容式测厚仪，这两种测厚仪都需要基膜或涂层是金属导体，不适用于复合隔膜的厚度测量，这里不再做更多的介绍。

7.5.3 测厚仪的在线测量原理

射线类和激光类等在线测厚仪一般都安装在涂布机干燥箱出口之后，收卷装置之前。它主要由沿基膜宽度方向扫描运动的 C 形支架、一个或一对传感器、一台电脑、一套包含可控制 C 形支架运动与数据处理的专用软件构成。在涂布膜运动时测厚传感器的匀速运动轨迹如图 7.39 所示。由图可知，测厚仪测得的数据包含了沿基膜宽度（TD）方向和沿基膜运动（MD）方向两个运动叠加在一起的数据。

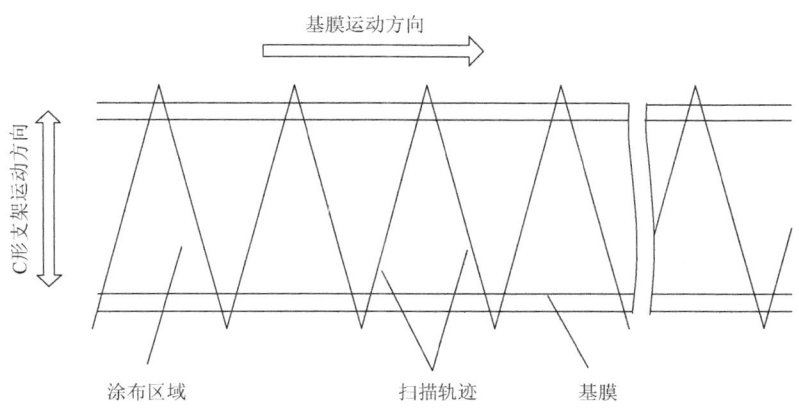

图 7.39　测厚仪扫描轨迹

对数据进行处理，一段时间内涂布厚度的变化可以反映出涂布量随时间的变化趋势。对涂布膜某一宽度坐标点的厚度数据进行记录和分析，可以得到某一坐标处涂布厚度和标准方差的数据。沿宽度方向分析各处的涂布厚度标准方差数据，就可以得到涂布头宽度方向变化趋势，进而追踪刮刀、条缝挤压嘴或微凹辊宽度方向上可能存在的误差。对所测数据在 MD 方向进行整理和分析，可以得到关于涂布辊、微凹辊、过辊周长距离的分析，可以监控设备中关键轴承、张力辊等的使用状况。连军在文献[32]中指出，通过测厚仪，可以发现厚度阶梯形变化、单边波形变化和不规则波浪形变化三种情况。其中阶梯形变化说明涂布厚度有突变，通常发生在涂布机头做出厚度调整或机械张力等设备因素造成厚度发生变化，这就是刚刚说的涂布厚度随时间变化的趋势。单边波形变化，此类厚度在一个方向逐渐发生改变，是较常见的波形，通常是浆料黏度或温度变化所造成的。如果逐渐接近品质要求控制线，则需要做出相应的辊缝调节，将涂布厚度拉回到正常。不规则波浪形变化，此类厚度变化趋势说明厚度在一定范围内发生不规则变化，是较常见的需要关注的波形。通常是因为设备（刮刀间隙、传动、烘箱）工作不稳定等偶发因素造成的。波动如果超过涂布品质要求，往往需要检查可能影响稳定涂布的各个环节。

总之，隔膜涂布量是涂布工艺中最主要的目标参数，直接关乎涂布工艺的成败。测厚仪能够快速检测出涂层厚度或面密度的数据，大大减轻了品控部门的工作强度和工作压力，因此在线测厚仪已经成为锂离子电池生产厂家和隔膜生产厂家的必需设备。涂布机操作员通过涂布参数的调整将厚度或面密度曲线控制在工艺设定的涂布上下限之间。目前某些测厚仪厂家能够将测厚数据反馈到涂布机控制程序中，进行微凹辊涂布速比或条缝挤压涂布机螺杆泵转速的调节，从而实现涂布量的闭环控制，减轻了涂布机操作员的工作强度。

7.6　隔膜表面涂布弊病与机器视觉缺陷识别系统

除了涂布量监控以外，隔膜涂布缺陷率直接关乎着涂布成品率的高低，是生产工艺中需要严格把控的另一个工艺参数。目前关于涂布缺陷的文献主要有 *Coating and Drying Defects* 一书[33]。这本书系统地介绍了各种涂布方式容易出现的缺陷并提出了解决之道。但是这本书成书时间在2006年，主要适用领域为胶片和光学膜领域，对锂离子电池涂布领域几乎没有关注。国内关注涂布弊病的文献更少，杨时峰在综述文献[34]中列举了锂离子电池极片制造过程中容易出现的各种缺陷及缺陷产生机理和应对措施。在薄膜/隔膜生产和表面涂布领域只有中国乐凯胶片集团公司关于微凹涂布制备光学膜弊病的两篇文献[35]和[36]。关于锂离子电池隔膜涂布弊病的文献几乎没有，这与我国这样一个锂离子电池制造大国的地位和技术需求是不相称的，希望技术人员在生产中多总结；各大电池生产厂商和涂布机供应商也应该更广泛深入地交流建立涂布缺陷及应对措施资料库。

7.6.1　涂布弊病与应对解决措施

作者结合以往在隔膜涂布方面的工作经验，对隔膜表面涂布弊病和解决方法做一个简单论述，抛砖引玉，希望锂离子电池隔膜领域的技术工程人员多关注这个关键问题，总结充实涂布弊病库并针对弊病总结解决对应措施。

关于涂布弊病和缺陷通常可以按图 7.40 分为规律性分布弊病：横向条纹、细竖道和竖条道、斜条道等；随机性缺陷：气孔、漏涂、划痕、污染物等不规则缺陷。另外因为隔膜涂布浆料主要物质多为氧化铝、勃姆石、PVDF 等颗粒体系，涂布产品在光照下是半透明的，一些随机性缺陷不像光学膜上的缺陷那样容易被观察发现。基于高浓度颗粒体系浆料，也会出现裂纹、颗粒团聚等微观弊病。下面将这些缺陷一一举例说明，并找出解决办法。

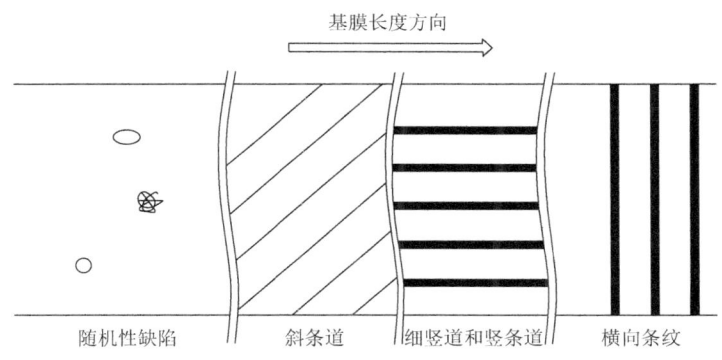

图 7.40　弊病示意图

1. 横向条纹

图 7.41 是文献[21]中用微凹涂布方式进行 PP 隔膜涂布中出现的横向条纹。此类横纹主要来自设备震动和基膜张力变化，如涂布头关键辊圆周跳动大、微凹辊驱动联轴器电机轴不同心、关键轴承磨损等机械问题；收卷速度波动、片路张力波动电气控制问题；风机、电机传递到微凹涂布头的震动。解决方法是提高微凹辊和关键辊轴的加工精度、更换轴承、提高控制系统的精度、改进控制方案和消除机械振动等。

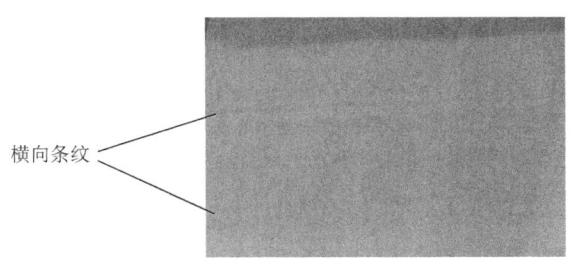

图 7.41　横向条纹

2. 细竖道和竖条道

微凹涂布中产生细竖道或竖条道等弊病还是比较常见的。稳定上下弯月面是涂布稳定的必要条件。穿过透明基膜，可以看到上下弯月的动态接触线会形成两条稳定的直线。当微凹辊有损伤或清理不干净时，就会观察到在基膜某一固定位置会出现竖条道或周期性椭圆斑。

操作参数 U_W/U_G 的比例也会影响半月面的稳定性，图7.42（a）为 $U_W/U_G = 0.667$ 时稳定的液珠涂布图。而且随着 U_W/U_G 的增大，细竖道出现越显著。增大到 $U_W/U_G = 1.333$ 时，图7.42（b）上半月面会越过微凹辊与基膜的接触线，与下半月面汇合，这时就会出现细竖道弊病[37]。

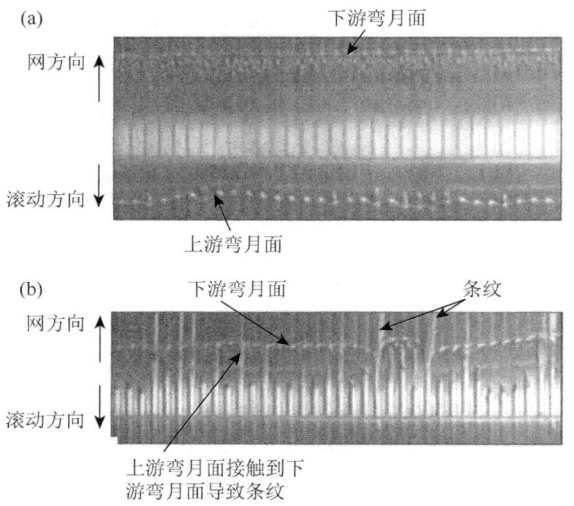

图7.42　（a）微凹涂布液珠稳定；（b）微凹涂布液珠不稳定

这个现象在我们的隔膜微凹涂布实验中也被观察到，如图7.43所示。

图7.43　隔膜微凹涂布竖条道

解决竖条道的措施：将涂布操作空间尽量选取在速比 U_W/U_G 控制在 100%～130%的范围内减小细竖道的出现概率；定期检查微凹辊状况，用专用的刷子清理微凹辊，减少损伤和清理不干净的状况；降低毛细管准数，高黏度容易出现竖条道。

3. 斜条道

如图 7.40 所示，斜条道既不与基膜的运行方向平行，又不与运行方向垂直，它往往出现在片路中基膜拐角比较大的辊筒处或放卷、收卷纠偏幅度比较大的情况中。聚烯烃隔膜的弯曲刚度较小，会比较容易出现斜条道。解决斜条道的措施：①清理大包角辊筒上的异物，或调整辊筒的平行度，使左右两侧基膜张力一致，消除基膜张线；②放卷和收卷换卷完成后，使基膜卷筒中心线与设备中心线重合，避免大幅度纠偏动作出现。

4. 局部不润湿造成的漏涂

当由于污染造成基膜低表面能时，会有可能发生不润湿造成的回缩漏涂现象。这种情况往往发生在涂层比较薄的情况下，一旦局部基膜表面张力小于浆料表面张力，涂层在液体表面张力作用下在基膜表面回缩，形成漏涂斑块原理如图 7.44（a～c）所示。一般情况下隔膜的涂层都比较薄，这种情况比较容易出现，图 7.44（d）是实验中 LAGP 的 NMP 浆料涂布中出现因局部不润湿造成的回缩漏涂。

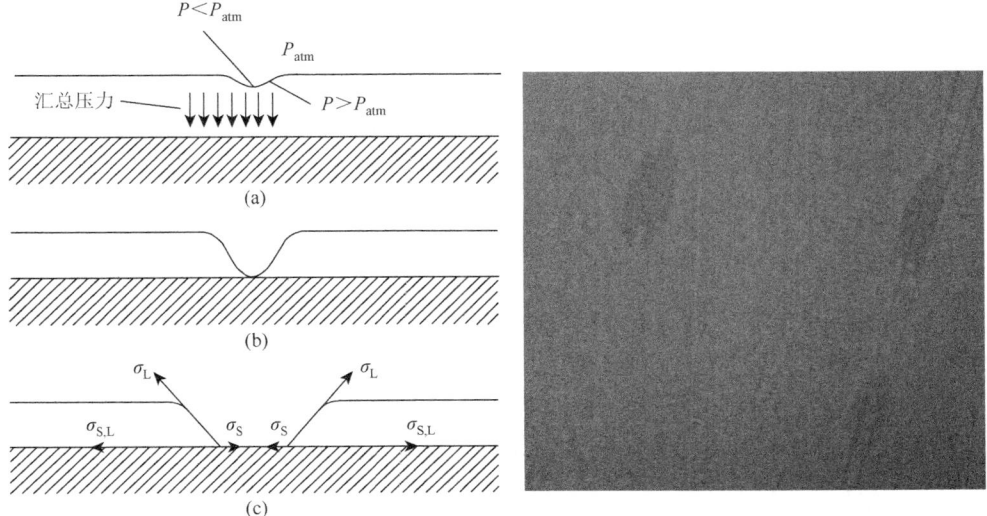

图 7.44　（a～c）局部不润湿造成回缩；（d）隔膜涂布中的漏涂斑块

解决不润湿漏涂的方法主要有两种：①适当增加浆料中表面活性剂的含量，降低涂布浆料的表面张力，提高浆料的润湿铺展性能；②涂布前对基膜采取电晕或等离子处理，使基膜的达因值增大，使浆料更容易在其表面铺展。

5. 气泡

气泡是混入空气的浆料涂到基膜上，在干燥过程中破裂形成圆斑。大的气泡出现时会在横向不特定位置引发竖条道或气泡串，小的气泡会聚集在涂布液珠的涡流区偶发性脱落。气泡的来源主要有：①浆料制备过程中因研磨、高速分散产生的气泡；②输送管路密封不严，吸入浆料中的气泡；③浸涂、微凹涂布液珠附近因浆料涡流回旋带入空气，形成的气泡。这些气泡大的可以被肉眼观察到，小的需要用显微镜或电镜才能观察到。图 7.45（a）是采用伊斯拉（ISRA）视像设备制造（上海）有限公司的机器视觉系统看到的成串的气泡，图 7.45（b）是采用 SEM 观察到的小气泡。

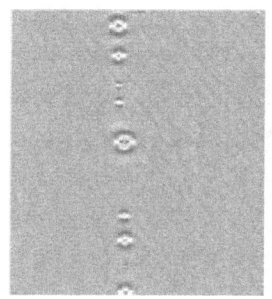 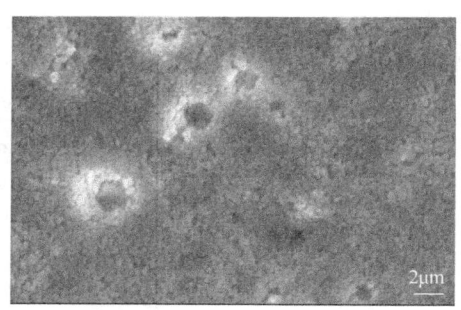

图 7.45　（a）ISRA 视觉系统观察的气泡；（b）复合隔膜中的气泡 SEM 图

解决气泡弊病的措施：①在涂布浆料中添加适当含量的消泡剂，消除气泡。②检查管路密封情况，避免吸入气体或在涂布浆料输送管路中增加消泡装置。③降低微凹辊转速，消除气体夹带。

6. 异物污染

相对于光学膜，陶瓷颗粒和有机颗粒类的隔膜涂布中，空气中灰尘、浆料制备过程中产生的设备磨损类颗粒以及操作人员自身带入的灰尘、皮屑、毛发等异物污染，很难从宏观和微观视角中捕捉和发现。除了在收卷前增加面光源人眼识别和机器视觉识别涂布缺陷系统外，很难从显微镜和电镜中偶然被发现。因此，人们只能从源头消除污染物。首先从浆料角度，在涂布前，涂布浆料通过除铁过滤器进行"除铁过滤"，彻底清除铁元素，随后分别进行 100 目、240 目和 300 目三层过滤，是一个值得推荐的操作工艺。其次，隔膜涂布车间应做空气除尘净化处理，目前关于锂离子电池行业净化室设计还没有明确的国家标准要求，但是涂布车间万级到十万级洁净要求是值得推荐的。另外干燥风道和辊筒都需要定期检查和清理，以去除异物污染的源头。

7. 浆料颗粒聚团

因为隔膜涂布浆料多为陶瓷颗粒和有机颗粒类，在隔膜涂布浆料的制备中，研磨和高速分散几乎是必需的，这样才能尽可能地破碎颗粒物、减少聚团。如图 7.46 所示，可以明显地看到因颗粒团聚造成表观凹凸不平，当用千分尺手动测量隔膜厚度时会因为测到聚团高度而误认为是涂层厚度，影响涂布结果的评价。针对这种缺陷的应对措施：①改进和优化浆料配制工艺参数，如研磨分散速度、转速和时间等；②在浆料中适当提高润湿分散剂的含量，有利于避免颗粒破碎后重新团聚。

8. 涂层裂纹

隔膜涂布浆料中微小固体颗粒在溶剂中分散，并与溶剂混合形成半胶体悬浮液。其中，水或有机溶剂中作为黏合剂的 PVDF、聚丙烯酸酯，起到黏合固体颗粒的作用。新涂布产品在研发过程中往往会出现涂层裂纹，如图 7.47 所示。当黏合剂含量较低时，除了出现涂层裂纹外，多次折叠复合膜后还容易出现掉粉的现象。应对涂层裂纹缺陷的措施一般为适当提高浆料中黏合剂的含量。

图 7.46　浆料颗粒聚团

图 7.47　涂层裂纹

7.6.2　涂布缺陷的机器视觉识别系统

以上总结了隔膜涂布中容易出现的弊病和缺陷，发现除了涂层裂纹和颗粒团聚需要显微镜或 SEM 才能观察到外，其他大多数弊病发生在涂布头区域或在收卷区域，通过增设面光源即可观察到。但是隔膜涂布的速度都很快，往往每分钟几十米，缺陷一闪而过，人眼很难"盯得住，看得清"。近十年来，基于机器视觉的表面缺陷识别系统成为隔膜涂布缺陷检测的常用手段。薄膜表面瑕疵在线检测系统用于检测各类薄膜产品在生产过程中表面出现的污点、孔洞、气泡、划痕等常见缺陷，可以在生产过程中及时发现产品表面出现的疵点信息，实时反映产品表面的缺陷信息，并进行瑕疵分类处理。

机器视觉是实现机器模拟人眼功能来代替人类完成某些工作，其主要是通过摄像头对目标物体拍照，获取物体的图像，然后利用图像处理器对原始图像进行分析处理，最终达到对物体进行识别和检测的目的。典型的机器视觉缺陷检测系统一般由 3 个模块组成，即图像采集模块、图像处理模块和缺陷识别模块。图像采集模块负责对目标进行拍摄并转换成图像信号，随着计算机技术和集成电路的发展，图像预处理模块可以借助计算机硬件完成图像处理，而软件一般主要负责算法中比较复杂的部分；缺陷识别模块主要负责图像分析后的结果输出到显示设备。机器视觉检测系统原理如图 7.48 所示。

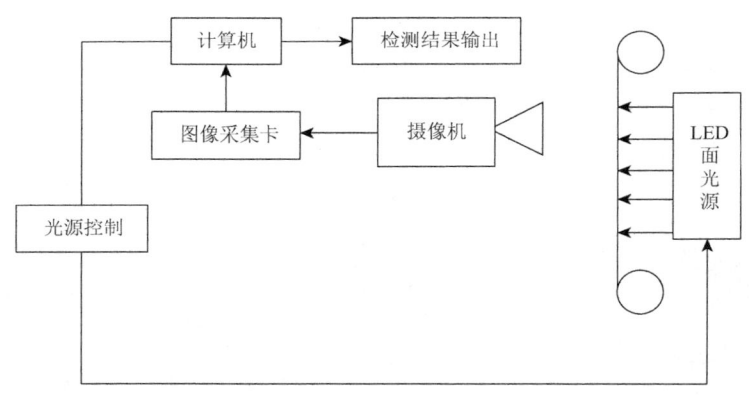

图 7.48　机器视觉识别系统原理图

机器视觉表面缺陷检测系统中，图像处理和分析算法是重要内容，算法各有优缺点和其适应范围。如何提高算法的准确性、实时性和鲁棒性，一直是视觉识别领域研究者们努力的方向。读者有兴趣深入研究可查阅相关文献[38]和[39]，这里不作过多介绍了。近年来，在锂离子电池制造领域，包括隔膜制造和涂布、电池极片涂布和铝塑膜制造等三个卷对卷领域，机器视觉识别系统都有成功应用的案例。据报道[40]，微觉视检测技术公司在线表面质量检测系统 Web Ranger 利用机器视觉检测原理，能 100%在线检测各类锂离子电池隔膜、极片、铝塑膜等材料的表面缺陷并准确提供产品质量信息。Web Ranger 搭载高级智能分类软件，运用人工智能算法在线对缺陷图像进行深度自学习，实现对缺陷进行精准识别及分类。

锂离子电池隔膜的缺陷类型：孔洞、油斑、撕裂、脱层、亮点、暗纹、白斑、划伤、晶点、漏涂、辊印、油渍、异物、水渍、夹料、涂布条纹。锂离子电池极片的缺陷类型：长划线、缺料、杂质、异物点、漏箔、褶皱、边部不良、暗斑、A/B错位、裂纹、干料、色差、金属屑残留、折痕、尺寸不良。锂离子电池铝塑膜的缺陷类型：凸点、凹点、麻点、异物、脏斑、漏涂、涂胶不均、复合印迹、碰伤、气泡点、皱印、拉丝、划痕、鱼鳞纹、锈印、暗纹、鱼眼、针孔、异物等。

总之，机器视觉识别系统能够快速识别和分析出隔膜涂布缺陷出现的位置、频次、数量等，并能实现初步的缺陷分类。这大大提高了缺陷反馈速度，减轻了检测人员的劳动强度，降低了人工成本，提高了生产质量水平。但是由于现在视觉识别系统的最小缺陷识别直径为0.1~0.2mm，一些更小的缺陷不能够被发现。因此生产技术人员也不应该把质量控制完全寄托在机器视觉识别系统上，需要建立完善的质量控制体系和缺陷资料库，识别缺陷类型并采取合理的应对措施，才能提高隔膜制造及涂布的质量水平。

参 考 文 献

[1] Kistler S F，Schweizer P M. Liquid Film Coating[M]. London：Chapman & Hall，1997.
[2] Cohen E D，Gutoff E B. 现代涂布干燥技术[M]. 赵伯元，译. 北京：中国轻工业出版社，1999.
[3] 杨时峰，胥鑫，曹新龙，等. 锂离子电池极片涂布和干燥缺陷研究综述[J]. 电源技术，2020，44：1123-1126.
[4] 赵伯元. 锂离子电池极片涂布技术和设备研究[J]. 电池，2000，30（2）：56-58.
[5] 梁卫华，吴大勇，舒均国. 逗号刮刀涂布流场理论分析与数值模拟[J]. 储能科学与技术，2020，10（2）：555-576.
[6] Liang W H，Wu D Y，Cao J H. Numerical analysis of coating thickness and pressure distribution in blade coating flows of power-law fluids[J]. Phys Fluids，2022，34：073103.
[7] 高扬，蔡双双，桂裕鹏. 浅析有机太阳能电池[J]. 光能，2011，2：140-143.
[8] Wang G，Zhang J，Yang C，et al. Synergistic optimization enables large-area flexible organic solar cells to maintain over 98% PCE of the small-area rigid devices[J]. Adv Mater，2020，32：2005153.
[9] Zhang C，Luo Q，Wu H，et al. Roll-to-roll micro-gravure printed large-area zinc oxide thin film as the electron transport layer for solution-processed polymer solar cells[J]. Org Electron，2017，45：190-197.
[10] Deryagin B V，Levi S M. Film Coating Theory[M]. London：Focal Press，1964.
[11] Atalladge J. A theory of entrainment for angular withdrawl of flat supports[J]. AIChE J，1971，17：243-246.
[12] 王振东. 漫话涂布流动[J]. 力学与实践，2003，（4）：77-79.
[13] 郭锋，刘月学，姜铁坤，等. 隔膜涂覆改善锂离子电池性能的研究[J]. 电池，2015，（3）：146-148.
[14] 马伯龙，严杰. 气刀涂布的应用改进和发展[J]. 上海造纸，1993，24：40-47.
[15] Iwasaki T. Gravure coating device[P]. USA，4791881. 1988-12-20.
[16] 刘凤山. 一种独特的涂布方式——微细凹印涂布[J]. 感光材料，1999，（2）：35-37.
[17] 谢宜凤. 精密涂布工艺应用新进展[J]. 信息记录材料，2010，（1）：28-37.
[18] Benkreira H，Patel R. Direct gravure roll coating[J]. Chem Eng Sci，1993，48（12）：2329-2335.
[19] 徐树波，韩汀. 微凹版涂布厚度的影响因素分析[J]. 印刷技术，2016，（6）：44-46.
[20] 徐树波. 微凹版涂布单元涂布特性与相关技术研究[D]. 北京：北京印刷学院，2013.

[21] Liang T, Cao J H, Liang W H, et al. Asymmetrically coated LAGP/PP/PVDF-HFP composite separator film and its effect on the improvement of NCM battery performance[J]. RSC Adv, 2019, 9: 4115-41160.

[22] 刘宏宇, 徐军, 郭宝华, 等. 二氧化硅/聚乙烯醇多孔层对锂离子电池用聚丙烯隔膜性能的影响[J]. 2015, (11): 1307-1312.

[23] 张志雄, 李莉, 欧阳新平, 等. Al_2O_3/PVA 涂层改性聚丙烯隔膜的制备与性能[J]. 精细化工, 2017, (8): 925-929.

[24] 安亚强, 张汉鸿, 吴春丹, 等. 低水分勃姆石涂层隔膜研究进展[J]. 广东化工, 2019, 46 (2): 106-107.

[25] Lin F H, Liu C M, Liu T J, et al. A macroscopic mathematical model for tensioned-web slot coating[J]. Polym Eng Sci, 2008, 48 (2): 307-315.

[26] Lin F H, Liu C M, Liu T J, et al. Experimental study on tensioned-web slot coating[J]. Polym Eng Sci, 2007, 47 (6): 841-851.

[27] Nam J, Carvalho M S. Flow visualization and operating limits of tensioned-web-over slot die coating process[J]. Chem Eng Process, 2011, 50 (5-6): 471-477.

[28] Nam J, Carvalho M S. Flow in tensioned-web-over-slot die coating: effect of die lip design[J]. Chem Eng Sci, 2010, 65 (13): 3957-3971.

[29] 周建军, 王磊, 李林. 具有温度敏感性的聚丙烯多孔膜及其制法[P]. 中国, CN101343374A. 2019-01-14.

[30] 锂电池狭缝挤压涂布模头刃口[EB/OL]. https://www.sohu.com/a/226404496_216273. 2018-03-26.

[31] 胡美琴. 隔膜测厚和机器视觉检测的最新技术及相关算法[C]. 第三届新型电池电解质/隔膜材料技术国际论坛, 南京, 2017.

[32] 连军. 激光测厚仪在锂电池极片生产中的应用[J]. 电源技术, 2012, 36: 186.

[33] Gutoff E B, Cohen E D, Kheboian G I. Coating and Drying Defects[M]. Hoboken: John Wiley & Sons, 2006.

[34] 杨时峰, 胥鑫, 曹新龙, 等. 锂离子电池极片涂布和干燥缺陷研究综述[J]. 电源技术, 2020, 44: 1123-1126.

[35] 刘云剑, 邢成君, 彭朝利, 等. 微凹版涂布弊病的因果分析和解决对策[J]. 信息记录材料, 2009, 10 (5): 34-39.

[36] 李开静, 李瑞平. 微凹版涂布扩散膜表观弊病及改善措施[J]. 安徽化工, 2019, 45: 83-88.

[37] Hewson R W, Kapur N. A theoretical and experimental investigation of tri-helical gravure roll coating[J]. Chem Eng Sci, 2006, 61: 5487-5499.

[38] 汤勃, 孔建益, 伍世虔. 机器视觉表面缺陷检测综述[J]. 中国图象图形学报, 2017, 22 (12): 1640-1663.

[39] 明五一, 贾豪杰, 何文斌, 等. 透明件表面缺陷的机器视觉检测综述[J]. 机械科学与技术, 2021, 40 (1): 116-124.

[40] 微觉视检测技术公司. Web Ranger 系统在锂电池行业的应[EB/OL]. http://www.weco.com.cn/industry/?id = 2. 2021-10-20.

08

固态锂电池和固态电解质

8.1 固态锂电池

2019 年诺贝尔化学奖花落三位锂电专家 John B. Goodenough、M. Stanley Whittingham 和 Akira Yoshino 手中,锂电池对人类科学发展的重要意义再一次得到证明。锂电池从诞生到成功商业化,经过了诸多科研工作者的不懈奋斗。从固溶体电极概念的提出到摇椅电池的诞生再到全固态电池中新型材料的应用;这些电池包括锂离子电池、钠离子电池、锂硫电池和锂空气电池等。

图 8.1 全固态电池结构示意图
CA:导电添加剂;负极为锂或者锂合金

全固态锂电池(ASSLBs),是一种使用固体电极材料和固体电解质材料,不含有任何液体的锂电池,主要包括全固态锂离子电池和全固态金属锂电池,差别在于前者负极不含金属锂,后者负极为金属锂。通常,ASSLBs 电极由活性材料、集流体、导电剂和固体电解质组成,正极材料一般选用 $LiCoO_2$、$LiFePO_4$、NCM 等比较成熟的商业化材料,固体电解质包括聚合物电解质、无机固体电解质和复合电解质。全固态电池常被设计为"三明治"结构,如图 8.1 所示。

8.1.1 固态锂电池发展史

1967 年,福特汽车公司的约瑟夫·库默(Joseph Kummer)和尼尔·韦伯(Neill Weber)发现陶瓷电解质在 300℃以上时存在着 Na^+ 的快速扩散,因此发明了采用固体陶瓷作为电解质,熔融钠为阳极,含碳的熔融硫为阴极的钠硫可充电电池。由于使用温度较高,限制了该电池的商业化,但却引起了研究者们对固体电解质和替代电池的研究兴趣。

1976 年,埃克森美孚公司聘请 Stanley Whittingham 制造了一种带有层状二硫化钛(TiS_2)阴极的可充电电池,该阴极通过可逆的锂插入放电形成 $LiTiS_2$。但是,如果反复充电,电镀锂阳极导致阳极枝晶的形成,锂枝晶在电解液中生长到阴极导致内部短路,点燃可燃的电解质会引起火灾等安全问题。因此,该方法被放弃了。

为了降低成本并提高安全性,全固态电池是未来电池研究的一个积极方向。从技术发展趋势来看,相比液态锂离子电池,全固态金属锂电池有可能具有安全性能好、能量密度高和循环寿命长等优点。2015 年,Porto 大学的 Maria Helena Braga 发现了介电无定形氧化物固体电解质,锂和钠离子电导率可与当今锂离子电池使用的有机液体电解质相当，特别是硫化物电解质材料在离子电导率方面取得了重大突破，因此全固态锂电池技术渐渐开始引起世界范围内的研发机构和大型企业的重视。全固态锂电池发展历程大事件见图 8.2[1, 2]。

1980年　1972年，Scrosati等首次报道了一种采用LiI为电解质的固态锂离子一次电池

1983年，日本东芝公司宣布开发一款可实用的Li/TiS$_2$薄膜全固态电池

1990年　1987年，中国科技部将固态锂电池列为第一个863计划重大专题

1992年，美国橡树岭国家实验室的Bates等成功开发了一种无机薄膜固态电解质LiPON，并研制出多种材料体系的薄膜全固态锂电池

2000年　1998年，Birke等首次报道了以氧化物为固体电解质的全固态电池研究结果

2005年，日本东京独立大学Kanamura小组开始设计以钙钛矿结构Li-La-Ti-O材料为固态电解质的全固态锂电池

2010年　2010年，多个国家的学者开始研究石榴石结构Li-La-Zr-O固态电解质的全固态锂电池

2011年，法国最大的电动汽车项目运营商博洛雷集团，正式推出了"Autolib"乘用车，这是世界上首次用于EV的商业化固态锂电池案例

2012年　2012年，美国苹果公司开始布局全固态锂电池的应用研发

2014年　2012年，中国科技部将固态储能锂电池列入"十二五"的863计划给予支持

2015年，英国戴森公司收购美国固态锂电池企业Sakti3，并宣布计划投资10亿美元批量生产全固态锂电池

2015年，德国博世公司收购美国电池公司"SEEO"，开始布局基于聚合物固态电解质的全固态锂电池研究

2016年　2016年，受Note7影响，韩国三星SDI加速全固态锂电池研发，称将会在未来的2～3年内达到成熟水平

2017年　2017年，日本日立集团宣布，其全固态锂电池技术已研发完成，已开始送样潜在客户

2017年，日本丰田汽车公司宣布将在2022年推出使用全固态锂电池的全新车型

2017年，锂电池发明人Goodenough提出了玻璃状介质技术，开始为商业化、量产化做准备

2017年，德国宝马宣布将于2026年实现全固态锂电池量产

2018年　2018年，中国科技部将对动力及储能应用的固态锂电池同时列入国家重点研发计划给予支持

图 8.2　全固态锂电池发展大事件图

2011 年，法国博洛雷（Bolloré）集团首次将商业化固态电池应用于电动汽车。目前在世界范围内，日本研究人员在固态电池方面研究积累的时间最长，企业参与开发的程度也最高。2018 年，本田、日产联手丰田、松下、汤浅以及日本三大化工集团成立了"锂电池技术与评估中心"，以联盟的形式开展固态电池的研发。一直坚持混动和氢燃料电池路线的丰田在 2020 年东京奥运会期间推出了一款搭载固态电池的电动汽车，预计 2025 年左右可以大规模生产固态电池汽车。宝马集团正与固态电池公司 Solid Energy 合作共同开发固态电池，大众集团同样看好固态电池前景，并入股研发固态电池的创业公司 Quantum Scape。

在我国，中国科学院物理研究所在 20 世纪 70 年代由陈立泉老师开启了中国的固态电解质和固态电池的研究，从计算上发现了一些新的材料，同时也对固态电池的安全性做了很多工作[3]。2016 年成立了北京卫蓝新能源科技有限公司，2018 年固态电池能量密度达到了 300W·h/kg，现在固态电池产品已经供给无人机使用，电池安全性都通过了测试。中国科学技术大学、北京科技大学、中国科学院长春应用化学研究所、中国科学院上海硅酸盐研究所、中国有研科技集团有限公司曾经参与联合开发固态锂电池。最近，中国科学院先导项目锂硫电池和锂空气电池方向上，大连化学物理研究所的陈剑团队和长春应用化学研究所的张新波团队，分别展示了能量密度高于 500W·h/kg 的大容量电池，但这些电池循环性还较差。采用半固态的锂硫电池、全固态的锂空电池有望在未来提升其循环性[4]。可以说，实现各国政府提出的高能量密度电池的目标，不同种类的固态锂电池是很有竞争力、可行性较高的技术路线。

8.1.2 固态锂电池的分类

按照电池中使用的电解质来划分，通常讲的固态锂电池的类型包括以下几种细分[1]。

（1）半固态锂电池。电芯电解质相中，质量或体积的一半是固体电解质，另一半是液体电解质；或者电芯中一端电极是全固态，另一端电极中含有液体。

（2）准固态锂电池。电芯的电解质中含有一定的固体电解质和液体电解质，液体电解质的质量或体积小于固体电解质的比例。

（3）固态锂电池。电芯中含有较高质量或体积比的固体电解质，同时含有少量液体电解质的电池，被一些研究人员称为"固态锂电池"，但这实际上不是全固态锂电池。

（4）全固态锂电池。电芯由固态电极和固态电解质（SSE）材料构成，电芯在工作温度范围内，不含有任何质量及体积分数的液体电解质，也可称为"全固态电解质锂电池"。能够充放电循环的可进一步称为"全固态锂二次电池"或"全固态电解质锂二次电池"。

8.1.3 全固态锂电池可能的优势及存在的问题

相对于液体电解质，固体电解质不挥发且不可燃，因此具有优异的安全性。固态电解质在较宽的温度范围内保持稳定，因此全固态电池能够在宽的温度范围内工作，特别是高温下；一些固体电解质对水分及氧气不敏感，电池的制作过程不需要全程惰性气氛保护，在一定程度上降低了电池的制造成本。有些固体电解质材料具有很宽的电化学窗口，使得高压正极材料与之匹配而提高电池的能量密度；固体电解质较致密且有较高的强度和硬度，能够有效地阻止锂枝晶的刺穿而提高电池的安全性，同时使得金属锂作为负极成为可能。因此，如果能够找到合适的固体电解质材料，具有优异的安全性、循环性能、高能量密度和低成本的固态锂电池有望成为可能。

与传统的液态锂离子电池相比，以过渡金属氧化物为活性材料的 ASSLBs 的电化学性能仍存在较大的差距。在该领域的最近研究中，ASSLBs 的比容量并未得到显著提高。传统锂离子电池的电化学测试能够以不同的倍率进行，而大多数 ASSLBs 的测试只能以较低的倍率（0.1C）进行[5]。而且，作为决定能量密度关键因素的 ASSLBs 电极仍然面临诸如活性材料比、负载水平和制造方法的挑战。低比容量、低电流密度及温和电极条件的挑战阻碍了 ASSLBs 的实际应用。此外，在 ASSLBs 中，锂离子和电子要通过活性物质、固体电解质以及活性物质与固体电解质的界面，因此，活性材料和固体电解质之间的界面电阻是不可避免的。由于 ASSLBs 的界面电阻和内部电阻，要提高电化学性能，就必须考虑电池内部的过电位。在活性材料表面引入缓冲层，有助于形成锂离子快速迁移通道和防止固体电解质层与活性材料之间的副反应（表 8.1）。各种类型的材料（如过渡金属氧化物、碳材料和固体电解质）被开发用作缓冲层，然而，ASSLBs 的电化学性能仍然低于常规液体锂离子电池的电化学性能。这表明有关缓冲层的研究并不能解决电极界面和内部电阻的固有问题。

表 8.1 全固态锂电池目前存在的缺陷和解决方案[1]

目前缺陷	解决途径
固体电解质材料离子电导率偏低	设计改进固态电解质，引入较多元素，充分发挥各个元素性能和协调作用
固体电解质、电极间界面电阻大，界面相容性较差	通过引入稳定的导电缓冲层消除或减弱空间电荷效应，抑制界面层的生成，降低界面电阻
材料在充放电过程中体积膨胀和收缩，导致界面容易分离	采用复合电极以及柔性、无定形、凝胶态界面
质量能量密度需再次提升	采用致密薄层电解质技术，高压实密度嵌入化合物正极，采用金属锂负极
制备成本高	提升能量密度和寿命来增加性价比，通过规模化生产降低生产成本

为了解决这些关键问题，促进 ASSLBs 的实际应用，应该将研究重点集中在降低 ASSLBs 的界面电阻和体电阻，并提高 ASSLBs 电极内的离子和电子电导率上，这是影响容量和功率密度的关键因素。

8.2 固态电解质

随着固态电池在电动汽车及储能领域的应用，对电池的能量密度和安全性提出了更高的要求，固态电解质成为电池电能存储中具有显著科学和商业价值的材料。在准固态/全固态电池中，固态电解质材料是其中的一个关键材料，直接影响锂离子在正负极间的传递行为和电解质与电极间的界面行为，对于锂金属电池来说，还影响到固态电解质与锂金属电极间的界面接触和抑制锂枝晶行为，最终影响固态电解质的循环性能、快充快放倍率性能和安全性能等。

对固态电解质的研究可以追溯到大约 200 年前，1838 年迈克尔·法拉第发现固态离子在 PbF_2 和 Ag_2S 中能够快速传输。1888 年，发现 Na^+ 可以在玻璃中传递。20 世纪 60 年代固态电解质经历了一个快速发展时期，研究者从材料设计的角度设计了许多固态电解质。发展到目前固态电解质主要有：无机固态电解质（ISE）、聚合物固态电解质（PSE）、有机-无机复合固态电解质，其按照时间顺序显示的发展历程见图 8.3[6]。

代表性的无机固态电解质材料主要包含氧化物固体电解质和硫化物固体电解质。迄今，各种氧化物固体电解质，如石榴石型、Na 超离子导体（NASICON）型、钙钛矿型、γ-Li_3PO_4 型电解质和 $Li_xPO_yN_z$（LiPON），以及固态硫化物电解质，如玻璃陶瓷 $Li_2S·P_2S_5$、$Li_{10}GeP_2S_{12}$（LGPS）和硫-锂超离子导体（thio-LISICON），其在室温下具有高离子电导率和良好的电化学稳定性[7]。

聚合物固态电解质由聚合物主体作为固体基质与碱金属盐组成，具有很高的安全性、良好的可加工性和与电极间的机械柔韧性。尤其是其出色的柔韧性使其适合折叠固态锂电池，用于新兴的柔性和可穿戴电子设备的关键电源。更重要的是，聚合物固态电解质的良好黏合性可补偿电池在循环过程中电极的体积变化，有利于界面稳定性和降低界面电荷转移电阻。鉴于这些优点，自 20 世纪 70 年代 Armand 等报道了第一个聚合物电解质以来，科研工作者对各种聚合物固态电解质进行了广泛的研究[8]。

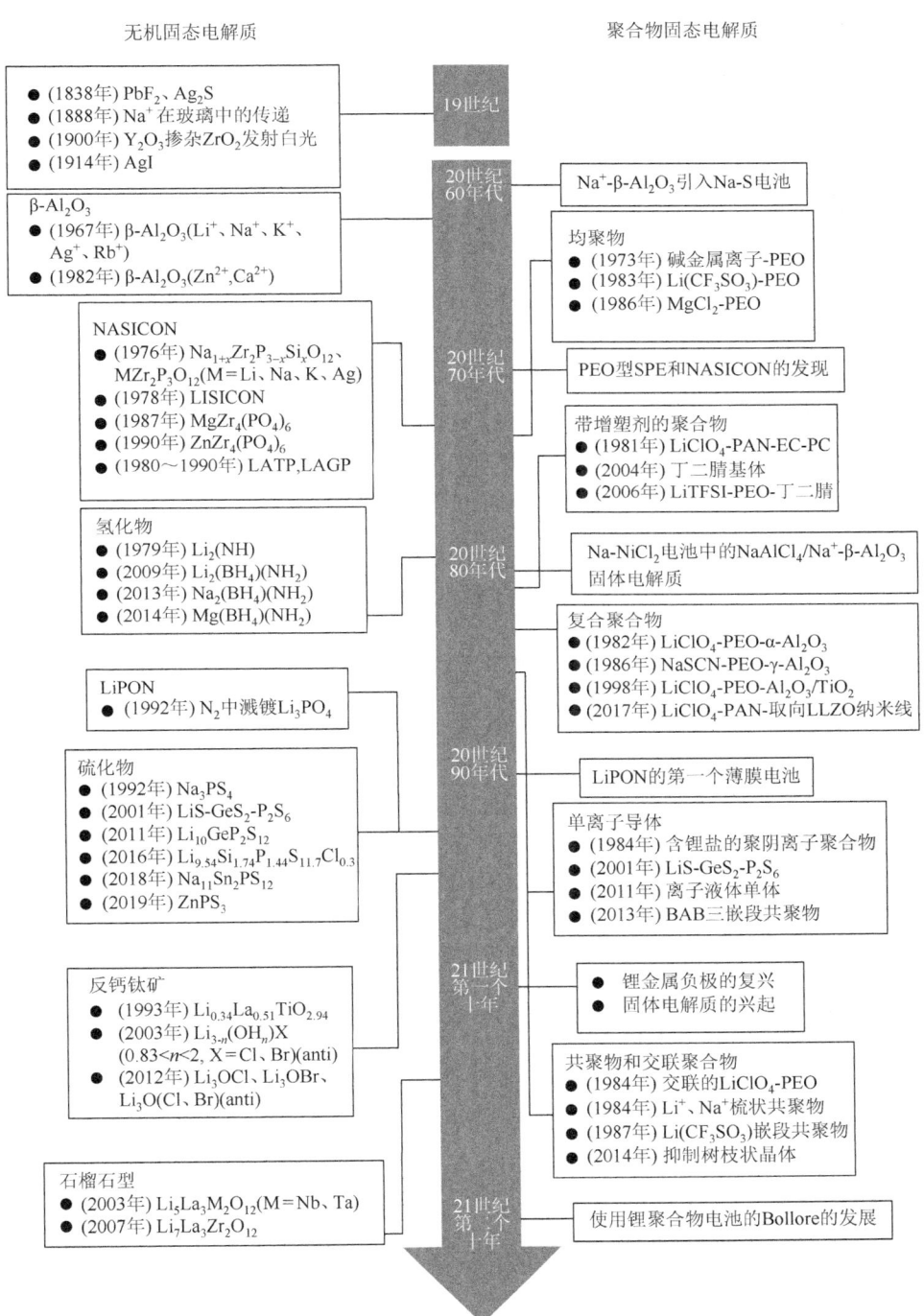

图 8.3 无机固态电解质和聚合物固态电解质的发展[6]

8.2.1 固态电解质中离子传导机理

固态电解质中的离子传递是由体系中的化学和电化学电位梯度驱动的[6]。在稀浓度的电解质中带电物质的通量与化学势∇c_i和电位梯度$\nabla\varphi$采用能斯特普朗克方程相关联，结合质量守恒定律可以确定电流密度为

$$j = -F^2\nabla\varphi\sum_i \mu_i c_i - F\sum_i D_i\nabla c_i + Fu\sum_i c_i \quad (8.1)$$

式中，F为法拉第常量；μ_i为带电物质i（为简单起见，在此假定为一价）的迁移率；c_i为解离离子对的浓度；D_i为扩散系数；u为离子传递时介质的对流速度。在固态电解质中，对流项也可以忽略不计，即使在远高于热电压（$k_BT/e = RT/F$，式中，k_B为玻尔兹曼常数；T为温度；e为电子电荷；R为摩尔气体常数）的电位下，在中等电位下浓度梯度很小。在这些条件下，可以进一步简化以获得电解质的电导率为

$$\sigma = -\frac{j}{\nabla\varphi} = F^2\sum_i \mu_i c_i \quad (8.2)$$

式中，迁移率与扩散系数$\mu_i = \dfrac{D_i}{RT}$相关。由式（8.2）可知，高离子电导率既要求离子迁移率高，又要求迁移离子的浓度高。此外，具有高离子电导率的电解质在浓度梯度可以忽略的情况下，在高驱动电流下维持电荷的传输。因此，一个好的离子导体必须能够促进离子对的解离，并且对离子运动的阻力最小。尽管阳离子和阴离子的迁移均有助于总电流，但是在大多数电池中，在电极上发生氧化还原反应的有效电流仍是由阳离子贡献的。

在固态电解质中，克服能量势垒的解离离子可以从一个位点跳到另一个位点。扩散系数可以表示为一个迁移自由能（ΔG_{mig}）的函数：

$$D_i = \gamma a^2 f_0 \exp\left[-\frac{\Delta G_{\mathrm{mig}}}{RT}\right] \quad (8.3)$$

式中，γ为与几何效应相关的因子；a为跳跃距离；f_0为离子跳跃频率。结合方程式（8.2）和式（8.3），电解质的电导率可以写成基本形式：

$$\begin{aligned}\sigma_i &= \frac{F^2}{RT}c_i\gamma a^2 f_0\exp\left[-\frac{\Delta G_{\mathrm{mig}}}{RT}\right] \\ &= \frac{F^2}{RT}c_i\gamma a^2 f_0\exp\left[\frac{\Delta S_{\mathrm{mig}}}{R}\right]\exp\left[-\frac{\Delta H_{\mathrm{mig}}}{RT}\right]\end{aligned} \quad (8.4)$$

式中，ΔS_{mig}为迁移熵；ΔH_{mig}为迁移焓。此外，如果离子对的解离被热激活，则c_i可以通过以下方式与形成焓（ΔH_f）相关：

$$c_i = c_0 \exp\left[-\frac{\Delta H_f}{RT}\right] \qquad (8.5)$$

式中，c_0 为热活化前离子对的初始浓度。

将指前因子和各种活化能结合成单一势垒 E_a，方程式（8.4）电导率可以简化为 Arrhenius 形式：

$$\sigma_i = \frac{\sigma_0}{T} \exp\left[-\frac{E_a}{RT}\right] \qquad (8.6)$$

式中，指前因子 σ_0 本身可能是温度的弱函数，而 $E_a = \Delta H_f + \Delta H_{mig}$ 是电解质中移动离子的形成和迁移过程的总体活化能。因此，活化能大小直接取决于自由离子的形成难易程度以及自由离子通过电解质扩散的能垒。晶体材料和其他无机离子导体一般遵循 Arrhenius 方程。

1. 无机固态电解质中离子传导机理

在无机固态电解质和聚合物固态电解质中材料的结构和物理化学性质对离子的传输路径有重要影响。在无机固态电解质中，锂离子是在晶界处的自由空间以及 Schottky 和 Frenkel 缺陷中进行传递的，当两种具有不同电化学势的材料直接接触或者两种材料反应接触时形成界面层。随着操作条件的不同，界面层会延迟或者加速锂离子在界面处的传递。大多数无机固态电解质具有配位多面体的周期结构。在陶瓷中，框架内的缺陷如空位和间隙位对离子快速运动贡献最大。在边界和界面附近，晶格也会发生变形，移动载流子会根据电位差重新分布，从而产生附加的界面电荷-传输路径。对于晶体超离子导体，晶体骨架和离子结合位点的拓扑结构和配位是决定离子传输的主要因素。为了有效地传输锂离子，超离子导体通常包含无序的子晶格，具有大量的锂离子空位和相互连接的大间隙位。

在结晶固体材料中，离子电导率主要依赖于晶体结构的缺陷，主要包括点缺陷、线缺陷、平面缺陷、体积缺陷和电子缺陷[9]。其中，在锂离子扩散机理中点缺陷起着重要的作用。图 8.4（a）和图 8.5（a）中显示了一些典型点缺陷的示意图。最具代表性的点缺陷是 Frenkel 缺陷（阴离子空位并伴有阳离子间隙）和 Schottky 缺陷（阳离子空位伴随阴离子空位）。基于点缺陷的机制，其可以分为空位机制和非空位机制。空位机制的示意图如图 8.4（b）所示，锂离子可以通过与相邻的空位之间进行位置交换来实现扩散过程。关于非空位机制，代表性的是间隙机理，包括直接间隙扩散和间隙敲除扩散，分别如图 8.4（c）和（d）所示。在直接间隙机制中，间隙离子可以直接移动到相邻的间隙位置。通常，间隙原子比基质原子小得多，并且在迁移过程中会形成大的晶格应变。另一种间隙扩散是间接的，即通常观察到的锂离子在锂离子电池中的扩散，尤其是锂离子浓度较高的电池。在这种情况下，间隙原子首先撞击基质原子，这个基质原子随后迁移到另一个相邻的间隙位置，如图 8.4（d）所示。间隙原子的大小可以与基质原子相似甚至相同。由于至少有两个原子在此过程中同时移动，这种间接的间隙扩散机制是已知的 knock 机制或 collective 机制。

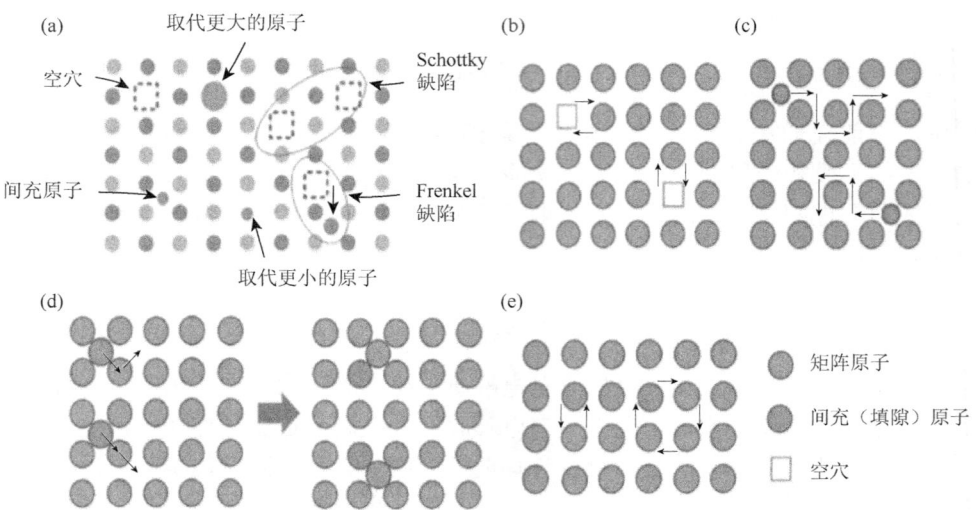

图 8.4　锂离子在无机电解质中的离子传递机理示意图：（a）无机固态电解质的点缺陷；（b）空穴传递机理；（c）直接间隙机理；（d）间隙敲除机理；（e）直接交换和环机理[9]

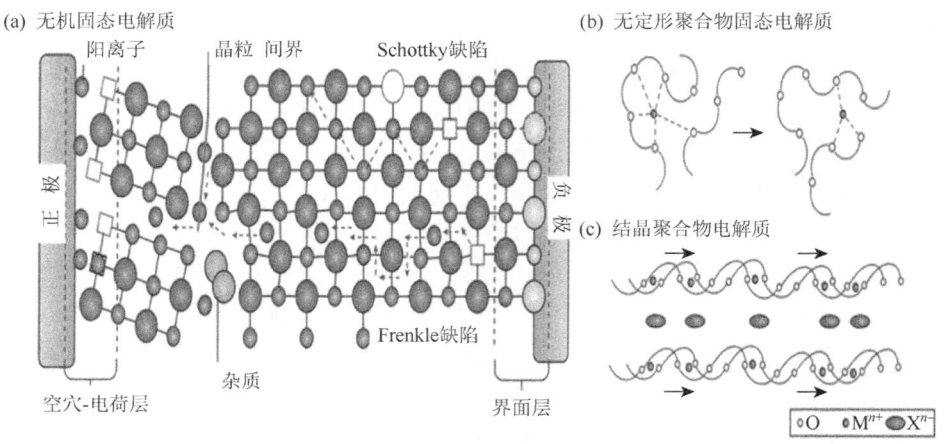

图 8.5　无机固态电解质和聚合物固态电解质中的离子传递机理示意图[6]

另一种情况可以称为间质性替代交换机制，这也是一个 collective 机制，可分为直接交换和环扩散两种类型，如图 8.4（e）所示。对于前者，两个原子同时运动并相互交换晶格定位,在后者中,是一组原子(三个或更多)作为一个环移动,一个原子以一定距离移动到新的位置。

2. 聚合物固态电解质的离子传导机理

溶胀锂盐的聚合物固体电解质中锂离子的迁移主要包括自由体积模型和离子传导模型[6]。聚合物电解质中的锂离子传导在非晶相和结晶相中进行,在无定形相中,聚合物链段的局部运动有助于碱金属离子从一个配位点通过迁移和跳跃至另一个配位点[图8.5(b)]。对于高分子量聚合物,缠结链会影响离子的溶剂化和聚合物链的扩散,因此节间跳跃是离子传导的主要形式。对于低分子量聚合物和低聚物,离子传导主要是通过类似于碳酸盐基液体电解质的溶剂化形式的扩散来实现的。非晶态中的离子传输机理常采用自由体积模型来描述。具体而言,锂离子位于聚合物局部链段配位点(如聚环氧乙烷中的—O—、聚丙烯腈中的—CN和聚酰胺中的—NR)。而且,如果在聚合物链周围有自由体积,则局部链段运动类似于在准液体中的行为。因此,在电场作用下,Li$^+$通过一个链或不同链之间的自由体积可以从一个配位点跃迁入另一个配位点。

用于拟合聚合物电解质离子电导率的方程主要有 Arrhenius 方程、Vogel-Tammann-Fulcher(VTF)方程和 Williams-Landel-Ferry 方程等[10]。Arrhenius 方程是通过典型的 lgσ-1/T 曲线来阐明固态电解质的离子电导机理。在非晶聚合物、陶瓷离子导体和低于玻璃化转变温度的聚合物玻璃相中,与 Arrhenius 行为相关联的离子跳跃过程通常与基体的长程运动有关。

基于玻璃化转变温度(T_g)的 VTF 方程与聚合物电解质的离子传导更为相关。该方法认为离子的迁移是通过聚合物链的不规则运动实现的,其中离子通过聚合物链提供的自由体积扩散。在温度高于聚合物 T_g 的聚合物固态电解质、凝胶聚合物电解质(GPE)、有机溶液和离子液体电解质中通常观察到 VTF 行为。根据该方程式,可以将离子电导率和温度相关联。

$$\sigma(T) = \sigma_0 T^{\frac{1}{2}} \exp\left(-\frac{B}{T-T_0}\right) \tag{8.7}$$

式中,$\sigma(T)$ 为温度为 T 时的离子电导率;B 为电导率的准活化能(以 E_a/k 表示);T_0 为参考温度,通常比玻璃化转变温度(T_g)低 10~50K。当温度(T)高于 T_0 时,电解质中的离子开始迁移并沿着聚合物链跳跃。因此,T_g 越低,离子运动越快,导致离子电导率增加。

除了在非晶区域离子迁移机理之外,固体聚合物电解质的结晶相中可以应用离子传导模型,其中 Li$^+$ 传输对局部链段运动的依赖性较小,并主要由 Arrhenius 方程描述。尽管以前人们普遍认为离子在非晶态区域中的传输动力学比结晶相中快。已经证实，越来越多的情况下，离子在结晶相中的传输可以达到甚至比非晶相更高。在结晶区域，聚合物链折叠成圆柱形的隧道，通过离子跳跃传导 Li^+，而阴离子位于隧道外，通过链间空间与阳离子分离[图 8.5（c）]，在这种结构中，Li^+通过相邻的络合位点可以沿着隧道传递。

到目前为止，由于聚合物体系的复杂性及对其构效关系缺乏理解，对固态聚合物电解质中的离子传递缺少全面描述。聚合物电解质材料中的离子迁移机理是一个复杂甚至有争议的话题，因为这些材料的性质取决于诸如温度、聚合物类型、分子量、聚合物结构、解离能力和锂盐在聚合物中的浓度等因素。Li^+在聚合物相中的迁移机理仍未完全理解，需要持续的研究工作。

8.2.2 无机固态电解质

无机固态电解质是一类具有较高离子传输特性的无机离子导体材料，其具有较高的机械强度，能够阻止锂枝晶穿透电解质造成内短路，在宽的温度范围内保持化学稳定性，因此基于无机固体电解质的电池具有更高的安全性。可以采用原子层沉积（ALD）、热蒸发、等离子喷涂、流延成型、挤塑成型、喷墨打印、冷冻干燥、陶瓷烧结等方法制备成不同厚度和不同形状的电解质或者薄膜[6, 7, 9-12]。无机固态电解质按照其化学组成可分为氧化物、硫化物等，按照结构可分为晶体锂离子导体和非晶锂离子导体。晶体锂离子导体又分为：锂超离子导体（LiSICON）结构（如 $Li_{1+x}Zn_{1-x}GeO_4$）及其硫代（thio-LiSICON）结构（如 $Li_{4-x}Ge_{1-x}P_xS_4$）、钠超离子导体（NaSICON）结构 [$Li_{1+x}M_xTi_{2-x}(PO_4)_3$，$M^{3+}$：$Al^{3+}$、$Y^{3+}$、$In^{3+}$等]、石榴石结构 [$Li_7La_3Zr_2O_{12}$(LLZO)]、钙钛矿结构 [$Li_{3x}La_{(2/3)-x}\square_{(1/3)-2x}TiO_3$(LLTO)，$\square$= 空位]和反钙钛矿结构（$Li_3OX$，X = Cl、Br）、锂的氢化物[如 $Li_2(NH)$、$Li(BH_4)$]、锂的卤素化合物（$Li_2MC l_4$，M：Mg、Mn、Fe、Cd）、硫银锗结构（Li_6PS_5X，X = Cl、Br、I）。而非晶锂离子导体包括：锂的硫化物玻璃陶瓷（Li_2S-P_2S_5 和 Li_2S-SiS_2）、锂的氮化物（Li_3N 和 LiPON）等。几种代表性的无机固态电解质的结构示意图见图 8.6。

理想的无机固态电解质应该满足以下条件：①较高的总（包括本体＋晶界）锂离子电导率，能接近 10^{-2}S/cm，在正负极活性材料之间的锂离子迁移率接近 1.0；②电化学窗口较宽，高电压环境下的化学稳定性良好；③在电化学反应过程中与正负极保持惰性，在电极的固体接触面不发生额外的副反应；④与电极之间界面电阻小；⑤在制备成薄膜电极时经济性高、环境友好。目前大多数固态电解质的离子电导率在 $10^{-7} \sim 10^{-3}$S/cm，硫化物固态电解质的室温离子电导率可达到 10^{-2}S/cm，可与液体电解质的离子电导率相当。近年来报道的固态电解质、聚合物电解质及复合电解质的离子电导率如图 8.7 所示。

08 固态锂电池和固态电解质

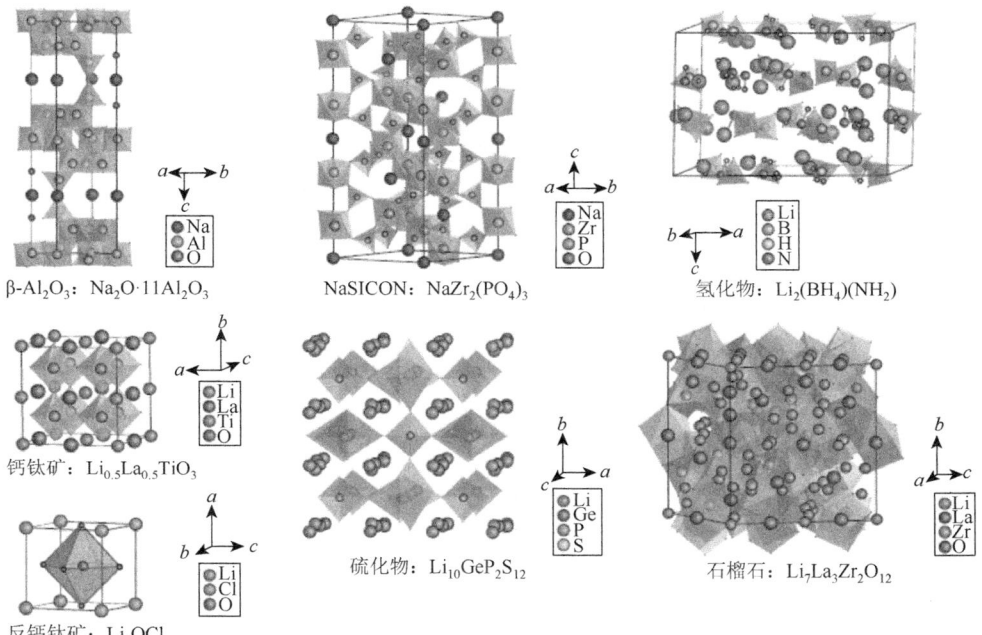

图 8.6 几种无机固态电解质的结构示意图[6]

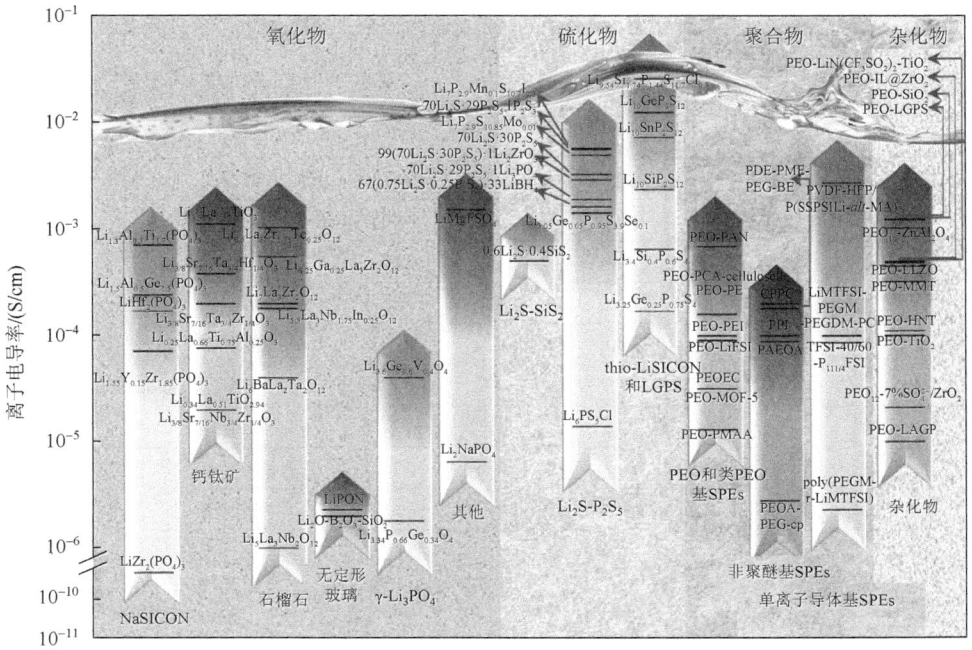

图 8.7 近年来报道的几种代表性固态电解质的室温离子电导率图[12]

1. 氧化物固态电解质

无机固态电解质最为人熟知的是氧化物固态电解质。由于它们对环境空气和高温具有更高的稳定性，可以大规模制造这种材料以满足工业应用。氧化物固态电解质主要分为钙钛矿型、NaSICON 型、LiSICON 型、石榴石和 LiPON 型，表 8.2 列出了它们的相应结构、各自的总离子电导率和活化能[7, 11, 12]。

表 8.2 报道的几种固态电解质的室温离子电导率和活化能及其优缺点

种类	材料	电导率/(S/cm)	活化能/eV	优点	不足
LiPON	LiPON	6.40×10^{-6}	0.47	对锂金属和正极稳定	电导率低，难以大规模生产
Li_3N	Li_3N	5.77×10^{-4}	0.45	高离子电导率	氧化还原电位低
钙钛矿型	$Li_{0.54}Nd_{0.55}TiO_3$	8.00×10^{-3}	0.53	机械强度高	晶界电阻大
	$Li_{0.34}La_{0.51}TiO_{2.94}$	7.00×10^{-5}	0.4	高氧化电压	对锂金属不稳定
反钙钛矿型	$A_{2.99}Ba_{0.005}OCl_{1-x}(OH)_x$ $A = Li/Na$	$>10^{-2}$	<0.1	高离子电导率	对空气敏感
NaSICON	$LiTi_2(PO_4)_3$	2.0×10^{-6}	0.47	高氧化电压	对锂金属和钠金属不稳定
	$Li_{1.2}Al_{0.2}Ti_{1.8}(PO_4)_3$	5.00×10^{-3}	0.29	对空气和水稳定	较脆
	$Li_{1.5}Al_{0.5}Ge_{1.5}(PO_4)_3$	4.00×10^{-4}	0.37	对空气和水稳定	较脆
	$Na_{3.3}Zr_{1.7}La_{0.3}Si_2PO_{12}(Na^+)$	3.40×10^{-3}	0.29		
铝化物	Na-β″-Al	2.00×10^{-3}	—	高离子电导率	机械强度低
橄榄石型	$Li_7La_3Nb_2O_{12}$	1.00×10^{-5}	0.43	热稳定性好	界面电阻高
	$Li_5La_3Ta_2O_{12}$	1.54×10^{-6}	0.57	对锂金属稳定	生产成本高
	$Li_6BaLa_2Ta_2O_{12}$	4.00×10^{-5}	0.40		
thio-LiSICON	$Li_{3.5}Si_{0.5}P_{0.5}O_4$	1.31×10^{-7}	0.49	热稳定	对空气/湿度敏感
	$Li_{3.4}Si_{0.4}P_{0.6}S_4$	6.40×10^{-4}	0.28	水稳定	
	$Li_{10}GeP_2S_{12}$	1.20×10^{-2}	0.25	高离子电导率	对空气和水敏感
	Li_6PS_5Cl	4.60×10^{-3}	0.33	高离子电导率	对空气和水敏感
Li_2S-P_2S_5	$0.7Li_2S$-$0.3P_2S_5$	1.40×10^{-3}	0.29	低界面电阻	
	β-Li_3PS_4	1.60×10^{-3}	0.36	高离子电导率	化学不稳定
S 基 Na^+ 导体	$Na_3PS_4(Na^+)$	2.00×10^{-4}	0.28	高离子电导率	对空气和湿度敏感

1）钙钛矿[7]

理想的钙钛矿结构可以用分子式 ABO_3 来表示，属于立方晶系，空间群为 *Pm3m*。A 离子通常是碱土金属或者是稀有元素，占据着立方晶胞的顶点；B 离子通常是一些过渡金属元素，占据着晶胞的体心；O 原子位于面心。A 点通常是 12 配位的，B 点通常是 6 配位的。锂可以通过异价掺杂的方式进入到钙钛矿结构当中进入 A 位点，形成如 $Li_{3x}La_{(2/3)-x}\square_{(1/3)-2x}TiO_3$ 型化合物。研究表明，Li 原子的引入，可以影响 Li 位点和空穴的数量以及空穴与 Li 的相互作用，从而能显著影响锂离子电导率。例如，钙钛矿型 $Li_{3x}La_{(2/3)-x}TiO_3$（LLTO）（当 $x = 0.11$，激活能 $E_a = 0.3 \sim 0.4eV$）电解质在室温下的离子电导率高达 10^{-3}S/cm。它的导电机理依赖于它的 A 位置空穴，因此 x 的值对其离子电导率起着大的作用。然而，其高晶界阻力，可能会高出本体阻力两个数量级，仍然是实现高总离子电导率主要的瓶颈。控制烧结条件和元素掺杂可以将室温总离子电导率提高到 3.17×10^{-4}S/cm。

钙钛矿结构固态电解质的离子电导率较高，目前的研究主要围绕锂含量、烧结温度、掺杂效果、合成方法和无定形 LLTO 固态电解质等进行。通过简单的固相反应制备钙钛矿类的固态电解质 $Li_{3/8}Sr_{7/16}Hf_{1/4}Ta_{3/4}O_3$（LSHT）在 25℃的离子电导率可达 3.8×10^{-4}S/cm，在 298~430K 之间具有 0.39eV 的低活化能。固相反应合成的 $Li_{2x-y}Sr_{1-x}Ta_yZr_{1-y}O_3$ ($x = 0.75$) 化合物中不同含量的 Ta 对合成的化合物离子电导率有很大的影响，当 $y = 0.60\sim0.75$，该化合物为单相的钙钛矿型，随着 y 的增加，其晶格常数逐渐增加，表明 Sr^{2+} 和 Zr^{4+} 都被 Li^+ 和 Ta^{5+} 所代替，从而使该化合物的离子电导率逐渐上升，当 $y = 0.75$ 时，达 2.0×10^{-4}S/cm。

2）NaSICON 型[11]

NaSICON 结构无机电解质的分子式为 $AM_2(PO_4)_3$，其中 A 位被碱金属离子（Li^+ 或 Na^+）占据，M 位被 Ti、Ge 或 Zr 占据。NaSICON 型电解质 $Na_{1+x}Zr_2P_{3-x}Si_xO_{12}$ 可以通过在 A 位置 Li^+ 替代 Na^+ 来获得高锂离子导电固态电解质。在 $x = 0.3$ 时 Al^{3+} 取代 M 得到的室温离子传导率为 7×10^{-4}S/cm。该结构的电解质与水和空气接触具有良好的稳定性和优异的电化学稳定性（耐高压，最高可达 5V）。然而，其离子电导率不高，而且与金属锂接触时，会产生化学稳定性差的问题。异价取代可以直接提高锂离子浓度和锂离子迁移率，如铝取代可以显著提高 NaSICON 锂离子导体的离子电导率，$LiTi_2(PO_4)_3$ 的离子电导率从 2.00×10^{-6}S/cm 提高到 5.00×10^{-3}S/cm [$Li_{1.2}Al_{0.2}Ti_{1.8}(PO_4)_3$]。

Al 取代 Ti 合成的 $Li_{1+x}Al_yGe_{2-y}(PO_4)_3$ 电解质与金属锂表现出良好的化学稳定性。LAGP 与 LATP 相比具有更稳定的界面，电化学窗口高达 6V（vs. Li/Li^+）。使用 $Li_{1+x}Al_yGe_{2-y}(PO_4)_3$ 作为固态电解质的锂空气电池首次循环放电比容量高达 1700mA·h/g，由于一些副反应（空气中的 CO_2 扩散到电池中形成 Li_2CO_3）等而导致后续循环中容量衰减很快。为了克服 CO_2 的影响，研究人员开发了一种只允许 O_2 通过的氧选择膜（OSM）并将 OSM 与阴极和陶瓷电解质集成起来，从而减小电池厚度并扩大氧气渗透表面积。采用这种集成结构的锂空气电池可以在空气中分别以 5000mA·h/g 和 1000mA·h/g 的额定比容量运行 50 次和 100 次，库仑效率几乎为 100%。

具有同样化学成分的 SSE 的离子电导率也会受到合成方法的影响。采用放电等离子烧结技术制备的 $LiZr_2(PO_4)_3$ 与固态反应合成的 $LiZr_2(PO_4)_3$ 相比，离子电导率提高了 2~3 个数量级。并且由于 Li_3P 和 Li_8ZrO_6 的离子导电钝化层存在，$LiZr_2(PO_4)_3$ SSE 具有优异的锂金属界面相容性。以它为 SSE 的 Li/LiFePO$_4$ 电池没有观察到锂枝晶的生成，表现出良好的循环稳定性，在 0.05mA/cm^2 和 0.1mA/cm^2 电流密度下的放电比容量分别为 140mA·h/g 和 120mA·h/g。随后也采用放电等离子烧结技术制备类 NaSICON 型 Na$^+$ 导体 $Na_3Zr_2(PO_4)(SiO_4)_2$，其室温离子电导率仅为 $6.7×10^{-4}$S/cm，不能满足高比能电池（一般在 10^{-3}S/cm 以上）的要求；因此，将 La^{3+} 进一步掺杂，通过形成具有更高的 Na$^+$ 浓度的新相 $Na_3La(PO_4)_2$ 以提高电导率，从而在 25℃ 时将离子电导率提高到 $3.4×10^{-3}$S/cm。通过在陶瓷颗粒和 Na 负极之间原位形成聚合物中间层，进一步将 $Na_{3.3}Zr_{1.7}La_{0.3}(PO_4)(SiO_4)_2$ 的性能调整为高比能量钠金属电池，以降低界面电阻并抑制枝晶形成。$Na_{3.3}Zr_{1.7}La_{0.3}(PO_4)(SiO_4)_2$ 固态钠电池在室温下 10C 的高电流密度下，10000 次循环中表现出良好的容量保持能力。

3）LISICON 型[11, 12]

LISICON 型结构包括 Li_4SiO_4 和 $γ-Li_3PO_4$ 带有 XO_4^- 基的（X = Al、S、Si、Ge、Ti 和 P）四面体单元及 Li—O 多面体单元。第一个 LISICON 型电解质具有 $Li_{16-2x}D_x(TO_4)_4$ 结构，其中 D = Mg^{2+} 或 Zn^{2+}，T = Si^{4+} 或 Ge^{4+}。LISICON 型电解质通常显示在室温下的离子电导率约为 10^{-5}S/cm，但是在 300℃ 时 $Li_{14}Zn(GeO_4)_4$ 离子电导率达到 0.13S/cm。LISICON 型电解质即使在潮湿的空气中也显示出高稳定性，易于制造和处理。但是，它们对锂金属的稳定性较差。

4）石榴石

石榴石结构的化学通式为：$A_3B_2(XO_4)_3$（A = Ca、Mg、Fe、Mn；B = Al、Fe、Cr、Ti、Zr、V），其中，A、B、X 分别有 8、6、4 个氧配位[11,12]。当 X 为 Li$^+$ 时，其具有 Li$^+$ 导通能力。石榴石晶体结构为面心立方（FCC），空间群为 $Ia\bar{3}d$。石榴石型的 $Li_7La_3Zr_2O_{12}$（LLZO）固态电解质因其高离子电导率（室温下约为 10^{-3}S/cm）、高电化学稳定性和对正极材料及锂金属负极良好的化学稳定性，自 2007 年被发现之后，便被认为是颇具前景的一类固态电解质材料。

第一个被发现的石榴石型锂电解质为 $Li_5La_3M_2O_{12}$（M = Nb、Ta），25℃ 时 $Li_5La_3Ta_2O_{12}$ 的离子电导率为 $3.4×10^{-6}$S/cm。石榴石型固体电解质对锂金属阳极具有出色的稳定性，在室温下电化学窗口>6V（Li$^+$/Li）。值得注意的是，$Li_7La_3Zr_2O_{12}$ 已显示出对熔融的锂金属稳定并在 25℃ 时离子电导率为 $3×10^{-4}$S/cm，可以通过元素掺杂进一步改善其离子电导率，降低其烧结温度和活化能。

通常，按每结构单元含有的 Li$^+$ 的数量将含锂的石榴石型固态电解质分为 Li$_3$、Li$_5$、Li$_6$ 及 Li$_7$ 体系。1969 年，Kasper[13] 制备了 Li$_3$ 体系石榴石型电解质，在该结构中，Li$^+$全部位于间隙空间最小的四面体位（24d）中，由于Li—O键较强，Li—Li间距远，Li$^+$被束缚在四面体中难以迁移，所以Li$_3$体系电解质离子电导率较低。2003年，Weppner等[14]首次报道了Li$_5$体系石榴石型快离子导体，5个Li重新排列占据了80%的四面体和40%的八面体，位于八面体的Li是可移动的，并且同时引入了四面体的空位，为Li的移动提供了更多潜在的跳跃位点，使得Li$_5$体系比Li$_3$体系具有更高的离子电导率，其室温离子电导率可达10^{-6}S/cm。通过二价碱土离子取代La^{3+}进一步提高Li$^+$浓度可得到Li$_6$La$_2$M$_2$O$_{12}$的Li$_6$体系。掺杂替代La（A位，24c）获得的Li$_6$BaLa$_2$Ta$_2$O$_{12}$的室温电导率可达$4\times10^{-5}\sim5\times10^{-5}$S/cm，活化能为0.4eV。然而碱土金属离子半径一般小于La，导致掺入La位后晶胞尺寸缩小，Li—O键长变短，Li离子不易迁移，电导率与Li$_5$体系相比提升不大。从Li$_3$到Li$_5$、Li$_6$体系，增加单胞中的Li$^+$的数目可以让四面体空隙位置的Li$^+$减少，八面体空隙位置的Li$^+$增加，从而提高离子电导率。

在1230℃下固相合成法烧结制备出的纯立方相石榴石型结构［$a=12.9682(6)$Å；空间群$Ia\bar{3}d$］的Li$_7$La$_3$Zr$_2$O$_{12}$存在立方相（c-LLZO）和四方相（t-LLZO）两种晶体结构，两种晶体结构示意图及Li$_1$、Li$_2$配位多面体如图8.8（a）、(b)和（d）所示。在立方相中Li部分占据间隙位，而在四方相中Li占满间隙位。t-LLZO的离子电导率比c-LLZO低了两个数量级，约在10^{-6}S/cm数量级[15]。Garnet型电解质的高离子电导率使其成为全固态锂离子电池的优选材料，然而它在空气中不稳定，会与水蒸气和CO$_2$发生反应，因此有必要在提高其在空气中的稳定性方面进行研究。

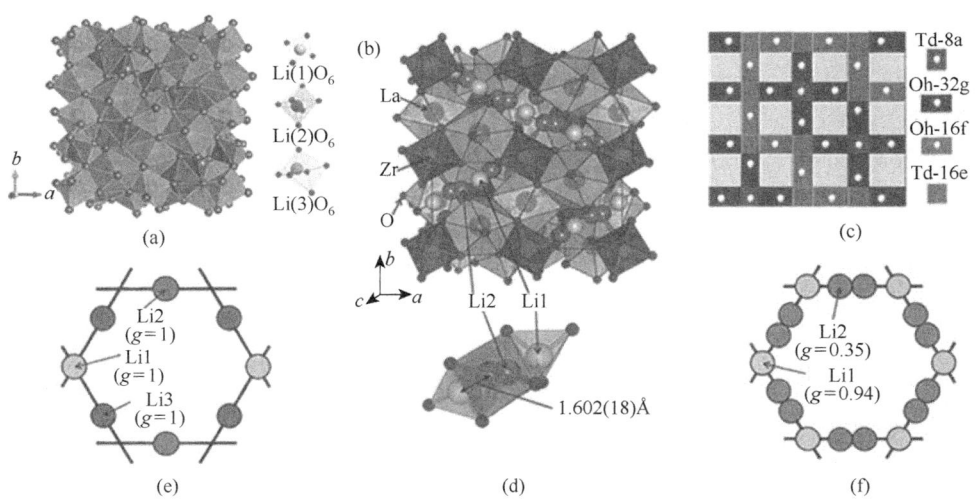

图8.8 LLZO晶体结构示意图：（a）四方相；（b）立方相；（c）Td（8a和16e）和Oh（16f和32g）连通性模式二维空间示意图；（d）Li1和Li2配位多面体示意图；（e）四方相中锂离子通道环；（f）立方相中锂离子通道环[15]

LiN[11, 16, 17]。Li₃N 是 20 世纪 70 年代最早被研究的无机固态电解质，由于平面 Li₂N 层中存在 Li⁺ 空位，室温下单晶电导率可达 10^{-3}S/cm，但其电导率存在各向异性，而且稳定性很差，分解电压只有 0.45V，与实际应用相差甚远。为了提高其稳定性，在 Li₃N 中加入 LiX（X＝Cl、Br、I）形成 Li₃N-LiX 固溶体，分解电压有所提高，然而其电导率大大下降。其中，$Li_{1.8}N_{0.4}Cl_{0.6}$ 分解电压高于 2.5V，室温电导率为 2.5×10^{-6}S/cm。用 Na⁺、K⁺ 等取代 $Li_{1.8}N_{0.4}Cl_{0.6}$ 中的 Li⁺ 得到 $Li_{9-x}M_xN_2Cl_3$（M＝Na、K、Rb、Cs、Mg、Al），可以提高材料的离子电导率。在 Li₃N 中加入 MI（M＝Li、Na、K）形成 3Li₃N-MI 一系列材料，室温电导率为 $7\times10^{-5}\sim1.1\times10^{-4}$S/cm，分解电压为 2.5～2.8V。

LiPON 型电解质[11, 18]。LiPON 是较早开发成功的陶瓷电解质之一。1993 年，Bates 等[19]首次报道了薄膜 LiPON 电解质，采用 Li₃PO₄ 靶材，在纯 N₂ 气氛中，通过射频磁控溅射法生长 LiPON，两配位氮（—N═）和三配位氮（—N—）取代锂磷酸盐中的桥氧（—O—）和非桥氧（═O），制得厚度仅几百纳米的无定形 LiPON 薄膜电解质。通过调节 N₂ 的压力可以提高 LiPON 的力学性能和离子电导率，其中离子电导率最高可达 4.5×10^{-6}S/cm。在溅射靶体中加入 Li₂O 也可以提高离子电导率，当 Li₃PO₄ 和 Li₂O 的摩尔比为 1∶2 时，最大电导率为 6.4×10^{-6}S/cm。

LiPON 型电解质具有化学稳定性高、与负极金属锂相容性佳和电化学窗口较宽（vs. Li/Li⁺，0～5.5V）的优点。LiPON 是目前研究最广泛并在微型电池中有实际应用的锂离子固态电解质，可缩短正极与负极之间的距离，从而降低固体电解质的内阻，使用 LiPON 薄膜做成的全固态薄膜电池结构如图 8.9 所示[20]。首次利用离子束溅射方法制备 12nm 的 LiPON 电解质薄膜表面粗糙度低于 3nm，室温锂离子电导率约为 2×10^{-7}S/cm。由于超薄的厚度，电解质的绝对电导率达到了 0.2S/cm。$Li/LiPON/LiNi_{0.5}Mn_{1.5}O_4$ 薄膜电池，设定起止电压为 3.5～5.1V，电池在 5C 倍率下进行充放电，循环 10000 次后容量保持率达到 90%，库仑效率高达 99.98%。

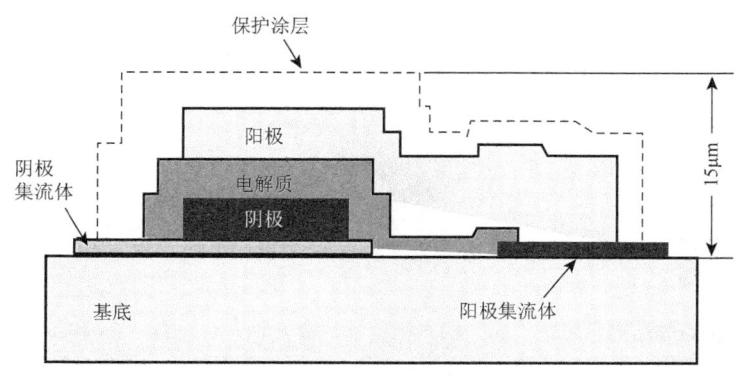

图 8.9　LiPON 固态薄膜电池结构示意图[20]

如果能够解决低成本、大面积 LiPON 薄膜制备技术以及开发相应成熟的大容量电池技术，则有望进一步拓展其应用空间。

2. 硫化物固态电解质

硫化物固态电解质是采用 S 来取代氧化物电解质中的 O，由于 S 与 O 相比有较低的电负性，Li^+ 与 S 的结合力较弱，导致硫化物电解质具有更高的离子电导率，其中 $Li_{10}GeP_2S_{12}$ 的室温离子电导率可以与液态电解质的离子电导率 10^{-2} S/cm 相当，而且与氧化物固态电解质不同，硫化物固态电解质的晶界电阻很低，其粉末可以被冷压以形成电解质膜。但 NCM-811 正极材料和 b-Li_3PS_4 电解质的匹配性仍有限，固态电解质和活性物质间形成可见间隙。此外，由于硫化物电解质在正极上氧化形成钝化层以及电解质与正极间存在的空隙而导致第一次循环后不可逆的容量损失，这是因为大多数硫化物的电化学窗口较窄。硫化物电解质的主要缺点是它们的化学不稳定性，包括对水分和氧气敏感，它们只能在惰性气体环境中制备和处理。因此，硫化物固态电解质的生产受到环境的限制。如今，代表性的硫化物电解质有 Li_2S-SiS_2、Li_2S-P_2S_5、硫代 LiSICON 系列和 $Li_{4-x}M_{1-y}M'_yS_4$（M = Si、Ge；M' = P、Al、Zn、Ga），相应的离子电导率等性质见表 8.3[10-12, 21, 22]。

表 8.3　已报道的几种硫化物电解质的离子电导率

固体电解质	制备方法	结构	电导率/($\times 10^{-3}$S/cm)	活化能/(kJ/mol)
Li_2S-P_2S_5	熔体淬冷	玻璃态	0.003~0.16	39.8~49.8
75Li_2S-25P_2S_5	机械球磨	玻璃态	0.2	34
70Li_2S-30P_2S_5	机械球磨	玻璃-陶瓷	3.2	18
70Li_2S-30P_2S_5	机械球磨+热压	玻璃-陶瓷	5.2	200~227
Li_2S-P_2S_5-P_2O_5-ZnO	机械球磨	玻璃态	0.5	35
Li_2S-$GeSe_2$-P_2S_5	机械球磨	玻璃-陶瓷	1.4	—
Li_2S-Li_2O-P_2S_5	机械球磨	玻璃-陶瓷	0.065	—
Li_2S-P_2S_5-LiI	机械球磨	玻璃态	0.56	—
70Li_2S-(30−x)P_2S_5-$x$$Li_3PO_4$	机械球磨	玻璃-陶瓷	1.87	18
Li_6PS_5Cl	机械球磨-液相	玻璃态	0.014	33
$Li_7P_{2.9}S_{10.85}Mo_{0.01}$	机械球磨	玻璃-陶瓷	4.8	22.7
$Li_{3.25}Ge_{0.25}P_{0.75}S_4$	高热	单晶	2.2	—
$Li_{3.4}Si_{0.4}P_{0.6}S_4$	高热	单晶	0.64	27.6
$Li_{10}GeP_2S_{12}$	共振球磨+高热	四面体	12	24
$Li_{10}SnP_2S_{12}$	高热	四面体	7	26.9
$Li_{10}SiP_2S_{12}$	机械化学球磨	四面体	2.3	19.5
$Li_{9.54}Si_{1.74}P_{1.44}S_{11.7}Cl_{0.3}$	机械球磨+高热	四面体	25	—

1) Li_2S-SiS_2 基电解质

Kennedy 等首先报道了 Li_2S-SiS_2 在室温下有高的 Li^+ 离子电导率(10^{-4} S/cm），对 Li_2S-SiS_2 电解质的离子电导率和电化学稳定性等电化学行为进行了广泛的研究。通过液氮淬火法将 Li_3PO_4 掺杂到 Li_2S-SiS_2 玻璃改善室温离子电导率和电化学稳定性。此后，采用快速淬火方法和机械球磨法在 Li_2S-SiS_2 中掺杂不同的 Li_xMO_y，包括 Li_4SiO_4、Li_3PO_4、Li_2SO_4 和 Li_4GeO_4，发现加入少量 Li_xMO_y 可以带来更高的离子电导率，室温下为 $10^{-4}\sim10^{-3}$ S/cm。

2) Li_2S-P_2S_5 基电解质

Li_2S-P_2S_5 是一种重要的硫化物固体电解质，不仅具有高的离子电导率（$10^{-6}\sim10^{-4}$ S/cm）和低活化能，而且对锂金属非常稳定。Li_2S-P_2S_5 硫化玻璃通常由熔体淬火法在密封的石英管中制备。机械研磨法与熔融淬火法制备的 Li_2S-P_2S_5 无定形固体电解质相比，前者制备的电解质的室温离子电导率更高（在室温下为 2×10^{-4} S/cm）。熔体淬火和热压法制备的玻璃陶瓷 $70Li_2S\cdot30P_2S_5$（$Li_7P_3S_{11}$）离子电导率高达 17×10^{-3} S/cm。但是，Li_2S-P_2S_5 固体电解质存在着化学稳定性低、易于与水分反应产生 H_2S 等缺点。此外，它们的离子电导率还需要进一步提高。元素取代是改善 Li^+ 离子电导率以及化学稳定性的有效方法。采用简单球磨方法制备 $Li_{4-x}Ge_{1-x}P_xS_{2(1+x)}Se_{2(1-x)}$ 玻璃陶瓷电解质（称为 Li_2S-$GeSe_2P_2S$ 玻璃陶瓷电解质），发现当 $x=0.95$ 时，得到 Li_2S-$GeSe_2$-P_2S_5 的 Li^+ 离子电导率高达 1.4×10^{-3} S/cm，由于 $GeSe_2$ 的加入，晶格尺寸随新相的出现而增大。为避免暴露于空气后生成硫化氢，可加入一些金属氧化物作为 H_2S 吸收剂。例如，添加 M_xO_y（M_xO_y：Fe_2O_3、ZnO 或 Bi_2O_3）到 Li_3PS_4 玻璃中，发现 $90Li_3PS_4\cdot10ZnO$ 复合电解质表现出较高的电导率（>10^{-4} S/cm），而 $90Li_3PS_4\cdot10Bi_2O_3$ 产生的 H_2S 最少。在 $75Li_2S\cdot25P_2S_5$ 玻璃电解质中掺杂 $LiBH_4$、Li_3PO_4、MoS_2 得到的复合电解质的锂离子电导率分别为 1.6×10^{-3} S/cm、1.87×10^{-3} S/cm 和 4.8×10^{-3} S/cm。

3) 硫代 LiSICON 基电解质

具有 γ-Li_3PO_4 骨架结构 $Li_{4-x}M_{1-y}M'_yS_4$（M = Si、Ge、Sn；M′ = P、Al、Zn、Ga）的固体电解质，称为 thio-LiSICONs。硫代 LiSICON $Li_{3.25}Ge_{0.25}P_{0.75}S_4$ 材料具有高离子电导率（在 25℃ 下为 2.2×10^{-3} S/cm）。此后，另一种新的硫代 LiSICON 化合物 $Li_{3.4}Si_{0.4}P_{0.6}S_4$，在室温下离子电导率为 6.4×10^{-4} S/cm，也具有高电化学稳定性且与锂金属无反应。机械研磨 Li_2S-SiS_2-P_2S_5 玻璃态粉末得到的陶瓷具有硫代 LiSICON 结构，并表现出高的室温离子电导率，为 1.2×10^{-3} S/cm。

目前报道的固态电解质离子电导率最高的为一种硫代 LiSICON 化合物 $Li_{10}GeP_2S_{12}$（LGPS），在室温时具有 12×10^{-3} S/cm 的高电导率，可以与液态电解质相媲美。其晶体结构如图 8.10 所示，具有由 $(Ge_{0.5}P_{0.5})S_4$ 四面体、PS_4 四面体、LiS_4 四面体和 LiS_6 八面体组成的 3D 框架结构，认为高离子电导率是由沿 c 轴以及 a-b 平面内 3D 扩散引起的。但是，由于锗的价格较高，制备过程中沉积物较少，LGPS 可能很难用于实际电池。

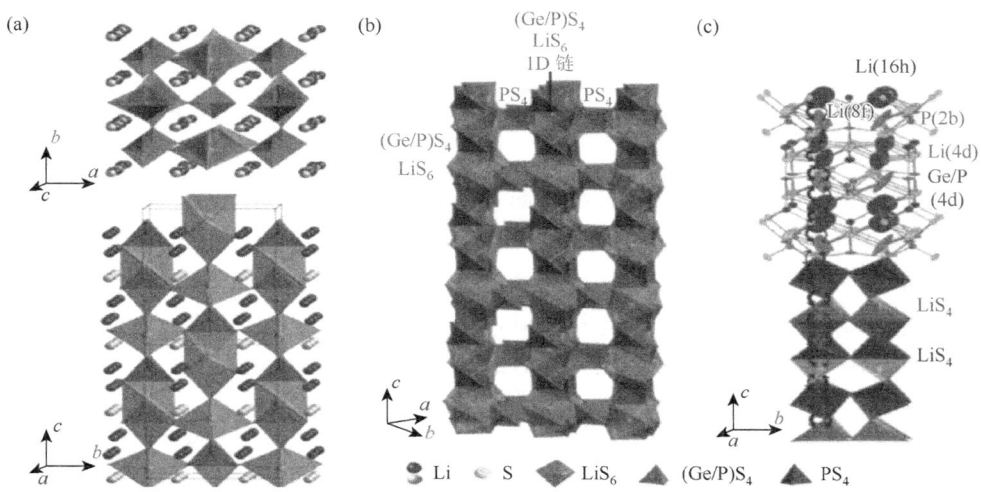

图 8.10　$Li_{10}GeP_2S_{12}$ 的晶体结构[10]

8.2.3　聚合物固态电解质

不含液态有机溶剂的全固态聚合物电解质是采用锂盐和聚合物复合形成的电解质材料，也称干聚合物电解质。与无机固态电解质相比，聚合物固态电解质易于合成，质量密度低，化学稳定性好，聚合物在玻璃化转变温度 T_g 以上具有良好的柔韧性及拉伸剪切性能，易于制备成柔性可折叠电池，成本低，与大规模生产工艺兼容。固态聚合物电解质中，锂盐通过与高分子相互作用，能够在高分子介质中发生一定程度的正负离子解离并与高分子的极性基团络合形成配合物。高分子链段蠕动过程中正负离子不断地与原有基团解离，并与临近的基团络合，在外加电场的作用下，可以实现离子的定向移动，从而实现正负离子的传导。

聚合物电解质的发现始于 20 世纪 70 年代，Fenton 等发现碱金属盐溶解在聚环氧乙烷（PEO）中可以形成导电配合物。1975 年，Wright 发现 PEO-碱金属盐配合物具有较高的离子电导率。1979 年，Armand 等报道了 PEO 的碱金属盐在 40～60℃时离子电导率达到 10^{-5} S/cm，并且具有良好的成膜性能。自此之后，PEO 因其优异的溶解盐能力和电极界面相容性而被广泛研究。近年来，聚合物固态电解质已应用于全固态锂金属电池，特别是 Li-S、Li-O_2 电池，从理论基础到材料设计都取得了重要进展[8-10, 23-28]。

朝着高能量密度方向发展，固态电池中理想的聚合物电解质体系基本要求如下[27]。

(1) 离子电导率是电解质的主要参数,对电化学有很大影响,并与电池的倍率性能有关。室温下聚合物固态电解质锂离子电导率高于 10^{-4}S/cm。

(2) 较宽的电化学窗口（>4.4V）。如果与高压三元正极材料一起使用,该因素可以赋予聚合物电解质高抗氧化能力。

(3) 优异的机械强度。聚合物电解质薄膜具有 6GPa 的剪切模量,可以抑制锂枝晶产生和增长。高分子电解质具有强大的机械强度可以显著抑制锂金属电池中锂枝晶的形成。

(4) 电极和电解质之间紧密的界面接触和良好的相容性,可以增强循环稳定性和提高容量保持率。

(5) 在运行过程中电池组件的热稳定性和化学惰性,热稳定性是在宽温度范围内运行,化学惰性确保高电化学性能。

(6) 高锂离子迁移数接近 1。高锂离子迁移数可以通过抑制聚合物电解质浓差极化而产生超高功率密度。

通常,锂电池中使用的聚合物固态电解质中聚合物主体应具有高介电常数,而锂盐具有低晶格能,因此,聚合物应具有极性官能团而利于锂离子解离和传递。各种锂离子导电聚合物材料,如 PEO、聚丙烯腈（PAN）、聚甲基丙烯酸甲酯（PMMA）和聚偏二氟乙烯（PVDF）、聚碳酸酯、聚腈、聚醇、聚胺和盐等已被开发用作固态锂金属电池（LMB）的聚合物固态电解质[28]。除了碳链聚合物外,玻璃化转变温度较低的聚硅氧烷基电解质体系也因为其较高的离子电导率受到关注（图 8.11）。在锂电池充放电过程中,Li^+才是有效载荷子,电解质中阴离子的迁移会增加电解质体系的浓差极化,所以阴离子不发生迁移、Li^+迁移数接近于 1 的聚合物锂单离子导体也是一类具有研究价值的电解质材料。除了以上的均聚物外,通过分子设计开发了各种结构的梳状聚合物、两种不同化学重复单元组成的 AB 和 ABA 嵌段聚合物、具有多孔网络的交联聚合物和单离子导体（阴离子通过共价键结合到主链上）等聚合物电解质,其在高能量密度金属电池中具有良好的相容性。

1）PEO 聚合物电解质

高分子量的 PEO 已被广泛地开发用作锂聚合物电池的聚合物基质,具有高的锂离子溶剂化能力、低玻璃化转变温度、良好的界面相容性,可以作为聚合物固态电解质的基质材料。在聚合物链中重复单元—CH_2—CH_2—O—能与许多锂盐（如 LiBr、LiSCN 和 $LiCF_3SO_3$）中的锂离子络合,而聚合物主链上的局部链段运动提供了足够的离子动力学。尽管如此,在半结晶 PEO 中紧密的链堆积会阻止锂离子有效传递,导致室温离子电导率较低（约为 1.0×10^{-5}S/cm）（图 8.12）。一般认为温度升高到玻璃化转变温度（T_g）以上或随着结晶度降低,主链局部链段运动加速,因此离子迁移数增加。

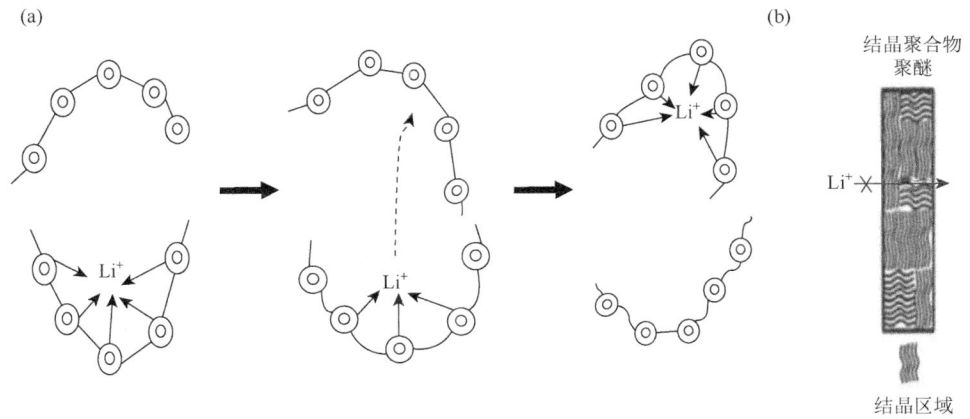

图 8.11 聚合物电解质中常用的聚合物基体的化学结构

图 8.12 Li$^+$沿着 PEO 链段的运动机理和 Li$^+$在 PEO 聚合物结晶区域的离子迁移示意图[8]

PEO 基全固态锂金属电池在较高的温度（70~90℃）下工作。此外，PEO 基固体电解质的机械强度较差、锂离子迁移数小（大约为 0.2）、电化学窗口窄（4.5V）、界面电阻高，而使得电池的电化学性能（库仑效率低和循环寿命短）不尽如人意。对于使用高压正极（如 $LiCoO_2$、$LiNi_{1-x-y}Co_xMn_yO_2$、$LiNi_{1-x-y}Co_xAl_yO_2$、$LiNi_{0.5}Mn_{1.5}O_4$）提高能量密度的储能体系，此问题尤为突出。迄今，成功利用 PEO 电解质的正极唯有 $LiFePO_4$，即使与锂金属负极结合，基于 PEO 的固态电池的能量密度也被限制在 250W·h/kg 以下。

通常将 PEO 聚合物与液态电解质中常用的锂盐溶解在乙腈溶剂中，通过浇铸法刮膜干燥后得到不同厚度的 PEO 固体电解质膜，由于使用的锂盐对水分及氧气较敏感，整个操作过程需在无水无氧的条件下进行。与 PEO 络合的锂盐对最终电解质的电化学性能有较大的影响。与传统的无机碱盐相比，双三氟甲烷磺酰亚胺锂（LiTFSI）具有柔性阴离子 $TFSI^-$，有利于降低 PEO 链的结晶度，并表现出优异的热、化学和电化学稳定性。此外，$TFSI^-$ 的高度离域电荷分布会削弱 Li^+ 和 $TFSI^-$ 之间的相互作用，促进锂盐解离。而双(氟磺酰基)酰亚胺锂（$Li[N(SO_2F)_2]$ 或 LiFSI）有较低的熔体黏度，有助于 Li^+ 的扩散。PEO/LiFSI 电解质在温度高于 80℃时离子电导率超过 10^{-3}S/cm，略高于 PEO/LiTFSI 电解质的离子电导率。与 LiTFSI 相比，在电极上形成的基于 LiFSI 的 SEI 膜与 Li 金属有更好的相容性。另外，具有不同阴离子的新型锂盐，如 LiTNFSI（$Li[(CF_3SO_2)(C_4F_9SO_2)N]$）、LiFTFSI（$Li[N(SO_2F)(SO_2CF_3)]$）和 LiDFTFSI（$Li[N(SO_2CF_2H)(SO_2CF_3)]$）在高温下也具有较高的离子电导率。而且它们可以在锂金属阳极表面生成 LiF 保护层，形成稳定坚固的 SEI 层而延长电池的使用寿命。但是，具有此类聚合物固态电解质的锂离子电池工作温度仍需要 60℃以上。在如此高的温度下，这些聚合物固态电解质处于熔融状态并失去尺寸稳定性，导致电流分布不均匀，在电池循环过程中抑制锂枝晶生长的能力也受到影响。

2）聚偏氟乙烯及其共聚物

PVDF 是一种部分结晶的聚合物，强大的吸电子 C—F 基团赋予 PVDF 较高的极化率和介电常数（$\varepsilon = 8.4$），有助于锂盐溶解。PVDF/锂盐配合物可以实现快速锂离子传递。此外，PVDF 具有良好的热稳定性和优异的电化学稳定性，电化学窗口高达 5V（vs. Li/Li^+）。PVDF 及其共聚物在锂离子电池中有着广泛的应用，常用作隔膜材料及正负极材料中的黏合剂。

Nan 课题组[29]使用不同的锂盐，即 LiTFSI、LiFSI 和 $LiClO_4$，开发了厚度约 90μm 的 PVDF 基聚合物固态电解质膜。在 PVDF/锂盐质量比相同的三种 PVDF 基聚合物固态电解质中，PVDF-$LiClO_4$ 电解质体系中 Li^+ 浓度最高，其室温离子电导率最高为 $2.03×10^{-4}$S/cm［图 8.13（a）］。即使在真空烘箱中于 80℃干燥 20h 后，这种固体电解质也含有大量的溶剂 DMF（约为 10wt%），拉曼光谱和 FTIR

光谱表征发现残留的 DMF 分子与锂离子形成[Li(DMF)]$^+$络合物。另外，PVDF-LiTFSI 电解质表现出最佳的电化学稳定性，其电化学窗口可达 4.65V（vs. Li/Li$^+$）[图 8.13（b）]。对电解质和锂阳极之间的界面特性研究发现，在 Li 剥离/电镀过程中 PVDF-LiFSI 电解质表现出最低的极化电压。通过分析和比较不同的电解质-锂界面发现，界面层中存在大量的由 LiFSI 分解形成的 LiF 和硫化物，使 PVDF-LiFSI 电解质能够有效地阻止 Li 枝晶的生长，并且组装的 LiCoO$_2$(LCO)/Li 电池具有良好的循环性能[图 8.13（c）]。但是，PVDF 基聚合物固态电解质的机械强度较差。将六氟丙烯（HFP）引入 PVDF 聚合物链中是提高韧性的有效策略，也会降低结晶度。因此，PVDF-HFP 固体共聚物电解质的整体性能被提高。

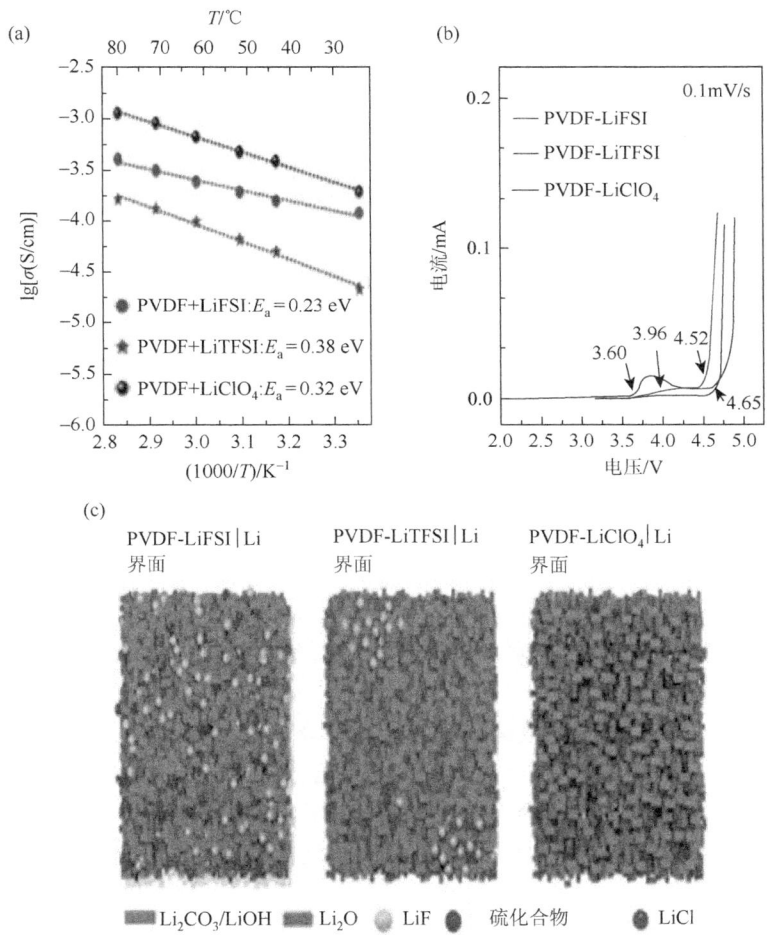

图 8.13 （a，b）PVDF-LiX 电解质的 Arrhenius 曲线和循环伏安曲线；
（c）不同 PVDF-LiX｜Li 界面的组成分布示意图[29]

3）聚丙烯酸酯

具有电子给予能力的功能性酯基的聚丙烯酸酯（PA）可以与碱盐中的阳离子络合，因此很容易解离锂盐。此外，PA 具有良好的界面兼容性，并且成本低，这些优势使其有望成为聚合物固态电解质的基体。通常广泛使用的两种材料为聚甲基丙烯酸甲酯（PMMA）和聚氰基丙烯酸酯（PCA）。PMMA 是一种轻质透明的聚合物，在 25℃时具有 96%的非晶态含量，有利于促进离子迁移。尽管 PMMA 具有上述优点，但 PMMA 基电解质相对较脆，在室温下通常表现出较低的离子电导率。添加液体增塑剂和无纺布、引入无机填料以及与其他聚合物共混可提高其离子电导率。在 PMMA-LiCF$_3$SO$_3$ 体系中分散纳米气相二氧化硅，添加 2wt%的二氧化硅时最大电导率为 7.30×10^{-5}S/cm，同时气相二氧化硅的引入也提高了 PMMA 基电解质的热稳定性和界面稳定性。

PCA 是另一种有希望的 PA 基体，PCA 中既有氰基又有酯基，可以与锂离子相互作用，促进锂盐的解离和电荷传递。鉴于这些优势，PCA 基聚合物电解质应运而生，成为下一代可充电锂电池的选择，尤其是高能量密度的高压电池。但是，PCA 基电解质通常需要液态溶剂作为增塑剂以增强离子导电性，这使 PCA 基电解质机械性能不足，可燃性高。

4）聚丙烯腈

聚丙烯腈（PAN），包含极性和供电子氰基（—CN），具有优异的电化学稳定性、宽的电化学窗口、良好的热稳定性和相当大的机械强度。尤其是 PAN 基电解质的高抗氧化电位使其适应高压阴极材料以实现高能量密度。

在 PAN/LiClO$_4$ 体系中，锂离子可以与 PAN 链中多达四个氰基结合。干燥的 PAN/LiClO$_4$ 固体聚合物电解质的室温离子电导率仍低至约 10^{-7}S/cm，类似于 PEO 基电解质。尽管有报道称 LiTFSI 可以降低 PAN 的结晶度，但与 PEO 基固体电解质的机理不同，PAN 基电解质的离子电导率几乎不取决于 PAN 聚合物链的迁移率。另外，在 LiTFSI 中氮原子的两个强吸电子基团使酰亚胺阴离子保持稳定，并且酰亚胺阴离子的大电荷离域化有助于离子解离，干 PAN-LiTFSI 固体聚合物电解质离子电导率高达 10^{-6}S/cm。掺入增塑剂可以打断 Li$^+$ 和 PAN 彼此之间的相互作用，而提高 PAN 基固体电解质的离子电导率。除增塑剂外，将无机填料引入 PAN 是改善离子电导率的另一种策略。其中表面改性的陶瓷填料可以作为电荷载流子，基于路易斯酸碱理论提高离子电导率。但是，PAN 在大多数挥发性溶剂（如甲醇、丙酮和 THF）中溶解度较低，获得均匀的聚合物溶液的方法是将 PAN 溶解在高沸点有机溶剂，如 N,N-二甲基甲酰胺（DMF）和二甲基亚砜（DMSO），这对于 PAN 基聚合物固态电解质的大规模生产可能是有问题的。而且，PAN 和锂金属负极之间界面不稳定，需要解决采用锂金属为负极的固体锂电池的 PAN 电解质与锂金属的界面问题。

5）聚碳酸酯

聚碳酸酯基聚合物电解质主链结构中含有强极性碳酸酯基团，氧原子与 Li^+ 配位，而且室温为无定形态，使得锂盐更容易解离，且室温离子电导率一般较 PEO 基要高，是比较有潜力的 PEO 基电解质替代材料。各种脂肪族聚碳酸酯如聚碳酸亚乙酯（PEC）、聚碳酸亚丙酯（PPC）、聚碳酸三亚甲基酯（PTMC）和聚亚乙烯基碳酸盐（PVC）已用于下一代锂电池的聚合物固态电解质，具有强的离子导电性、宽的电化学窗口，并与锂金属具有良好的相容性。可交联的 PEO 碳酸酯前驱体和甲基丙烯酸乙二醇缩合聚合改性碳酸酯 PEO 的化学结构可以提高机械强度及离子电导率。这种膜具有优异的电化学性能，70℃时（30wt% LiTFSI）离子电导率为 7.4×10^{-4}S/cm，离子迁移数为 0.59。

PEC 是一种典型的脂肪族聚碳酸酯，分子链由 CO_2 和环氧乙烷交替共聚而成，每一个重复单元中都有一个极性很强的碳酸酯基团[—O—(CO)—O—]，与 PEO 中的 EO 链段相比，碳酸酯基团与 Li^+ 的配位作用较弱，具有更高的 Li^+ 转移能力。但是 PEC 基固体电解质的特点是离子电导率低。将 PEC 与锂盐 LiTFSI 复合得到不同 LiTFSI 含量的 ASPE，实验测得 PEC 基中的锂离子迁移数（t_{Li^+}）为 0.4，是相同锂盐组成的 PEO 基 ASPE 的 4 倍。当 LiTFSI 的摩尔比大于 0.2 时，电解质中有大量的未解离的 LiTFSI，在电解质中可以起到增塑剂的作用，所以随着 LiTFSI 的比例变大，离子电导率增大，当 LiTFSI 的摩尔比达到 0.3 时，20℃时的离子电导率可以达到 0.47mS/cm。添加少量液体添加剂或无机陶瓷颗粒是改善离子电导率的有效策略，添加剂不仅改善离子电导率，也有利于稳定电极/电解质界面。无机陶瓷颗粒，尤其是单离子导体，如 $Li_{0.33}La_{0.557}TiO_3$、$Li_{6.75}La_3Zr_{1.75}Ta_{0.25}O_{12}$ 或 $Li_{1.5}Al_{0.5}Ge_{1.5}(PO_4)_3$，可以提供新的 Li^+ 迁移通道，这对于提高复合电解质的离子电导率是有利的。而且，刚性无机单离子导体可以固定锂盐中的阴离子，进一步提高锂离子迁移数，有利于 Li^+ 稳定地沉积并阻止枝晶在负极表面的生长。

PPC 也是一种典型的脂肪族聚碳酸酯，其分子链可以看成是由 CO_2 和环氧丙烷交替共聚而成的。Cui 课题组[30]在中国传统太极图"刚柔并济"思想的启发下，首次开发出了以纤维素为支撑结构的 PPC 基 ASPE 薄膜（CPPC-ASPE），该 ASPE 具有高离子电导率（20℃时为 3×10^{-4}S/cm，120℃时为 1.4×10^{-3}S/cm）、宽电化学窗口（4.6V）等优点，可用于开发室温条件下工作的高安全性高电压全固态锂聚合物电池。将该电解质薄膜与正极材料 $LiFePO_4$ 组装成 $LiFePO_4$/Li 半电池后，测得该电池在 20℃ 和 120℃ 条件下均表现出相对较好的倍率性能和循环性能。组装成 $LiFePO_4$/CPPC-ASPE/Li 软包聚合物电池，切去一角后，电池仍能正常工作。

基于碳酸丙烯酯（PC）的电解质因其低熔点、高介电常数和高闪点而引起了广泛的关注。然而，PC 分子和溶剂化的 Li^+ 在石墨电极中的严重共嵌入妨碍了其在锂离子电池中的实际应用。为了改善 PC 基电解质与石墨电极的相容性，通常对石墨表面改性和引入一些功能性添加剂，特别是碳酸亚乙烯酯（VC）。实际上，添加 VC 的基于 PC 的电解质在将 Li^+ 嵌入石墨电极之前形成钝化层非常有效。但是，VC 的固有缺点是它易于聚合。碳酸乙烯基亚乙酯（VEC）含富电子双键，代替 VC 作为成膜添加剂被认为更稳定。

尽管包括 PEO 在内的各种聚合物基体，如 PAN、APC、PVDF 和 PA 已显示出良好的聚合物固态电解质特性，但是诸如电导率低、PEO 的电化学窗口窄、PAN 对锂金属不稳定性以及 APC、PVDF 和 PA 的机械强度差等问题限制了它们的实际应用。强烈需要开发具有高离子电导率、良好的机械强度和稳定性以及室温下宽电化学窗口的新型聚合物。因此，人们做出了巨大的努力来解决这些问题，通过使用具有较低 T_g 的材料，如聚[双(甲氧基-乙氧基-乙氧基)磷腈]；使用交联或共聚来获得具有低 T_g 和稳定的非晶相的聚合物体系；或将聚合物基质与无机填料混合，以满足对机械强度和高离子电导率的要求。

6）聚硅氧烷基固态电解质体系

除了传统碳链有机物外，聚硅氧烷也是一种极具开发潜力的全固态聚合物电解质基质，聚硅氧烷的主链结构单元为 Si—O 链节，各种有机基团可以作为侧链与硅原子相连。它具有灵活多样的分子结构设计、易于合成、优异的电化学性能等特点，也是目前固态电解质研究领域的热点之一。与聚醚中刚性的 C—O—C 键相比，硅氧烷基聚合物中的 Si—O—C 键在低温下更具柔韧性，因此含硅氧烷基的共聚物通常具有较低的玻璃化转变温度，使得其室温离子导电性较高，但是力学性能较差，一般通过共混、接枝或者交联形成网络状聚合物等手段来改善硅氧烷基聚合物电解质的综合性能。

为了提高该类电解质的机械强度，Lin 等[31]在聚甲基氢硅氧烷（PMHS）上接入低聚环氧乙烷作为侧链后，再与具有优异机械强度、热稳定性的 PVDF 共混，得到一种性能优异的宽工作温度区间的 ASPE。当该共混体系中含有质量分数为 30%的锂盐 LiTFSI 时，25℃和80℃条件下的离子电导率分别为 7.9×10^{-3} S/cm 和 8.7×10^{-4} S/cm，25℃和60℃的电化学窗口分别为 5.17V 和 5.05V，表现出更好的力学性能和锂金属电极兼容性。

引入硅烷和 1,6-六亚甲基二异氰酸酯（HDI）三聚体作为交联剂，含硅聚乙二醇（Si-PEG）和 HDI 三聚体缩聚反应合成自支撑梳状共聚物（SPH），以改善机械性能。与没有 Si 掺杂的共聚物电解质相比，这种含有 LiTFSI/SPH 共聚物的聚合物固态电解质在 30℃下表现出 1.2×10^{-4} S/cm 的高离子电导率。另外，添加硅到聚合物链增强了电解质和电极之间的界面相容性，从而延长了 LFP 锂离子电池的循环寿命并且提高了容量。

7）聚合物锂单离子导体基电解质

单离子导电固体聚合物电解质（SSPE）的阴离子共价键合到聚合物链上或被阴离子受体固定，通常认为其 Li 离子迁移数接近 1[10]。降低 SSPE 的阴离子电荷密度有利于锂盐的解离。磺酸盐、磺酰胺、羧酸盐、四面体硼酸盐和磺酰亚胺阴离子由于其阴离子良好的负电荷分散能力而经常被用作阴离子中心。目前,被广泛研究的单离子导体聚合物电解质大致有三类,一类是在有机骨架上接入有机阴离子;一类是在无机骨架(如Si—O—Si链)上接入有机阴离子的有机-无机杂化体系;还有一类是最近有所报道的多孔性网状结构体系[32-34]。

通过超离域聚阴离子即聚(4-苯乙烯磺酰)(S-三氟甲基磺酰)亚胺(PSsTFSI⁻)制备的 LiPSsTFSI/PEO 单离子导体聚合物电解质,90℃时锂离子迁移数高达 0.91,离子电导率为 1.35×10^{-4} S/cm[32]。设计和合成包含高度离域的阴离子和抗氧化剂氰基聚[氰基-(4-苯乙烯磺酰基)酰亚胺锂](LiPCSI)[图 8.14(a)],分散在 PEO 中构建独立的柔性电解质膜。通过优化锂离子和环氧乙烷单元(Li^+/EO)比例,在摩尔比 EO/Li^+ = 8、60℃时具有高离子电导率 7.33×10^{-5} S/cm [图 8.14(d)],Li^+迁移数为 0.84。该聚合物电解质中强吸电子氰基促进了阴离子离域,氰基吸电子效应也扩大了电化学窗口,达到 5.53V(vs. Li/Li^+)[图 8.14(e)]。此外,使用 LiPCSI 对称锂电池,在 1000h 内以 0.01mA/cm^2 的电流密度显示出低过电位。这表明单锂离子传导 LiPCSI 在 PEO 中起着关键作用,抑制锂枝晶的形成并防止电路短路[图 8.14(f)]。组装的 Li/PEO_8- LiPCSI/$LiFePO_4$ 电池循环 80 圈后放电比容量为 141mA·h/g,容量保持率为 85%。

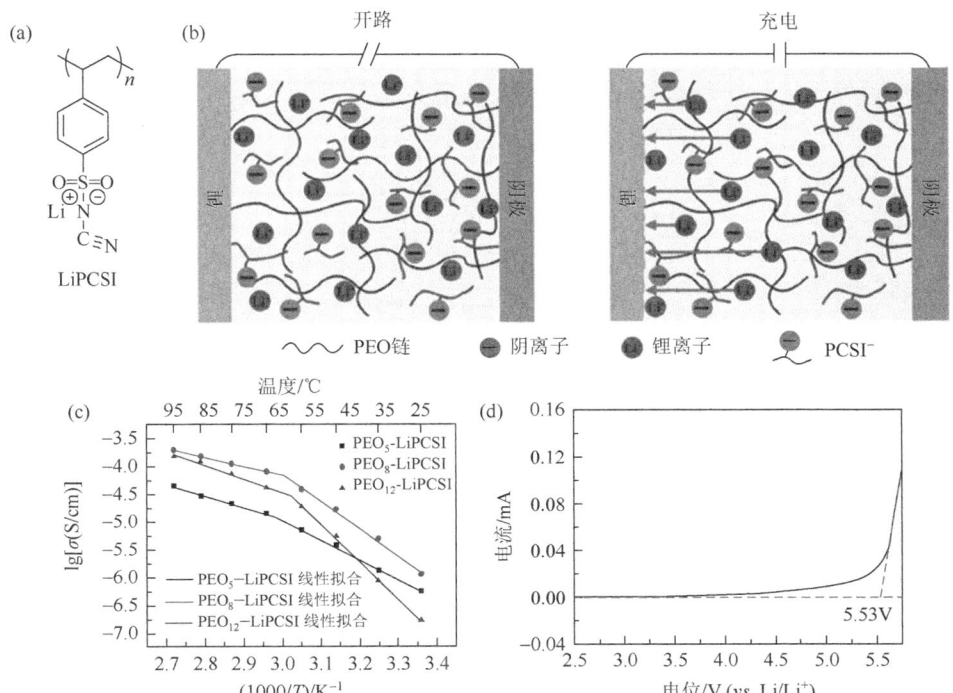

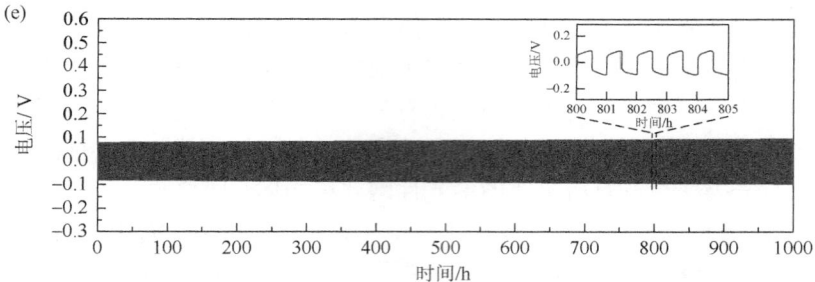

图 8.14 （a）LiPCSI 结构式；（b）单离子导体 LiPCSI 聚合物电解质组装锂金属电池示意图；（c）PEO$_n$-LiPCSI（n = 5、8、12）电解质的 Arrhenius 曲线；（d）LSV 曲线（2.5~5.8V）；（e）Li/PEO$_8$-LiPCSI/Li 对称电池在 0.01mA/cm^2 下的循环性能（插图为 800~805h 的放大曲线图）[32]

Bouchet 等[33]在关于聚阴离子锂盐 LiPSTFSI 的已有研究基础上，通过共聚反应合成了一种单离子 BAB 的三嵌段共聚物（LiPSTFSI-b-PEO-b-LiPSTFSI），见图 8.15。其中，LiPSTFSI 用于提供 Li$^+$ 源；PEO 中的 EO 链段用以增加主链的柔顺性，为 Li$^+$ 提供迁移路径，而且用 PEO 将 LiPSTFSI 结构单元间隔开形成微相分离，有助于提高该聚阴离子盐的力学性能。其锂离子迁移数接近 1，并具有极好的机械性能和稳定的 5V 电化学窗口。当 LiPSTFSI 的质量分数为 20%时，60℃条件下离子电导率为 1.3×10^{-5}S/cm，见图 8.16。用该嵌段共聚物组装的 LiFePO$_4$/Li 电池在 60~80℃条件下表现出较好的倍率性能和循环性能，表明该嵌段共聚型单离子导体聚合物与电极材料具有良好的相容性。

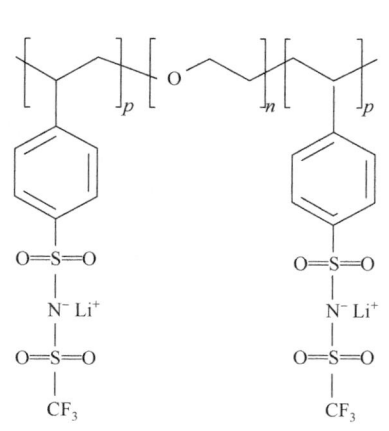

图 8.15 单离子导体 LiPSTFSI-b-PEO-b-LiPSTFSI 嵌段共聚物的化学结构

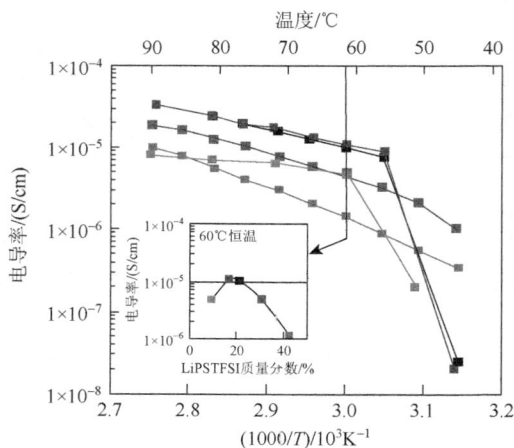

图 8.16 单离子导体 LiPSTFSI-b-PEO-b-LiPSTFSI 三嵌段共聚物的电导率性质

8.2.4 复合固态电解质

无机固态电解质具有高的热稳定性和电化学稳定性、良好的导电性（10^{-4}S/cm），但是它们的机械性质和与电极间的界面电阻不理想，其本质是刚性的，相应的电解质大规模加工生产仍然存在挑战。基于硫化物的电解质在室温下显示出很高的离子电导率（10^{-4}～10^{-2}S/cm）和良好的机械强度与柔韧性。但是，该电解质的氧化稳定性低，对 H_2O 敏感且与阴极材料的相容性差。聚合物电解质（如聚醚/聚酯与锂盐 $LiClO_4$、$LiAsF_6$ 和 $LiPF_6$）质轻，柔顺性好，与现有的加工过程易匹配。但是它们的室温离子电导率低至 10^{-6}～10^{-5}S/cm，热稳定性和机械强度较差。利用这两种聚合物的优势，已经进行了很多策略来加工聚合物/陶瓷复合电解质，它们被认为是最有希望用于下一代锂电池和柔性电子设备的电解质之一。

无机材料填充在聚合物中，二者之间存在表面相互作用，阻碍了聚合物的结晶化。此外，一些功能性基团可以基于路易斯酸碱相互作用而增加阳离子迁移数。基于对锂离子传输的作用，SPCE 中使用的无机填充剂可分为惰性填料和活性填料。活性无机填料是离子导体，可以直接参与 SPCE 中离子传输，而惰性填料的大小和形状可能会影响 SPCE 的离子导电性。

1. 惰性无机纳米粒子-聚合物复合 CPE

将陶瓷填料分散在聚合物基质中以制造复合聚合物电解质（CPE），不仅可以有效地提高电解质的离子电导率，而且可以有效地提高聚合物电解质的机械性能。基于聚合物的复合电解质中的惰性纳米填料主要分为两大类：①金属氧化物填料，包括惰性氧化物陶瓷（Al_2O_3、TiO_2、SiO_2、ZrO_2 等）、处理过的 SiO_2、稀土氧化物陶瓷和铁电材料；②非金属氧化物填料，包括纳米碳材料、分子筛和沸石。

在早期的研究中认为陶瓷颗粒会降低聚合物电解质的结晶度并降低 T_g，从而提高聚合物的离子电导率。最近的研究人员发现，在聚合物电解质中添加纳米多孔陶瓷填料并不一定会导致 T_g 的降低，也有报道陶瓷填料有增大聚合物 T_g 的趋势。另外，人们越来越关注用路易斯酸碱模型来解释陶瓷颗粒与聚合物电解质之间的相互作用[25]。当添加酸性纳米陶瓷 Al_2O_3，强极性 ClO_4^- 阴离子会从 Li^+-ClO_4^- 离子对解离，使 Li^+ 游离。与此同时，由于酸性基团上的 H^+ 极化能力比 PAN 氰基对 Li^+ 的极化能力强，与氰基缔合的 Li^+ 也游离出来。这样的相互作用会增加复合电解质中游离 Li^+ 的含量，并提高离子电导率。对于具有路易斯碱性表面基团的 Al_2O_3，其表面上的极性 O 原子将与 Li^+ 相互作用并解离 $Li^+ClO_4^-$ 离子对。另外，O 和 Li^+ 之间的强相互作用会解离 R—C≡N—Li^+ 键并释放出 ClO_4^- 阴离子。它们在外加电位下迁移，从盐中解离的极性锂离子可以与这些极性氧原子通过瞬时氢键相互作用，阳离子可以与氧保持氢键结合。因此，在填料颗粒附近会有额外的电荷迁移。当陶瓷氧化物的含量相当高（在复合聚合物电解质中为 10wt%～20wt%）时，这些间歇性的配位仍然可以为电荷载体提供连续有效的迁移途径。

至于中性 Al_2O_3 添加剂，上面描述的两种相互作用同时存在并且预期会有更多的电荷载体。但是，由于阴离子可以与 Li^+ 阳离子重新缔合并形成新的缔合体，载流子的实际浓度会比以上两种情况降低。

氧化物陶瓷，如 SiO_2、Al_2O_3、TiO_2、氧化锆、$ZnAl_2O_4$ 和 CeO_2 等被广泛用于构建聚合物惰性填料复合电解质。将 10%（体积分数）Al_2O_3 颗粒掺入 PEO 基高分子电解质可以大大提高离子电导率和机械强度，粒径减小，离子电导率增加。通过原硅酸四乙酯在 PEO 溶液中原位水解而得到单分散的 SiO_2，有效地避免了填料的团聚，极大地增加了路易斯酸碱相互作用的有效表面积。与简单的机械混合 SiO_2 基复合电解质相比获得的 PEO-SiO_2 SPCE 离子电导率的比值提高了一个数量级。另外，原位合成电解质的电化学窗口高达 5.5V，无明显阳极分解。

除 SiO_2 颗粒外，具有高弹性模量、高孔隙率和大内表面的 SiO_2 气凝胶也用作 PEO 基聚合物电解质的填料。该气凝胶的大而连续的酸性表面可以与锂离子相互作用，有助于锂盐解离，增加 SPCE 在 30℃下的离子电导率，为 0.6mS/cm，模量达 0.43GPa。

无机/聚合物复合可以采用两步溶液浇铸法和结合填充物的原位浇铸法。两步反应通常包括填料的制备（第一步）和填料与聚合物共混（第二步）。例如，在两步合成过程中，通过快速热压过程将合成的 $MgAl_2O_4$ 纳米颗粒掺入 PEO 聚合物中。原位浇铸方法中纳米填料的分布较好且适合于大规模实际应用，成为合成复合聚合物固态电解质的一种通用方法。例如，使用超细 Al_2O_3 填料，通过原位法合成可获得室温电导率为 $2.97×10^{-5}$ S/cm 的 Al_2O_3-PEO 聚合物固态电解质；然而，Al_2O_3 填料（<50nm）复合聚合物固态电解质具有较粗糙的表面结构，离子电导率降低，为 $4.84×10^{-6}$ S/cm。通常，用较小尺寸的 Al_2O_3 颗粒可以改善 Al_2O_3-PEO 聚合物固态电解质的电导率，但是，细（纳米）填料颗粒彼此太靠近，造成填料的粘连，最终导致离子电导率减小。通过流延法合成含有 10wt% TiO_2 纳米颗粒的 PEO 基复合聚合物电解质的结晶度最低为 9.04%，70℃时最高电导率为 $2.88×10^{-4}$ S/cm。组装成 $LiFePO_4$/CPE10/Li 电池显示 0.1C 时初始比容量为 160mA·h/g，0.5C 时初始比容量为 134mA·h/g，循环 50 圈容量保持率为 93.2%。最近，通过刚柔耦合技术，将纳米 SiO_2 颗粒掺入 3D PEO 网络可原位构建 SiO_2-PEO 复合电解质。该 SiO_2-PEO 电解质具有良好的室温离子电导率（约为 $1.1×10^{-4}$ S/cm）、优异的固-固界面稳定性和出色的高温能力（在 2C 和 90℃下循环 100 次后比容量约为 90mA·h/g）。

2. 活性填料聚合物复合电解质

近年来,新型锂盐(无机离子导体)被认为是聚合物电解质最有前途的填充材料,可有效改善电池电化学性能。LAGP、LATP、LLZO 及 LGPS 等无机粒子导体引入聚合物电解质中形成的复合电解质的离子电导率及柔顺性与聚合物电解质相比均得到改善[35-43]。

通过静电纺丝技术将 LLZO 纳米线(NW)引入到 PAN-LiClO$_4$ 基质并提出了不同的锂离子传导机理。具有 5wt% LLZO NW 的 SPCE 室温下离子电导率高达 1.31×10^{-4}S/cm。同时制备了具有 LLZO 纳米颗粒和惰性的 Al$_2$O$_3$ 纳米线的 SPCE,发现它们的离子电导率都比 PAN-LLZO NW 低。固态 ^{6}Li NMR 研究表明,在空白 PAN 膜中引入 LLZO NW,出现了一个新的共振峰,这归因于 LLZO 改变了 PAN 中的环境。在循环中,峰值强度明显增加,而空白 PAN-LiClO$_4$ 薄膜的峰值强度保持不变。这表明锂离子倾向于在 LLZO/聚合物界面传递,这种机制与含有 50wt% LLZO 颗粒的 PEO(LiClO$_4$)/LLZO 薄膜不同,含有 LLZO 纳米线的薄膜没有足够的 LLZO 来形成渗滤网络而使锂离子仅通过 LLZO 相传输。

具有多孔互连网络的无机活性填料与聚合物复合后可延长离子传导路径,然而,它的制备方法通常很复杂而且很难实行。细菌纤维素(BC)具有多孔结构和出色的吸水性,将其用作模板制备多孔 LLZO 纳米纤维与 PEO-LiTFSI 复合,室温离子电导率显著增大至 1.12×10^{-4}S/cm。这种混合电解质也表现出良好的柔顺性和非常宽的稳定电压窗口,范围可达 6.0V($vs.$ Li/Li$^+$)。由于 BC 的来源丰富,该策略成本低廉、操作简便且可大规模实施。

据报道,采用 Al^{3+}、Ta^{5+} 和 Zr^{4+} 取代 Li$^+$ 位可以稳定 LLZO 并产生 Li$^+$ 空缺,这将增加 Li$^+$ 的跳跃位点数。采用 Li$_{6.75}$La$_3$Zr$_{1.75}$Ta$_{0.25}$O$_{12}$(LLZTO)陶瓷颗粒改性 PVDF 基聚合物电解质,实现了高机械强度和良好的热稳定性。LLZTO 中的 La^{3+} 离子与溶剂(如 DMF)的 N 原子和羰基络合,具有高电子密度状态。这种络合物可能导致 PVDF 部分脱氟化氢,可改善 PVDF、LLZTO 颗粒和锂盐相互作用,室温离子电导率高达 5×10^{-4}S/cm。众所周知,石榴石型填料很容易与水分反应,在 LLZTO 表面覆盖一层 LiF 后可避免直接与水接触,LLZTO-2wt% LiF 的聚合物复合电解质显示提高了对潮湿空气的稳定性并降低了与锂金属界面的阻力。

离子导电复合聚合物电解质中无机填料的团聚是一个巨大的挑战,尤其是当陶瓷含量很高时,阻止了锂离子的连续迁移。提高无机填料含量且解决团聚问题的方法有:采用 3D 无机纳米网络、无机和有机物之间引入界面层[聚多巴胺(PDA)改性 LLZTO 纳米粒子,无机粒子含量高达 80%;硅烷偶联剂改性 LLZAO 纳米粒子,无机粒子含量高达 70%]等。将 Li$_{6.4}$La$_3$Zr$_2$Al$_{0.2}$O$_{12}$ 采用静电纺丝技术制备了 LLZAO 多孔纳米纤维 3D 导电锂离子陶瓷网络,并直接将 3D 陶瓷结构浸入聚合物锂盐溶液。膜干燥后，制备的 SPCE 表现出高离子电导率，在环境条件下为 $2.5×10^{-4}$ S/cm。以水凝胶为模板制作 3D 互连 $Li_{6.28}La_3Zr_{1.9}Al_{0.24}O_{12}$ 骨架，并将其混合到聚合物溶液中用于制造固体电解质。渗透良好的石榴石框架赋予复合电解质中 LLZO 浓度高达 62wt%，提供了连续的锂离子传导途径，从而在 25℃下离子电导率为 $8.5×10^{-5}$ S/cm，提高了电化学稳定性。而且，填料与聚合物基体的高质量比使聚合物电解质复合材料具有高柔韧性和热稳定性。

在无机物和聚合物之间引入与两者都具有良好相容性的界面层，也是一种消除团聚的简便方法，并可改善复合聚合物电解质中的界面接触。利用 PDA 对有机物和无机物的双重润湿能力，通过原位聚合得到具有 PDA 涂层的 $Li_{6.4}La_3Zr_{1.4}Ta_{0.6}O_{12}$（LLZTO）纳米颗粒，使 80wt%的 LLZTO 均匀分散在 20wt%的 PEO/LiTFSI。构造的 LLZTO@PDA/PEO 复合电解质热稳定性得到提高，并且在 30℃下具有 $1.15×10^{-4}$ S/cm 的高离子电导率[36]。

提高复合电解质中无机填料的含量可以提高电解质的电导率，但是填料容易团聚而难以在聚合物中均匀分散。将聚四氟乙烯（PTFE）撕成纤维并通过研磨将其黏附到 $Li_{6.75}La_3Zr_{1.75}Ta_{0.25}O_{12}$（LLZTO）粉末上，LLZTO 粒子通过 PTFE 黏合剂连接形成 3D 框架，含量高达 80.4wt%。然后用丁二腈（SN）-LiTFSI 固态电解质渗透柔性的 LLZTO 框架提供了一种复合固态电解质材料，由于高的陶瓷含量以及 SN 与相互连通的 LLZTO 之间连续的锂离子传递通道，室温下离子电导率高达 $1.2×10^{-4}$ S/cm，离子迁移数为 0.53，电化学窗口为 4.8V（vs. Li/Li^+）。

简单的溶液浇铸方法常用来制备复合电解质，例如，$PEO-LiClO_4-LATP$ 复合固体电解质具有高 Li 离子电导率（80℃下为 $1.6×10^{-3}$ S/cm），通过添加 50wt% LATP，锂离子迁移数从 0.163 改善到 0.216。将 LAGP 作为 Li^+ 导体引入 PEO 基质中，所得聚合物电解质在 60℃下显示出 0～5.3V 的宽电化学窗口和 $6.76×10^{-4}$ S/cm 的离子电导率。更有趣的是，这种基于聚合物电解质组装的 $LiFePO_4/Li$ 电池显示出显著的循环稳定性（在 60℃，1C 下循环 50 次，容量保持率 90%）。一种由均匀分布的锂离子导电填料 $Li_{6.4}La_3Zr_{1.4}Ta_{0.6}O_{12}$（LLZTO）在 $PEO/LiClO_4$ 基体中填充而成的新型复合电解质，在 60℃下具有良好的离子电导率，为 $4.8×10^{-4}$ S/cm，80℃下离子电导率为 $4.8×10^{-3}$ S/cm，电化学窗口大于 4.6V，并且对 Li 金属具有优异的界面稳定性。该复合电解质的 LFP/PSE/Li 全固态锂电池显示出 140mA·h/g 的比容量，并且在 60℃和 1C 的速率下 500 次循环后具有高容量保持率 83%。

硫化物型电解质显示出最高的离子电导率，在室温下为 10^{-2} S/cm。此外，与固体氧化物电解质相比，它们容易变形，简化了制造过程。但是，硫化物材料通常对极性化合物化学不稳定，并表现出对空气的高敏感性，这使它们难以处理。而且，它们的电化学窗口狭窄。聚合物/硫化物复合电解质已提供解决这些问题的机会[21-25]。通过简单的溶液浇铸法，将 $Li_{10}GeP_2S_{12}$（LGPS）硫化物掺入到 PEO

基中得到自支撑复合固体电解质。LGPS 微粒比常规微粒显示出积极的作用，在 25℃时离子电导率达到 1.18×10^{-5}S/cm，电化学窗口达 5.7V（$vs.$ Li/Li$^+$）。用同样的制备方法，将硫化物 $Li_{10}SnP_2S_{12}$（LSPS）掺入 PEO 中制作了自支撑且柔性的 SPCE，在 50℃下的离子电导率为 1.69×10^{-4}S/cm，对锂阳极具有很高的界面稳定性。Li_6PS_5X（X = Cl、Br 和 I）具有高离子电导率，前驱体便宜且易加工，已用作 LCO 和 S 为电极的全固态锂电池中的电解质。但是，电解质与电极之间的界面不稳定性仍然是主要障碍，尤其是在电池循环过程中在锂阳极上形成锂枝晶。

表 8.4 总结了各种活性填料 SPCE 的离子电导率。可看出发展聚合物活性填充剂 SPCE 是一种有前途的构建电解质的方法。如果解决了界面问题，则具有良好的性能。此外，开发 3D 互连无机填料以在 SPCE 中形成离子渗透网络，并增强基质和活性填料之间的相互作用是构建高性能 SPCE 潜在的策略。

表 8.4　无机填料-聚合物复合电解质

陶瓷填料	聚合物	离子电导率(S/cm)	温度/℃
Al_2O_3	PEO	4.8×10^{-6}	25
TiO_2	PEO	10^{-5}	30
SiO_2	PEO	10^{-4}	50
ZrO_2	PEO	2.0×10^{-4}	60
$LiAlO_2$	PEO	9.8×10^{-5}	25
$MgAl_2O_4$	PEO	2.0×10^{-5}	60
MOF-5	PEO	3.2×10^{-5}	25
$BaTiO_3$	PEO	5.2×10^{-3}	80
$(LiAlTiO)_xO_y$	PEO	1.7×10^{-4}	25
$Li_{0.3}La_{0.557}TiO_3$	PEO	1.8×10^{-4}	25
ZSM-5	PVDF	1.7×10^{-3}	25
TiO_2	PVDF	1.4×10^{-3}	25
Y_2O_3/ZrO_2	PAN	1.1×10^{-5}	30
$Li_{0.35}La_{0.55}TiO_3$	PAN	2.4×10^{-4}	25
$Li_7La_3ZrO_{12}$	PVDF-HFP	1.2×10^{-6}	25
$Li_{6.75}La_3Zr_{1.75}Ta_{0.25}O_{12}$	PVDF	5.0×10^{-4}	25
$Li_{10}SnP_2S_{12}$	PVCA	2.0×10^{-4}	25
$Li_{10}GeP_2S_{12}$	PEO	0.2×10^{-4}	80
$Li_{1+x+y}Al_xTi_{2-x}Si_yP_{3-y}O_{12}$	PPO/PEO	10^{-3}	25
$Li_{1.3}Al_{0.3}Ti_{1.7}(PO_4)_3$	PEO/BPEG	2.5×10^{-4}	60
$Li_{1.3}Al_{0.3}Ti_{1.7}(PO_4)_3$	PDMS/PEGDA	2.4×10^{-6}	25

3. 有机-有机复合聚合物电解质

原位增塑双网络聚合物固态电解质（DN-PSE）作为电解质开发出柔性固态锂金属电池。通过一锅法聚合两种适当链长的聚合物，即聚乙二醇二丙烯酸酯（PEGDA）和聚乙二醇二缩水甘油醚（PEGDE），在高达 200℃的温度下具有很高的机械柔韧性和较高的热稳定性。另外，自塑化性质将电解质离子电导率提高到约 $10^{-4.5}$S/cm（25℃），电化学窗口为 4.7V（vs. Li/Li$^+$）。组装的 LFP/DN-PSE/Li 袋式电池具有 162mA·h/g 的高比容量，接近理论值，并且 0.2C 下 150 次循环后库仑效率高达 99.5%。此外，由于 DN-PSE 具有出色的机械变形性能，在严格的弯曲和截断条件下电池仍能保持其电化学性能。

用陶瓷作为填料很难制备高离子导电性且厚度低于 10μm 的薄电解质层。采用一种超薄而柔软的聚酰亚胺（PI）-PEO/LiTFSI 复合得到一种厚度为 8.3μm 的固体电解质材料。PI 垂直纳米孔形态提供了离子扩散通道，将固体聚合物电解质的离子电导率提高到 $2.3×10^{-4}$S/cm（30℃）。此外，多孔 PI 的模量高达 850MPa，高模量 PI/PEO/LiTFSI 结构防止枝晶形成。PEO/LiTFSI 材料易燃，而 PI 主体具有阻燃性，二者复合从而提高了电解质的安全性。以 LFP 为阴极，以 PI/PEO/LiTFSI 作为电解质，以 Li 金属作为阳极组装的 ASSLBs 具有高比容量（176mA·h/g），在 60℃、0.5C 时循环超过 200 圈，表现出良好的循环性能。

8.2.5 金属有机框架基固态电解质

金属有机框架（MOF）是由金属离子和连接的有机配体组成的一种晶体材料。MOF 具有丰富的空腔结构，多孔结构高度有序，孔径可控，还具有超高孔隙率（最大 90%的自由体积）和巨大的内部比表面积（最大 6000cm^2/g）。用于锂电池的 MOF 基复合电解质主要包括三类：①全固态电解质，由 MOF 填料和锂盐聚合物基质组成；②所谓的"固态电解质"，即"准固体-固态电解质"或"固体电解质"，由 MOF 或与 MOF 相关的材料和少量添加剂如离子液体电解质或半固态电解质组成；③MOF 单离子导体电解质（图 8.17）[44-49]。

上述三类含有 MOF 的复合电解质中，第一类中有代表性的就是 MOF-5 作为填料的 PEO-LiTFSI/MOF 体系，25℃时表现出最高的离子电导率，为 $3.16×10^{-5}$S/cm，比没有 MOF-5 填充的情况高 4 倍。此外，LiFePO$_4$/ MOF-5-PEO-LiTFSI/Li 电池在 80℃以 1C 的速率循环，也表现出更好的循环性能。Huo 提出了一种新颖的阳离子金属有机骨架（CMOF），阳离子 D-UiO-66-NH$_2$（UiO-66，[Zr$_6$O$_4$(OH)$_4$(BDC)$_6$]）中 BDC$_6$ 能够固定阴离子并优化 Li$^+$分布，抑制锂树枝状晶体的生长，MOF 材料接枝了—NH$_2$ 基团，通过氢键以保护聚合物链中的—O—，所以，基于 CMOF/PEO/LiTFSI

的电化学窗口可以进一步扩展至 4.97V。表 8.5 中列出了 CSSE 以及与 MOF 相关的关键材料及其成分。

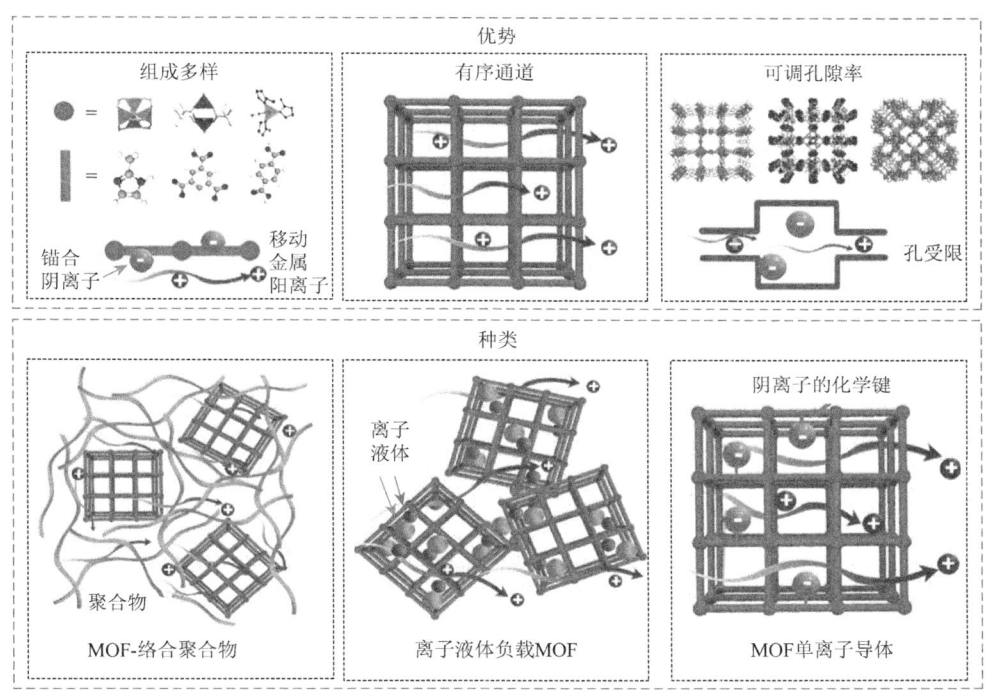

图 8.17　MOF 作为固体电解质的优势示意图和 MOF 基固态电解质的种类[47]

表 8.5　MOF 基复合电解质[47]

MOF	复合电解质	离子电导率/(S/cm)	温度/℃
10% MOF-5	MOF-5/PEO/LiTFSI	3.26×10^{-5}	25
M-UiO-66-NH$_2$	CMOF-5/PEGDA/LiTFSI	4.32×10^{-5}	30
10% Mg-TPA	Mg-TPA/PEO/LiTFSI	2.0×10^{-5}	25
10% Mg-BTC MOF	Mg-BTC MOF/PEO/LiTFSI	1.0×10^{-4}	30
10% Al-BTC MOF	Al-BTC MOF/PEO/LiTFSI	1.0×10^{-5}	30
10% Al-TPA MOF	Al-TPA MOF/PEO/LiTFSI	7.0×10^{-5}	30
MIT-20d	MIT-20d/LiBF$_4$/PC	4.8×10^{-4}	25
HKUST-1	HKUST-1/LiClO$_4$/PC	3.8×10^{-4}	25
UiO-66	UiO-66/LiTFSI/[EMIM][TFSI]	3.2×10^{-4}	25
MOF-525(Cu)	MOF-525(Cu)/LiTFSI/[EMIM][TFSI]	3.0×10^{-4}	25
MIL-101(Cr)	MIL-101(Cr)/[Emim][SCN]	1.15×10^{-3}	25

采用简单的热压法制备含胺官能化锆基金属有机骨架@二氧化硅（UiO-66-NH_2@SiO_2）和锂盐 $LiN(CF_3SO_2)_2$（LiTFSI）的聚环氧乙烷（PEO）基复合聚合物电解质（CPE）。研究了电化学性能如电解质和锂金属阳极的相容性、锂迁移数和含不同添加剂浓度体系的离子电导率。PEO-LiTFSI 基质中的 UiO-66-NH_2@SiO_2 不仅离子电导率提高了一个数量级，还提供了更好的相容性并抑制锂枝晶的形成。循环后材料的 X 射线光电子能谱研究揭示了阴极上锂盐（RO-Li）的形成和阳极上 Li_2O 的形成。以 UiO-66-NH_2@SiO_2 为填充剂的 $LiFePO_4$/CPE/Li 组成的纽扣电池（2032 型）在 60℃下以 0.1C 速率提供的放电比容量为 151mA·h/g，比使用 SiO_2 和 UiO-66-NH_2 的对照实验高得多。

除了与聚合物进行物理共混外，研究人员试图将 MOF 颗粒与一些典型的聚合物基质通过化学连接，以进一步改善其相容性和全面的电化学性能。采用一锅法紫外光聚合制备柔性的复合电解质，首先是通过后合成改性法用碳-碳双键（CQC）对 M-UiO-66-NH_2（即 UiO-66-NH_2 被甲基丙烯酰氯改性）改性得到 MOF（UiO-66-NH_2），然后在紫外光下共价连接到聚合物 PEGDA 链。与不含 MOF 的电解质相比，获得的复合电解质的离子电导率高 5 倍以上，并且与锂电极的接触更好。

此外，一系列 $LiClO_4$-碳酸亚丙酯（LPC）溶液浸泡的 MOF 材料，包括 MIL-100-M[$M_3O(BTC)_2OH(H_2O)_2$]，M = Al、Cr 和 Fe，BTC 为 1,3,5-均苯三羧酸（$C_9H_3O_6$）]、UiO-66[$Zr_6O_4(OH)_4(BDC)_6$，BDC 为 1,4-对苯二甲酸]、UiO-67[$Zr_6O_4(OH)_4(BPDC)_6$，BPDC 为 4,4′-联苯二甲酸]和 HKUST-1[$Cu_3(BTC)_2$]。过滤并除去多余的溶剂后，将获得的粉末压制成电解质颗粒，并对它们的离子电导率进行测量，得出离子电导率为 0.18～1.22mS/cm。基于此，研究者指出在 MOF 相关材料中仿生离子通道通过络合参与 Li^+ 的运输，在充满溶剂分子的通道内电解质阴离子（如 ClO_4^-）和 OMS（开放金属位点）络合。

将离子液体[$EMIM_{0.8}Li_{0.2}$][TFSI]（Li-IL）和 MOF-525Cu 混合制备了 Li-IL@MOF 复合材料，并组装电池探讨了其电化学性质。MOF-525（Cu）的孔径约为 1.2nm×0.7nm，大于[EMIM]$^+$（0.76nm×0.43nm）和[TFSI]$^-$（0.79nm×0.29nm）。因此，Li-IL 可以通过调整方向和随后的毛细作用促进扩散成功引入在 MOF 孔内。Li-IL@MOF 的离子电导率随 Li-IL 负载量的变化而发生很大的变化。当 Li-IL 和 MOF 的比例固定在 1.5mL∶1.2g，Li-IL@MOF 在−20℃、25℃和 100℃的电导率分别为 $2.2×10^{-5}$S/cm、$3.0×10^{-4}$S/cm 和 $4.9×10^{-3}$S/cm。Li-IL@MOF 在室温下的 Li^+ 迁移数测量值为 0.36，明显高于 Li-IL（0.14）。X 射线光电子能谱表明 Li-IL 优先占据了 MOFs 的近表面区域。当压入致密的颗粒，Li-IL@MOF 堆积在一起，通过与 Li-IL 连接而形成丰富的界面接触。丰富的原子级的"纳米润湿界面"可以改善 Li^+ 在 Li-IL@MOF 中的运输动力学，并导致 Li-IL@MOF 和电极之间的低界面电阻。组装的 Li/Li-IL@ MOF/Li 对称电池，在 0.05mA/cm² 和 0.2mA/cm² 时电压分布曲线在 1000h 内保持稳定，很小的极化电压分别为 240mV 和 70mV，反映了在长期的电镀/剥离循环时 Li-IL@MOF 和锂金属之间的稳定的界面。而且，与具有锂阳极和超高活性负载 25mg/cm²、0.21mm 厚的 LiFePO$_4$ 阴极组装成全电池，在室温下 0.1C 下 100 次循环后的放电比容量为 132mA·h/g。研究认为 Li-IL@MOF 赋予的"纳米润湿界面"可以提高 Li$^+$ 在 Li-IL@MOF 和阴极之间的传导[47, 49]。

Pan 等扩展了"纳米润湿界面"这一概念以解决陶瓷固态电解质的界面问题[49]。将含锂的 IL（LiTFSI：[EMIM] [TFSI] = 0.223g：1mL，表示为 Li-IL）浸渍到 UiO-67 中，获得了 Li-IL @ MOF（LIM）并用作辅助离子导体。然后 LIM 与石榴石 LLZO 形成一个混合 SSE(Li-IL @ MOF-LLZO，LIM-L)。由于开放的通道和受限制的 Li-IL 客体，LIM 提供了丰富的与 LLZO 及电极在原子水平上接触位点，将原来的固-固接触变为"纳米润湿界面"，可促进 Li$^+$ 传递。当加入 20% LIM，LIM-L 显示出高离子电导率，在 30℃ 时为 1.0×10^{-4} S/cm，明显超过了 LLZO（1.5×10^{-6} S/cm），电化学稳定窗口宽至 5.2V，可用于高压阴极电池。此外，LIM 离子导体可以引入阴极，包括 LiCoO$_2$（LCO）和 LiFePO$_4$（LFP），通过三维导电网络有利于传输 Li$^+$。电池内部的有效 Li$^+$ 传递途径在 LCO 和 LF 的超高负载分别达到 15.9mg/cm² 和 12.4mg/cm² 时具有可接受的倍率性能和可实现的循环稳定性。

8.2.6 其他固态电解质

LiTFSI 和乙酰胺的熔点分别为 234℃ 和 81.2℃，将 LiTFSI 和干燥的乙酰胺在手套箱中按照摩尔比 1：2 和 1：6 之间搅拌混合，在室温下形成均质液体。室温无机水合熔盐（RTMS）电解质的离子电导率随温度变化的关系符合 VTF 方程，表明离子传递受到溶剂分子迁移率控制，电导率取决于 RTMS 中溶剂的自由体积。摩尔比为 1：4 的 RTMS 电解质的电导率在室温下达到 1.07×10^{-3} S/cm，60℃ 下为 4.41×10^{-3} S/cm，活化能（E_a）随着复合物中盐浓度的增加而增大。分别采用铜箔和镍箔为工作电极，锂箔用作参比电极和对电极，循环伏安法测定 RTMS 电解质的电化学窗口在铜上为 0.7V（vs. Li/Li$^+$），在镍上为 4.4V（vs. Li/Li$^+$）。

一种含有聚醚侧基和磺胺盐（LiTFSI 和 LiFSI）的超软聚合物基体是一种新型的可流动聚合物电解质（FPE），可以改善聚合物基全固态 LMBs 电极的界面相容性。FPE 可作为 Li 与 PEO 基电解质之间的缓冲层，提高 Li‖LiFePO$_4$ 电池的循环能力和库仑效率。液体状聚合物基体的无定形取向和链段运动能力促进了粒子快速传递，因此，获得最高的离子电导率为 6.6×10^{-4} S/cm（70℃）和 1.4×10^{-4} S/cm（30℃）。

多层多功能聚合物电解质（HMPE）是通过 1-[3-(甲基丙烯酰氧基)丙基磺酰

基]-1-(三氟甲磺酰基)酰亚胺锂（LiMTFSI）和季戊四醇四丙烯酸酯（PETEA）单体在传统的液体电解质中原位共聚，然后将其吸附到聚二丙烯酸锂（PDAALi）涂覆的玻纤膜上。室温 25℃下 HMPE 同时具有高的离子电导率($2.24×10^{-3}$S/cm)、接近于单离子导体行为（离子迁移数为 0.75）、良好的机械强度和枝晶生长。

8.3 固态电解质性能提升的方法

有许多策略可以用于优化 SSE 性能，包括增加离子电导率、增加电压稳定性和抑制枝晶形成，以实现高密度能源存储和实际应用。对于固态电解质，可以通过使用纳米级支架、聚合物缓冲层或润湿剂来解决界面问题。

8.3.1 提高离子电导率

无机固态电解质的电导率受载流子浓度、迁移能垒和晶体结构的影响。通常，其在最佳载流子浓度下既有丰富的载流子，又有空的跳跃点，可实现最大的电导率。预测硫化物电解质 $Li_{1+2x}Zn_{1-x}PS_4$、LISICON 型电解质 $Li_{4-3x}Al_xSiO_4$ 和钙钛矿型电解质 $La_{0.67-x}Li_{3x}TiO_3$，当 $x = 0.5$、0.25 和 0.1 时分别具有最高的电导率。相比于氧化物电解质，氧被硫代替，或者用二价 S^{2-} 取代单价 Cl^- 或更大的 Se^{2-} 以及用 P^{5+} 取代 Sb^{5+} 以扩大运输通道并削弱载流子与阴离子之间的相互作用，电导率也更高。此外，如在 LiPON 和非晶态 LLTO 薄膜电解质中所观察到的，调整电解质的厚度可以缩短离子传递距离并加速离子迁移进而提高离子电导率。

为了提高 $LiZr_2(PO_4)_3$ 的 Li^+ 电导率，Goodenough 等采用固相法和放电等离子烧结法制备了 Mg 掺杂 $Li_{1+2x}Mg_xZr_{2-x}(PO_4)_3$（$0.05 \leqslant x \leqslant 0.15$，LMZP）固态电解质，稳定了室温下快离子导体菱方 NASICON 结构，增加了结构中 Li^+ 的浓度。^7Li 和 ^6Li 核磁共振表明 LMZP 中 85%的 Li^+ 有较高的迁移率，而在 $LiZr_2(PO_4)_3$ 中只有 15%，25℃下 LMZP 的 Li^+ 电导率比 $LiZr_2(PO_4)_3$ 提高两个数量级。NASICON 结构中，Li^+-Li^+ 库仑斥力使锂离子分布在两个不同的结晶位，降低了锂离子运动的活化能。

锂电池中固态电解质的离子电导率是一个非常重要的关键指标，在高能电池中使用聚合物固态电解质的挑战主要是离子电导率差。聚合物固态电解质中离子迁移的常见模式是跳跃机制，其中锂离子与聚合物链段上的固定阴离子（如 PEO）配位，或者通过晶体固体物质中的缺陷进行迁移。聚合物固态电解质的这种固有性质极大地限制了 PEO 电解质的离子电导率，从而限制了其实际应用。考虑到迁移主要发生在 PEO 或其他基于聚醚的介质的非晶相中，因此要提高聚合物电解质的离子电导率,在电池工作温度范围内保持聚合物的非晶结构并抑制其结晶至关重要。另外,开发具有较低玻璃化转变温度的聚合物体系,如聚硅氧烷和脂肪族聚碳酸酯来作为固体聚合物电解质,离子电导率通常只能得到微小的改善。有各种各样的物理方法(增塑剂、无机填料、聚合物共混物和低聚物束缚的纳米颗粒)和化学方法(共聚、交联和引入离子侧基)来设计聚合物固态电解质,阻碍结晶,从而在接近环境温度或在应用温度窗口内达到可接受的离子电导率。因此提高聚合物固态电解质的离子电导率主要从增加离子对解离、降低T_g和降低聚合物的结晶度三个方面来考虑(图 8.18)。

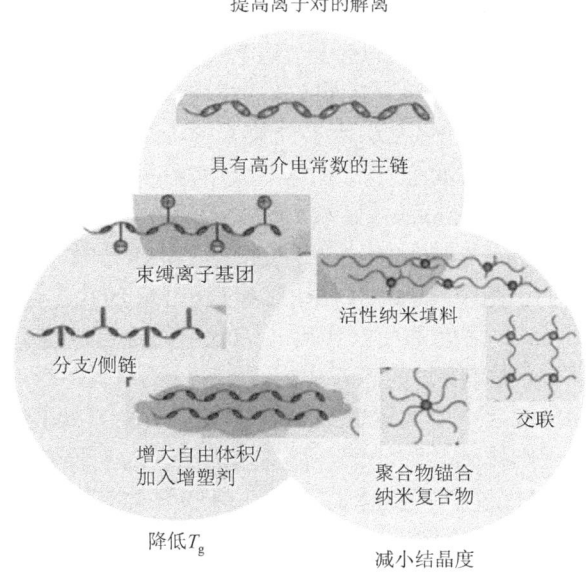

图 8.18 提高固态电解质离子电导率的方法示意图

1. 聚合物共聚/共混

对于一系列基于聚醚的电解质,离子电导率随主体聚合物介电常数的增加而增加。将侧链(如烯丙基醚)束缚到聚合物骨架上或将低分子量液体或固体增塑剂(如 PC 与碳酸亚乙酯或丁二腈的混合物)掺入到聚合物基质中已被证明是增加电解质自由体积的有效方法。束缚的离子基团具有增加离子对解离,同时降低T_g的双重目的。例如,用磺基甜菜碱基团官能化聚乙二醇甲基丙烯酸酯的主链导致聚合物电解质的T_g显著降低。T_g的降低以及离子对解离的增加使电导率提高了两个数量级。设计具有增加的分段运动的聚合物时,还应注意主链上溶剂化位点之间的连通性,因为这会影响Li^+迁移的速率。然而,自由体积的增加几乎总是与系统机械稳定性的降低有关，交联聚合物链是抑制聚合物结晶同时提高剪切模量的好方法[50-52]。

除了高结晶特性外，有人提出锂盐与 PEO 之间的 EO-Li$^+$强相互作用是限制 PEO 基电解质离子传导性的另一个主要因素。为了解决 EO-Li$^+$配位过多的问题，Mackanic 等[51]制造了与 Li$^+$配位松散的交联聚四氢呋喃（xPTHF）。基于 xPTHF 的电解质在 30℃下表现出优异的锂离子电导率（1.5×10^{-6}S/cm）和迁移数（0.53），其高于 xPEO（6.2×10^{-7}S/cm 和 0.19）。在 70℃下，xPTHF 电解质在全固态 LiFePO$_4$/Li 电池中显示出出色的循环稳定性和良好的倍率性能（1C 下为 105mA·h/g）。这项研究表明，适当削弱 Li$^+$与极性聚合物之间的离子偶极相互作用可能会有效地改善离子电导率以及锂离子迁移数。

对于基于 PEC 的聚合物固态电解质，将 PEC 与缩水甘油醚[P(GE-Et)]和碳氢化合物[P(HC-Et)]进行比较，研究了侧基中的醚键对离子导电性能的影响。当向聚合物中添加 10mol%（mol%表示摩尔分数）的 LiTFSI 时，P(GE-Et)电解质的离子电导率是 P(HC-Et)的 100 倍[52]。在这些电解质的傅里叶变换红外（FTIR）光谱中，P(GE-Et)在 1700～1800cm^{-1}区域内的光谱具有单个峰，表示主链中游离羰基为拉伸振动模式。而 P(HC-Et)由于存在游离羰基和与 Li$^+$相互作用的羰基（C=O···Li$^+$）而显示了两个峰。P(GE-Et)的离子电导率的提高主要归因于 Li$^+$与柔性醚侧基（C—O···Li$^+$）之间的相互作用。因此，在进行新型聚合物电解质设计时应考虑 Li$^+$与不同极性官能团的相互作用。

通过在聚合物电解质中引入氢键或 π 共轭基团形成锂离子通道，氢键相互作用可能破坏链段的规则排列并降低聚合物的结晶度，从而导致离子电导率的提高。聚合物电解质中的极性基团与氢键相互作用，降低了与 Li$^+$的相互作用强度，导致游离 Li$^+$增加。例如，在 PEO/LiClO$_4$体系中加入 5%的酚醛，室温下离子电导率达到 1.5×10^{-5}S/cm，提高了 2 个数量级。多种氢键相互作用可以在聚合物电解质中形成锂离子通道。制备了一类含脲-胞嘧啶端封聚丙烯乙二醇（UrCy-PPG）新型聚合物，加入锂盐后将其用作固体聚合物电解质，表现出良好的离子电导率（10^{-6}～10^{-4}S/cm）和较低的活化能[53]。

环糊精是环状寡糖家族，由葡萄糖亚基的大环组成。它们的疏水内部和亲水外部是由环糊精上的羟基分布形成的，可以通过自组装将其旋接到大分子链上并提供离子通道。例如，将 α-环糊精（α-CD）引入 PEO/LiAsF$_6$ 系统，并通过疏水作用与 PEO 形成复合物。通过限制 PEO/Li$^+$络合物并分离 Li$^+$和阴离子，形成的纳米通道为 Li$^+$的定向运动提供了路径。同时，有效抑制了聚合物结晶。基于 α-CD-PEO 的电解质的离子电导率比基于 PEO/LiAsF$_6$ 的电解质高 30 倍，因此 α-CD 形成的纳米通道是增强 Li$^+$传输的有效方法[54, 55]。

在聚合物均聚物中引入一种单体单元形成的共聚物体系可能会破坏聚合物基

质的有序结构，降低结晶性聚合物的结晶度。根据共聚单体单元沿主链排列方式来分，共聚物可分为交替共聚物、无规共聚物、嵌段共聚物和接枝共聚物。嵌段共聚物和接枝共聚物在聚合物固态电解质的研究中已经进行了广泛的研究。例如，在嵌段共聚物中，一个嵌段负责离子传导，而另一种提供机械强度。在接枝共聚物的情况下，主链保持机械强度，而低聚接枝链提高离子电导率。结果，基于共聚物的电解质在环境条件下可以同时实现良好的离子电导率和机械性能。

PC 的电解质具有良好的离子电导率，与锂金属阳极稳定性好，但纯 PC 基聚合物固态电解质的机械强度较弱，通常会限制其实际应用。为了提高机械强度，通过聚碳酸酯二醇（PCDL）、1,6-六亚甲基二异氰酸酯（HDI）和二甘醇共聚将硬质聚氨酯（PU）段引入 PC 链中。与 LiTFSI 混合后，得到具有良好柔韧性和拉伸性能的共聚物固体电解质（PCPU）。在聚合物固态电解质中的氨基甲酸酯和碳酸酯基之间形成的氢键和 PU 段的硬段区域为 PCPU 提供了非常大的机械强度，断裂伸长率约为 2000%。但是，高的离子电导率（10^{-4}S/cm）只能在高温下实现。

聚合物交联是提高聚合物电解质机械强度和离子电导率的一种有效方法。聚合物的交联通常通过交联剂的热分解或紫外线辐射，其中产生的自由基触发聚合物链之间的化学反应形成 3D 网络结构。为了提高聚合物电解质和电极之间的亲和力，无引发剂的原位交联策略更具吸引力。例如，交联的聚乙烯乙二醇二缩水甘油醚（PEGDE）基电解质（C-PEGDE）是通过原位自催化反应开发的。通过二氟草酸锂硼酸盐的热分解（LiDFOB），所得衡量 BF_3 可以引发 PEGDE 中末端环氧基的开环聚合，形成交联的 PEO 网络。原位制备的聚合物固态电解质室温离子电导率为 8.9×10^{-5}S/cm，电化学窗口高达 4.5V（*vs.* Li/Li$^+$），此外，基于此聚合物固态电解质的 LFP 电池可提供稳定的充电/放电性能，表明这种自催化策略在原位形成交联聚合物固态电解质的可行性。

聚合物共混物是指两种或两种以上具有不同分子结构且可以溶解在同一种溶剂中的聚合物的物理混合物。通常，共混聚合物电解质结合各个聚合物的有益特性，能提高聚合物固态电解质的离子电导率、机械强度、高热稳定性和电化学窗口，与其他策略相比，聚合物共混技术方便、高效且具有成本效益。在 LiTFSI 存在下将热塑性聚氨酯（TPU）与 PEO 混合可以降低 PEO 的结晶度并增强聚合物固态电解质机械强度。在 TPU/PEO 的最佳比例为 3 时，离子电导率可以达到 5.3×10^{-4}S/cm（在 60℃下）。同时，线性扫描伏安法（LSV）测量的 TPU/PEO/LiTFSI 电解质的电化学窗口高达 5V（*vs.* Li/Li$^+$）。

此外，固态电解质中锂盐浓度通过离子偶极相互作用显著影响离子电导率。在聚醚聚合物中，锂盐浓度为 5mol%时电解质的离子电导率最大。锂盐浓度＞5mol%，Li$^+$与聚醚之间的强相互作用形成了交联结构，从而阻止了局部链段运动，电导率随着锂盐浓度的增加而降低,并且电解质的 T_g 值逐渐增加。但是,对于基于 PEC 的电解质,Li^+ 与聚合物之间的相互作用较弱,因此存在 FSI 与单个 Li^+ 相互作用和 FSI 与两个或多个 Li^+ 相互作用。PEC-LiFSI[双(氟磺酰基)酰亚胺锂]电解质的离子电导率随着锂盐浓度的增加而线性增加。当盐浓度 50mol%时 FSI 与两个或多个 Li^+ 相互作用占主导地位,含有 188mol% LiFSI 的聚合物电解质具有最高的电导率,60℃时约为 $4.0×10^{-4}$S/cm。结果表明,增加盐浓度是一种改善 PEC 类电解质的 Li^+ 离子电导率的方法[50]。

2. 惰性填料复合

通过与无机固体氧化物/有机分子复合是一种提高聚合物电解质的离子电导率、电化学窗口和机械强度的有效方法[56-58]。在聚合物中引入纳米化的无机填料可以提供传递通道和降低 PEO 的 T_g,因此赋予聚合物电解质高离子电导率。而且,无机粒子的加入改善了负极稳定性等电化学性质。纳米级的陶瓷粉末包括 Al_2O_3 和 TiO_2 的添加也可以改善离子电导率和迁移数。纳米 Al_2O_3 和 TiO_2 颗粒可以用作固体增塑剂,提高聚合物链段和锂盐阴离子路易斯酸碱之间的相互作用从动力学上抑制 PEO 基质的结晶。纳米粒子的含量和浓度被认为是影响离子电导率的关键因素。聚合物基复合电解质中不同含量的纳米陶瓷颗粒,可能会影响聚合物的形态和离子传输。^7Li NMR 结果表明,当纳米粒子填料量低于临界点时,添加纳米粒子填料可导致填料-锂离子相互作用并进一步改变锂离子环境。但是,当纳米粒子填料量高于临界点时,会导致填料颗粒聚集并降低电解质的电导率。另外,^1H NMR 结果表明填料也可以破坏聚合物链之间的化学交联,因此,进一步增加了链段局部迁移率。采用低分子量的聚乙二醇甲醚(PEGME)和乙酸盐(Ac)处理 ZnO 纳米粒子并用作 PEO 的填料。PEGME 处理的 ZnO 纳米粒子可以均匀地分散在 PEO 基质中,导致更高的电导率,而经 Ac 处理的 ZnO 纳米粒子聚集,锂离子电导率很低。在 PEO 中原位合成单分散 SiO_2 纳米球,SiO_2 单分散微球和聚合物链之间形成强化学/机械相互作用,从而避免了填料聚集,进一步降低了聚合物的结晶度,提高聚合物的离子电导率。

将 LiBOB 加入到 PEO_{20}-LiBOB-MgO 体系中,电解质电化学窗口为 4.5V,相应的 $LiNi_{1/3}Co_{1/3}Mn_{1/3}O_2$/Li 电池在 80℃时 0.2C 下首圈放电比容量为 156.8mA·h/g,20 圈后容量保持率为 91%。采用含有 LiBOB 的液体电解质(0.4mol/L LiBOB、0.6mol/L LiTFSI、0.05mol/L $LiPF_6$,溶剂为 EC/DMC)预润湿正极,在正极和 SiO_2 纳米粒子共价接枝 PEO 链的 SiO_2-PEO/LiTFSI 杂化固态电解质之间形成稳定的钝化层阴极-电解质界面(CEI),$LiNi_{0.6}Co_{0.2}Mn_{0.2}O_2$/Li 电池首次放电比容量提高为 178mA·h/g,循环 25 次后容量保持率为 97%。

具有均匀孔(非常小的孔)的分子筛,根据其孔尺寸分为微孔材料(<2nm)、

中孔材料（2～50nm）和大孔材料（>50nm），在许多领域得到了研究。分子筛具有更强的路易斯骨架以及孔内部通道的酸中心，可能在减少聚合物链结晶方面更有效。ZSM-5 也可以用作酸性物质填充剂，其可显著提高复合电解质的离子电导率、锂离子迁移数和电化学稳定性，ZSM-5 颗粒在球晶成核阶段可以作聚合物的成核剂，以及通过路易斯酸碱相互作用在核生长阶段降低 PEO 链的重结晶趋势。因此，可以产生更多的非晶态 PEO 以加速锂离子的传递。

复合电解质中研究最广泛的填充剂之一是蒙脱土（MMT），还研究了一些改性的纳米黏土，以进一步提高聚合物基复合电解质的离子电导率。通过溶液浇铸法合成十二烷基胺修饰的 MMT（DMMT），将硅酸盐层从亲水变为疏水并增加层间间距，有利于聚合物-盐配合物插入黏土层中，从而进一步减小聚合物-阳离子配位键的强度，因此进一步提高阳离子的迁移率。此外，MMT 被十六烷基三甲基铵的溴化物$[C_{16}H_{33}N(CH_3)_3]^+Br$ 修饰以获得疏水特性，对亲有机改性的纳米 MMT（OMMT）形成 PVC/PVDF/LiTFSI/纳米 OMMT 固体聚合物电解质，室温下离子电导率为 $1.67×10^{-4}$S/cm，在相应的固态电池中实现了良好的稳定性和可逆性。

3. 活性填料复合

除了惰性填充剂降低聚合物的结晶度外，复合固体电解质中的活性填料提供新的锂离子转移通道，被认为是离子电导率提高的主要原因。同时，活性填充物还需要具有卓越的机械强度、化学和电化学稳定性。无机陶瓷颗粒，尤其是单离子导体，如 $Li_{0.33}La_{0.557}TiO_3$、$Li_{6.75}La_3Zr_{1.75}Ta_{0.25}O_{12}$ 或 $Li_{1.5}Al_{0.5}Ge_{1.5}(PO_4)_3$，可以提供新的 Li^+ 迁移通道，这对提高复合电解质的离子电导率是有利的。而且，刚性无机单离子导体可以固定锂盐中的阴离子，进一步改善锂离子电解质的迁移数，这有利于稳定 Li^+ 的沉积电流并阻止枝晶在负极表面的生长。

He[42]通过固溶燃烧法制备纳米立方石榴石（LLZO），开发 LLZO、PEC、PVDF-HFP 和双(氟磺酰基)酰亚胺锂（LiFSI）组成的柔性复合固体电解质。一方面，LLZO 基体与阴离子相互作用可以减少锂金属和电解质之间的双层电场，并抑制聚合物固体电解质电化学分解；另一方面，以 LLZO 纳米颗粒为主的复合电解质中 Li^+均匀分布且对多孔电极具有良好的润湿能力。因此，其有利于抑制锂枝晶的生长和提高电池的循环性能。所制备的复合固体电解质具有高 t_{Li}^+（0.82，55℃）和极好的热稳定性，可获得稳定的界面电阻（124Ω/cm^2）。柔性复合固体电解质组装全固态 LiFePO$_4$|Li 电池在 1C、55℃下 100 个循环后放电比容量为 121.4mA·h/g，容量保持率为 96.3%。

为了进一步提高锂离子迁移数并抑制锂枝晶和提高电池性能，清华大学的 Chen[43]将层状锂蒙脱石 LiMNT、聚碳酸亚乙酯双(氟磺酰基)酰亚胺锂、高压氟代碳酸亚乙酯添加剂和聚四氟乙烯黏合剂采用溶液浇铸法和热压法制备了高迁移数复合固体电解质（CSE）。电解质呈现高离子电导率（$3.5×10^{-4}$S/cm）和宽的电化学窗口（4.6V vs. Li^+/Li），在25℃时离子迁移率较高（0.83）。基于$LiFePO_4$（Al_2O_3@$LiNi_{0.5}Co_{0.2}Mn_{0.3}O_2$），CSE和3D Li固态电池在25℃、0.5C下200次循环后放电比容量为145.9mA·h/g（150.7mA·h/g），容量保持率为91.9%（在100℃、0.2C下100次循环后为92.0%）。

对于LLTO-PEO聚合物固态电解质，$Li_{0.35}La_{0.55}TiO_3$（LLTO）中的预渗结构通过其连续的离子路径可以加速锂离子传导（电导率为$0.88×10^{-4}$S/cm），也可以进一步避免颗粒团聚。作为锂快离子导体，LLZO还具有出色的电化学稳定性（即使在6.0V以下），LLZO纳米线在聚合物固态电解质内紧密排列使得金属锂均匀沉积，因此，使用LLZO-PEO聚合物固态电解质的Li对称电池在60℃可以稳定循环1000h而不会发生短路。此外，其他锂盐，如硫化物（Li_3PS_4）和双丙二酸硼酸锂（LiBMB），已成功用于改善柔性PEO基聚合物固态电解质。PEO基体内原位合成的Li_3PS_4纳米颗粒（400～700nm）具有良好的分布。β-Li_3PS_4微晶玻璃是锂超离子导体，在室温下其电导率高于10^{-4}S/cm且电化学性能相对稳定。LiBMB-PEO聚合物固态电解质显示出高度有序的离子路径[准周期值（T_p）低于100ns]与60℃时高达7.2V的高电压稳定性。$LiFePO_4$|LiBMB-PEO聚合物固态电解质|Li电池可提供在0.1C时的初始放电比容量为145.5mA·h/g和超高容量保持率（60次循环后为98.5%），显示出良好的电池可靠性。

由于金属氧化物颗粒的聚集和非离子导电性质，添加量达到临界点后无法进一步以增加填料含量来提高固体聚合物复合材料的锂离子电导率。在这种情况下，用1D金属氧化物（纳米管、纳米棒和纳米纤维）代替0D金属氧化物是进一步提高锂离子电导率的选择。基于填料在聚合物基质中的分布，一维复合电解质可以分为两类：①随机分布的填料；②对齐填料。常见的1D惰性填料之一是TiO_2。将水热法合成的TiO_2纳米棒、LiTFSI和聚碳酸亚丙酯（PPC）的混合物涂在纤维素膜上以制备TiO_2/PPC（LiTFSI）复合电解质，其表现出很高的室温锂离子电导率（$1.52×10^{-4}$S/cm）和宽的电位窗口（大于4.6V）。研究认为离子电导率的提高是由于TiO_2纳米棒之间的高接触面积促进了锂盐解离，并在TiO_2纳米棒/PPC相间形成连续的锂离子传输通道。

静电纺丝是制备活性纳米纤维填料最广泛使用的方法[59-63]。Liu等[62]将含有$LiNO_3$、$La(NO_3)_3$、$Ti(OC_4H_9)_4$和乙酸的PVP溶液静电纺丝后煅烧得到LLTO纳米纤维，直径约为300nm。这些LLTO纳米纤维填料的复合聚合物在室温下离子电导率为$2.4×10^{-4}$S/cm。由于LLTO纳米纤维的表面空位，锂离子可以从一个空位跳到另一个空位，导致离子迁移率增加，因此提高了离子电导率。

复合电解质中聚合物和无机填料之间的界面相互作用可增强离子电导率。

Zhang 等[56]研究了纳米粒子、无规无机纳米线和取向无机纳米线复合电解质的离子传导机制,如图 8.19 所示。通过改变无机填料的形态来制造不同的无机聚合物界面几何形状。对弯曲度的分析表明垂直取向和相互贯通的陶瓷颗粒是创造高离子电导率的最佳途径,而聚合物相提供机械支撑和柔性。聚合物基体中垂直取向陶瓷纳米粒子的存在是复合电解质离子电导率最大化的理想结构。锂离子在无机填料和聚合物的界面传递较快,而在聚合物中则传递较慢,对于无机纳米颗粒填料,每个纳米粒子孤立存在且含量较少,尽管它们可以增强离子传导,但是其快速传输路径被隔开了。高比表面积的纳米线可以延长离子传输途径,但它们分散随机且纳米线-纳米线间的结合较差,限制了电解质的离子电导率。将 PEO-LiTFSI 熔化并渗透到垂直排列的纳米通道 AAO 盘中形成连续的陶瓷-聚合物界面,复合电解质的室温离子电导率为 1.79×10^{-4} S/cm。此外,采用强路易斯酸 AlF_3 超薄层修饰 AAO 中的连续陶瓷-聚合物界面,离子电导率可以进一步提高到 5.82×10^{-4} S/cm。在对齐的陶瓷/聚合物的界面处离子电导率为 10^{-2} S/cm,这与液体的离子电导率相似。

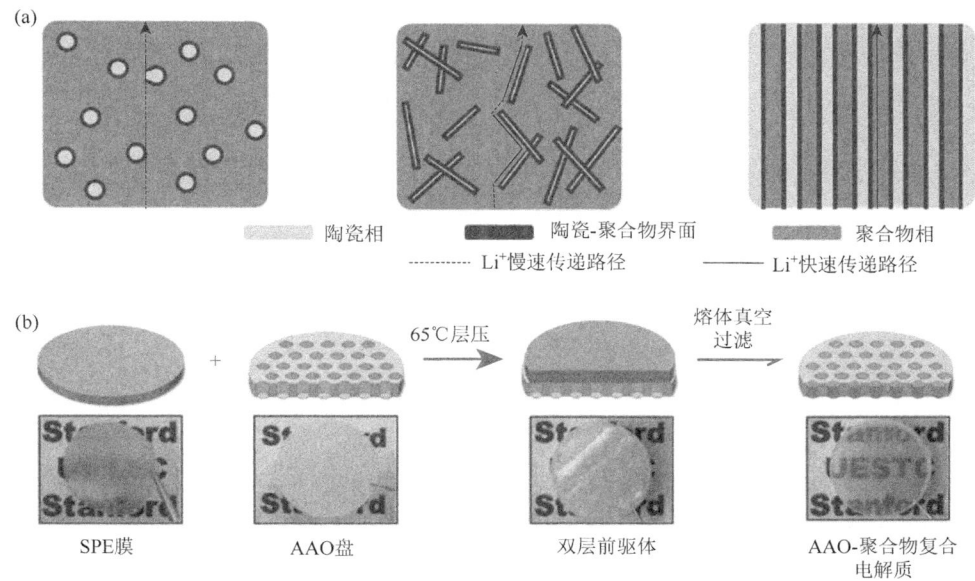

图 8.19 (a)复合固体聚合物电解质中陶瓷-聚合物界面的三种几何结构示意图;(b)AAO-聚合物复合电解质的制备过程示意图[56]

构建对齐的 3D 框架的另一种有效方法是冷冻干燥法(也称为基于冰的模板法)[57]。其制备过程及电解质形貌如图 8.20 所示。陶瓷颗粒的悬浮液通过冷冻,在悬浮液的底部形成冰核,该过程中 LAGP 被迫形成垂直对齐结构。冰升华后,

LAGP 烧结后形成垂直对齐的陶瓷壁，结合 LAGP/PEO 得到复合电解质，其室温离子电导率为 $1.67×10^{-4}$ S/cm，与 LAGP 无规分散的 LAGP/PEO 体系相比提高了 6.9 倍；60℃时离子电导率为 $1.11×10^{-3}$ S/cm。组装成 Li/LiFePO$_4$ 全电池，循环 300 圈后容量保持率为 93.3%，0.6C 循环 400 圈后容量保持率为 87.4%。冰模板 LAGP/PEO 的电导率与垂直对齐的阳极氧化铝（AAO）/聚合物复合电解质的离子电导率（室温下为 $1.79×10^{-4}$ S/cm）相当。比良好排列的陶瓷纳米线/聚合物电解质的离子电导率高出 2.8 倍，是无规陶瓷纳米线/聚合物电解质的 30 倍。冰模板法制备的 LAGP/PEO 复合电解质比无规排列的 LLZTO/PEO 和 LLZO/PEO 的电导率高。而且该 LAGP/PEO 复合固体电解质也提高了锂离子迁移数（t_{Li^+} = 0.56），随机分散的 LAGP/PEO 电解质锂离子迁移数为 0.33，比具有良好排列的 Li$_{0.33}$La$_{0.557}$TiO$_3$（LLTO）陶瓷纳米线/聚丙烯腈（PAN）电解质（t_{Li^+} = 0.42）和无规 LLZO 陶瓷纳米线/PAN 电解质（t_{Li^+} = 0.42）的都高。因此，垂直排列的结构还改善了锂离子在离子传导中的比例。

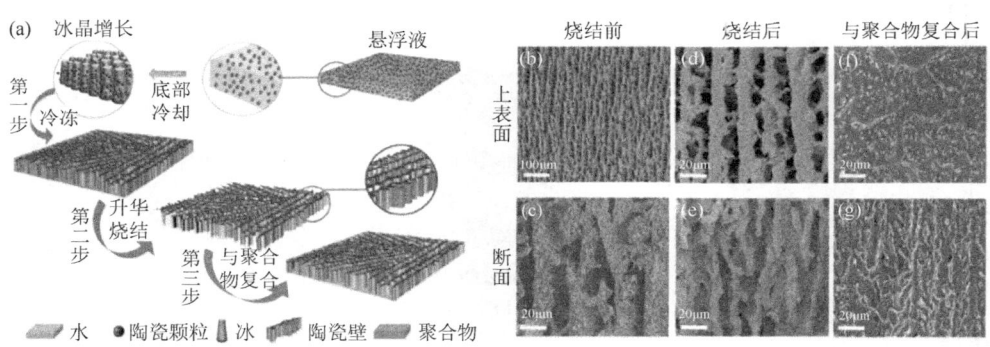

图 8.20　（a）LAGP/PEO 复合电解质的制备过程示意图；烧结前冰模板 LAGP 的上表面（b）及断面形貌（c）；烧结后冰模板 LAGP 的上表面（d）及断面形貌（e）；PEO/PEG/LAGP 电解质的上表面（f）及断面形貌（g）[57]

除了传统的活性陶瓷或惰性金属氧化物外，2D 薄膜也可用作 CSSE 中框架的无机材料[9]。通过冷冻干燥法制备一种垂直对齐的具有连续通道和大表面积的 2D 片，并且进一步与 PEO 结合形成了新颖的复合电解质，具有这种复合电解质的 Li-Li 对称电池非常稳定，35℃时在电流密度 1.0mA/cm^2 下以较低的过电位持续稳定循环 1300h 以上，并且在之后没有明显的锂枝晶。另外，相应的 Li-LFP 全电池在 0.1C 和 35℃具有很高的初始比容量 167mA·h/g，在 0.5C 下 200 个循环后容量保持率为 82%。

简而言之，无机-PEO 聚合物固态电解质具有明显的优势：具有改善的离子电导率、增强的机械性能和明显的可加工性。随着无机填料的引入，复合聚合物固态电解质中可能的导电机制，尤其是新型锂盐作为填充剂，需要更全面和深入的研究。另外，改善当前无机-PEO 基固态电解质离子电导率达到液体电解质（10^{-3}~10^{-2}S/cm）的电导率是最紧要的工作。

8.3.2 提高电压稳定性

具有更高容量和能量密度的高压全固态锂电池吸引了广泛的关注。在锂电池能量密度最大化时需要考虑电解质的电化学稳定性。在全电池的电化学窗口内不稳定的电解质会导致副反应并形成固体电解质中间相（SEI），通常其离子导电性比电解质差而引起较大的界面阻力，它的形成消耗锂并降低电池的容量。

已经从加入盐添加剂在正极界面引入人工钝化层和电解质多层结构设计等方面进行了探索来提高电解质的电压稳定性。在高压阴极的界面使用 Li_3PO_4 薄层作为人工 CEI 来抑制聚醚的氧化。此外，盐添加剂[如 LiBOB，BOB = 双(草酸酯)硼酸酯]和氟化盐与 PEO 相容，并形成了良好的 CEI，可将聚合物稳定在高电位下，与阴极形成阴离子界面，仅允许 Li^+ 传输。

多层结构的复合电解质设计是提高电解质耐高压性的另一种方法。Duan 等[64]设计了夹心结构 Janus 聚丙烯腈（PAN）/LAGP（$Li_{1.4}Al_{0.4}Ge_{1.6}(PO_4)_3$，80wt%）/聚乙二醇二丙烯酸酯（PEGDA）复合电解质，组装电池时耐氧化的 PAN 面向阴极（特别是高压阴极），而 PEGDA 面向阳极，如此设计避免了副反应和扩大了电解质的电化学窗口。三明治结构的 PAN/LAGP/PEO 复合电解质在对称电池电流密度为 $2mA/cm^2$ 下显示出超过 1000h 的稳定极化，且在高压全电池中具有循环稳定性。

多层聚合物/聚合物-陶瓷复合电解质（LDPPCCE），可耐受高压且对锂阳极稳定。在该 LDPPCCE 中，将抗氧化的 PAN/LATP 复合层放置在靠近阴极，而对阳极友好的 SN 络合 PEO 层与锂阳极接触，两层中都添加了 LiTFSI。所得的弹性 LDPPCCE 在室温下的离子电导率为 $1.31×10^{-4}$S/cm 并表现出 0~5V 的宽电化学窗口。

硫化物固态电解质的电化学稳定性相对于 Li 更出色，电化学窗口范围为 0~5V。尽管如此，使用典型电极的半电池和全电池循环研究表现出较大的电池电阻，并随时间增加最终导致电池失效。有几种理论可以解释高阻抗，包括电极与电解质之间的弱界面接触、循环过程中组分间的化学相互作用以及空间电荷层的形成阻碍锂扩散。

高电压兼容性代表了电解质抑制氧化分解的能力。从热力学角度来看，如图 8.21 所示，高电压稳定性的聚合物固态电解质意味着聚合物电解质的所有成分（聚合物、锂盐和添加剂）必须同时具有比正极电位低的最高占据分子轨道

（HOMO）的能级。然而，由于锂脱嵌过程中正极材料的强而复杂的氧化态，因此正极电位可能会下降到比聚合物固态电解质的 HOMO 低的状态，从而在界面发生副反应。为了在循环过程中达到半稳定状态，应在正极界面处形成化学钝化界面，即 CEI。降低聚合物固态电解质的 HOMO 能级和形成稳定的 CEI 均对实现高压兼容性至关重要[50]。

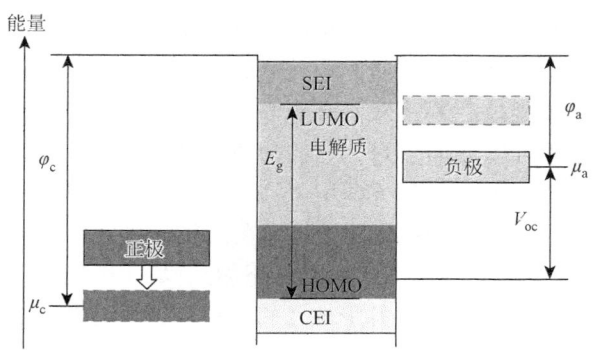

图 8.21　聚合物电解质的能量示意图[50]

E_g 为聚合物电解质的 HOMO 和 LUMO 能量差

建立稳定的 CEI 和降低聚合物固态电解质的 HOMO 能级是提高高压兼容性的两种有效方法。前者对于将高 HOMO 聚合物与高压正极材料结合使用特别重要。为了确保聚合物的稳定性，已采用锂盐（如 $LiPF_6$、LiBOB、$Li[(CF_3SO_2)(n\text{-}C_4F_9SO_2)N]$（LiTNFSI）和黏合剂（羧甲基纤维素）来建立稳定的聚合物界面。锂盐的阴离子可以在循环过程中通过电迁移进入正极材料。为了有效地阻止聚合物与正极材料的活性粉末之间的直接接触，这些阴离子应参与界面反应以形成稳定的固定化物质作为中间相。

聚合物结构的设计还可以通过降低分子链的 HOMO 能级来提高聚合物固态电解质的抗氧化稳定性。共聚是基于环氧乙烷（EO）的电解质分子设计的一般方法。根据聚合物结构中 EO 链段的位置，可将共聚物分为两类：主链嵌段共聚物和侧链支链共聚物。如表 8.6 所示，这两种共聚物均改善了电化学稳定性并显示出较宽的电化学窗口（>4.5V）。化学惰性的主链结构和极性基团的 HOMO 低能级有助于抑制位于主链或侧链的 EO 链段的氧化。该定律可适用于改变其他聚合物电解质的电化学稳定性。聚(碳酸亚乙烯酯-丙烯腈)[P(VCA-AN)]和 PVCA 电解质的电化学窗口分别为 5.2V 和 4.8V，表明极性基团氰基进一步增强了碳酸亚乙烯酯的抗氧化能力。聚合物固态电解质中常见的极性基团的 HOMO 能级如图 8.22 所示。

表 8.6　几种聚合物的化学结构及电化学窗口

方法	聚合物	化学结构	锂盐	电化学窗口
嵌段共聚物	PC-(EO)$_n$		LiTFSI	5.0V
	PTEC		LiTFSI	4.5V
	LPC		LiSO$_3$CF$_3$	5V
接枝共聚物	P(MALi-co-OMGMA)		无锂盐	>4.5V
	poly(la-g-alt-VC)		LiTFSI	4.6V
	PAN-PEO		LiClO$_4$	5.0V
	PVCA		LiPF$_6$	4.8V
	P(VCA-AN)		LiPF$_6$	5.2V

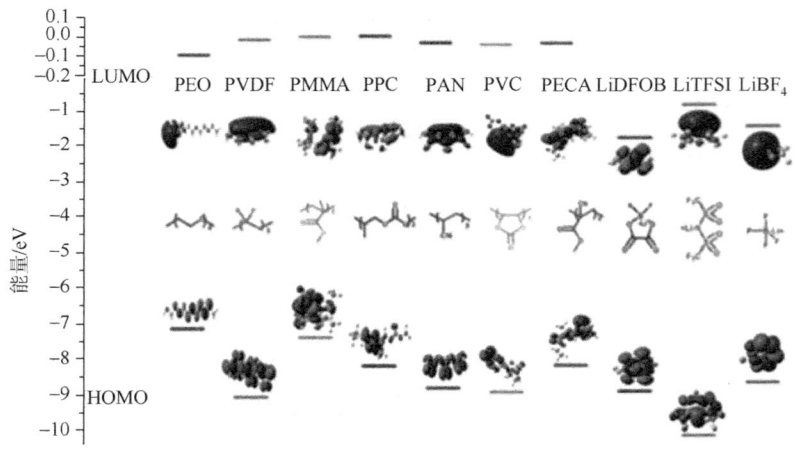

图 8.22 聚合物固体电解质中常用锂盐和聚合物的 HOMO 和 LUMO 能级[50]

由于 HOMO 能量低，塑料晶体丁二腈（SN）是高压锂电池的有效添加剂。在固态电池中，SN-LiTFSI 电解质显示出非常高的电化学稳定性，接近 6V，并且被认为是固态离子导体的通用基质。由 PVDF-HFP 和 SN 形成的塑料晶体复合电解质为 F-PCCE，而由乙氧基三羟甲基丙烷三丙烯酸酯（ETPTA）和塑料晶体电解质经过 UV 交联能够形成自支撑的塑料晶体复合电解质 X-PCCE，在 PVDF-HFP 中加入 LiTFSI 后，C≡N 键的 FTIR 峰位移和 T_m 位移均大于 X-PCCE FTIR 峰位移，与 X-PCCE 相比，在 F-PCCE 中可以预期 SN 和 LiTFSI 之间的相互作用相对较强。

增强氢键相互作用有利于增强聚合物电解质的负极稳定性。如上所述，氢键相互作用源自无机添加剂表面的—OH 基或带正电的氧空位。并且，不同的无机添加剂具有不同的路易斯酸特性。具有更多的—OH 基或带正电荷的空位的无机添加剂将对聚合物电解质的负极稳定性更好。改变无机添加剂的种类或表面积将导致氧化稳定性的不同改进。与添加无机颗粒（4.7V）相比，通过原位法形成的单分散超细 SiO_2 表现出更宽的电化学窗口（>5.5V）。

在 PMMA-PEO-$LiClO_4$-EC/PC 电解质中添加铁电体 $SrBi_4Ti_4O_{15}$，$SrBi_4Ti_4O_{15}$ 的自发极化与 PEO 的醚氧之间产生偶极-偶极相互作用。具有 $SrBi_4Ti_4O_{15}$ 添加剂的聚合物电解质的氧化稳定性（4.8V）远高于具有 Al_2O_3 和 TiO_2 的聚合物（4.0V）。

调节离子偶极和路易斯酸碱的相互作用是提高聚合物电解质电化学氧化稳定性的相当有效的策略。一方面，选择具有低 HOMO 能量并增加盐浓度的锂盐可以通过离子偶极相互作用显著增强聚合物电解质的抗氧化能力。特别地，增加 Li^+ 迁移数的离子偶极相互作用有助于聚合物电解质的抗氧化能力。另一方面，具有酸性或中性表面基团、带正电荷的表面空位和自发极化的无机添加剂将通过路易斯酸碱相互作用提高锂盐阴离子和聚合物的稳定性。然而，离子偶极或路易斯酸碱相互作用对聚合物基电解质电化学稳定性的影响机理仍缺乏令人信服的实验证据。近年来，长期高压电化学稳定性仍然是开发高能量密度锂电池中聚合物电解质的紧迫问题。

8.3.3 抑制锂枝晶

在使用锂金属作为负极的锂电池中，低电流密度下充电/放电，Li^+先转移到电极表面粗糙区域导致产生形态不稳定的 Li 晶体，称为"锂枝晶"。在高电流密度下充电/放电时，由于阳极附近电解质中的阴离子消耗产生空间电荷驱使离子远离树枝状生长区域并在树突尖端聚集，促进枝晶生长。锂枝晶的生长会引起一系列严重的问题，包括锂金属和电解质之间的副反应引起的活性锂金属的不可逆损失，造成电池容量的快速衰减，缩短电池的使用寿命，更严重的是，尖锐的锂枝晶能够刺穿电解质，造成电池内部短路，带来严重的安全隐患。因此，锂枝晶的生长不仅大大降低了能量密度和库仑效率，也会引起严重的安全问题。锂的不稳定沉积和枝晶的形成是锂离子和对应的阴离子的不均匀分布导致阳极表面产生大电场。根据锂枝晶的形成机理，消除锂枝晶形成的关键是使锂离子在锂金属表面均匀沉积。

抑制锂枝晶的常用方法如图 8.23 所示。固态聚合物电解质在锂离子及其抗衡阴离子之间的尺寸和迁移率存在很大差异时会提高电解质的锂离子迁移数和离子电导率，也可能会限制锂阳极表面空间电荷的形成，有利于抑制枝晶增长。使用碳酸亚乙烯酯形成刚性聚合物主链和含柔性醚氧的捕获阴离子的部分作为侧链在纤维素膜上原位法制备阴离子固定的 P(V-B)聚合物电解质，其在 25℃时离子电导率为 9.11×10^{-4}S/cm，杨氏模量为 2.41GPa，锂离子迁移率为 0.68。具有固定阴离子和高锂离子传递数的电解质会阻碍锂阳极表面空间电荷的形成，导致锂离子均匀扩散和稳定沉积。P(V-B)电解质的电池中锂阳极表面光滑且致密，没有裂纹。在 10~60℃温度范围内即使经过 100 次循环，也不会形成锂枝晶。采用聚四氟乙烯（PTFE）作为黏合剂和氟乙烯碳酸盐（FEC）作为添加剂，通过溶液浇铸结合热压制备的层状锂蒙脱土（LiMNT）-PEC-LiFSI 插层复合固体电解质（CSE），25℃下该电解质具有高离子电导率（3.5×10^{-4}S/cm）、宽电化学窗口（4.6V, vs. Li/Li^+）和高锂离子迁移率（0.83）。Li | 30PEC-70LiMNT-80LiFSI-15FEC-5PTFE | Li 对称电池在电流密度为 $0.5mA/cm^2$ 时可以稳定运行 315h。嵌入的固体电解质在抑制枝晶形成中起关键作用。通过简单的热熔融法制备 3D 锂复合阳极可进一步有效抑制锂枝晶。在锂的剥离/电镀过程中，3D 锂阳极具有较大比表面能的突起，可诱导活性位上形成高浓度的电子/离子，有利于通过降低有效电流密度来增加

锂沉积，实现均匀的锂沉积层。含 LiMNT 电解质的对称 3D 锂电池可以稳定运行达 600h。

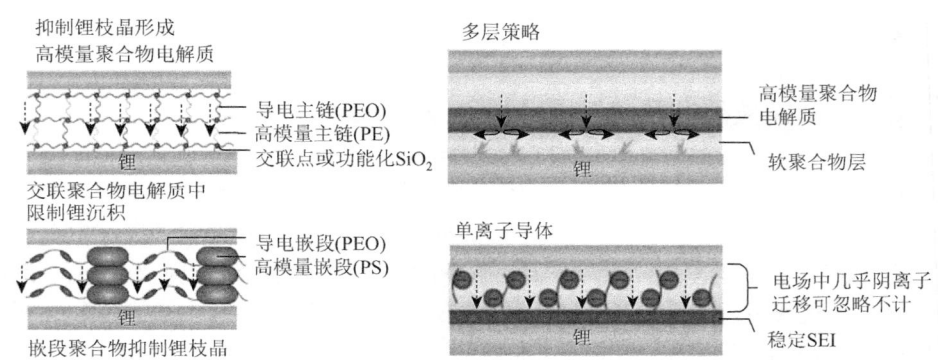

图 8.23　抑制锂枝晶形成的策略示意图

根据 Monroe 和 Newman 的理论模型，剪切模量为 Li 金属两倍的 SSE 可以抑制锂枝晶的增长。遗憾的是，大多数满足这一条件的均聚物是结晶的，没有足够的自由体积允许离子在电解液中运动。高模量和高导电性聚合物的设计引起了人们的关注，对交联电解质、嵌段共聚物和多功能聚合物已经有了一些研究。具有高模量聚苯乙烯嵌段和离子导电性 PEO 嵌段的嵌段共聚物电解质表现出出色的抑制枝晶生长的能力。刚性的聚苯乙烯嵌段使电流密度从生长的树枝状结构的尖端偏离，从而使它们变平并阻止其生长。然而，由于该电解质的电导率低而只能在高温下使用。一种在不降低机械性能的情况下获得富含非晶相的材料的方法是聚合物链交联。与高分子量 PEO 相比，聚乙烯 PEO 交联电解质的聚乙烯链段提供了高模量功能，而 PEO 嵌段用作离子导电链段，室温离子电导率达 10^{-5}S/cm，并且将电池寿命延长了一个数量级。由于聚合物对金属阳极的机械和化学稳定性，人们越来越多地考虑将它应用于金属阳极的涂层，从而解决与不稳定的金属电沉积相关的机械和化学不稳定性问题。通过使用交联的聚合物涂层来控制沉积的 Li 的形态，在聚合物涂层中，由于 Li 树枝状晶体的生长，氢键适应体积变化，从而导致更密集、更均匀的锂沉积。具有低表面能和高介电常数的聚合物涂层可导致 Li 的最稳定沉积，从而抑制锂枝晶。

研究证明，单离子导体的固体电解质能够有效抑制锂枝晶，除了典型的锂磷氮氧化物（LiPON）和 $Li_{4-x}Ge_{1-x}P_xS_4$（thio-LISICON）之外，多孔配位聚合物金属有机骨架（MOF）也被作为单离子导体而备受关注。例如，将新的大阴离子基团锚定在金属有机骨架上，获得卓越的单离子导电电解质。利用后合成修饰方法，将三氟甲磺酸锂与 UiO-66-NH$_2$ 的氨基配位得到单离子导电固体电解质，这样的单离子导电固体电解质具有高离子电导率（2.07×10^{-4}S/cm，25℃）、0.31eV 的低活化能、高达 4.52V 的宽电化学窗口以及较高的 Li^+ 迁移数（0.84）。同时，它可以有效抑制锂枝晶的形成。以 $LiFePO_4$ 作为阴极的固态电池具有出色的倍率性能和循环稳定性，特别是对于低温锂金属电池。更重要的是，基于 MOF-SSE 的全固态电池在不同的电流密度下也具有近 100%的库仑效率。

通过将异丙醇锂（LiO(i)Pr）添加到具有开放金属位点的金属-有机框架 Mg_2(dobdc)中得到一种新型的固体 Mg_2(dobdc)·0.35LiO(i)Pr·0.25$LiBF_4$·EC·DEC 电解质（dobdc= 1,4-dioxido-2,5-苯二羧酸酯；EC = 碳酸亚乙酯；DEC =碳酸二乙基）。醇盐阴离子优先被 Mg^{2+}固定，而 Li^+阳离子沿 MOF 通道自由移动，实现了高锂离子电导率（3.1×10^{-4}S/cm）。具有管状孔的偶氮铜（Ⅱ）MOF（MIT-20）通过暴露的金属位置以固定卤化物/拟卤化物阴离子，导致一维孔内的阳离子自由迁移。获得的单离子导体固体电解质的离子电导率可达 4.4×10^{-4}S/cm。MOF 上的功能基团或者暴露的金属位点也允许 MOF 基膜选择性筛分离子，MOF 均匀有序的微孔结构和狭窄孔径窗口有助于调控锂离子的均匀沉积，从而抑制锂枝晶的形成。MOF 单离子导体的开发为可充电电池新型电解质的发展提供了一个新机会。

在金属有机骨架的开放金属位点上配位电解质中的阴离子可用来实现单离子电解质的多功能化。对活化能和理论量子力学计算的研究表明，Li^+在 Cu-MOF-74 孔中的迁移遵循 Grotthuss 机理，通过高氯酸盐基团之间的锂离子的络合跳跃传递电荷。当单离子电解质用于 Li/Li 对称电池和 Li/$LiFePO_4$ 全电池时，Li 枝晶被抑制。Cu-MOF-74 与 PTFE 以 9∶1 混合压片后在 1mol/L $LiClO_4$ DOL/DME 电解质中浸渍得到电解质。计算出的 Li 迁移数为 0.82，未经干燥的电解质离子电导率高达 10^{-3}S/cm，具有较低的激活能，为 0.13eV；干燥后的电解液离子电导率减少到 10^{-5}S/cm，活化能为 0.29eV。2000 次循环，单离子电解质所实现的比容量为 106.5mA·h/g，容量保持率超过 75%。目前为止，这是 Li/$LiFePO_4$ 全电池有史以来最长的循环寿命。

8.3.4 减小界面电阻

正如前面所述，固态电池通常由正极材料、固体电解质及负极（锂金属）材料组成，三者之间为固-固接触，存在着正极-电解质界面、电解质内部的晶界（无机固态电解质）、聚合物-无机填料界面（复合电解质）以及电解质-锂金属界面，电池循环过程中在正极侧存在电解质与正极活性材料间的化学反应而形成正极-电解质中间相 CEI，而在负极侧则形成固体电解质中间相 SEI，而导致界面电阻增大、电池容量衰减，进而影响电池的循环寿命。电解质/电极的界面特性在固态锂电池的倍率和循环稳定性方面起着关键作用。研究固态电池中的界面问题引起了大家的广泛关注，最近报道了很多这方面的综述文章。为了获得良好的固体电解质/电极界面，常用策略包括使用纳米级 3D 支架、聚合物缓冲层和界面润湿，以实现电解质和电极之间的原位反应等。采用这些方法对电解质改性后可以显著降低电解质的面电阻，如表 8.7 所示。

表 8.7　改性对电解质的面电阻的影响

电解质	改性剂	方法	面电阻/($\Omega \cdot cm^2$，改性前)	面电阻/($\Omega \cdot cm^2$，改性后)
LLZTO	Au	喷金	1868	30
LATP	ZnO	磁控溅射	80554	353
LLZTO	全氢聚硅氧烷	旋涂	1046	49
LLZTO	HCl 溶液	—	940	26
LLZTO	H_3PO_4	—	1126	7
LLZNO	S	喷涂	1750	160
LLZTO	石墨烯	涂布	3062	40
LGPS	离子液体	—	2021	142
LLZTO	FEC-LiTFSI-SN	涂布	13000	560

1. 无机固态电解质的表面改性

LLZO 与金属 Li 有着优异的电化学稳定性，但许多研究报道了其具有较高的界面电阻（ASR）。典型的阻抗值达到数百 $k\Omega \cdot cm^2$，这表明 Li 与 LLZO 黏附性差或 LLZO 表面杂质（如 Li_2CO_3）导致了 Li 和 LLZO 之间较差的物理接触。为了改善金属 Li 与 LLZO 界面接触差的问题，当前采用较多的技术手段包括原子层沉积（ALD）、溅射、湿法处理、热蒸发、抛光、加热等。其中，将 Li 加热熔化以改善界面接触是最直接且简单的方法。据报道，在加热后，界面电阻在室温下下降至 $25\sim 28\Omega \cdot cm^2$。$Li_2CO_3$ 钝化层的形成同样会阻碍 Li 对 LLZO 表面的黏附。采用湿法（乙二醇基添加剂）抛光石榴石表面可以更进一步降低 Li-LLZO 界面电阻至 $2\Omega \cdot cm^2$。在合成过程中添加 2%（质量分数）LiF 以降低 H_2O 和 CO_2 在 LLZO 中的扩散，以此来抑制 Li_2CO_3 的形成。LiF 的添加使 Li 和石榴石之间的 ASR 降低至 $345\Omega \cdot cm^2$。在已报道的文献中，Al_2O_3 的 ALD 效果是最好的。该方法可以将室温下的 ASR 从 $1710\Omega \cdot cm^2$ 降低至 $1\Omega \cdot cm^2$，效果十分显著。在 ALD 处理过的 LLZO 表面上熔融金属 Li 时，Al_2O_3 层的存在增加了界面接触面积，同时抑制了 Li_2CO_3 的形成。尽管 ALD 非常有效，但由于较高的成本和操作的复杂性，ALD 法在商业应用中并不普及。简单的抛光可能对于实际应用来说更具吸引力。

无机固态电解质表面的 Li_2CO_3 污染引起电解质与电极间形成弱接触界面，采用酸除去 LLZTO 表面的 Li_2CO_3，使其恢复原本亲锂的界面。在 30℃时，SSE/Li 界面电阻从 940$\Omega \cdot cm^2$ 急剧降低至 26$\Omega \cdot cm^2$。此外，酸处理的 LLZTO/Li 界面在循环过程中保持稳定，使 Li 对称电池在 30℃下 0.2mA/cm^2 可连续循环 700h。用 H_3PO_4 与 LLZTO 表面的 Li_2CO_3/LiOH 钝化层反应形成均匀的 Li_3PO_4 改性层来改善锂负极与石榴石型固态电解质 LLZTO 的界面状况。Li_3PO_4 层不仅通过减小表面能的显著差异来促进界面润湿性，而且还产生了坚固的 SEI 膜抑制锂枝晶渗透。将锂金属/电解质间的界面电阻从 1126$\Omega \cdot cm^2$ 降低至 7$\Omega \cdot cm^2$。

在石榴石型无机固态电解质和锂金属阳极之间引入亲锂无机层有助于降低界面电阻。这种亲锂层的例子包括锂化的 Si，以及原子层沉积的 Al_2O_3、ZnO 和 Ge。通过焊接方法在石榴石陶瓷表面形成薄薄的人造硫层可以形成均匀稳定的锂/固体电解质界面。该人造界面有效地增强了石榴石型固体电解质和锂金属负极之间的界面相容性。基于硫改性石榴石电解质的锂/锂对称电池的界面电阻从 1750$\Omega \cdot cm^2$ 显著降低到 160$\Omega \cdot cm^2$。

无机固态电解质 LATP 对锂金属不稳定，容易被锂金属还原，采用化学惰性和机械强度高的氮化硼（BN）作为界面保护剂，当在 Li/BN 界面上复合 1~2mm 厚的 PEO 聚合物电解质时，Li/Li 对称电池在 0.3mA/cm^2 时的循环寿命超过 500h。$LiFePO_4$/LATP/BN/PEO/Li 固态电池在 500 次循环后显示出 96.6%的高容量保持率。这项研究提供了一种对锂不稳定的固体电解质的保护策略，并为在固态锂金属电池中应用提供了可能性。将 5% BN 引入到熔融的金属锂中组成合金（Li-BNNS），来改善石榴石型固态电解质 LLZTO 与金属锂的界面问题。熔融的金属锂与 LLZTO 的接触角有了明显的降低，润湿性能大大提高，黏附力也显著增强了，两者的结合更为紧密。将锂与 LLZTO 之间的界面电阻从 560$\Omega \cdot cm^2$ 降至 9$\Omega \cdot cm^2$。

在石榴石型固态电解质表面喷金，覆盖上一层金缓冲层，锂/锂对称电池的界面电阻由 1868$\Omega \cdot cm^2$ 降至 30$\Omega \cdot cm^2$。采用湿法处理技术，将 $Zn(NO_3)_2$ 溶液均匀分布在 LLZO 表面并使其热分解形成 ZnO，同样有效地降低了 Li 和 LLZO 之间的界面电阻（ASR）。在 LLZTO 电解质表面引进 $AgNO_3$ 水溶液构建一层亲锂层，固态电解质和 Li 负极之间的 ASR 大大降低至 4.5$\Omega \cdot cm^2$，在 0.2mA/cm^2 的条件下长时间稳定循环 3500h，临界电流密度最高可达 0.75mA/cm^2。在 $Li_{1.4}Al_{0.4}Ti_{1.6}(PO_4)_3$（LATP）与锂负极接触一侧表面磁控溅射喷涂上一层超薄 ZnO。ZnO 层可与 Li 原位反应形成低电子电导率和多功能 SEI 膜。形成的 SEI 不仅可以有效降低界面电阻，而且可以克服 LATP 与锂金属负极的副反应，并抑制锂枝晶的生长。具体而言，界面电阻从 80554$\Omega \cdot cm^2$ 降低至 353$\Omega \cdot cm^2$，过电位从 1V 降低至 20mV。结果，Li/ZnO@LATP@ZnO/Li 对称电池在 0.05mA/cm^2 的条件下可以稳定地循环 2000h 以上而不会发生短路，并且 Li/ZnO@LATP/$LiFePO_4$ 电池在 0.1C 倍率下循环 200 次时，表现出出色的循环稳定性。

2. 在界面建立缓冲层

添加少量的碳酸酯基液体电解质、离子液体或通过聚合物原位聚合形成的软聚合物基质以形成润湿缓冲层是减小电解质与电极间界面电阻的一种简单而有效的方法。在锂金属负极和固态聚合物电解质之间引入自适应缓冲层（ABL）来改善这种固-固界面问题并在电池循环期间保持良好的界面接触。ABL 由低分子量碳酸聚丙二醇酯、聚环氧乙烷（PEO）和锂盐组成。流变实验表明，与仅使用 PEO 的 PSE 相比，ABL 具有黏弹性，并且流动性更高，还具有更高的离子电导率。在存在 ABL 的情况下，Li/ABL/PSE/LiFePO$_4$ 电池的界面电阻在 150 次循环后仅增加了 20%，而没有 ABL 的电池的界面电阻增加了 117%。

3D 交联的凝胶聚合物界面层可以缓解 LATP 和 Li 金属之间的应力。将适量的聚乙二醇双环氧丙烷醚（PEGDE）、二苯基磷氧（DPPO）和 PVDF-HFP 溶解在 DMF 溶剂中，涂布，在 80℃加热 48h 以蒸发 DMF 并完成反应得到 3D 交联的聚合物 DGPE。组装的 LFP/LAGP/3DGPE/Li 电池在室温下表现出出色的电化学性能（在 1C 下提供 148mA·h/g 的放电比容量，在 0.3C 下进行 300 次循环后的容量保持率为 91.2%）。

在固态电解质 Li$_{10}$GeP$_2$S$_{12}$（LGPS）和金属锂负极之间引入离子液体[1mol/L 双三氟甲烷磺酰亚胺锂（LiTFSI）/N-甲基-N-丙基吡咯烷鎓双三氟甲烷磺酰胺（PYR13TFSI）]作为界面改性剂，来增强二者的界面稳定性。通过形成原位 SEI 层，电极/固体电解质（即 Li/LGPS）处的界面稳定性显著提高。Li/LGPS/Li 界面电阻从 2021Ω·cm^2 降低到 142Ω·cm^2，并实现了稳定的 Li 嵌入/脱出性能（0.038mA/cm^2 时超过 1200h，0.1mA/cm^2 时超过 1000h）。

3. 正极/电解质界面

正极材料与电解质界面的构筑目前研究得较少。因固体电解质和正极材料直接接触，可以通过调整固体电解质的组成来改善稳定性，从而有效地抑制空间电荷层以及界面反应的发生。氧化物电解质和氧化物正极界面相容性好，氧掺杂作为最普遍的改性方法之一，可以有效地改善电解质自身的稳定性及其和氧化物正极间的界面稳定性。提高硫化物固体电解质稳定性最常用的策略是采用氧部分替代硫，因为氧离子与氧化物正极的晶格失配度较低，此外氧化物的电化学稳定性较高，用氧部分代替硫可以抑制氧从氧化物正极进入硫化物电解质，因此氧掺杂可以大大抑制硫化物基固态电池的界面反应。通过球磨法制备了氧掺杂硫化物固体电解质 7Li$_2$O-68Li$_2$S-25P$_2$S$_5$，结果表明氧掺杂可以有效地抑制界面处的元素扩散和不良界面反应，其组装的全固态电池晶界电阻的增加和容量的衰减都远低于基于 75Li$_2$S-25P$_2$S$_5$ 电解质的全固态锂电池。将 V$_2$O$_5$ 涂覆在 Li$_7$La$_{2.75}$Ca$_{0.25}$Zr$_{1.75}$Nb$_{0.25}$O$_{12}$

颗粒上，随后将其加热至 800℃，该电解质的室温 ASR 降低至 71Ω·cm^2。

在正极侧引入缓冲层也是提高正极/电极之间界面稳定性的有效方法。电化学稳定的界面包覆层可以起到桥梁的作用，缓解界面处电解质与正极之间的化学电位差，提高界面稳定性。理想的缓冲层应该有以下特点：①低的电子电导率以及和氧化物正极接近的对锂氧化还原电位，这可以抑制空间电荷层的形成以及避免硫化物固体电解质被高压正极氧化；②宽的电化学窗口，避免充放电过程中自身分解；③高的锂离子电导率，有利于电池循环过程中锂离子穿过缓冲层；④和正极晶格失配度低，可以有效防止体积变化过程中缓冲层的脱落。根据上述条件，研究者们尝试了多种涂覆方法来实现缓冲层的有效包覆。

通过脉冲激光沉积技术，在 $Li_{6.75}La_3Zr_{1.75}Nb_{0.25}O_{12}$ 上沉积 $LiCoO_2$，在 3.95V（vs. Li/Li$^+$）充电状态下正极-电解质界面处的 ASR 为 170Ω·cm^2，与液态有机电解质的 ASR 值相当。在正极材料上涂布均匀的 LLZO 电解质层，并且用热压法压实电解质/正极的结构，由于涂布和热压，电解质和正极之间的界面接触得到了明显改善。通过室温 PLD 物理气相沉积法在 $LiNi_{0.5}Mn_{1.5}O_4$ 正极上制备 100nm 的 Li_3PO_4 薄膜，组装成固态电池后，未包覆的 $LiNi_{0.5}Mn_{1.5}O_4$ 无法实现可逆循环，而包覆后的循环良好，显然，Li_3PO_4 缓冲层明显降低了正极和电解质之间的界面电阻。

参 考 文 献

[1] 许晓雄，李泓. 为"全固态锂电池"正名[J]. 储能科学与技术，2018，7：1-7.

[2] Goodenough J B. How we made the Li-ion rechargeable battery[J]. Nat Electron，2018，1：204.

[3] 陈立泉. 四十年固态锂电池——回顾与展望[J]. 储能科学与技术，2016，5：605-606.

[4] 李泓. "长续航动力锂电池新材料与新体系研究"项目介绍[J]. 储能科学与技术，2016，5：915-918.

[5] Oh P，Lee H，Park S，et al. Improvements to the overpotential of all-solid-state lithium-ion batteries during the past ten years[J]. Adv Energy Mater，2020，10（24）：2000904.

[6] Zhao Q，Stalin S，Zhao C Z，et al. Designing solid-state electrolytes for safe，energy-dense batteries[J]. Nat Rev Mater，2020，5：229-252.

[7] 姜鹏峰，石元盛，李康万，等. 固态电解质锂镧锆氧（LLZO）的研究进展[J]. 储能科学与技术，2020，9（2）：523-537.

[8] Tufail M K，Zhai P，Jia M，et al. Design of solid electrolytes with fast ion transport：computation-driven and practical approaches[J]. Energy Mater Ad，2023，4：0015.

[9] Zheng Y，Yao Y，Ou J，et al. A review of composite solid-state electrolytes for lithium batteries：fundamentals，key materials and advanced structures[J]. Chem Soc Rev，2020，49：8790-8839.

[10] Fan L，Wei S，Li S，et al. Recent progress of the solid-state electrolytes for high-energy metal-based batteries[J]. Adv Energy Mater，2018，8：1702657.

[11] Famprikis T，Canepa P，Dawson J A，et al. Fundamentals of inorganic solid-state electrolytes for batteries[J]. Nat Maters，2019，18：1278-1291.

[12] Wu Z, Xie Z, Yoshidab A, et al. Utmost limits of various solid electrolytes in all-solid-state lithium batteries: a critical review[J]. Renew Sust Energy Rev, 2019, 109: 367-385.

[13] Kasper H M. Series of rare earth garnets $Ln_3M_2Li_3O_{12}$(M = Te,W) [J]. Inorg Chem, 1969, 8 (4): 1000-1002.

[14] Thangadurai V, Kaack H, Weppner W J F. Novel fast lithium ion conduction in garnet-type $Li_5La_3M_2O_{12}$ (M = Nb, Ta) [J]. Chem Inform, 2003, 34 (27): 437-440.

[15] Murugan R, Thangadurai V, Weppner W. Fast lithium ion conduction in garnet-type $Li_7La_3Zr_2O_{12}$[J]. Angew Chem Int Ed, 2007, 46: 7778-7781.

[16] 杨建锋, 李林艳, 吴振岳, 等. 无机固态锂离子电池电解质的研究进展[J]. 储能科学与技术, 2019, 8: 829-837.

[17] Li W, Wu G, Araújo C M, et al. Li^+ ion conductivity and diffusion mechanism in α-Li_3N and β-Li_3N[J]. Energy Environ Sci, 2010, 3: 1524-1530.

[18] Suzuki N, Inaba T, Shiga T. Electrochemical properties of LiPON films made from a mixed powder target of Li_3PO_4 and Li_2O[J]. Thin Solid Films, 2012, 520: 1821-1825.

[19] Bates J B, Dudney N J, Gruzalski G R, et al. Fabrication and characterization of amorphous lithium electrolyte thin films and Rechargeable thin-film batteries[J]. J Power Sources, 1993, 43 (1-3): 103-110.

[20] Dudney N J, Neudecker B J. Solid state thin-film lithium battery systems[J]. Curr Opin Solid State Mater Sci, 1999, 4 (5): 479-482.

[21] Liang J, Li X, Wang C, et al. Current status and future directions in environmental stability of sulfide solid-state electrolytes for all-solid-state batteries[J]. Energy Mater Adv, 2023, 2023: 0021.

[22] Jonathan L, DeBlock R H, Danielle B M, et al. Sulfide solid electrolytes for lithium battery applications[J]. Adv Energy Mater, 2018, 8: 1800933.

[23] Zhao S, Wu Q, Ma W, et al. Polyethylene oxide-based composites as solid-state polymer electrolytes for lithium metal batteries: a mini review[J]. Front Chem, 2020, 8: 640.

[24] 杜奥冰, 柴敬超, 张建军, 等. 锂电池用全固态聚合物电解质的研究进展[J]. 储能科学与技术, 2016, 5: 627-648.

[25] Zhao W, Hu Y, Chen L. Some studies on electrolytes for lithium ion batteries[J]. J Power Sources, 2005, 146: 51-57.

[26] Li L, Deng Y, Chen G. Status and prospect of garnet/polymer solid composite electrolytes for all-solid-state lithium batteries[J]. J Energy Chem, 2020, 50: 154-177.

[27] Zhang H, Zhang J, Ma J, et al. Polymer electrolytes for high energy density ternary cathode material-based lithium batteries[J]. Electrochem Energy Rev, 2019, 2: 128-148.

[28] Gao H, Grundish N, Zhao Y, et al. Formation of stable interphase of polymer-in-salt electrolyte in all-solid-state lithium batteries[J]. Energy Mater Adv, 2021, 2021: 1932952.

[29] Zhang X, Wang S, Xue C, et al. Self-suppression of lithium dendrite in all-solid-state lithium metal batteries with poly(vinylidene difluoride)-based solid electrolytes[J]. Adv Mater, 2019, 31: 1806082.

[30] Zhang J, Zhao J, Yue L, et al. Safety-reinforced poly(propylene carbonate)-based all-solid state polymer electrolyte for ambient-temperature solid polymer lithium batteries[J]. Adv Energy Mater, 2015, 5 (24): 1501082.

[31] Lin Y, Li J, Lai Y. A wider temperature range polymer electrolyte for all-solid state lithium ion batteries[J]. RSC Adv, 2013, 3 (27): 10722-10730.

[32] Yuan H, Luan J, Yang Z, et al. Single lithium-ion conducting solid polymer electrolyte with superior electrochemical stability and interfacial compatibility for solid-state lithium metal batteries[J]. ACS Appl Mater Interfaces, 2020, 12: 7249-7256.

[33] Bouchet R, Maria S, Meziane R, et al. Single-ion BAB triblock copolymers as highly efficient electrolytes for lithium-metal batteries[J]. Nat Mater, 2013, 12: 452-457.

[34] Li H, Lian F, Meng N, et al. Constructing electronic and ionic dual conductive polymeric interface in the cathode for high-energy-density solid-state batteries[J]. Adv Funct Mater, 2021, 31: 2008487.

[35] Liu W, Lee S W, Lin D, et al. Enhancing ionic conductivity in composite polymer electrolytes with well-aligned ceramic nanowires[J]. Nat Energy, 2017, 2: 17035.

[36] Huang Z, Pang W, Liang P, et al. A dopamine modified $Li_{6.4}La_3Zr_{1.4}Ta_{0.6}O_{12}$/PEO solid-state electrolyte: enhanced thermal and electrochemical properties[J]. J Mater Chem A, 2019, 7: 16425-16436.

[37] Wang X, Zhai H, Qie B, et al. Rechargeable solid-state lithium metal batteries with vertically aligned ceramic nanoparticle/polymer composite electrolyte[J]. Nano Energy, 2019, 60: 205-212.

[38] Li X L, Wang X Y, Shao D S. Preparation and performance of poly(ethylene oxide)-based composite solid electrolyte for all solid-state lithium batteries[J]. J Appl Polym Sci, 2019, 136: 47498.

[39] Ban X, Zhang W, Chen N. A high-performance and durable poly(ethylene oxide)-based composite solid electrolyte for all solid-state lithium battery[J]. J Phys Chem C, 2018, 122(18): 9852-9858.

[40] Zhao Y, Zhen H, Chen S. A promising PEO/LAGP hybrid electrolyte prepared by a simple method for all-solid-state lithium batteries[J]. Solid State Ionics, 2016, 295: 65-71.

[41] Cheng S H S, He K Q, Liu Y. Electrochemical performance of all-solid-state lithium batteries using inorganic lithium garnets particulate reinforced PEO/LiClO$_4$ electrolyte[J]. Electrochim Acta, 2017, 253: 430-438.

[42] He Z, Chen L, Zhang B, et al. Flexible poly(ethylene carbonate)/garnet composite solid electrolyte reinforced by poly(vinylidene fluoride-hexafluoropropylene) for lithium metal batteries[J]. J Power Sources, 2018, 392: 232-238.

[43] Chen L, Li W, Fan L Z, et al. Intercalated electrolyte with high transference number for dendrite-free solid-state lithium batteries[J]. Adv Funct Mater, 2019, 29: 1901047.

[44] Angulakshmi N, Zhou Y, Suriyakumar S, et al. Microporous metal-organic framework (MOF) -based composite polymer electrolyte (CPE) mitigating lithium dendrite formation in all-solid-state-lithium batteries[J]. ACS Omega, 2020, 5: 7885-7894.

[45] Zhu F, Bao H, Wu X, et al. High-performance metal-organic framework-based single ion conducting solid-state electrolytes for low-temperature lithium metal batteries[J]. ACS Appl Mater Interfaces, 2019, 11: 43206-43213.

[46] Bai S, Sun Y, Yi J, et al. High-power Li-metal anode enabled by metal-organic framework modified electrolyte[J]. Joule, 2018, 2: 2117-2132.

[47] Zhao R, Wu Y, Liang Z, et al. Metal-organic frameworks for solid-state electrolytes[J]. Energy Environ Sci, 2020, 13: 2386-2403.

[48] Xu W, Pei X, Diercks C S, et al. A metal-organic framework of organic vertices and polyoxometalate linkers as a solid-state electrolyte[J]. J Am Chem Soc, 2019, 141: 17522-17526.

[49] Wang Z, Tan R, Wang H, et al. A metal-organic-framework-based electrolyte with nanowetted interfaces for high-energy-density solid-state lithium battery[J]. Adv Mater, 2018, 30: 1704436.

[50] Zhou Q, Ma J, Dong S, et al. Intermolecular chemistry in solid polymer electrolytes for high-energy-density lithium batteries[J]. Adv Mater, 2019, 31: 1902029.

[51] Mackanic D G, Michaels W, Lee M, et al. Crosslinked poly(tetrahydrofuran) as a loosely coordinating polymer electrolyte[J]. Adv Energy Mater, 2018, 8: 1800703.

[52] Chen Y, Shi Y, Liang Y, et al. Hyperbranched PEO-based hyperstar solid polymer electrolytes with simultaneous improvement of ion transport and mechanical strength[J]. ACS Appl Energy Mater, 2019, 2: 1608-1615.

[53] Yang L Y, Wei D X, Xu M, et al. Transferring lithium ions in nanochannels: a PEO/Li$^+$ solid polymer electrolyte design[J]. Angew Chem Int Ed, 2014, 53: 3631-3635.

[54] Imholt L, Dong D, Bedrov D, et al. Supramolecular self-assembly of methylated rotaxanes for solid polymer electrolyte application[J]. ACS Macro Lett, 2018, 7: 881-885.

[55] Cui M, Lee P S. Solid polymer electrolyte with high ionic conductivity via layer-by-layer deposition[J]. Chem Mater, 2016, 28: 2934-2940.

[56] Zhang X, Xie J, Shi F, et al. Vertically aligned and continuous nanoscale ceramic-polymer interfaces in composite solid polymer electrolytes for enhanced ionic conductivity[J]. Nano Lett, 2018, 18: 3829-3838.

[57] Bae J, Li Y, Zhao F, et al. Designing 3D nanostructured garnet frameworks for enhancing ionic conductivity and flexibility in composite polymer electrolytes for lithium batteries[J]. Energy Storage Mater, 2018, 15: 46-52.

[58] Xu Z, Yang T, Chu X, et al. Strong Lewis acid-base and weak hydrogen bond synergistically enhancing ionic conductivity of poly(ethylene oxide)@SiO$_2$ electrolyte for a high rate capability Li-metal battery[J]. ACS Appl Mater Interfaces, 2020, 12: 10341-10349.

[59] Zhu L, Zhu P, Fang Q, et al. A novel solid PEO/LLTO-nanowires polymer composite electrolyte for solid-state lithium-ion battery[J]. Electrochim Acta, 2018, 292: 718-726.

[60] Li Y, Zhang W, Dou Q, et al. Li$_7$La$_3$Zr$_2$O$_{12}$ ceramic nanofiber-incorporated composite polymer electrolytes for lithium metal batteries[J]. J Mater Chem A, 2019, 7: 3391-3398.

[61] Yang T, Zheng J, Cheng Q, et al. Composite polymer electrolytes with Li$_7$La$_3$Zr$_2$O$_{12}$ garnet-type nanowires as ceramic fillers: mechanism of conductivity enhancement and role of doping and morphology[J]. ACS Appl Mater Interfaces, 2017, 9: 21773-21780.

[62] Liu W, Liu N, Sun J, et al. Ionic conductivity enhancement of polymer electrolytes with ceramic nanowire fillers[J]. Nano Lett, 2015, 15: 2740-2745.

[63] Wan Z, Lei D, Yang W, et al. Low resistance-integrated all-solid-state battery achieved by Li$_7$La$_3$Zr$_2$O$_{12}$ nanowire upgrading polyethylene oxide (PEO) composite electrolyte and PEO cathode binder[J]. Adv Funct Mater, 2019, 29: 1805301.

[64] Duan H, Fan M, Chen W P, et al. Extended electrochemical window of solid electrolytes via heterogeneous multilayered structure for high-voltage lithium metal batteries[J]. Adv Mater, 2019, 31: 1-7.

09

新型复合隔膜的设计与制造

已经过去的三十年是锂离子电池研究及锂离子电池产业蓬勃发展的时期。随着锂金属负极在锂离子电池中应用的增多，锂离子电池和锂电池的界限已经变得十分模糊，似乎应该有一个广义的锂电池新概念。另外，锂硫电池经过十几年的快速发展也从基础研究的层面逐步走向应用。锂硫电池对隔膜的额外要求就是帮助抑制多硫化物的穿梭。除此之外，锂硫电池基本上可以与锂离子电池共享隔膜，当然还可以共享锂电池的概念。另外，固态电池发展速度之快或多或少有些超出我们的预料。特别是，当"准固态"的折中方案逐渐被接受，我们似乎对看好全固态锂电池的未来增添了信心。

锂电池隔膜发展的方向和路线图在我们的视野里也逐渐清晰，那就是要提高安全性、突出某些方面的功能性，基本的方法是材料和结构的复合化。因此，我们以隔膜材料的热稳定性为纵向、以同种材料制膜需要研究的技术为横向设计了一个发展路线图，见图9.1。

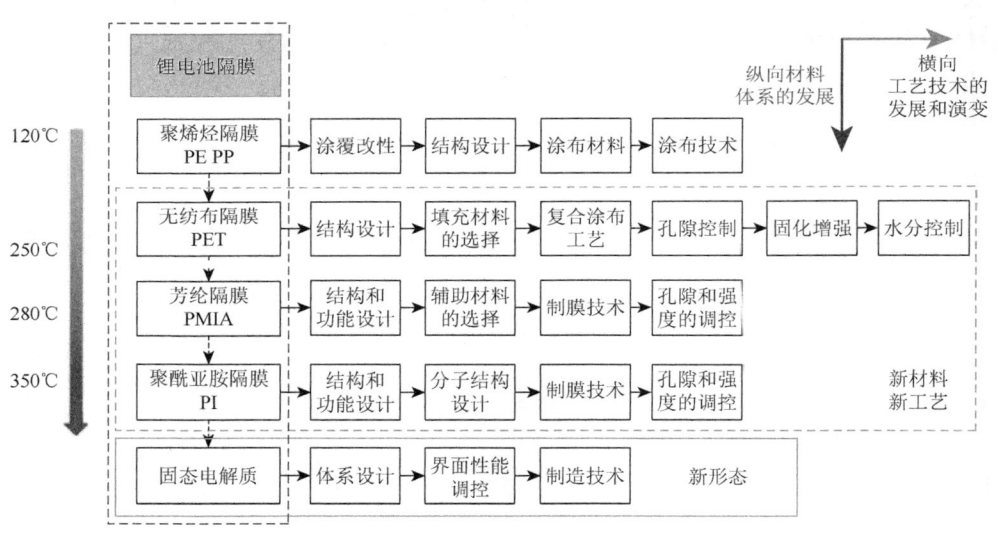

图9.1　锂电池隔膜发展的纵与横

发展的纵向是材料演变的方向，从耐温性较差（熔点或玻璃化转变温度较低）的聚合物发展到耐温性较强的材料。聚乙烯和聚丙烯的熔点分别约为135℃和160℃；聚酯的熔点接近250℃；芳纶的玻璃化转变温度在270～290℃；聚酰亚胺的玻璃化转变温度大多在300～400℃之间。未来实用化的固态电解质预计以有机和无机材料的复合物为主，受热时的稳定性可能更好。

不同特性的材料有各自不同的应用场景和价值，存在独立发展的内在动力；针对具体材料的本征特性制定的发展目标相对具体。聚烯烃隔膜的主要不足是高温下收缩比例大、对电解液的吸收和保持比例较低，改进策略以增加功能涂层为主；其制造和精密涂布技术都已高度发展、效率很高，因此涂覆改性的聚烯烃隔膜在可以预见的未来仍将保持较强的生命力、占据一定的市场份额。同时，附加功能层的变化以及不同功能层的组合也会给复合隔膜添加丰富的新特性。无纺布不能独立作为电池隔膜使用，与其他材料复合是将其制成隔膜的必要环节；其中也就存在填充材料的选择、填充材料与基体材料结合力的调控、黏结力强弱与孔隙结构之间的平衡、填充材料固化的方法与速度、成本控制等需要考虑的关键问题。将芳纶制成电池隔膜或者作为复合隔膜的一种材料，一些关键问题尚无明确的结论；特别地，隔膜制造中最核心的问题如制膜工艺、孔结构的调控等对制造芳纶隔膜而言尤为突出。聚酰亚胺制膜面临的问题与芳纶类似但更为复杂；而且聚酰亚胺是一类聚合物的统称，在分子结构设计层面就有无数变化，制膜工艺和亚胺化工艺是难点。关于固态电解质，本书安排了一个独立的章节进行介绍和讨论，对它的理解在研究界也是见仁见智。本书作者把固态电解质定义为广义电池隔膜的一个类型，提高柔性和离子电导率、改善电解质/电极界面等是其发展要解决的重要问题。

9.1 新型隔膜应新在何处

怎样的隔膜才足以称为新型隔膜呢？新型隔膜至少需要具备以下几个特征：①有工业化生产和实际应用的前景；②不是现有商品化隔膜的改性产品；③有创新型的制备工艺；④有创新的结构设计；⑤其性能较聚乙烯或聚丙烯隔膜在某方面有明显的提升。近年来，每年发表的研究隔膜的论文都很多，但基本上是在聚乙烯隔膜和聚丙烯隔膜的基础上以涂层改性为主。

9.1.1 材料

从基础材料的种类来看，近期关注度较高的是 PMIA、PI、PEO。PEO 是制备固态电解质最常用的材料，虽然目前鲜有单独使用 PEO 制备液态锂电池隔膜的报道，但是把它与其他材料形成复合物的研究却不少。从实际效果看，PEO 确实可以给复合材料带来一些所期待的性能，如 PEO 与 PE 的交联、PEO 对芳纶纤维的包覆等。

PVDF 及其衍生物是锂电池不可或缺的重要材料，研究领域也没有放弃把 PVDF 制造成独立隔膜的努力。鉴于 PVDF 成膜的特点和本身质软的物性，考虑将其作为凝胶电解质或固态电解质的主要成分。

芳纶是聚合物中的明星材料。间位芳纶（聚间苯二甲酰间苯二胺，PMIA），俗称芳纶-1313，由杜邦（DuPont）公司于 1961 年研发成功，并于 1967 年实现产品化，商品名为 Nomex；对位芳纶（聚对苯二甲酰对苯二胺，PPTA），俗称芳纶-1414、芳纶Ⅱ，由杜邦公司于 1965 年开发成功，并于 1972 年实现产业化，商品名为 Kevlar。PMIA 的玻璃化转变温度 T_g 为 270℃，能在 200℃下长时间稳定使用，并保持良好的尺寸稳定性。PPTA 的 T_g 更是高达 345℃，在 200℃的高温下能保持性能稳定。PPTA 纤维的拉伸强度为 200MPa，比强度是钢丝的 5 倍，是适合制造防弹衣的材料。但是 PPTA 的熔点高于其分解温度，无法采用注塑加工。芳纶在我国成功实现产业化以后产能逐渐跃居国际前列，能否将其用于锂电池隔膜的制造也是业内的关切之一。

聚对苯二甲酸乙二醇酯（polyethylene terephthalate，PET），T_g 为 69℃，软化温度 230～240℃，熔点 255～260℃，具有良好的成纤性、力学性能、耐磨、抗蠕变性、低吸水性以及电绝缘性能。PET 薄膜透光性强，应用广泛；而 PET 无纺布是目前最具实用可行性的复合隔膜基材。虽然 PET 无纺布/纳米氧化铝复合隔膜的出现已有约十五年的时间，但是仍有一些在应用中遇到的问题亟须解决。在本章的后续部分，我们将针对这个专题展开进一步的讨论。

聚酰亚胺（polyimide，PI）是一类聚合物的总称，PI 具有比间位芳纶更高的热稳定性、化学稳定性和绝缘性，理论上其数量可以是无限的；不同种 PI 之间的性能差异也可能很大。但最终能成功应用的不一定是性能最佳的，而是商业化最成熟的品种。即使这样，PI 在锂电池隔膜领域现有的研发并不充分，需要进一步确认什么是最适合锂电应用的品种、怎样是有利的结构、什么是适合的制备方法。

纤维素曾经被日本 NEDO（New Energy and Industrial Technology Development Organization）列为用于发展新型锂电池隔膜的主要候选材料。关注纤维素，似乎有充分的理由。首先，纤维素是生物基的高分子材料，来源广、储量丰富；其次，日本在纤维素的加工和应用方面的技术在世界上处于领先地位，生物基的纤维素经过深加工之后可以应用在很多高附加值的领域。不过，将纤维素原料制成薄膜，比较可行的工艺方法应该是抄纸法。但是，抄纸法做出的产品比较接近书写用的纸张，孔隙率的调控比较困难。满足强度的条件下孔隙率太低；而满足 30%～50% 孔隙率的情况下，厚度和强度都难以达标。另外，纤维素膜的热稳定性有限，使用温度的上限在 150～180℃。

在化学合成的基础上，制备出其他高性能材料的可能性始终存在。无论如何，成本和性能的平衡、实用性的评价是其能否最终成功的关键因素。

9.1.2 结构

电池隔膜的结构特征体现在三个层面，一是几个不同功能层复合后形成的层状结构，二是某一层材料中的孔结构，三是功能填料嵌入基膜内部后形成的复合结构。因此，隔膜结构方面的推陈出新也将从这三个层面着眼。

9.1.3 功能

不论是材料还是结构方面的改变或者是创新都要为隔膜功能的提升和优化服务。如果没有功能的实质提升，或成本降低、制造工艺的简化，隔膜材料和结构方面的任何变化都没有应用的意义。因此，隔膜的创新和发展应该是由设计功能驱动的。事实上，为提升电池性能业内对隔膜功能提出了很多新的要求，如低热缩形变、耐高电压、抗挤压、稳定电池界面、增强锂离子传导、隔膜-电极一体化、原位固态化、补锂等。而在隔膜上实现功能提升与变化的可能性远远高于在电极材料和电解液方面，这正是隔膜的奇妙之处和魅力所在。

9.1.4 奇思妙想

很多革命性和创造性的发明是在无意之中产生的，或者是由某些材料、方法、设计理念的跨界应用产生。某些在常规条件下看似不可能发生的事情却会产生意想不到的效果。因此，我们期待着青年才俊能够在研究工作中产生奇思妙想，不断地赋予电池隔膜发展的活力。

9.2 PET 无纺布隔膜的增强设计

PET 无纺布能吸引业内的兴趣，是因为它是一种成熟的工业化商品，而且具有良好的热稳定性、天然的立体孔隙结构和较高的孔隙率，是与其他材料复合的理想基材[1-3]。因为其孔径太大，PET 无纺布不能直接作为隔膜使用[4, 5]。可行的修饰方法是用无机颗粒对其孔隙进行填充并调节孔隙大小以保障 Li^+ 透过的能力。例如，德固赛公司推出的 Separion® 隔膜就是一类将无机颗粒经过硅溶胶黏结到 PET 无纺布上的产品[6]。

9.2.1 无纺布隔膜存在的问题

提高能量密度和安全性是动力电池发展不变的主题。如果单体电池的能量密度提高到 400W·h/kg 甚至以上，电池的安全性就成为人们最大的关切。无纺布隔膜的优点是吸液量大，当采用 PET 为基材时无纺布复合隔膜的安全温度可以达到

200℃以上。但是，无纺布复合隔膜的两个主要缺点也是突出的，而且至今没有完全解决。也就是说，无纺布纤维随机交叉形成孔隙，不规则的大孔不可避免地形成缺陷。即使经过陶瓷颗粒涂覆，存在大孔的位置依然是薄弱点，如图9.2（a）和（b）所示。另外，陶瓷涂层与无纺布之间的黏合力、陶瓷颗粒之间的黏合力都不是很强，在装配过程中或者在外力作用下容易掉粉形成新的缺陷。在破坏性实验中发现，对商品化的浸涂 Al_2O_3 纳米颗粒的 PET 无纺布复合隔膜进行简单的折叠和揉搓，Al_2O_3 颗粒就会从无纺布的基体上大量脱落，暴露出 PET 的纤维以及纤维之间的孔洞，如图9.2（c）所示。这将给隔膜带来两方面的损害，一是直接形成可以造成微短路的小孔，二是使部分 PET 纤维失去无机涂层的保护，在电池工况下有发生降解的可能。

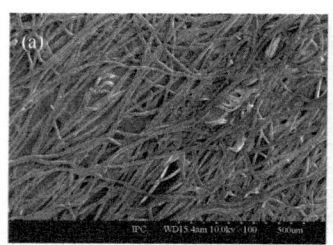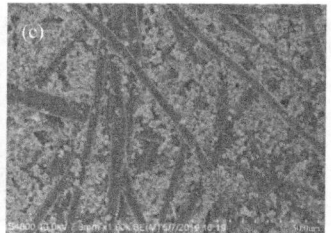

图9.2　(a)、(b) 两种 PET 无纺布的 SEM 图像；(c) Al_2O_3/PET 复合无纺布在受外力作用后的掉粉情况

9.2.2　光固化增韧无纺布隔膜

以 PET 无纺布涂覆纳米 Al_2O_3 无机颗粒制备复合隔膜，在涂覆浆料的配方中需要有一定比例的黏合剂。更理想的是，在制造工艺中应该有一个使涂覆材料固化的步骤。

当然，在将无机颗粒填充材料黏结牢固和使隔膜保持足够孔隙来导通 Li^+ 之间，需要保持一个合理的平衡。考虑到不能过多地损失涂层中的孔隙和导通离子的能力，黏合剂的用量和种类都受到限制。因此，以适当的方式提高 PET 无纺布复合隔膜的强度是该类隔膜研发的一个重要方向。另外，PET 长时间处于电池工况下有降解的可能，本章暂不讨论其具体的机理和失效分析。在纳米 Al_2O_3 等无机涂层的保护下，PET 复合隔膜是可以安全使用的。

如前文所述，仅使用 PVDF 类或纤维素类黏合剂提供的黏接力是不够的。那么，这个理应存在的固化工艺应该是怎样的？我们认为，采用光固化和热固化都是可行的选项，而光固化从效率和能耗两方面考虑应该更占优势。光固化通常指的是紫外光的作用下体系中的光敏物质发生光化学反应产生活性片段、引发体系中活性单体或者低聚物的聚合或交联反应,从而使体系由液态涂层瞬间固化。光固化体系可以是水性体系,固化速度快、对环境友好,适用于高速生产线。另外,对于某些对温度敏感的材料体系,光固化也是不二之选。

在纳米 Al_2O_3 无机颗粒的水性涂布浆料中添加适当种类和适当用量的光固化剂,形成光固化涂料;将该涂料涂布在无纺布上,干燥后进行光照处理。光固化剂在辐照条件下发生交联反应,形成稳定、固化的网状结构,从而将无机纳米颗粒和无纺布纤维罩在网中。无机纳米颗粒材料固化后的柔韧性、抗冲击强度、透气性等特性,可以通过选用不同种类的光固化剂、改变固化剂的用量来调整。

1. 光化学反应

紫外光(UV)固化是 20 世纪 60 年代出现并发展起来的一种材料表面处理的技术,它涉及光化学、高分子化学、表面化学、复合材料学等多个学科的知识,综合性很强。光固化通常可以实现在常温下的快速固化,只需要激发光引发剂的光能。因此,与热固化相比它不需要对材料进行加热、不需要蒸发溶剂,因此可以节约大量的能源。

而光固化的本质是利用 UV 引发具有化学活性的液态材料快速聚合交联,在很短的时间内转化成固态材料。光固化的本质是材料体系中的某些小分子量的物质在光照的条件下发生了聚合反应,是典型的光化学反应。

能引起光化学反应的光主要是紫外光,也有少部分可见光。分子有机光化学一般包括这样的全过程(图 9.3)[7]:$R + h\nu \longrightarrow R^* \longrightarrow P$,式中的有机分子 R 吸收一个频率为 ν 的光子($h\nu$),成为电子激发态分子 R^*,P 是分离产物(或产物)。另外,分子有机光物理则包括这样的全过程:

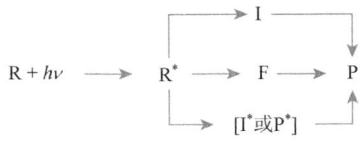

图 9.3　有机光化学反应的总范式

$R + h\nu \longrightarrow R^* \longrightarrow R$,式中的有机分子 R 在吸收了一个光子后并没有发生任何净化学变化。通常来说,R 不仅代表了吸收光子的反应物分子,而且还代表任何为得到产物(P)而必须引入的分子。电子激发态分子(R^*)则是在所有光化学和光物理过程中通用的重要物种。在图 9.3 中,I 表示独立的活泼中间体,I^* 表示电子激发中间体,P^* 表示电子激发产物,F 表示所谓的"漏斗"过程。

2. 光引发聚合

在光的激发下,许多烯烃单体能够形成自由基而聚合,这种反应称为光引发聚合。光子的能量与其频率 ν 成正比,与其波长 λ 成反比,其能量大小可由以下公式计算:

$$E = h\nu = h\frac{c}{\lambda} \tag{9.1}$$

式中，h 为普朗克常量，6.624×10^{-34} J·s；c 为光速，2.998×10^8 m/s。若光子以 mol 计，则计算时需要乘以 Avogadro 常数，6.023×10^{23} mol^{-1}。如果以波长为 300nm 的紫外光计算，其能量为 398kJ/mol，与化学键能（120～840kJ/mol）在一个数量级，大于一般化学反应的活化能（120～170kJ/mol），这是光有可能引发化学反应的基础。很多单体的吸收波长在 200～360nm 范围内，如甲基丙烯酸甲酯吸收波长为 220nm。

光引发聚合有直接光引发聚合和光敏化聚合两种。如果使用短波长紫外光，其能量高于单体中的化学键能，单体吸收光子后先形成激发态，进而分解成自由基引发聚合。

$$M + h\nu \rightleftharpoons M^* \longrightarrow R\cdot + R'\cdot$$

例如，苯乙烯的吸收波长为 250nm，被激发后发生如下断裂反应：

$$CH_2=CH-C_6H_5^* \begin{array}{l} \longrightarrow C_6H_5\cdot + \cdot CH=CH_2 \\ \longrightarrow C_6H_5\dot{C}H=CH + \cdot H \end{array}$$

自由基聚合通常使用引发剂 I 先形成活性种 R^*，活性种打开单体 M 的 π 键与之加成，形成单体活性种进而不断地与其他单体加成促使链增长。最后，因活性链最终失活使链终止。反应机理用以下反应式表达[8]：

链引发　　　　　　　　$I \longrightarrow R^*$
　　　　　　　　　　　$R^* + M \longrightarrow RM^*$
链增长　　　　　　　　$RM^* + M \longrightarrow RM_2^*$
　　　　　　　　　　　$RM_2^* + M \longrightarrow RM_3^*$
　　　　　　　　　　　$RM_{n-1}^* + M \longrightarrow RM_n^*$
链终止　　　　　　　　$RM_n^* \longrightarrow$ 死聚合物

通过聚合，由单体形成了具有网络结构的、更为稳定的聚合物。图 9.4 分别给出了两种单体聚合的反应方程式。

(a) 聚乙二醇二丙烯酸酯（PEGDA）的光聚合

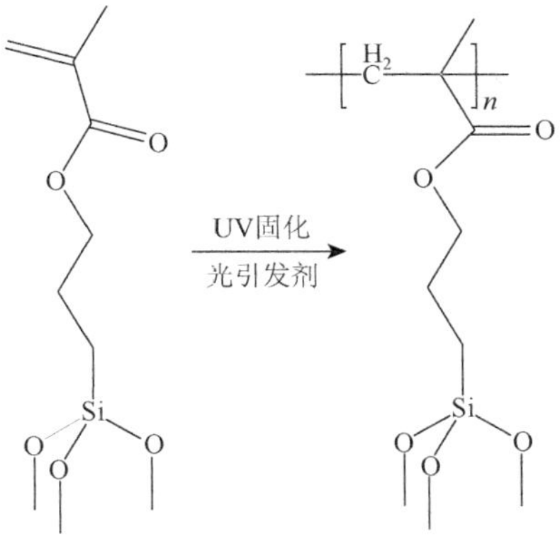

(b) 甲基丙烯酰氧基丙基三甲氧基硅烷的光聚合

图9.4　几种光聚合反应示意图

3. 光固化剂

本章提到的光固化剂，不是一种具体的化学物质，而是含有若干功能成分的复配产品，主要包括活性稀释剂、低聚物、光引发剂以及根据实际需要添加的助剂[9]。

（1）活性稀释剂（reactive diluent），是光固化剂配方中的重要成分，通常称为单体或功能单体（monomer or functional monomer）。它是含有可聚合官能团（如丙烯酰氧基、甲基丙烯酰氧基、乙烯基、烯丙基等）的有机小分子，起到溶解和稀释低聚物、调节体系黏度并参与光化学反应的物质。同时，活性稀释剂还会影响固化反应的速度以及成膜效果。如果比较不同单体的光反应活性，其顺序为丙烯酰氧基＞甲基丙烯酰氧基＞乙烯基＞烯丙基。另外，不同活性稀释剂按照其含有活性官能团数目的多少可以分为单官能团、双官能团和多官能团稀释剂。单体含有的官能团越多则反应活性越高、反应速度越快。丙烯酸酯类单体是自由基光固化剂的主要稀释剂，而具有乙烯基醚和环氧基的单体是阳离子光固化剂的主要稀释剂。稀释剂官能度和分子量对膜固化性能的影响见表9.1，一些常见的稀释剂的基本特性见表9.2。

表9.1　活性稀释剂官能度和分子量对膜固化性能及效果的影响[9]

固化膜性能	固化速率	交联度	伸长率	硬度	柔韧性	耐磨性	抗冲击性	热稳定性	化学稳定性	收缩率
官能度提高	慢→快	低→高	高→低	软→硬	柔→脆	差→好	好→差	差→好	差→好	低→高
分子量增加	慢→快	高→低	低→高	硬→软	脆→柔	好→差	差→好	好→差	好→差	高→低

表 9.2　部分活性稀释剂的基本特性[9]

产品代号	化学名	分子量	官能度	收缩率/%	表面张力/(mN/m)
IOBA	丙烯酸异冰片酯	208	1	8.2	32
EB114	乙氧基化丙烯酸氧苯酯	236	1	6.8	39
ODA	丙烯酸十八烷基酯	200	1	8.3	30
TCDA	三环癸基二甲醇二丙烯酸酯	304	2	5.9	40
EB145	丙氧基化新戊二醇二丙烯酸酯	328	2	9.0	31
DPGDA	二丙二醇二丙烯酸酯	242	2	13.0	35
TPGDA	三丙二醇二丙烯酸酯	300	2	18.1	34
HDDA	己二醇二丙烯酸酯	226	2	19.0	36
EB160	乙氧基化三羟甲基丙烷三丙烯酸酯	428	3	14.1	39
OTA480	丙氧基化甘油三丙烯酸酯	480	3	15.1	36
TMPTA	三羟甲基丙烷三丙烯酸酯	296	3	25.1	38
EB40	烷氧基化季戊四醇四丙烯酸酯	571	4	8.7	40
EB140	二羟甲基丙烷四丙烯酸酯	438	4	10.0	38

（2）低聚物（oligomer），也称为预聚物（prepolymer）。它是一类带有光反应活性基团、分子量较低的光活性树脂，活性基团包括各类不饱和双键、环氧基团等。低聚物是光固化剂的主体材料，它的特性对应用目标材料固化后的性能影响最大。自由基光固化采用的低聚物主要是各类丙烯酸树脂，如环氧丙烯酸树脂、聚氨酯丙烯酸树脂、聚酯丙烯酸树脂、聚醚丙烯酸树脂、丙烯酸酯化的丙烯酸酯树脂或乙烯基树脂等。其中，实际应用最广泛的是前三类树脂。不同低聚物由于官能团不同，其反应活性也有差异，按自由基聚合反应速率的大小排序：丙烯酰氧基（$H_2C=CH-COO-$）>甲基丙烯酰氧基[$H_2C=C(CH_3)-COO-$]>乙烯基（$CH_2=CH-$）>烯丙基（$H_2C=CH-CH_2-$）。

应用于无纺布复合隔膜的光固化增强，低聚物的选用需要考虑以下几个方面：①固化的速率，当然不能太慢，要跟得上生产线正常运转，不能让光固化成为限制生产线效率的瓶颈；②黏度，黏度大小直接影响浆料的涂布性能和效果；③成膜后的物理特性，如柔韧性、硬度、拉伸强度、附着力、耐腐蚀性等。几类常用光活性低聚物的性能见表 9.3。

表 9.3　常用光活性低聚物的性能[9]

光活性低聚物	固化速率	拉伸强度	柔性	硬度	耐蚀性
环氧丙烯酸树脂（EA）	快	高	差	高	很强
聚氨酯丙烯酸树脂（PUA）	可调	可调	好	可调	强
聚酯丙烯酸树脂（PEA）	可调	中	可调	中	强

续表

光活性低聚物	固化速率	拉伸强度	柔性	硬度	耐蚀性
聚醚丙烯酸树脂	可调	低	好	低	弱
纯丙烯酸树脂	慢	低	好	低	强
乙烯基树脂	慢	高	差	高	弱

最早应用于光固化的是德国拜耳公司于1968年开发的光固化涂料,由不饱和聚酯与苯乙烯组成。不饱和聚酯由二元醇和二元酸缩聚制备,至今普遍应用于木器的涂装。环氧丙烯酸酯由环氧树脂和丙烯酸酯及其衍生物酯化制得,是用量最大的光固化低聚物,广泛用于光固化纸张、油墨、胶黏剂,以及木器、塑料及金属表面的涂料。聚氨酯丙烯酸酯由多异氰酸酯、长链二醇和丙烯酸羟基酯经两步反应制得;因为原料的可变结构很多,所以产品种类和型号多种多样,广泛用于光固化涂料、油墨和胶黏剂中。

光固化有机硅低聚物是以聚硅氧烷为主链结构的聚合物,带有可进行聚合、交联反应的活性基团,如丙烯酰氧基。这类低聚物的性能特殊,表面张力低,可作为防黏纸中的离型剂,也能作为玻璃和使用材料的胶黏剂。

水性光聚合低聚物于20世纪末逐渐发展起来。水性低聚物在使用过程中不存在有机溶剂的挥发,对环境友好,对人的健康威胁更小。因此,它更符合绿色发展的理念。水性光固化低聚物可以分为三类:水溶型、水分散型和乳液型。水溶型低聚物需要含有大量的亲水基团,如羧基或季铵基;水分散型低聚物的分子中需要同时带有亲水基团和疏水基团,可以分散在水中形成粒径20~100nm的微粒;乳液型低聚物的分子中带有亲水基团,在水中可以自乳化形成乳液。早期的乳液型低聚物在使用时需要另外添加表面活性剂,表面活性剂有可能影响材料固化后的力学性能、耐水性和其他物理特性。

水性光固化低聚物实际应用最多的是水性聚氨酯丙烯酸酯,其具有耐磨、柔韧性和耐冲击性好、拉伸强度高、化学稳定性好等优点。在合成聚氨酯丙烯酸酯时加入一定量的二羟甲基丙酸就可以在分子中成功引入羧基。控制二羟甲基丙酸的加入量,少量时获得的产物为水乳型;随着加入量的增大,产物逐渐转变为水溶型。其他主要的水性光固化低聚物还有水性环氧丙烯酸酯和水性聚酯丙烯酸酯。

(3) 双重固化低聚物是含有两种不同类型活性基团的低聚物。一种活性基团可以进行自由基聚合光固化,而另一种活性基团可以发生阳离子聚合光固化、湿固化、羟基固化、热固化等。例如,将六亚甲基二异氰酸酯和 N,N-二(氨丙基三乙氧基)硅烷反应,再与丙烯酸羟乙酯反应制得具有自由基光固化/湿固化双重固化性能的硅氧烷型聚氨酯丙烯酸酯。含有丙烯酰氧基、丙烯酸基的单体可以进行光固化，含有异氰酸基的单体可以进行羟基固化、氨基固化或热固化。例如，德国拜耳公司生产的双重固化树脂 UA VP LS 2337/2396，是含—NCO 基 12.5%的脂肪族聚氨酯丙烯酸酯，作为光固化和羟基双重固化剂产品。

4. UV 固化技术在锂电池中的应用

UV 光固化技术已经被引入制备固态电解质的研究中。例如，2019 年许晓雄等[10]发表论文报道采用聚乙二醇二甲基丙烯酸酯（PEGDMA，M_w = 480g/mol）作为光固化剂，以 2,2-二甲氧基-2-苯基苯乙酮（安息香二甲醚，DMPA，1wt%）为引发剂，与 LiTFSI 混合铸膜，随后用发射波长为 365nm、光强为 5mW/cm^2 的紫外灯照射。为确保光固化完全，在该研究工作中光照分三次进行，每次 20min。制得的固态聚合物电解质其常温离子电导率为 2.35×10^{-4}S/cm，电化学窗口为 0～4.63V（vs. Li$^+$/Li）。该固态电解质用于 LiNi$_{0.85}$Co$_{0.05}$Al$_{0.1}$O$_2$ ‖ Li 电池体系，电池工作 2000h 不发生短路。60min 的光照时间在论文研究工作中不足为奇，这并不意味着在工业化的生产中也需要这么长的时间。

使用液态的聚合物前驱体制备光固化材料或光固化涂料，可以不用溶剂或者减少溶剂的使用，符合环保的原则，减少有机溶剂的排放。光固化剂经紫外光照射后聚合固化形成立体网状结构；若与其他制膜材料复合使用则可以增强成膜的强度和韧性，应用于隔膜涂覆改性有望解决涂层脱落问题[11]。此外 UV 固化技术具有极短的固化时间、低的能量消耗、低成本和小的设备占用空间等优势，适合大规模制造[12]。

在实际研究工作中，我们可以尝试利用紫外光固化技术和光固化技术增强 PET 复合隔膜中无机陶瓷纳米颗粒间的黏附力以及陶瓷颗粒与 PET 纤维之间的附着力。在以纳米 Al$_2$O$_3$ 和 PVDF 为主要材料的复合体系中加入光固化剂、引发剂以及其他必要的添加剂，制备具有光固化特性的复合涂布浆料。在前面章节中我们已经介绍了很多光固化剂，可以从中选择适合的品种。选择的依据主要是光固化的速率、成膜后膜的物理性质以及光固化剂是否对电池的性能产生不良影响等方面。例如，文献报道的采用聚乙二醇二丙烯酸酯低聚物（PEGDA）为光固化剂、1-羟基环己基苯基酮（lrgacure-184）为光引发剂的研究[13]。用光固化涂布浆料浸涂 PET 无纺布，干燥后用紫外光照射进行固化处理。PEGDA 是一种光交联反应速率较高的固化剂，在波长 365nm 的紫外光照射下涂层可以在十几秒的时间内完成固化。这一速度是十分理想的，因为它可以与隔膜生产线的车速相匹配，具有比较高的实用价值。

需要说明的是，百分之百的光固化是难以实现的。光固化反应速率在最初阶段非常高，在达到一定程度后越来越慢。但是，即使是在最初十几秒内完成的光固化也足以使复合膜涂层实现很好的增强效果。未完成交联的反应可以在随后的线下时间进一步进行。

涂层中光固化的程度可以采用红外光谱来检测。红外光谱中 $1635cm^{-1}$ 处的吸收，是丙烯酸树脂中 C=C 双键伸缩振动的特征吸收。随着光交联反应的发生，C=C 逐渐转变为 C—C 键，$1635cm^{-1}$ 处的吸收相应地减弱甚至消失。我们可以以此来大致判断光聚合反应的进程。图 9.5（a）是 PEGDA 光固化的机理，图 9.5（b）给出了 PEGDA/Al_2O_3 涂层在紫外光辐照后 PEGDA 特征红外光谱吸收峰的强度变化情况。

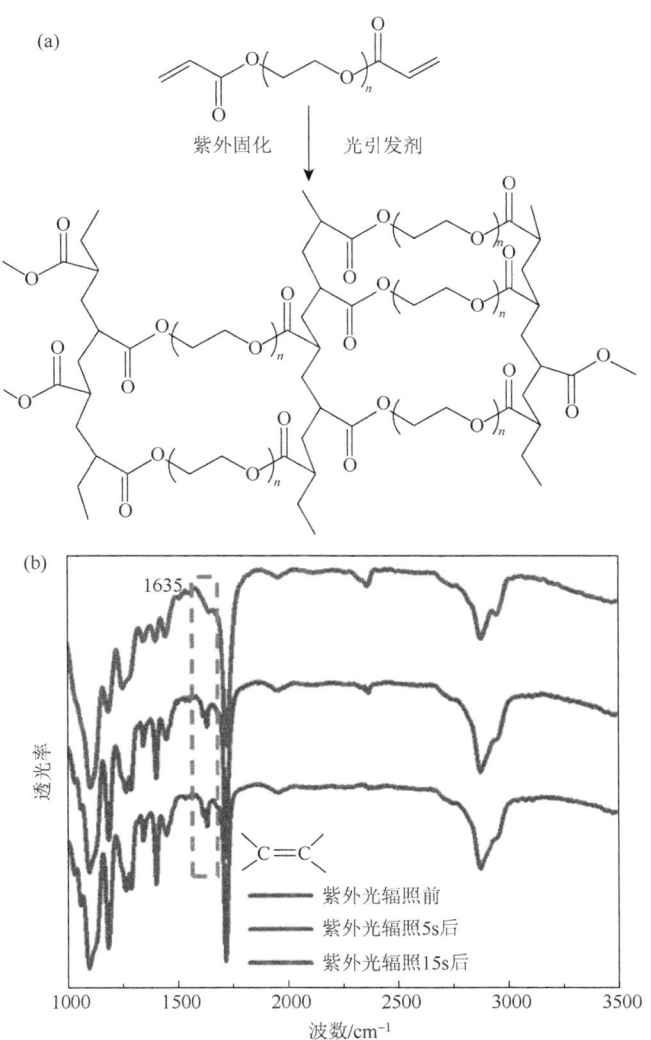

图 9.5　PEGDA 光固化剂的聚合机理及光照后特征红外光谱吸收峰的强度变化

从图 9.5（b）可以看出，在红外谱图中 $1635cm^{-1}$ 处的吸收峰随光照时间的延长而减弱。在最初的 5s 内，特征峰的强度与未光照时差别不大；而在光照 15s 后特征峰已经近乎消失，表明光聚合反应的程度已经很高。但是，在此之后继续延长光照时间并不能使 $1635cm^{-1}$ 处的特征吸收完全消失。这表明 PEGDA 没有被完全转化为交联产物。

在 Al_2O_3 涂层中引入光固化剂，光固化对涂层强度的提升是显著的。仅从成膜表面的形貌看，差别就很明显。图 9.6 显示了几种样品的扫描电子显微镜图像，图 9.6（a）是未经涂覆的 PET 无纺布，图 9.6（b）是 Al_2O_3 涂层，可见粉体的特征明显、Al_2O_3 颗粒之间黏附的程度不高；图 9.6（c）是光固化后 PEGDA/Al_2O_3 涂层，图 9.6（d）是（c）的放大图。从图 9.6（c）和（d）可以看出 Al_2O_3 颗粒被包裹、粘连在一起，但其间的孔隙并没有被堵死。

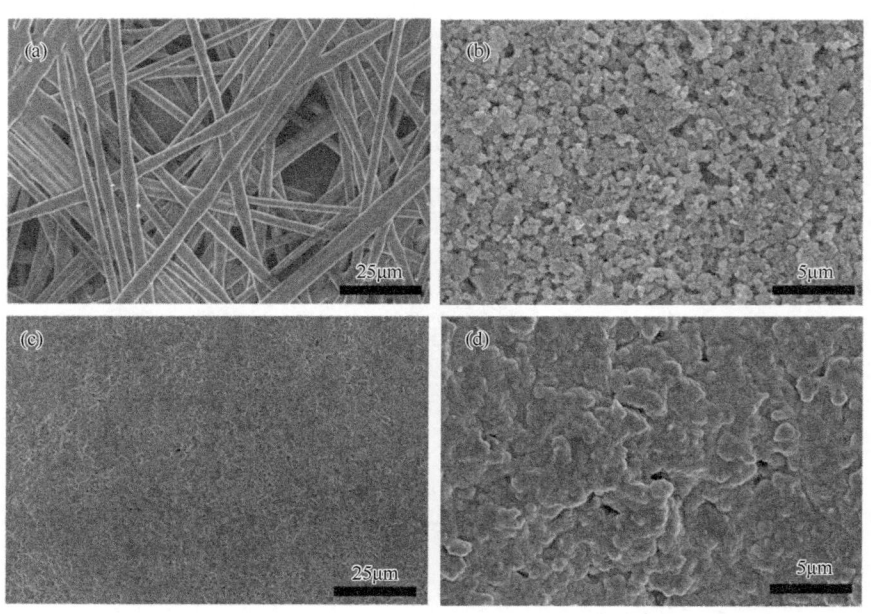

图 9.6 几种样品的 SEM 图像：（a）PET 无纺布；（b）Al_2O_3 涂层；（c）光固化 PEGDA/Al_2O_3 涂层；（d）光固化 PEGDA/Al_2O_3 涂层高倍率放大图

光固化剂在涂层浆料中的比例会显著影响涂层成膜后的特性。其比例越高，涂层就越容易形成连续、致密的膜层，强度就越高。但是，涂层颗粒间的孔隙就会逐渐消失，从而失去了导通 Li^+ 的通路。因此，涂层的强度并非越高越好。提高涂层强度需要保证一个前提，就是保持足够的孔隙率和一定的孔隙结构。研究在一定光固化剂用量下的效果，至少需要从两方面开展工作：一是研究对无机颗粒的黏接强度，二是研究复合隔膜的 Li^+ 导通能力。在这二者之间获得性能的平衡点。

考察光固化后涂层剥离强度可以参考测试标准 ISO 2409—2007。具体过程为将复合膜水平放在台面上，用刀垂直平稳地划出 6 条相互垂直的间距 2mm 的平行切割线以形成网格。将压敏胶带（3M610-1PK）中心置于网格上方，方向与一组切割线平行，然后用手指把胶带在网格上方的部位压平。拿住胶带悬空的一端，以 60°的角度平稳地揭去胶带。揭掉胶带后，观察胶带表面黏附物的情况，如图 9.7 所示。

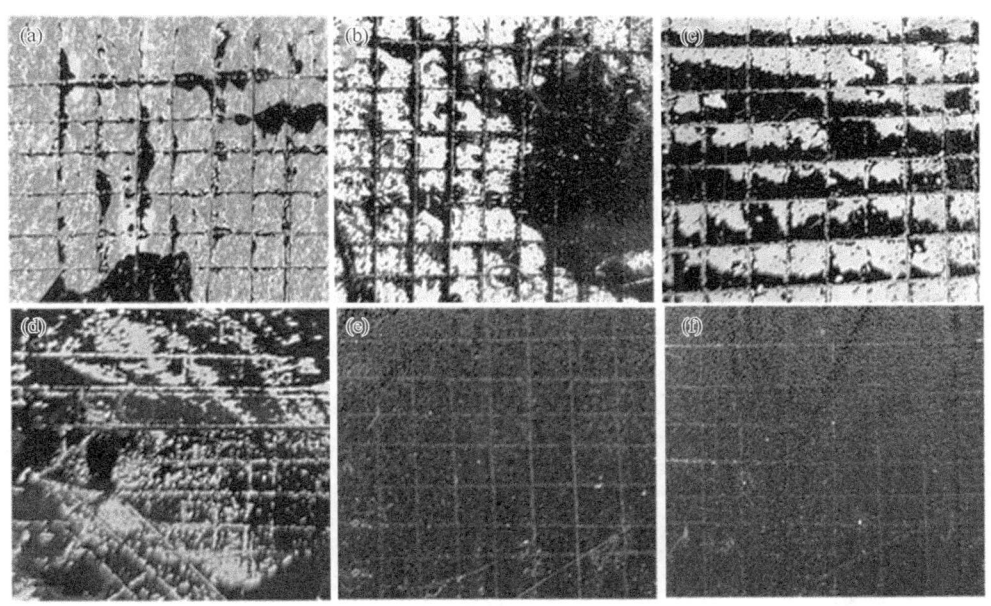

图 9.7 含不同光固化剂比例的 Al_2O_3 涂层被胶带粘揭掉粉的情况：(a) 0% PEGDA；(b) 9% PEGDA；(c) 12% PEGDA；(d) 15% PEGDA；(e) 18% PEGDA；(f) 21% PEGDA

从图 9.7 中我们可以很直观地看出，图 9.7（a）不含光固化剂、没有经过光固化处理的 Al_2O_3 涂层被胶带粘掉了大片粉体。从图 9.7（b）～（f）发现，随着 PEGDA 比例的提高，涂层中 Al_2O_3 颗粒的黏接强度越来越高，直至不能被胶带粘掉。实际上，图 9.7（e）和（f）显示的抗掉粉效果已经基本相同。

除了粘揭掉粉测试外，对无机填充物/无纺布复合隔膜而言更严格的是疲劳弯折测试。可以把测试样品的两端固定在由丝杠牵引的夹具上，如图 9.8 所示。夹具往复运动，隔膜随之折叠、展开。疲劳弯折测试可以设定为几百、几千或上万次，来检验隔膜粉体与基膜的复合效果。

图 9.8　无纺布复合隔膜填充强度测试设备

图 9.9 给出的是 Al$_2$O$_3$/PET 隔膜和光固化 Al$_2$O$_3$/PET 隔膜（其中 PEGDA 含量占涂层固含量的 18%）在疲劳弯折 1000 次后的扫描电子显微镜照片。其中，图 9.9（a）是 Al$_2$O$_3$/PET 隔膜测试后的表面形貌，在疲劳弯折实验之后，它的表面遍布裂纹、Al$_2$O$_3$ 颗粒部分脱落、部分 PET 纤维暴露出来；而且，该样品在电阻测试中不能通过 25V、10MΩ 的测试。而图 9.9（b）是光固化 Al$_2$O$_3$/PET 隔膜测试后的表面形貌。很明显，光固化复合隔膜在疲劳测试后很好地保持了初始的形貌，颗粒没有明显的脱落，表面保持平整，仅出现了一条裂纹。并且，它在电阻测试中可以通过 250V、10MΩ 的测试。

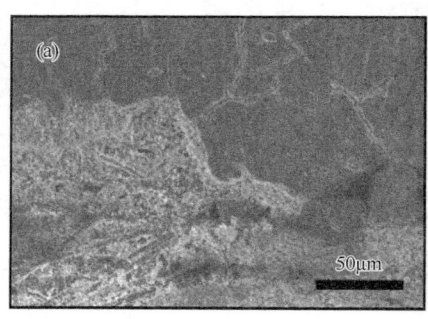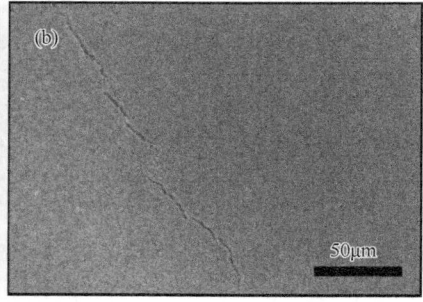

图 9.9　疲劳弯折测试后两种隔膜的 SEM 微观形貌图像：（a）Al$_2$O$_3$/PET 隔膜；（b）光固化 Al$_2$O$_3$/PET 隔膜

在 Al$_2$O$_3$ 颗粒的黏接强度得到提高之后，进而需要研究光固化程度对复合膜孔结构、孔隙率的影响。孔结构和孔隙率是涂层或复合膜的表观特性，它们直接影响涂层的表面特性——亲液性和吸液率。而亲液性和吸液率直接影响复合膜作为电池隔膜使用时最重要的性能指标，即离子电导率。

对应图 9.7 中不同 PEGDA 含量的体系，测试它们的其他相关性能，相应的测试结果在表 9.4 中给出。

表 9.4　含不同比例 PEGDA 的 Al_2O_3/PET 复合膜的物理特性

涂层中 PEGDA 的含量/%	孔隙率/%	平均孔径/μm	Gurley 值/s	与电解液的接触角/(°)	吸液率/%	离子电导率/(mS/cm)
0	35.8	1.2	209	12.4	75.8	1.20
9	34.7	—	228	15.3	73.9	1.16
12	34.4	—	303	20.2	73.4	1.12
15	34.1	—	373	22.6	72.6	1.08
18	33.8	0.6	486	27.2	69.1	1.03
21	31.2	—	565	34.1	63.5	0.89

从表 9.4 中的数据可以看出，随着涂层材料中光活性低聚物 PEGDA 比例的上升，所成膜的孔隙率相应地下降。不含 PEGDA 的 PET/Al_2O_3 复合膜的孔隙率为 35.8%，而 PEGDA 含量为 18%的 PET/Al_2O_3 复合膜孔隙率为 33.8%，PEGDA 含量为 21%的复合膜孔隙率进一步下降到 31.2%。当光活性低聚物含量较低时，不足以对无机纳米颗粒以及 PET 纤维形成充分的包覆，光交联反应后也不能提供足够的黏附强度。可见，在上述实验体系中 18wt%～20wt%的 PEGDA 在光交联后给复合膜体系提供了理想的强度。同时，可以看出光聚合增强对复合膜孔隙率的负面影响并不大，孔隙率仅有 2%的下降；而且 33.8%依然在比较合理的范围内。值得注意的是，没有光固化的复合膜平均孔径是 1.2μm。这一数值过大，意味着在电池应用中发生微短路的风险较高。而经 18% PEGDA 光固化增强的复合膜，平均孔径下降到 0.6μm。孔径减小，对提高隔膜的绝缘性很有帮助。即使是 0.6μm 的孔径，与目前普遍使用的 PP 和 PE 隔膜的 0.1μm 孔径相比，仍然是比较大的。

光固化处理对复合隔膜的复合强度、绝缘性的影响都是正面的；负面影响也存在，也就是降低了与电解液的浸润性。浸润性的降低、孔隙率的减小将共同影响隔膜对电解液的吸收和保持能力，反映在电化学特性上，隔膜的离子电导率有所下降（表 9.4）。

PP 的熔点为 165℃，而 PET 的熔点比 PP 高近 90℃。PET 无纺布膜也显示出很好的热稳定性。在 150℃，PP 隔膜会有明显的收缩；在 200℃，PP 隔膜已经熔缩得看不出初始的形状。而 PET 无纺布在 200℃没有明显的尺寸变化，即使在熔点附近的 250℃，收缩的比例也不太大。Al_2O_3/PET 复合膜在 250℃时的尺寸保持率与 PET 无纺布相比，并没有明显的减小。它们之间的差异在 300℃附近才会显现。因此，Al_2O_3/PET 复合膜适用的安全温度大致是在 250℃附近。与现有商品化的 PP、PE 隔膜相比，甚至与 Al_2O_3 涂覆的 PP 和 PE 隔膜相比，在安全性方面具有优势。图 9.10 给出了 PP 隔膜、PET 无纺布、Al_2O_3/PET 复合膜以及光固化的 Al_2O_3/PET 复合膜（UV-Al_2O_3/PET）在室温、150℃、200℃和 250℃条件下保持 1h 后的尺寸变化的对比。

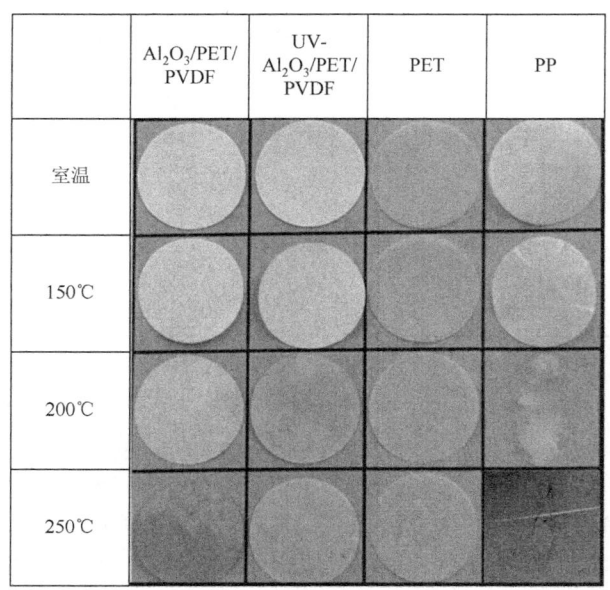

图 9.10 不同材质的膜在不同温度下的形态及尺寸保持情况对照图

光固化是一种能快速使活性低聚物形成聚合物交联网络的方法。它需要的时间短，固化周期的数量级是分钟而不是小时。UV 光固化可以快速将液体树脂固化，不需要对材料整体加热，因此能量消耗比热固化小，整个工艺过程涉及的设备装置也比较少。虽然光固化也有一些缺点[14]，如固化深度受限制、在有色体系难以应用、阴影部分难以固化、固化对象的形状受到限制等，但是对于锂电池隔膜这样的薄膜而言，光固化无疑是适用的。利用光固化提高复合隔膜的机械强度和绝缘性，需要调控材料体系各种原料的配比使树脂达到适合的交联密度以实现基体理想的物理特性。而交联密度又受到引发剂的种类与浓度、稀释剂、低聚物、光照强度和时间、温度等条件的影响。如果希望获得理想增强的效果，需要开展深入的系统研究。

事实上，为进一步增进光固化的效果，科学家还发展了一些把它与其他固化方式结合起来的双重固化体系。在双重固化体系中，交联或聚合反应通过两个独立的、具有不同反应机理的过程来完成。其中一个是光反应，而另一个是暗反应。暗反应可以包括不同的形式，如热固化、氧化固化、厌氧固化和湿气固化等。

9.2.3 热固化

在一定的温度以及适当的固化剂、引发剂存在的条件下，使热固性树脂发生反应形成三维交联网络结构的方法是热固化法。常见的热固性树脂是环氧树脂（epoxy resin，EP），通常分子中含有多个环氧基团。材料热固化后，物理性能会比较突出，如良好的耐热性、力学强度和可加工性、增强的材料结合力等。环氧树脂的应用非常广泛，包括涂料、油墨、黏合剂、复合材料等领域。特别是作为复合材料的成分，在汽车、高铁、航空航天等领域有重要的应用。

但是，环氧树脂热固化所需的温度较高、时间较长，在需要快速成型的场景下应用受到限制。快速固化与成型是热固化领域的发展方向，主要方法是采用选择活性高的固化剂。例如，可以添加成型固化剂或催化型固化剂来引发环氧树脂的开环聚合反应。

成型固化剂，如脂肪胺或脂环胺，参与反应时放出的热量可以促进环氧树脂与固化剂的反应，从而提高固化速度。催化性固化剂以阴离子或阳离子链式聚合的方式引发环氧树脂的开环聚合反应。

也有使用聚丙烯酸类树脂进行隔膜热固化处理的实例，但不是PET无纺布复合膜体系。例如，将1份三乙胺改性的醋酸纤维素、0.5份聚乙二醇二甲基丙烯酸酯（PEGDMA）和引发剂偶氮二异丁腈（AIBN）溶于5份DMAc溶剂中，再加入一定量的以乙烯基三甲氧基硅烷改性的SiO_2制成铸膜溶液。刮涂成膜后在70℃条件下热固化交联10h，制成醋酸纤维素的交联复合膜[15]。

另外，在热固化工艺的加热方式方面，微波作为热源是一种相对较新的方式。微波主要通过离子传导、偶极子转动、界面极化等途径进行能量的传递。它具有极强的穿透性，对载体无特殊要求。微波作为高分子固化的激发形式最早的报道见于1986年。Giguere对蒽与马来酸二甲酯在微波催化作用下的Diels-Alder环加成反应进行了研究。微波的强穿透性以及"定点"的能量传递形式，能够在加速固化的同时确保体系中固化程度的均匀分布，增强填料与基体树脂的结合强度，避免了固化过程中涂层内部的内应力，从而保护了与基材之间的胶接接头结构，增强涂层与基材之间的附着力，起到提升应用性能的作用。虽然微波使环氧/多元胺体系固化的机制仍在研究之中，但其能使固化加速的效应已被广泛认可。可以用300Hz～300GHz频率的微波作为能量形式对热固化体系进行加热，已经越来越多地被使用到聚合物及其复合材料的合成与固化中[16-18]。其突出的优点是：加热速率快、无热滞后效应、制备出的材料性能优异。

有研究表明，采用微波加热制备了双酚A环氧树脂（DGEBA）/4,4′-二氨基二苯砜（DDS）体系，固化时间比传统加热方法显著缩短[19]。5-降冰片烯-2,3-二羧酸酐（NA）封端的聚酰亚胺酸预聚体在2.45GHz微波辐照下在30s内可以升温达到200℃，明显缩短了聚酰亚胺的固化周期[20]。使用1kW、频率为2.45GHz的脉冲微波，固化火箭发动机用环氧/碳纤维复合材料，将固化周期从以往的9h缩短为1.5h[21]。

9.2.4 双重固化

自由基聚合-缩聚体系是一个双重固化体系。其中包含可由紫外光引发的自由基聚合材料以及可以利用环氧树脂、异氰酸酯、氨基树脂发生缩聚的材料。要组成一个双重固化体系，可以简单地将两种体系的材料进行混合。也有一些单体或低聚物，其分子中同时具有可以发生自由基聚合和缩聚反应的官能团，其本身就是一个双重固化体系。

（1）自由基聚合-环氧树脂缩聚体系。环氧树脂耐热、附着力和机械性能好，可以通过阳离子聚合以及缩聚反应实现固化。将可发生自由基光固化的丙烯酸酯和可缩聚的环氧树脂组成双重聚合体系，可取得很好的实用效果。例如，将双酚 A 环氧单丙烯酸酯、丙烯酸酯单体、光引发剂 Irgacure 184 和环氧树脂固化剂 3-甲基咪唑相混合，紫外光固化后在 120℃下加热 30min，发现热处理后固化产物的机械性能有了明显的提高。而且，随着环氧组分的增加，混杂光固化材料在金属基底上的黏附性能提高。这是因为，环氧化合物固化时收缩的比例较小，而且热固化时消除了自由基光固化时产生的内应力[14]。

由于填料、引发剂、颜料、添加剂等对紫外光的吸收或反射，紫外光不能穿透较厚的涂层。另外，在某些情况下材料的形状也会影响光照的效果，某些部位不能得到充分的紫外光照射。因此，通过环氧树脂实现的热固化可以弥补这方面的不足。由环氧树脂、丙烯酸酯低聚物、自由基光引发剂和环氧树脂交联剂组成的双重固化体系可以应用于厚涂层的固化和电子器件的封装。通常，对于厚度小于 300μm 的涂层，由紫外光固化，环氧树脂和胺、酸酐或其他交联剂的热固化可以实现很好的固化效果。对于厚度超过 300μm 的涂层，可以先在基材底部涂一层热固化环氧树脂（不含丙烯酸酯），然后再涂双重固化体系。上下两层都含有环氧树脂，可以提高层与层之间的附着力。

（2）自由基聚合-异氰酸酯缩聚体系。异氰酸酯活性很高，容易与含活泼氢的化合物反应；其缩聚产物分子间多形成氢键，具有良好的耐磨性和附着力。将异氰酸酯缩聚体系与自由基光固化体系相混合，可以弥补自由基聚合产物在性能方面的不足。

例如，将由乙氧化三羟甲基丙烷三丙烯酸酯、异氰酸酯预聚物及自由基光引发剂组成的双重光固化体系用于敷形涂布和电子器件的封装，不仅触干时间短，而且对底材的黏附性好。又如，Skinner 等研究了一个双组分混杂体系，包含丙烯酸酯、多元醇、光引发剂、异氰酸酯缩聚反应的催化剂以及异氰酸酯。紫外光固化后在 150℃热处理 5min，得到的产物具有优异的性能[22]。

另外，丙烯酸酯和异氰酸酯的混杂体系也可以应用在色漆配方中。首先丙烯酸酯在光引发剂的作用下发生表层固化，然后异氰酸酯通过与空气中的水分或体系中的自由羟基、氨基发生交联反应而促使体系的完全固化。

（3）自由基聚合-氨基树脂缩聚体系。六甲氧基甲基三聚氰胺（HMMM）是一种重要的水性交联剂。它与多元醇在酸和热的作用下易发生特殊酸催化的醚交换反应，从而使体系固化。以聚氨酯丙烯酸酯、三羟甲基丙烷三丙烯酸酯（TMPTA）、HMMM、自由基光引发剂组成的双重固化体系具有好的柔韧性、高的硬度及良好的防污力。

9.3 芳 纶

芳纶是指芳香族聚酰胺的纤维。在我国，多种人工合成聚合物的纤维被称为某"纶"。例如，聚丙烯的纤维称为"丙纶"，聚酰胺（尼龙，Nylon）的纤维称为"锦纶"，聚对苯二甲酸乙二醇酯（聚酯，PET）的纤维称为"涤纶"，聚丙烯腈（PAN）的纤维称为"腈纶"。严格地讲，我们这里所说的"芳纶"是指聚芳酰胺，并不是它的纤维。

芳纶主要有两种异构体，即对位芳酰胺（芳纶 1414，PPTA）和间位芳酰胺（芳纶 1313，PMIA）。20 世纪 60 年代美国 DuPont 公司成功地开发出芳纶纤维并率先产业化。在随后的时间里，芳纶纤维开始了从战略军用物资逐渐向民用材料过渡的历程。在芳纶纤维的生产领域，对位芳酰胺纤维发展最快，产能主要集中在日本和美国、欧洲，如美国 DuPont 的 Kevlar 纤维、荷兰 Akzo Nobel 公司的 Twaron 纤维、日本帝人公司的 Technora 纤维及俄罗斯的 Terlon 纤维等。间位芳酰胺纤维的品种有 Nomex、Conex、Fenelon 纤维等。德国 Acordis 公司开发的高性能超细对位芳纶（Twaron）产品既不燃烧，也不会熔融，还有很高的强度和极大的抗切割能力，主要可用于生产涂层及非涂层织物、针织产品和针刺毡等既耐高温又抗切割的各种纺织服装装备。

（1）间位芳纶 1313。间位芳纶的颜色为白色，性能非常突出，具有持久的热稳定性、优异的绝缘性能，以及良好的阻燃性、机械性能、化学稳定性和耐辐射能力。它在 220℃高温下长期使用而不老化，在 250℃左右的热收缩率仅为 1%；其电气性能与机械性能的有效性可保持 10 年之久，而且尺寸稳定性极佳。芳纶 1313 的极限氧指数大于 28%，属于难燃纤维，所以不会在空气中燃烧，有自熄性，因此有"防火纤维"之称。用芳纶 1313 制造的绝缘纸耐击穿电压可达到 10 万 V/mm，是公认的最佳绝缘材料之一。

（2）对位芳纶 1414。对位芳纶的外观呈黄色，是由刚性分子构成的液晶态聚合物。由于分子链沿长度方向高度取向并且具有极强的链间结合力，对位芳纶纤维具有超高的强度、模量和耐高温特性。其强度是钢材的 5～6 倍,模量是钢的 2～3 倍,韧性是钢材的 2 倍,而质量仅为钢材的 1/5。对位芳纶的耐热性更优于间位芳纶,且具有良好的绝缘性和抗腐蚀性。它首先被应用于国防军工等尖端领域,被制作成防弹衣、防弹头盔、防刺防割服、排爆服、高强度降落伞、防弹车体、装甲板等。

9.3.1 主体材料如何造孔

如上一节所介绍的,无论是间位芳纶 1313 还是对位芳纶 1414 都具有非常优异的物理特性,完全满足高比能量锂电池对新型隔膜的要求——良好的热稳定性、电子绝缘性、机械性能。有研究表明,芳纶薄膜还具有大于 5V 的电化学窗口(图 9.11)[23]。

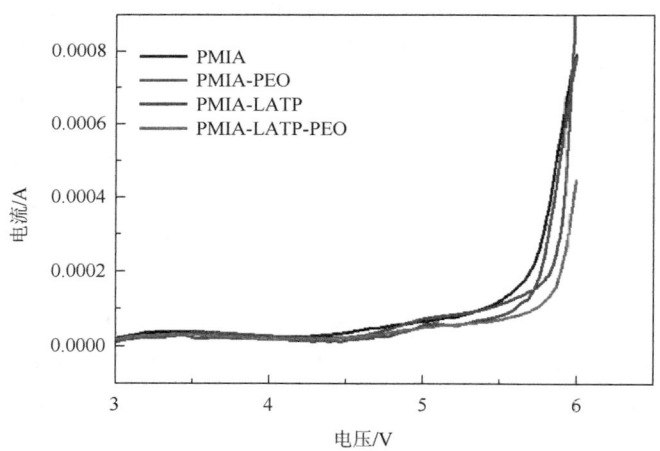

图 9.11　PMIA 膜及几种 PMIA/固态电解质复合膜的 CV 曲线

仅从材料的基本性能考虑,芳纶无疑是一种理想的隔膜制造材料。在实验室层面,我们可以有各种奇思妙想,甚至组合不同的加工手段来构建一种具有特殊结构的多孔膜。例如,有研究采用对苯二胺和对苯二甲酰氯为原料缩聚合成聚对苯二甲酰对苯二胺(PPTA)。在非反应性分散剂聚乙二醇二甲醚的作用下在水性介质中形成对位芳纶的纳米纤维。然后借助真空辅助自组装(vacuum-assisted self-assembly)技术与冰样定向凝固(ice-templated directional solidification)技术把芳纶纳米纤维自组为具有 3D 结构的气凝胶[24]。其结构形态的扫描电镜图像如图 9.12 所示。

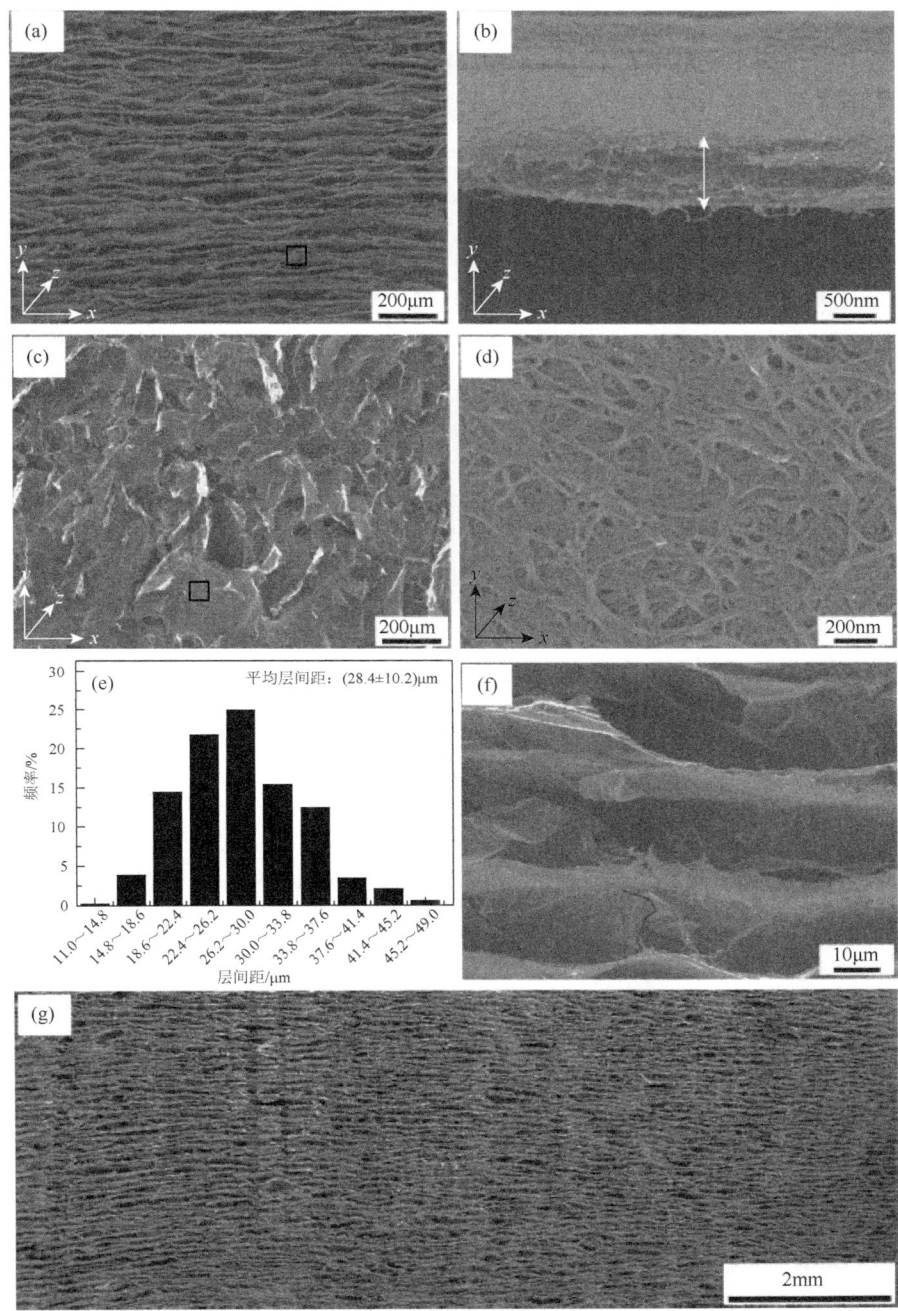

图 9.12 芳纶纳米纤维气凝胶的 SEM 图像：(a) 横截面；(b)(a) 图中选定区域的放大图；(c) xy 平面图；(d)(c) 图中选定区域的放大图；(e) 层间距的统计；(f) 高倍放大图；(g) 远程排列的层状结构[24]

相对简单的制膜方法如下，可以直接把商品化的芳纶纤维用适当的分散介质分散，然后再用刮刀涂布或者抄纸法制膜。图 9.13 是文献报道的将 Kevlar 纤维分散后抽滤成膜的研究[25]。

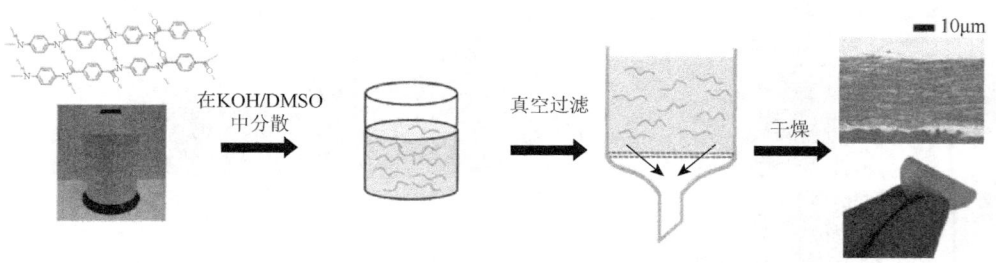

图 9.13　将 Kevlar 纤维在介质中分散后制膜过程的示意图[25]

虽然关于芳纶成膜造孔的研究并不少见，但遗憾的是，至今尚未发展出一种高效的工业化制膜方法可以生产出具有 30%～50%孔隙率以及足够机械强度的薄膜。

在制造方法上效率相对较高的是相转化法和静电纺丝法，可以实现中小批量的隔膜制造。即使是这两种方法制备的多孔芳纶，机械强度依然偏低。因此，一些提高膜强度的方法值得尝试，如光固化技术和双重固化技术。

1. 相转化法制备的 PMIA 微孔膜

将商业化的 PMIA 纤维溶解或者使用缩聚合成 PMIA 的原浆，通过非溶剂诱导的相分离（non-solvent induced phase separation，NIPS）处理可以制备 PMIA 微孔膜。NIPS 的工艺流程和基本原理是：将聚合物溶于溶剂Ⅰ中形成均相溶液，然后用一种该聚合物的不良溶剂Ⅱ（但与溶剂Ⅰ的互溶性很好）把溶剂Ⅰ萃取出来，形成以聚合物为连续相、溶剂为分散相的两相结构，再除去溶剂得到具有一定孔结构的聚合物。图 9.14 显示的是一种 PMIA 超滤膜的扫描电子显微镜照片[25]。

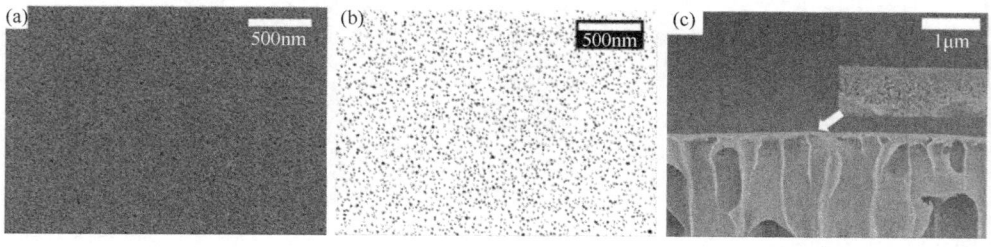

图 9.14　相转化法制得的 PMIA 超滤膜 SEM 图像：（a）表面；（b）明暗处理之后的表面图像；（c）横截面

从图 9.14 可以看出，由 NIPS 工艺制备的微孔膜是三层结构，包括上下两个皮层和中间的芯层。皮层的结构相对致密，分布着小孔；中间层则比较疏松，是直通的大孔。上下两个皮层的结构也很可能有差异，这是因为在制膜的过程中一侧与基底接触，而另一侧暴露在空气中。在进行溶剂置换时上下两个界面的环境也是不同的，所以两个皮层的结构通常会不同。

把 PMIA 制成锂电池隔膜，可以将 PMIA 的 N, N-二甲基乙酰胺（DMAc）溶液在不锈钢带或玻璃板上流延或刮涂成薄膜，待薄膜定型后将其浸入水中。浸水后的薄膜可能与基底分离，再经过充分的浸泡和清洗，将残留在固化的 PMIA 膜中的 DMAc 移除，最后经干燥可以得到微孔膜，如图 9.15 所示。图 9.15（a）显示 PMIA 的表面存在大大小小不规则的孔；图 9.15（b）给出的也是一种具有三层结构的截面，包括上下两个皮层和一个中间层，两个皮层的结构有差别。对比图 9.14（a）和图 9.15（a）可以看出，二者的孔隙率和孔径分布情况明显不同。造成这一差别的原因是制备工艺条件的不同，包括聚合物溶液的浓度、膜厚度、萃取液的种类和操作流程、温度等。

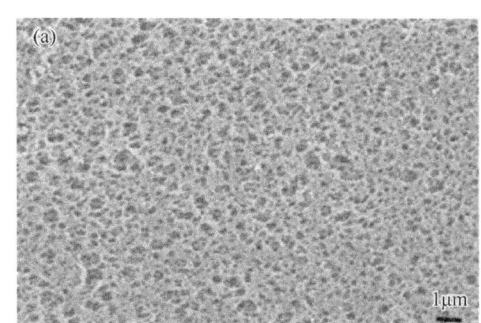
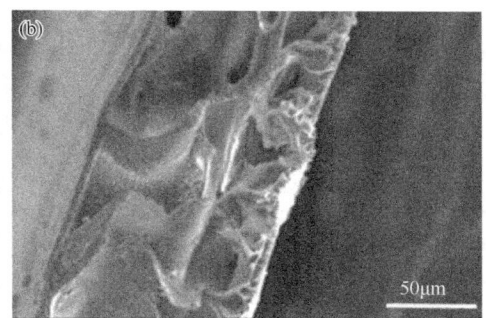

图 9.15 相转化法 PMIA 膜的 SEM 图像：（a）表面；（b）横截面

2. 静电纺丝法制备的 PMIA 微孔膜

静电纺丝是另一个制造 PMIA 微孔膜的常用方法。PMIA 可溶于 N, N-二甲基甲酰胺（DMF）、DMAc 等溶剂，PMIA 溶液有良好的可纺性。从图 9.16 可以看出，静电纺 PMIA 纤维的直径在纳米尺度，而且分布比较均匀。关于芳纶膜的制备以及功能化的研究很多，其中应用静电纺丝技术的也比较常见。

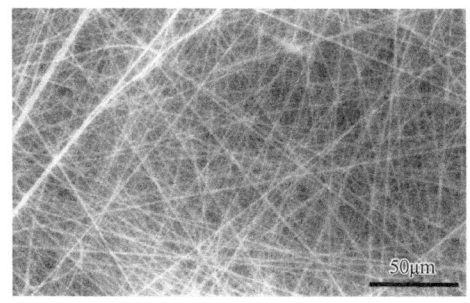

图 9.16 静电纺丝 PMIA 膜的 SEM 图像

纳米纤维膜的制造需要工业化水平的制膜设备，从现有技术的发挥水平看尚不足以与双向拉伸聚乙烯工艺的效率相比，有数量级上的差距，与相转化法的制膜效率大致相当。静电纺丝法制膜工艺需要对挥发出的有机溶剂进行收集、回收或处理，同时还要有防火、防爆的控制要求。

9.3.2 材料体系和结构设计

锂电池隔膜理想的厚度是在 10~20μm 之间。虽然现在 PE 的制造水平不断提升，可以生产 5~6μm 的微孔膜，但必须经过单面或双面无机纳米颗粒涂覆才能降低短路的概率。以相转化法和静电纺丝法制备的薄膜，孔径分布宽、孔径较大是其明显的不足。如果以芳纶一种材料制膜，为保证在电池应用中不发生短路或微短路，膜的厚度通常要在 50μm 以上。隔膜的厚度过高一方面会降低电池的比能量，另一方面与陶瓷涂覆的聚烯烃对比时的优势也会降低甚至消失。因此，新型隔膜的厚度应该控制在 30μm 以内甚至是 20μm 以内才会具有吸引力。而远期的发展目标，理想的膜厚应该是 10μm。

要想降低厚度又不能短路，就必须减小孔径。应用上述两种制膜工艺，可行的方法是使用纳米颗粒填充大孔，其效果类似于用 Al_2O_3 颗粒浸涂填充 PET 无纺布。或者，通过优化工艺条件来控制孔形成的尺寸。当然，芳纶各方面的性能都优于 PET，所以芳纶复合膜的性能必须优于 PET 复合膜，这样它才有研究和产业化的必要性。

在芳纶复合膜的材料体系中，芳纶无疑是主体成膜材料。那么其他材料用什么、要实现怎样的功能才最有意义是需要思考的问题。另外，还必须考虑材料的价格成本，产品的性价比是否对用户有吸引力最终要通过市场的检验。

在已有的研究报道之中，笔者认为采用电解质与芳纶复合对提升隔膜性能的意义是显著的。例如，有研究论文报道将 PMIA 纤维、双三氟甲烷磺酰亚胺锂（LiTFSI）、聚环氧乙烷（PEO）先制成混合溶液再铸片形成复合膜[26]。PEO 膜的柔韧性好、溶解锂盐的能力强；PMIA 与 PEO、LiTFSI 之间有氢键相互作用，不仅可以有效防止 PEO 结晶，还能促进 LiTFSI 的离解，从而提高 PEO 的离子电导率（图 9.17）。以该复合膜为固态电解质，可以提高 $LiFePO_4 \| Li$ 电池循环稳定性和倍率性能。

在上面一个 PMIA 与 PEO 复合的例子中，基本的设计思想是以 PMIA 的加入来改善 PEO 的性能，最终体现的也是 PEO 的性能。同时，并不涉及造孔和对孔隙结构调控的问题，因而相对比较简单。另一项研究则以 PMIA、PEO、无机离子导体磷酸钛铝锂（LATP）、锂盐 LiCl 组成材料体系，采用非溶剂诱导相分离法制备了 PMIA 多孔膜复合膜。该研究发现，随着体系中 PEO 含量的提高成膜后孔隙率相应提高；当 PEO 的含量为 PMIA 的 60wt% 时，复合膜的孔隙率大约为 73%，吸液率达到自身质量的 600%[23]。

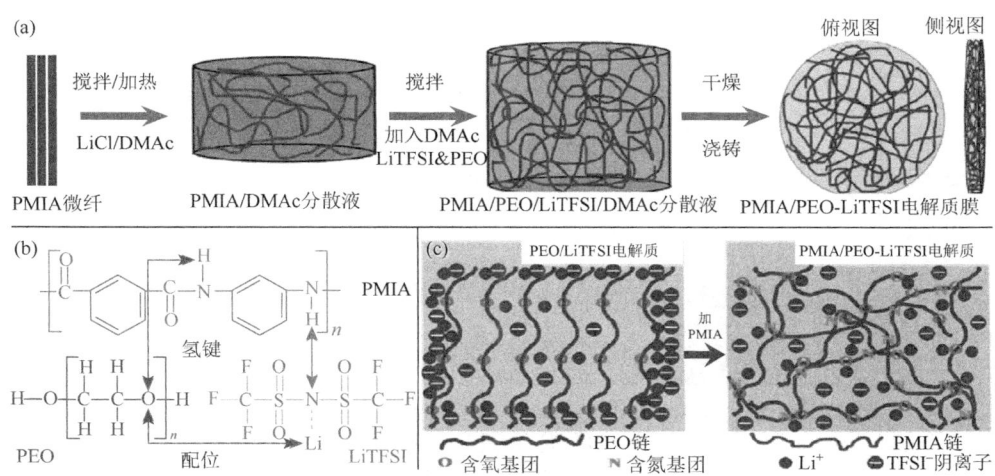

图 9.17　（a）PMIA/PEO-LiTFSI 复合固态电解质膜的制备过程示意图；（b）PMIA、PEO 和 LiTFSI 之间的相互作用；（c）加入 PMIA 前后的 PEO-LiTFSI 电解质的结构对比[26]

除了与固态电解质材料复合以外，另一类可以带来显著性能提升的功能材料是金属有机框架材料（metal-organic framework，MOF）。MOF 是指过渡金属离子与有机配体通过自组装形成的具有周期性网络结构的多孔晶体材料，具有高孔隙率、低密度、大比表面积、孔道规则、孔径可调以及拓扑结构多样性和可裁剪性等特点。近十年，MOF 材料迅速发展，在催化、储能和分离领域有广泛应用。带正电荷的 MOF 用作电池隔膜时，MOF 表面呈 Lewis 酸性，与电解液中的 PF_6^- 之间有强的静电相互作用，能有效地抑制 PF_6^- 的迁移，从而提高 Li^+ 的迁移率。另外，隔膜中的 MOF 颗粒可以促进 SEI 膜的稳定生长，减小电解质和负极之间的界面阻抗。

2021 年发表的一篇论文介绍了在 PMIA 纳米纤维膜表面原位生长一种"叶状含钴沸石结构的咪唑酯骨架化合物"（图 9.18），并形成了具有耐热、不可燃特性的芳纶纳米纤维复合隔膜（Z-PMIA）。它不仅具有较高的拉伸强度（15MPa）和穿刺强度（0.95N），而且在锂硫电池的应用中有效地抑制了多硫化物穿梭和锂枝晶的生长[27]。

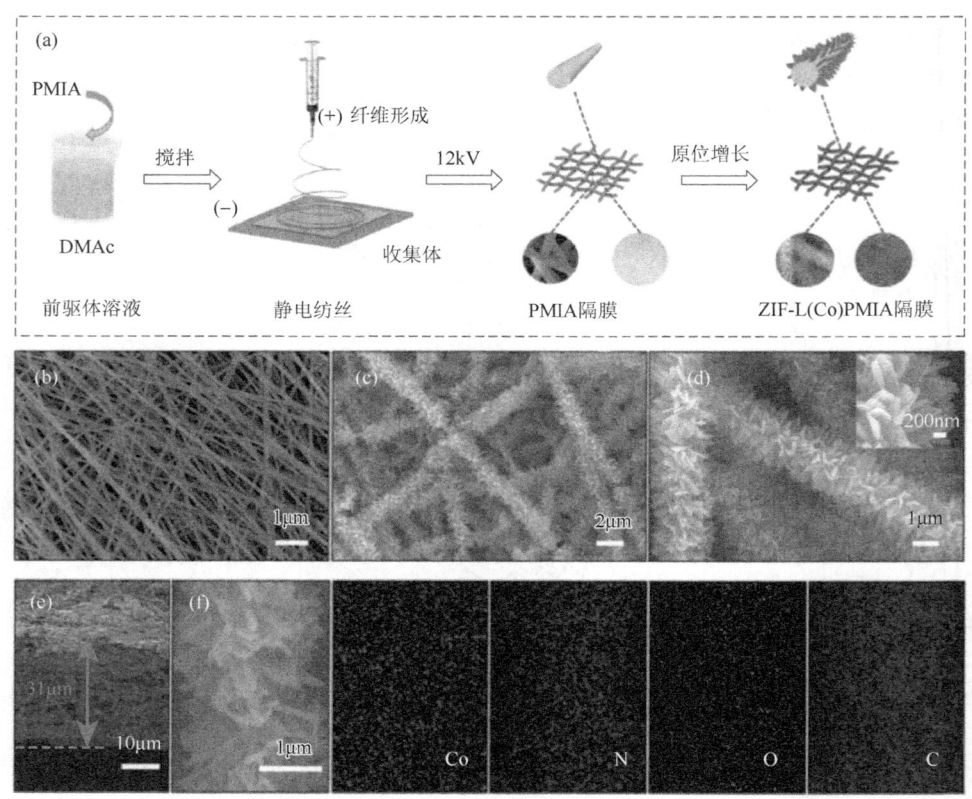

图 9.18 （a）制备过程；（b）PMIA 纳米纤维膜的 SEM 图像；（c）和（d）Z-PMIA 膜的 SEM 图像；（e）Z-PMIA 膜断面的 SEM 图像；（f）Z-PMIA 膜的能量色散 X 射线谱（EDS）元素映射[27]

9.4 聚酰亚胺

使用间位芳纶 PMIA 制膜，破膜温度在 280℃左右；PMIA 与纳米陶瓷材料复合还有进一步提升的空间。在 300℃以上，可选的材料还有聚四氟乙烯（PTFE）和聚酰亚胺（PI）。关于 PTFE，我们在第 5 章已经有过介绍，使用挤出-拉伸工艺制造 ePTFE 膜，膜的耐热温度可达 320~330℃。PTFE 最突出的是其化学惰性以及在高低温条件下的稳定性，不足之处是可加工性较差。

PI 在其他章节也曾被多次提到。PI 是综合性能最佳的工程塑料，这是材料学界的共识，认为它处于工程塑料金字塔的顶端。与 PMIA 或 PTFE 有明确的结构单元不同，PI 是一大类聚合物的统称。其共同的特点是含有酰亚胺环的聚合物，但在结构的变化上有无限的可能性。有研究表明,不同种类(结构特点)的 PI 作为锂电池隔膜,对电池性能的影响不同,并不是每种 PI 都适合作为隔膜材料[28]。但这一研究内容不是本节讨论的重点。因为有很多通用型的 PI 是可以作为锂电池隔膜应用的。而且,PI 也是耐热性最好的高分子材料。以 PI 为基础材料制膜才能把隔膜的安全温度提升到 350℃水平。

虽然作为绝缘材料的 PI 薄膜是用于电子工业的大宗工业化产品,但制造孔隙率在 30%~50%之间的 PI 微孔膜,目前还没有成熟的工业化技术手段。这与 PMIA 和 PTFE 所面临的困境是相似的。热固型 PI 在加热发生亚胺化之后就变得不溶和不熔,难以进一步加工。部分可溶性 PI,它们的热稳定性远比热固型 PI 差,不在本节讨论的范围之内。因此,造孔工作要在 PI 的前驱体聚酰胺酸(PAA)阶段着手;多孔的 PI 膜要从多孔的 PAA 膜经热亚胺化转变而来。

9.4.1 造孔方案

1. 相转化法

PI 膜的造孔方案主要是先以其前驱体 PAA 溶液经相转化法或静电纺丝法制备微孔膜,再进行亚胺化得到 PI 膜。如果孔隙率偏高、孔径偏大,还需要以其他材料对孔结构进行调控。以相转化法制备 PI 多孔膜,可以先合成固含量为 10% 3,3′,4,4′-联苯四甲酸二酐(BPDA)-4,4′-二氨基二苯醚(ODA)PAA 溶液,再加入一定比例的成孔剂(如甘油),经机械搅拌、消泡后在不锈钢带或其他适合的基片上流延或刮涂制膜、静置。随后用乙醇置换膜中的成孔剂,经干燥并在 300~380℃之间热亚胺化处理,得到如图 9.19 所示的多孔 PI 膜。

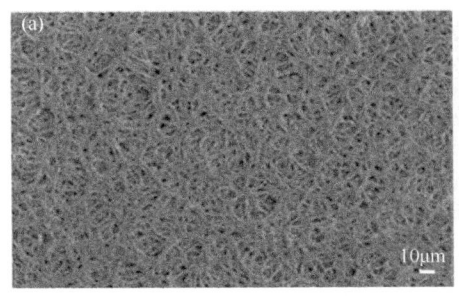 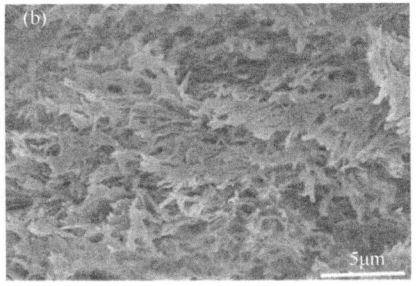

图 9.19 相转化法 PI 多孔膜的 SEM 图像:(a)表面;(b)横断面

聚醚酰亚胺(PEI)是聚酰亚胺中的一个可溶性品种,具有良好的化学稳定性、热稳定性、绝缘性和阻燃特性。有文献报道可利用气相诱导相转化工艺制造均匀分布的海绵状孔[29]。具体方法为：将 PEI 溶解在 N-甲基吡咯烷酮（NMP）中制成 20wt%的溶液。然后将溶液在玻璃板上流延成膜并迅速转移到恒温箱中，在 50℃和 100%RH 湿度下保温 10min。之后用水彻底洗掉膜中的 NMP，最后在 100℃的烘箱中干燥 4h 得到海绵状的薄膜，如图 9.20 所示。图 9.21 显示了 PEI 膜在不同温度下与 PE 膜耐热性的对比。

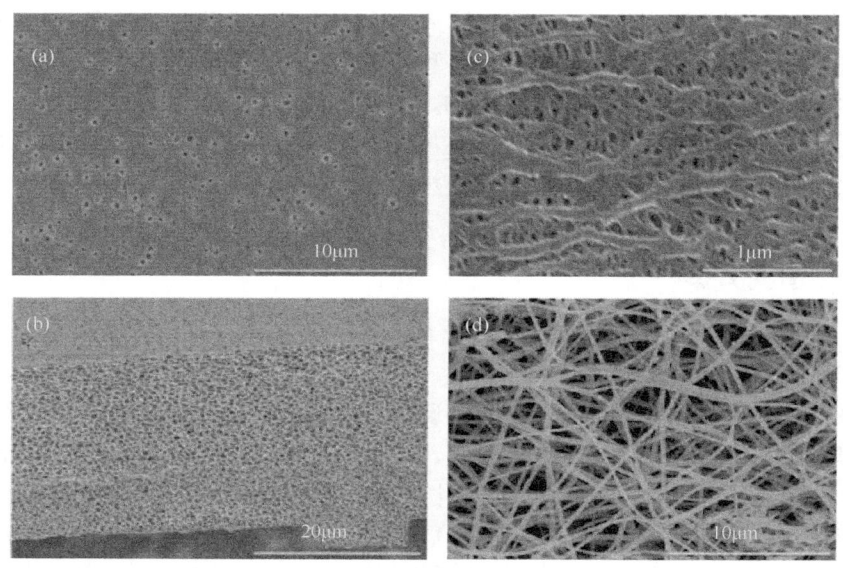

图 9.20　（a）和（c）海绵状 PEI 膜的表面 SEM 图像；（b）PEI 膜的断面 SEM 图像；（d）纳米纤维 PEI 膜的表面 SEM 图像

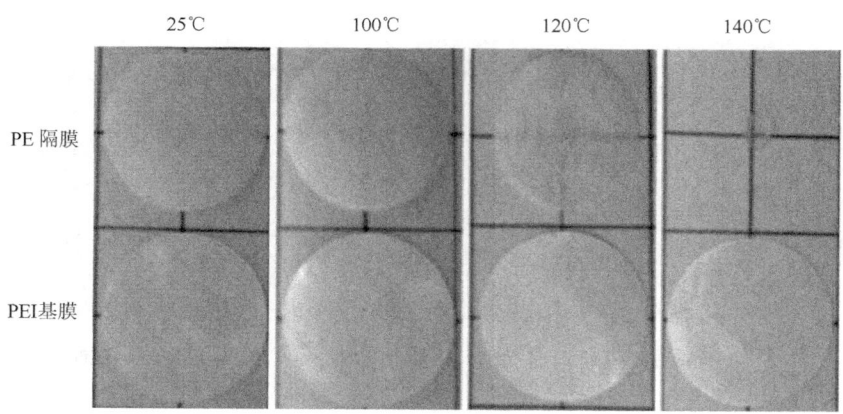

图 9.21　PEI 膜与 PE 膜的形貌和耐热性对比

2. 静电纺丝法

PI 有不同的种类,可以由二胺和二酐单体在有机介质中缩聚,得到有一定黏度的 PI 前体聚酰胺酸(PAA)溶液。PAA 溶液通常都易于电纺。将 PAA 电纺成纳米纤维膜,再经过一定的热处理程序,使 PAA 发生亚胺化转化为 PI。图 9.22 给出了一组 PI 合成的反应路线。PAA 转化为 PI 后,纤维的直径有所减小。图 9.23 给出的是四种在同样静电纺丝条件下制得的不同 PI 纳米纤维膜的扫描电子显微镜照片。从该 SEM 图像可以看出,几种 PI 纳米纤维的直径和直径分布情况不同,反映出不同 PAA 的可纺性有差异。

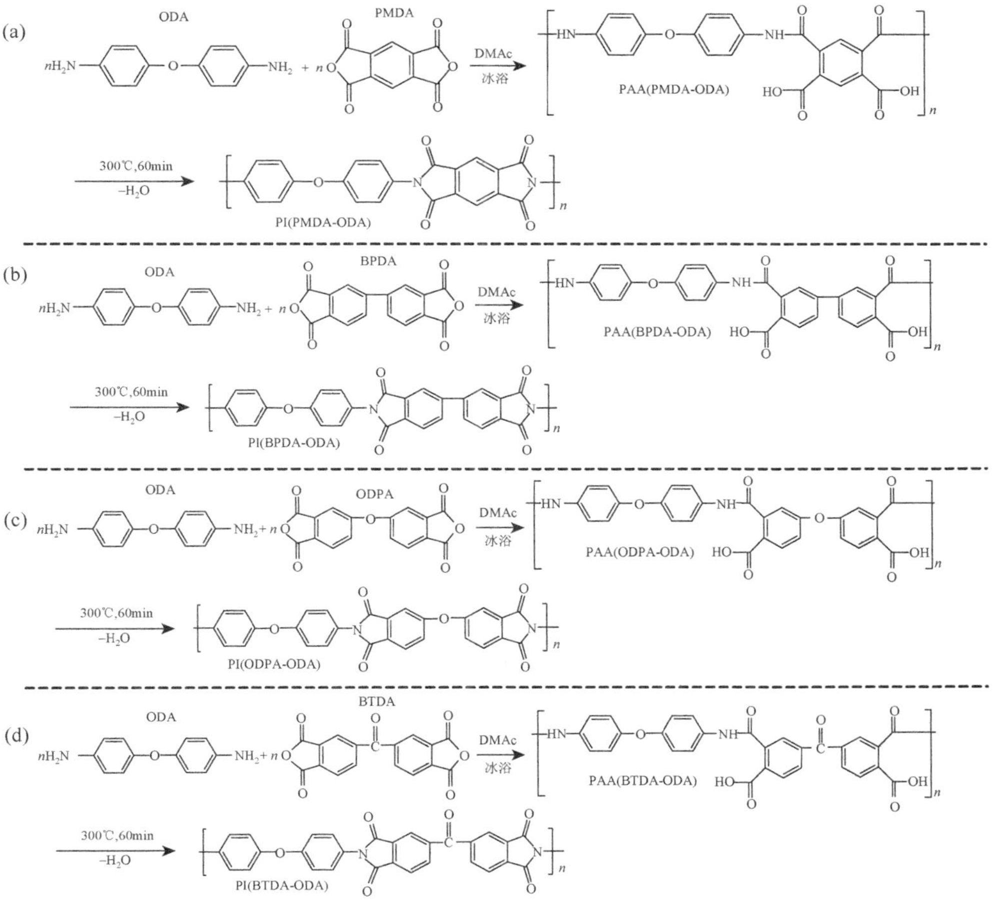

图 9.22　四种 PI 的合成路线:(a) PMDA-ODA;(b) BPDA-ODA;(c) ODPA-ODA;(d) BTDA-ODA

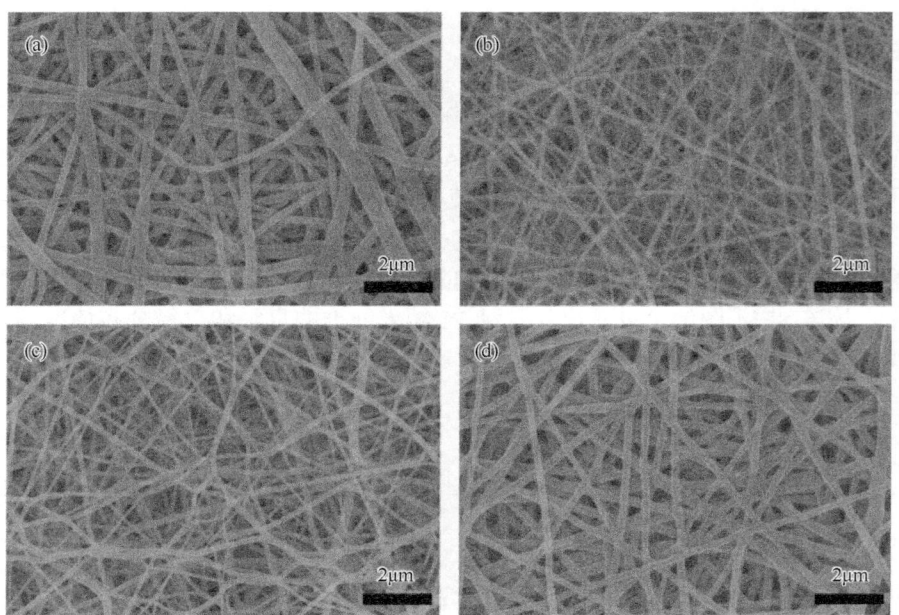

图 9.23　几种不同 PI 的 SEM 图像：(a) PMDA-ODA；(b) BPDA-ODA；(c) ODPA-ODA；(d) BTDA-ODA

9.4.2　材料复合

如前文所述，将高耐热的高分子材料与 Al_2O_3、SiO_2 之类的无机纳米颗粒制成复合膜的意义不大，填料仅能起到调节孔隙率和孔径的作用。比较有意义的做法是与电解质复合，在调孔的基础上还能增强隔膜对锂离子的传输能力，并改善隔膜和电极片之间的界面状况。

曾有研究采用商品化的 PI 纳米纤维膜为基体，制备了 PI-PVDF/LLZTO 复合电解质。纳米纤维膜的 3D 网络结构可保持 LLZTO 在 PVDF 中的均匀分散，形成连续的锂离子传递路径并有效防止锂枝晶的生长。将其用于固态 $LiNi_{0.5}Co_{0.2}Mn_{0.3}O_2/Li$ 软包电池表现出出色的循环稳定性（152.6mA·h/g，在 0.1C、80 次循环后容量保持率为 94.9%）。同时，显示出增强的机械强度（11.5MPa），可承受折叠、切割、穿透等苛刻条件。PVDF/LiTFSI/LLZTO 的 NMP 溶液是在室温下通过表面刮涂方式与 PI 膜复合的，由 PI 纳米纤维膜的孔隙渗透到内部。采用这种方式时受到已成型 PI 膜的限制，无机离子导体在 PI 中的载量不会太高。并且，从 PI 膜表面到内部无机离子导体的渗入量通常会按一定的梯度分布。

Gai 等将 LiTFSI、$Li_{1.3}Al_{0.3}Ti_{1.7}(PO_4)_3$（LATP）、PVDF-HFP 分散在 60℃的丁

二腈（SN）中，然后浇铸在孔隙率约 70%的 PI 膜上形成复合膜（图 9.24）。PI 膜以二氧化硅模板法制备，没有指明单体种类。这种有机/无机复合固态电解质具有柔韧性，在 150℃的高温下保持稳定。另外，它有 5V 电化学窗口和 10^{-4}S/cm 量级的离子电导率。用它装配 $LiFePO_4$ | Li 电池，在 0.1C、0.2C、0.5C、1C、2C 和 5C 的倍率下放电比容量分别为 168.4mA·h/g、164.4mA·h/g、154.9mA·h/g、143.4mA·h/g、129.5mA·h/g 和 109.4mA·h/g。在 0.2C 下 200 次循环后，它还具有 156mA·h/g 的可逆放电比容量。电池可以在 4℃下工作，在 0.2C 下 200 次循环后，其放电比容量高于 110mA·h/g[30]。

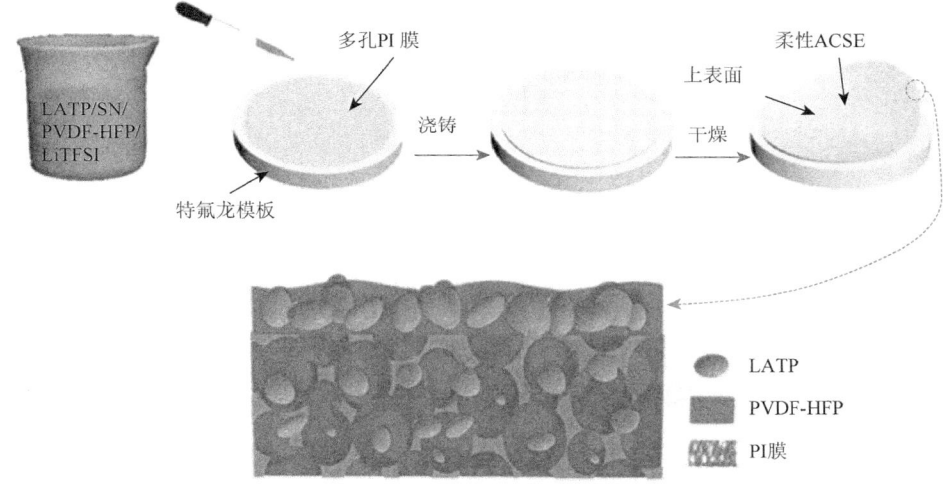

图 9.24　LiTFSI/LATP/PVDF-HFP/SN/PI 复合电解质的制造示意图[30]

Jung 等将 $Li_6PS_5C_{10.5}Br_{0.5}$（2.0mS/cm）溶液浇铸在电纺 PI 纳米纤维膜上形成 40μm 厚的复合固态电解质（图 9.25）。其应用在 $LiNi_{0.6}Co_{0.2}Mn_{0.2}O_2$ | 石墨电池上显示出良好的性能[31]。

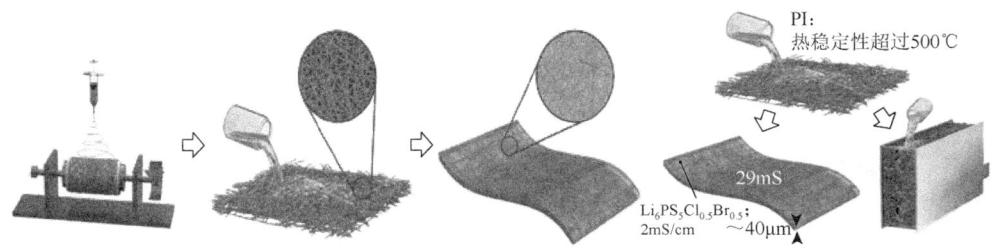

图 9.25　$Li_6PS_5C_{10.5}Br_{0.5}$/PI 复合固态电解质的制造示意图[31]

9.5　固态电解质复合膜

当前，液态电解质电池搭配硅基体系能量密度可达到 302W·h/kg，但硅基材料电池存在体积膨胀等问题，掺和比例难以提高，单体电池在理论能量密度上难以突破 400W·h/kg，不能满足《节能与新能源汽车技术路线图 2.0》的技术要求。而半固态电池在能量密度上已突破液态锂电池上限，是下一代高性能、高容量锂电池的技术方向。此外，半固态电池由于电解液的减少，能有效地降低锂电池热失控风险，提升安全性能。同时由于部分电解质的存在，相比于液态锂电池，受温度影响更小、高低温性能更为优越、适用场景更广泛。

因为在半固态电池中仅添加少量的液态电解质，其主要起到改善界面的作用，所以它需要采用一种锂离子传导能力更强的新型隔膜来保障电池的性能发挥。同时，新型隔膜还需要具备更高的安全性和耐高电压的特性。因此，固态电解质复合隔膜应运而生。当前，将固态电解质，特别是无机离子导体作为功能涂层材料是固态电解质复合隔膜领域的研究重点以及向产业发展的新方向。另外，固态电解质复合膜也可能成为固态电解质发展历程中的一个过渡形态。

9.5.1　无机固态电解质

无机固态电解质又称锂快离子导体（superionic conductor），这种材料具有较高的电导率（~10^{-3}S/cm）和 Li^+ 迁移数，电导活化能低（$E<0.5eV$），耐高温和可加工性能好，装配方便，在高能量密度的大型动力锂离子电池中有很好的应用前景。按照物质结构，其又可以分为晶体型固态电解质（陶瓷电解质）和玻璃态非晶固态电解质（玻璃电解质）。晶体型固态电解质又分为钙钛矿型、NaSICON 型、LiSICON 型和石榴石（GARNET）型等，以及其他一些新型的固态电解质；非晶态固态电解质主要包括氧化物玻璃和硫化物玻璃两大类固态电解质材料。各种无机固态电解质的结构及性质介绍见本书第 8 章相应部分。

9.5.2　固态电解质功能涂层膜

以氧化铝（Al_2O_3）纳米颗粒涂覆聚乙烯隔膜是一种被广泛接受的增强隔膜安全性的方式。除了可以减小隔膜的热缩比例之外，无机颗粒涂层还可以提高电解液的吸收和保持率、吸收 HF、阻碍锂枝晶的生长。Al_2O_3 纳米颗粒的优点主要有：化学性能稳定、热稳定性非常好、颗粒均匀、价格便宜。但是，Al_2O_3 在离子传导方面是惰性的，并不适用于半固态或全固态锂电池体系。

以离子传导活性的无机固态电解质替代惰性的 Al_2O_3 作为隔膜的功能涂层，在保持对聚烯烃隔膜安全性提高作用的同时，使复合隔膜具备了新的特性——锂离子的传导能力、在电池工作过程中形成连续的固态电解质界面的能力。而这些特性正是复合隔膜应用于半固态电池所需要的必要条件。当然，这并不意味着这类复合隔膜只适用于半固态电池；当应用于普通的液态电解质电池时，固态电解质复合膜可以显著地提升电池性能。

例如，有研究表明[32]，以 NaSICON 型的无机离子导体 LAGP [$Li_{1.5}Al_{0.5}Ge_{1.5}(PO_4)_3$] 涂覆聚丙烯隔膜的一侧，在另一侧涂覆聚合物 PVDF 制成不对称复合隔膜，用于 NCM811||Li 和 NCM811||C 电池体系（LAGP 涂层与正极 NCM811 接触，聚合物涂层与负极 Li 金属接触）可以有效地提升电池的循环寿命和倍率性能，并且改善 NCM811||Li 电池在工作过程中脱锂-镀锂的效果，使锂负极的形态保持光滑、平整。

LAGP 具有较宽的电化学窗口，室温离子电导率很高，同时在空气中稳定并且对水分不敏感。因此，LAGP 是一种可以用于水性材料体系的性能优异的无机固态离子导体。但是，LAGP 的生产成本很高，这限制了它的广泛应用。另外，LAGP 不宜直接与金属锂负极接触，活泼的锂金属会将 LAGP 中的 Ge^{4+} 还原为较低价态的产物。

其他对水稳定的固态无机离子导体还有磷酸钛铝锂（LATP）和锂镧钛氧（LLTO）等。相比之下，它们的离子电导率虽然低于 LAGP，但是它同样对空气和水稳定、生产成本低，因此具有更好的应用前景。

锂镧锆氧（LLZO）以及 Ta 或（和）铝掺杂锂镧锆钽氧（LLZTO）、锂镧锆钽铝氧（LLZTAO）具有较高的离子电导率，但是对空气中的微量水分和 CO_2 敏感。LLZO 中的 Li 容易与 H_2O 发生 Li^+/H^+ 交换反应生成 LiOH，并进一步与 CO_2 反应生成 Li_2CO_3[33]，例如：

$$Li_{6.4}La_{3.2}Zr_{1.6}Ta_{0.4}Al_{0.02}O_{12} + xH_2O \longrightarrow Li_{6.4-x}H_xLa_{3.2}Zr_{1.6}Ta_{0.4}Al_{0.02}O_{12} + x\,LiOH \tag{9.2}$$

$$LiOH + CO_2 \longrightarrow Li_2CO_3 + H_2O \tag{9.3}$$

另外，值得注意的是，当 LLZO 与 PVDF 混合时二者容易发生反应。我们在研究中发现 LLZO 与 PVDF 混合后，混合物的颜色逐渐变深，从白色递变为灰色、灰黑色、深褐色。有研究者认为，这是由于 PVDF 在碱性条件下发生了脱氟化氢反应，进而交联、凝胶所致。至于碱性条件是怎样产生的，原因比较复杂，可以笼统地归因于 LLZO 与溶剂的相互作用[34, 35]，以及 LLZO 水解并与 CO_2 反应生成强碱性的 LiOH。

一种固态电解质涂层膜，涂层中的固态电解质并不局限于无机固态电解质，也可以是有机固态电解质、有机-无机复合固态电解质以及它们与锂盐或其他功能添加剂的混合物；另外，涂层也不局限于一层、两层，可以根据功能的设计采用更多层的复合。

9.5.3 其他类型的固态电解质复合膜

表面涂覆复合膜的制造工艺和生产可以由现代高度发达的涂布设备完成，因此已经可以实现工业应用。但它并不一定是复合隔膜的最佳设计形式。更理想的结构设计可能是将功能材料，也就是固态电解质均匀地嵌入基膜内部的孔隙结构。

9.2 节详细地介绍了无纺布复合隔膜的设计和制造思路。实际上，以固态电解质替代氧化铝等惰性的无机陶瓷材料与无纺布复合，其制膜方法和工艺难度并无显著的差异。无纺布-固态电解质复合膜不仅是一种有希望的隔膜新品种，还可以看作是一种柔性固态电解质的早期形态。

当芳纶或聚酰亚胺作为复合膜的基材时，由于目前造孔方法的局限，它们本身就需要采用适当的颗粒材料来填充孔隙、调节孔隙率和孔径。因此，选择固态电解质，特别是无机离子导体颗粒就会有突出的优势。相关的内容已经在本章 9.3 节和 9.4 节中有所介绍。其他可以选用的基材还有 PVDF、纤维素等。

9.6 含 MOF 的功能涂层膜

9.6.1 MOF 材料

金属有机骨架（MOF），也称为多孔配位聚合物（PCPs），是一类新型有机-无机杂化结晶微孔材料（图 9.26）。它们是由金属离子或金属离子簇和含氧（氮）的有机配体以自组装的方式形成无限延伸的或离散封闭型的网络状聚合物[36, 37]。其中,金属离子或离子簇是构成 MOF 结构的连接点,它们的立体结构决定着 MOF 的三维空间结构。而有机配体是构造 MOF 的"桥梁"部分。有机配体的特性决定了 MOF 的结构、孔径和其他性质。

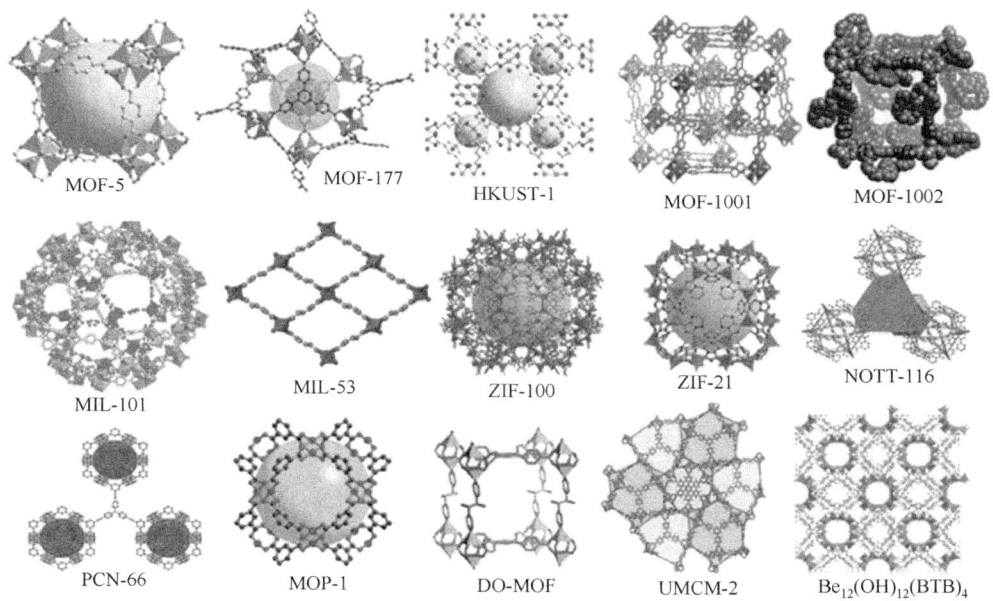

图 9.26 金属有机骨架材料

不同的 MOF 材料具有多样的结构,其稳定性取决于金属-有机配体组合的类型。由不同的金属离子、可变的有机配体,可以设计、合成出具有特定周期性排列特征的结构以及孔道尺寸,从而赋予 MOF 特定的反应活性和选择性。MOF 可以根据其结构单元和结构特点分为类沸石咪唑酯骨架(zeolitic imidazolate frameworks,ZIFs)、孔-通道式骨架(pocket-channel frameworks,PCNs)、网状金属有机骨架(isoreticular metal-organic frameworks,IRMOFs)和拉瓦锡骨架材料(materials of institute Lavoisier frameworks,MILs)。

ZIFs 是一类具有沸石拓扑结构的金属-有机骨架配位聚合物,其结构由过渡金属原子(Zn、Co 等)与含咪唑的有机配体通过 N 原子桥联构成以 N 原子为中心、共角相连的四面体,金属离子处于四面体顶角,四面体结构单元再与相邻的金属或有机配体相连,形成三维骨架结构材料。ZIFs 骨架中含有大量的未配位的 N 原子,能够提供电子使与之结合后的结构具有稳定性,且具有开放式的骨架结构、较大的比表面积和规则的孔道结构,通常比其他的 MOF 材料具有更高的热稳定性和化学稳定性。

PCNs 材料的有机配体一般是均苯三甲酸(H3TATB 或 HTB)类有机物,金属离子以铜为主,反应生成具有孔洞和三维正交孔道结构的 MOF 材料,且孔道之间能够相互贯通。由于有机配体的不同,孔道、结构等性质也存在较大差异。与 IRMOFs 相比,PCNs 结构更为复杂。HKUST-1、Cu-BTC 等是典型的 PCNs。

具有两种孔结构,一种是正交孔,而另外一种则是三维正交通道。

IRMOFs 的有机配体是羧酸类有机物,金属类物质是氧化锌离子簇$[Zn_4O]^{6+}$,金属与有机配体以八面体开孔桥连而成,典型的有 MOF-5(即 IRMOF-1)。在原有的羧酸配体上引入不同的官能团合成一系列具有相同拓扑结构但孔道大小和性质不同的 MOF 材料(IRMOF-n,$n=1\sim16$),孔道尺寸跨度为 0.38~2.88nm,孔隙率从 55.8%增大到 91.1%。

MILs 材料:此类材料还可分为两类,一类是由三价过渡金属离子(如 Fe、Al、V 及 Cr)与羧酸基配体(对苯二甲酸、均苯三甲酸)配位而成;另一类则是镧系和过渡金属元素与戊二酸、琥珀酸等二元羧酸合成的;在一系列的 MIL-n 材料中,MIL-100 和 MIL-101 二者的结构最为典型。MILs 材料具有较大的孔径(可达到介孔级别)和超大的比表面积,广泛应用于吸附、催化、药物存储。

9.6.2 MOF 研究与应用的热点

MOF 具有良好的热稳定性、化学稳定性、高孔隙率、高比表面积(纳米颗粒与微孔结构)、不饱和活性位点以及有序且多样的骨架结构,被广泛应用于药物载体、催化反应、气体储存与分离、膜的制备等领域。大多数 MOF 具有良好的生物相容性。作为药物载体,MOF 中的多孔结构和超高的比表面积可负载更多的药物分子。利用金属位点或配体上的路易斯酸/路易斯碱位点与药物分子间的相互作用,可以实现药物的可控释放。另外,还可以在 MOF 表面修饰靶向分子,使其成为具有靶向功能的药物载体。在 UiO-66(NH$_2$)MOF 表面修饰靶向分子叶酸并将其与纳米粒子结合,形成一种具有特异性结合癌细胞等多种功能的纳米药物载体。MOF 具有丰富的纳米孔隙结构和高比表面积,用作非均相催化剂可以提供大量的反应活性位点和特殊的微环境。例如,Jiang 等合成的 CuS 修饰 MIL-101(Fe)的光催化剂,可以通过提高对可见光的吸收、缩小能量带隙、提高光载流子分离效率来提高光催化性能。MOF 材料还可以作为甲烷、氢气的储存介质,也可以用于不同气体的分离。

9.6.3 MOF 在隔膜涂层中的应用

在电池材料中能否应用 MOF 解决一些关键问题,这已逐渐成为近期研究的一个热点。用作隔膜的功能填料或涂层,MOF 可以为 Li$^+$ 的传输提供快捷的通道,从而促进 Li$^+$ 的迁移、改善 Li$^+$ 脱出/嵌入的状况、提高锂电池的效率和循环寿命[38]。当添加到固态电解质中,MOF 的不饱和活性位点与聚合物电解质的分子链段相互作用、促进锂盐的解离,提高电解质的离子电导率并对电池产生一系列有利的影响。

质量比能量很高的锂-硫电池备受多硫化物的穿梭效应、电极体积膨胀等问题的困扰。将 MOF 应用于锂-硫电池，提高硫利用率和循环寿命、抑制硫和多硫化物在有机电解液中的溶解、防止多硫化物穿梭已取得了一些积极的研究进展。

9.7 定制功能隔膜

本章的前四节主要是以逐步提高膜材料的耐热性为主线，介绍了 PET 复合膜、芳纶膜和聚酰亚胺膜现有的制备方法和复合技术。某些具体的电池材料体系、不同的电芯组装方式、不同容量的电芯，可能需要具有某种特定功能的隔膜。

隔膜可以添加的特定功能有很多，如以下几种。

（1）防滑膜。在隔膜的一侧或两面添加涂层，防止隔膜与极片在组装过程中打滑错位。

（2）大吸液量膜。一些种类的电池在工作过程中对电解液有明显的消耗，电解液耗完后电池失效。因此需要采用能大量吸收电解液的隔膜。可行的方案包括采用纳米纤维隔膜、在聚烯烃隔膜表面增加纳米纤维涂层、在无机纳米颗粒涂层中增加吸液和保液的成分等。

（3）对锂金属稳定的隔膜。随着锂金属负极在电池中的应用越来越多，如何使锂负极界面稳定是一个重要的研究课题。在隔膜接触负极的一侧添加对稳定负极有帮助的材料是一个可选的方案。

（4）抗挤压形变的隔膜。使用硅碳负极的电池在充放电过程中电极的体积变化显著。特别是卷绕的圆柱形电池，在电极体积变化过程中对隔膜产生高强度的挤压，电池短路的风险较高。因此，具有特定抗挤压结构的、用高强度高热稳定性材料制造的特种隔膜具有显著的实用价值。

参 考 文 献

[1] Orendorff C J. The role of separators in lithium-ion cell safety[J]. Electrochem Soc Interface，2012，21（2）：61.

[2] Li D，Xu H，Liu Y，et al. Fabrication of diatomite/polyethylene terephthalate composite separator for lithium-ion battery[J]. Ionics，2019，25（11）：5341-5351.

[3] Miller M，MacDonald W，Adam R. Adhesion of UV-cured laminates of poly(ethylene-2,6-naphthalate)（PEN）and poly(ethylene terephthalate)（PET）films[J]. J Adhesion Sci Technology，2012，26（1-3）：55-78.

[4] Zhang J M，Liao W，He Y X，et al. Study on intestinal absorption and pharmacokinetic characterization of diester diterpenoid alkaloids in precipitation derived from Fuzi-Gancao herb-pair decoction for its potential interaction mechanism investigation[J]. J Ethnopharmacol，2013，147（1）：128-135.

[5] Liu L，Wang Z，Xie Y，et al. Zirconia/polyethylene terephthalate ceramic fiber paper separator for high-safety lithium-ion battery[J]. Ionics，2020，26：6057-6067.

[6] Hennige V, Hying C, Hoerpel G. Separator for use in high-energy batteries and method for the production there of [P]: USA, 7790321. 2010-07-09.

[7] Turro N J, Ramamurthy V, Scaiano J C. 现代分子光化学[M]. 吴骊珠, 佟振合, 吴世康, 等译. 北京: 化学工业出版社, 2015.

[8] 潘祖仁. 高分子化学[M]. 北京: 化学工业出版社, 1997.

[9] 金养智. 光固化材料性能及应用手册[M]. 北京: 化学工业出版社, 2010.

[10] Wei Z Y, Zhang Z H, Chen S J, et al. UV-cured polymer electrolyte for $LiNi_{0.85}Co_{0.05}Al_{0.1}O_2$//Li solid state battery working at ambient temperature[J]. Energy Storage Mater, 2019, 22: 337-345.

[11] Gerbaldi C, Nair J R, Meligrana G, et al. UV-curable siloxane-acrylate gel-copolymer electrolytes for lithium-based battery applications[J]. Electrochim Acta, 2010, 55 (4): 1460-1467.

[12] Xue Z, Hu L, Amine K, et al. High-speed fabrication of lithium-ion battery electrodes by UV-curing[J]. Energy Technol, 2015, 3 (5): 469-475.

[13] Cai B R, Cao J H, Liang W H, et al. Ultraviolet-cured Al_2O_3-polyethylene terephthalate/polyvinylidene fluoride composite separator with asymmetric design and its performance in lithium batteries[J]. ACS Appl Energy Mater, 2021, 4: 5293-5303.

[14] 陈明, 陈其道, 肖善强, 等. 混杂光固化体系的原理及应用[J]. 感光科学与光化学, 2001, 19 (3): 208-216.

[15] 胡江南. 基于SiO_2和醋酸纤维素锂离子电池交联隔膜的制备及性能研究[D]. 苏州: 苏州大学, 2020.

[16] Bai S L, Djafari V, Andreani M, et al. A comparative study of the mechanical behavior of an epoxy resin cured by microwaves with one cured thermally[J]. Eur Polym J, 1995, 31 (9): 875-884.

[17] Saetiaw K. Comparison of microwave and thermal cure of epoxy-anhydride resins: mechanical properties and dynamic characteristics[J]. J Appl Polym Sci, 2005, 97 (4): 1442-1461.

[18] Hook K J, Agrawal R K, Drzal L T. Effects of microwave processing on fiber-matrix adhesion II enhanced chemical bonding of epoxy to carbon fibers[J]. J Adhesion, 1990, 32 (2-3): 157-170.

[19] Marand E, Baker K R, Graybeal J D. Comparison of reaction mechanisms of epoxy resins undergoing thermal and microwave cure from in situ measurements of microwave dielectric properties and infrared spectroscopy[J]. Macromolecules, 1992, 25 (8): 2243-2252.

[20] Xiao Y, Scola D. Microwave cure of graphite fiber/polyimide composites[C]. 209th American Chemical Society (ACS) National Meeting, Anaheim, 1995: 2088.

[21] Ma R L, Chang X L, Zhang X J, et al. Effect of curing method on mechanical and morphological properties of carbon fiber epoxy composites for solid rocket motor[J]. Polym Composites, 2015, 36 (9): 1703-1711.

[22] Skinner E. Liquid chemical waste destruction[P]: USA, 4128000. 1978-12-20.

[23] 娄永钢, 吴大勇, 操建华, 等. 芳纶-固态离子导体复合隔膜的制备与性能研究[J]. 储能科学与技术, 2022, 11: 3112-3122.

[24] Xie C J, He L Y, Shi Y F, et al. From monomers to a lasagna-like aerogel monolith: an assembling strategy for aramid nanofibers[J]. ACS Nano, 2019, 13: 7811-7824.

[25] Lin C E, Wang J, Zhou M Y, et al. Poly(m-phenylene isophthalamide) (PMIA): a potential polymer for breaking through the selectivity-permeability trade-off for ultrafiltration membranes[J]. J Membr Sci, 2016, 518: 72-78.

[26] Liu L H, Mo J S, Li J R, et al. Comprehensively-modified polymer electrolyte membranes with multifunctional PMIA for highly-stable all-solid-state lithium-ion batteries[J]. Journal of Energy Chemistry, 2020, 48: 334-343.

[27] Liu J W, Wang J N, Zhu L, et al. A high-safety and multifunctional MOFs modified aramid nanofiber separator for lithium-sulfur batteries[J]. Chem Eng J, 2021, 411: 128540.

[28] He L, Cao J H, Liang T, et al. Effect of monomer structure on properties of polyimide as LIB separator and its mechanism study[J]. Electrochim Acta, 2020, 337: 135838.

[29] Shi J L, Xia Y G, Zhang H M, et al. Porous membrane with high curvature, three-dimensional heat-resistance skeleton: a new and practical separator candidate for high safety lithium ion battery[J]. Sci Rep, 2015, 5: 8255.

[30] Gai J L, Jin Y C, Guo Y J, et al. Flexible organic-inorganic composite solid electrolyte with asymmetric structure for room temperature solid-state li-ion batteries[J]. ACS Sustainable Chem Eng, 2019, 7: 15896-15903.

[31] Kim D H, Lee S Y, Jung Y S, et al. Thin and flexible solid electrolyte membranes with ultrahigh thermal stability derived from solution-processable Li argyrodites for all-solid-state Li-ion batteries[J]. ACS Energy Lett, 2020, 5 (3): 718-727.

[32] Liang T, Cao J H, Liang W H, et al. Asymmetrically coated LAGP/PP/PVDF-HFP composite separator film and its effect on the improvement of NCM battery performance[J]. RSC Adv, 2019, 9: 41151.

[33] Rosen M, Ye R, Finsterbusch M, et al. Controlling the lithium proton exchange of LLZO to enable reproducible processing and performance optimization[J]. J Mater Chem A, 2021, 9: 4831-4840.

[34] Xue Z, Liu T, Zhang S, et al. Synergistic coupling between $Li_{6.75}La_3Zr_{1.75}Ta_{0.25}O_{12}$ and poly(vinylidene fluoride) induces high ionic conductivity, mechanical strength and thermal stability of solid composite electrolytes[J]. J Am Chem Soc, 2017, 139 (39): 13779.

[35] Tong R A, Chen L, Fan B, et al. Solvent-free process for blended PVDF-HFP/PEO and LLZTO composite solid electrolytes with enhanced mechanical and electrochemical properties for lithium metal batteries[J]. ACS Appl Energy Mater, 2021, 4: 11802-11812.

[36] Zhu Q L, Xu Q. Metal-organic framework composites[J]. Chem Soc Rev, 2014, 43 (16): 5468-5512.

[37] Yang L Y, Cao J H, Cai B R, et al. Electrospun MOF/PAN composite separator with superior electrochemical performances for high energy density lithium batteries[J]. Electrochim Acta, 2021, 382: 138346.

[38] Yang L Y, Cao J H, Liang W H, et al. Effects of the separator MOF-Al_2O_3 coating on battery rate performance and solid-electrolyte interphase formation[J]. ACS Appl Mater Interfaces, 2022, 14: 13722-13732.

10 展望

10.1 锂电池产业发展带来时代的机遇

2021年是中国锂电产业发展历史中辉煌的一年。在新冠疫情影响我国及全球经济的背景下，新能源产业，特别是锂电及相关材料产业发展迅猛、一枝独秀，在资本市场上风景独好。

电动汽车的快速发展以及二次电池在储能领域的大规模应用将给锂电池及其材料的发展带来一个黄金十年。动力电池、新能源电能存储、智能电网削峰填谷储能电池的用量与3C消费电子电源的用量相比大了两个数量级。

3C消费电子电源对电池的要求是提高体积能量密度、延长循环寿命、具有稳定的小电流连续特性、在高温和低温下保持电池容量。以前，某些品牌的移动设备进入到零度以下的环境后电池容量瞬间降低到不能正常工作，使消费者深受困扰。车用动力电池对体积比容量的要求甚至更高，车辆提速时要求电池大电流放电、在高低温环境下正常工作以及至少8年的使用寿命。热带、亚热带40～50℃的高温，北方冬季零下10℃到零下40℃的严寒，是对电池自放电、容量保持能力的严峻考验。若干年前，第一批以锂离子电池电力为能源的汽车在迎来的第一个冬天里遇到过无法启动的窘境。时过境迁，电动汽车的标称续航里程也从最初的160km逐步发展到260km、300km、400km、500km，甚至更长。动力电池要从电芯（cell）到模组（module）再到电池包（pack），技术难度与3C电池远不在一个层面上。但用户能直接感受到的只是电池的容量和使用寿命。续航里程在冬天寒冷天气里显著降低至今仍然是被广大电动车主普遍诟病的主要问题。随着电池材料品质的提高、电池制造技术的提高以及科学家对电池本质特性了解的深入，动力电池的比能量、工作寿命、安全性和其他各项性能均有了大幅提升；人们对三元材料体系电池安全性的质疑和担忧将逐渐减小。未来，电动车的续航超过1000km、服役超过十年似乎也不再是梦想。当然，高性能和高安全性是动力电池发展中不变的主题。储能和智能电网对锂离子电池的需求是巨大的。储能的形式有很多种，如机械储能、电气储能、热储能、化学储能、电化学储能等。机械储能如压缩空气、抽水储能、飞轮；电气储能如电容器和超导储能；热储能是把热能储存在隔热容器的介质中，需要时可以转化为电能或直接利用；化学类储能的形式如通过电解水制氢，把氢作为二次能源或者与二氧化碳反应制备合成天然气；电化学储能是通过电池所完成的能量储存、释放与管理过程，包括铅酸电池、锂离子电池、钠离子电池、钠硫电池、钒液流电池、锌空气电池、氢镍电池、燃料电池以及超级电容器等。锂离子电池在电化学储能领域应用的技术进展非常迅速，特别是以长循环寿命和安全著称的磷酸铁锂电池在成本和性能方面具有明显的优势。

在科研人员和产业界持续努力的推动下，锂电池技术不断升级、进化。一些电池形式的出现，如 4680 电池、刀片电池、麒麟电池等，使电池系统的体积利用率不断提升，有效地提高了能量密度；固态电池技术的进步，使高能量密度电池体系的安全性得到提升并向产业化的目标前进。特别地，准（半）固态电池概念的提出，结合了液态电解质电池与固态电解质的优点，提高了电池系统的能量密度并催生了一个新的、高科技含量的细分电池类别。

新能源相关产业发展的大潮百年一遇，预计未来我国每年锂电池的出货量均在数百亿 GW·h 量级。对于隔膜产业而言，机遇与挑战并存；产品质量、生产规模、技术升级和创新的能力是企业生存和发展的基本要素。

10.2 隔膜发展的技术路线图

隔膜技术的发展应超前于电池体系的发展，至少也应与其同步，否则就会处于被动状态。当全固态电池的概念被科普宣传之后，隔膜产业界以及投资界内就产生这样的疑问：将来全固态电池是否会完全替代液态电解质的锂电池？当前主流的聚烯烃隔膜是否会被固态电解质替代？本书作者认为：在未来，全固态电池会是锂电池的一大类型，而固态电解质依然属于广义电池隔膜的范畴。

从技术发展的角度我们提出一个锂电池隔膜的发展路线图（图10.1）。其中，隔膜被分成了五个发展的类别，即聚乙烯膜、新材料隔膜、功能化隔膜、复合固态电解质、智能隔膜。

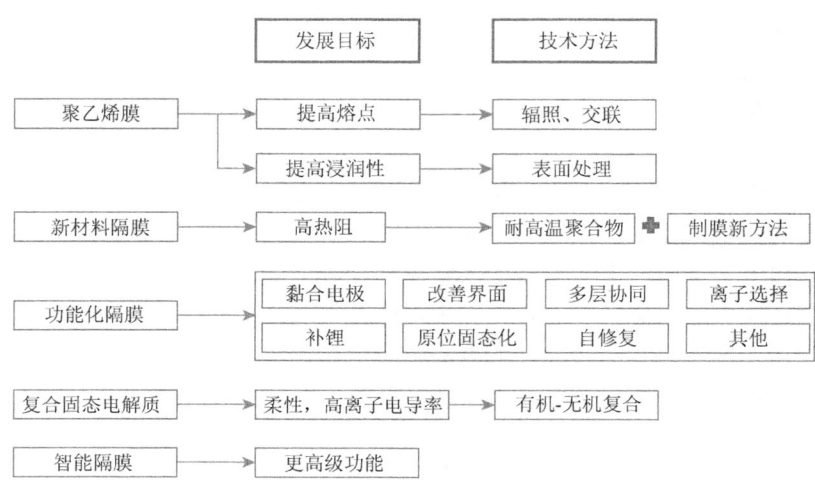

图 10.1　隔膜未来技术发展路线图

聚乙烯（PE）隔膜是当前应用量最大的隔膜类型，其主流地位在未来较长一段时间内难以改变。在涂覆增强或涂覆改性以外，PE 隔膜自身也有发展空间：可以预期的目标是提高熔点和浸润性，主要的技术手段是辐照交联和表面处理。新材料隔膜指的是以聚酰亚胺、聚四氟乙烯、芳纶、聚酯等耐高温材料制造的隔膜，同时要发展相应的高效制膜技术。功能化隔膜包含的内容很多，根据电池发展的实际情况至少可以提出以下功能化需要：将电极片黏合以减小界面电阻、改善电极/隔膜界面保护固体电解质界面膜（SEI）并减少锂枝晶的产生、通过隔膜的多功能层实现优化电池性能的叠加效果、促进锂离子迁移、限制阴离子移动、给负极补锂、实现正极-隔膜-负极中固态电解质的原位固态化、形变或断裂后的自修复等。复合固态电解质可能是固态电解质和隔膜发展的交集，也有希望成为固态电解质实用化的一个解决方案。关于智能隔膜，我们把想象的空间留给广大读者和从事电池材料研究的科学工作者。毕竟，隔膜技术的发展并没有天花板，不足的只是我们的努力和想象力。

作为对未来的展望，需要考虑发展目标的通用性和特殊性。此外，我们还把固态电解质单独考虑，探讨它的发展方式。

10.3　通用型隔膜的发展方向

10.3.1　高安全性隔膜

目前商业化的三元材料镍钴锰酸锂（NCM811）/石墨体系能量密度达到了 300W·h/kg，富锂层状氧化物（Li-rich-300）/硅碳体系电池有望达到 400W·h/kg。锂金属由于其高达 3860mA·h/g 的理论比容量和最低的还原电位（相对标准氢电极 –3.04V）而被人们视为高能量密度锂电池最理想的负极材料。如果以 NCM811、Li-rich-300、LiCoO$_2$ 为正极的电池采用金属锂作为负极，其理论能量密度分别可以达到 485W·h/kg、649W·h/kg 和 587W·h/kg。但是，Li 负极在充放电过程中容易产生枝晶、粉化形成"死锂"，不但降低电池效率，还对电池安全造成威胁。实现电池的安全性需要隔膜材料提供足够的保障。

提高隔膜安全性有以下三个可行的途径：一是在聚烯烃表面涂覆无机纳米颗粒或有机材料，如在聚烯烃隔膜表面涂覆 Al$_2$O$_3$ 纳米颗粒的方法已被产业界接受并得到广泛应用。二是采用 PET 无纺布与无机纳米颗粒的复合膜，以及发展以其他耐高温材料为基材的新型复合隔膜。虽然 PET 无纺布复合隔膜已经实现了商品化，但成功的应用不多。而且，使用这种隔膜还经常被无机颗粒脱落造成微短路的问题所困扰。三是采用热稳定性好的材料制膜，如聚酰亚胺（PI）、间位芳纶（PMIA）、聚丙烯腈（PAN）等。关于一些新型高安全性隔膜的制备方法已经在第 9 章有过讨论，本章不再赘述。

10.3.2 耐高电压隔膜

本书所述耐高电压指的是隔膜电化学窗口的上限大于 5V。关于耐高电压隔膜的内容在前面各章节也有所涉及，本章做简要的总结。

聚烯烃隔膜、聚乙烯隔膜和聚丙烯隔膜在电池工况下的电化学窗口在 4.4～4.8V 之间，不同文献报道的数值略有差异。经过无机陶瓷材料如 Al_2O_3 纳米颗粒，或者有机高分子材料如 PVDF 及其共聚物的涂覆，电化学窗口可以拓宽到 5V。

PET 无纺布虽然具有较高的热稳定性，但是其电化学稳定性低于聚烯烃隔膜，电化学窗口在 4.6V 左右。PET 无纺布不能直接作为锂电池的隔膜使用，因为其孔隙太大且分布不均。PET 无纺布与无机纳米颗粒的复合膜是一种已经商品化的隔膜，但提高无机颗粒与 PET 纤维的黏结力与绝缘性是这类隔膜需要解决的问题。如第 9 章所述，一种可行的方法是在 Al_2O_3 之类的涂层材料中加入光固化剂或复合固化剂，通过快速光/热处理的方法来增强涂层。这样获得的隔膜产品，不仅其机械强度和绝缘性得到增强，电化学稳定也可以拓宽到 5.5～5.7V[1]。

生物质材料纤维素，是由 β-1,4 糖苷键连接的大分子多糖，是植物细胞壁的主要成分。植物通过光合作用产生的纤维素每年多达数千亿吨。纤维素本身易燃、吸湿性强，制成膜后机械强度也不高。因此，纤维素并不是单独制造锂离子电池隔膜的理想材料。纤维素衍生物的品种很多，包括纤维素醚、纤维素酯和纤维素醚酯等三大类。常见的有甲基纤维素、乙基纤维素、羧甲基纤维素、羟乙基纤维素、醋酸纤维素、乙酸丁酸纤维素等。纤维素及其衍生物的耐热性虽然不差，但与芳纶和聚酰亚胺相比差距比较明显。有研究报道可以将纤维素与其他材料复合，制成耐高压的锂离子电池隔膜[2, 3]。例如，崔光磊等用纤维素纸浆、海藻酸钠、阻燃剂和二氧化硅通过抄纸法制成纤维素复合隔膜；也曾用纤维素和聚芳砜制备复合隔膜。

PVDF 及其共聚物的电化学性质非常稳定，制成电池隔膜后电化学窗口可以达到 5V。但 PVDF 的熔点并不高，其共聚物如 PVDF-HFP 的熔点进一步降低，而且在常见的电解液中有一定程度的溶解。基于以上原因，PVDF 及其共聚物更适合作为凝胶电解质的候选材料。

芳纶、聚酰亚胺等材料具有优异的电化学性能。芳纶膜的电化学窗口大致为 5V[4]。以聚酰亚胺制备的隔膜电化学窗口在 5.1V 左右[5]，不同聚酰亚胺品种得到的数值会略有差异。需要注意的是，与无机纳米粒子、无机固态电解质等材料复合之后，芳纶或聚酰亚胺隔膜的电化学窗口有可能进一步提高到 5.3～5.5V。

10.4 隔膜定制化的趋势

虽然通用的聚乙烯、聚丙烯隔膜适用性较强，可以满足电池制造的基本需要。但是通用隔膜并不能助力所有类型、型号的电池充分发挥其性能，如亲液性好、孔隙率高的隔膜更有利于电池倍率性能的发挥，保液特性好的隔膜有利于延长电池的循环寿命。有些电池企业会自己对采购来的隔膜进行涂覆改性或其他形式的处理，使其增添一些新特性。例如，使聚烯烃隔膜表面的摩擦力增大、改善隔膜的亲液性、提高隔膜的热稳定性、使金属锂负极稳定、提高离子电导率、提高锂离子迁移数、抗挤压形变等。

10.4.1 防打滑

聚乙烯、聚丙烯隔膜的表面比较光滑，摩擦系数小，在电池装配过程中可能因打滑与极片产生位置偏差。这一问题解决起来相对简单。例如，在隔膜表面增加功能涂层，一方面可以加大摩擦，另一方面可以实现设定的某些其他功能。

10.4.2 高吸液率

隔膜表面的亲液性和内部孔结构特征共同决定了其对电解液的吸收能力。亲液性与材料的本征特性以及表面的特征有关；内部孔结构与隔膜的制造方法有关。能吸入大量的电解液并把它均匀地保存在内部的孔结构中，是隔膜的一项非常重要的特性。

实际上，吸液率是直接影响隔膜离子电导率的指标，而离子电导率是隔膜除安全特性以外最重要的功能特性。通常，吸液率高的隔膜离子电导率也比较高，同时内阻较小。除此之外，一些类型的锂电池，如采用硅负极的电池在工作的过程中不断消耗电解液，电池的失效与电解液被消耗完有关[6]。因此，具有高吸液能力和良好保液能力的隔膜对此类电池非常重要。虽然多添加电解液会降低电池的能量密度，但是与延长电池的循环寿命和倍率特性相比，能量密度的损失是相对次要的。

吸液和保液能力最强的无疑是纳米纤维膜，其吸液量可以超过自身质量的 600%，某些纳米纤维复合膜的吸液量甚至可以超过自身质量的 800%[7]。这是纳米材料及其结构决定的。如果纳米纤维还可以在电解液中有一定的溶胀，保液特性会更好。

天然的纤维素分子间存在大量的氢键，除了能增强热稳定性外，制成膜后还具有很强的电解液吸收能力。例如，以棉花来源的纤维素制备的纤维素气溶胶膜吸液率可以超过自重的 600%。

纳米纤维素包括一维的纤维素纳米纤维和二维的纤维素纳米片（图 10.2）。在复合膜的材料体系中加入纳米纤维素有利于形成纳米孔结构，从而提高复合膜的吸液能力。当我们在一个复合膜材料体系中加入不同的纳米材料时，对孔结构产生影响的差异可能是显著的。如图 10.3 给出的实例所示，纤维素凝胶膜的表面孔结构如图 10.3（a）所示；加入纳米颗粒后孔径有所增大、孔隙率提高，如图 10.3（b）所示；当加入纳米片后，孔径呈级数增大，孔隙率显著提高，如图 10.3（c）所示。当然，纳米纤维素的加入特别是纤维素纳米纤维的均匀分散是个重要的工艺问题。

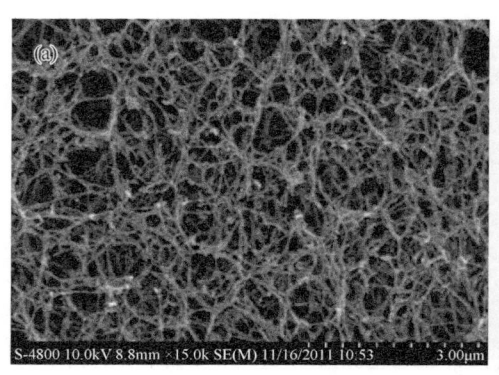 

图 10.2　纳米纤维素的 SEM 图像：（a）纳米纤维；（b）纳米片

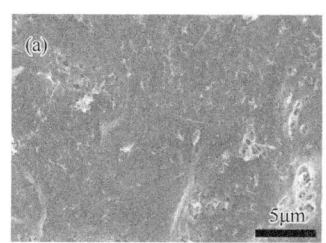 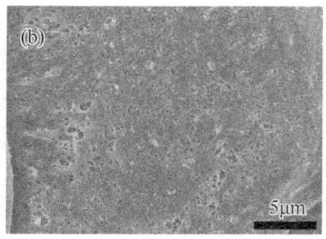 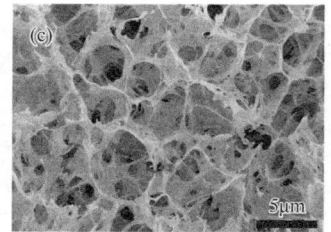

图 10.3　几种膜表面的 SEM 图像：（a）纤维素凝胶；（b）纤维素凝胶掺杂纳米颗粒；（c）纤维素凝胶掺杂纳米片

以无机微纳米颗粒涂覆聚烯烃隔膜可以提高隔膜的吸液量。这是由于无机颗粒涂层具有复杂的立体微孔，有利于吸收和保持电解液。而聚烯烃隔膜孔结构的层次相对简单，不利于电解液的保持。PP 隔膜表面与电解液的接触角为 58°，吸液率为 102%；而 Al_2O_3 涂层与电解液的接触角为 26°，再加上孔结构的差异，PP 单面涂覆 Al_2O_3 隔膜吸液率提高到 123%[8]。如果在聚烯烃隔膜上涂覆 PVDF 类有机高分子材料，对吸液率的提升更优于 Al_2O_3 涂层，大约可以增加 40%。

10.4.3 抑制多硫化物穿梭

抑制多硫化物的穿梭效应是锂硫电池走向实用必须解决的问题，也是可以通过隔膜的设计和改性来解决的问题。在本书的第 4 章我们已经做了比较详尽的专题讨论。

要达到这一目的，比较简单同时收效较好的方法是在商品化聚乙烯、聚丙烯隔膜的表面涂覆功能层。具体采用哪种涂层，需要根据电池的实际情况来决定，同时还要考虑在增加的成本和获得的效益之间取得合理的平衡。另一个途径是采用定向设计的新型复合隔膜。当然，采用新型隔膜的成本可能会更高。

10.4.4 抗挤压形变

为了进一步提高锂离子电池的能量密度，已经开发出了不少新的电极材料，如 Si、Sn、Ge 和 Ga。其中，硅最具吸引力，有望逐渐取代石墨成为新一代负极材料。硅在室温下能够形成 $Li_{15}Si_4$，理论比容量为 3580mA·h/g，是商品化石墨负极材料比容量（350~365mA·h/g）的 10 倍。不过，常规的硅负极存在两个主要的问题需要解决：一是，在锂化后体积膨胀率可以高达 320%，巨大的体积变化可能导致电极破碎和导电能力的衰减；二是，固体电解质界面膜会在硅负极表面持续生长，不可逆地消耗电解液和源自正极的锂，导致低的库仑效率和较差的循环寿命。

在电池工作过程中，所有电极材料都会因不断重复的锂化和脱锂发生体积变化。石墨负极在锂化过程中会有 10% 的体积膨胀，硅负极的体积形变高达 300%~400%，体积变大的过程会对隔膜产生挤压。如果隔膜的强度不够，特别是在产生了锂枝晶的情况下，隔膜非常容易损坏。因此，对于采用硅负极的锂离子电池而言，抗挤压形变的隔膜是极具吸引力的。但是，这样的隔膜目前还没有，甚至在应用基础研究的论文中也鲜有涉及。为此，我们不妨设想一下，具有怎样结构的膜是抗挤压的？

一类有趣的材料称为"负泊松比"材料。负泊松比，以著名法国数学家西蒙·泊松命名，定义为负的横向收缩应变与纵向伸长应变之比。通常，材料在受到纵向拉伸时，会在横向上发生收缩，也就是泊松比为正。如果材料受到纵向拉伸时，在横向上发生膨胀，其泊松比就是负值，这类特殊的材料就被称为"负泊松比"材料。

当负泊松比材料处于拉伸状态时,弹性模量随体积压缩比的增大而减小;处于压缩状态时,弹性模量随体积压缩比的增大而增大。也就是负泊松比材料受压时材料向内部聚集,瞬时密度增大,外部表现出较高的刚度。当负泊松比材料受冲击载荷时,材料向冲击区域聚集变得更加致密,抵抗压痕的能力得到提高。传统材料则正好相反,轴向冲击载荷会使材料向两侧分离,硬度明显低于负泊松比材料。负泊松比多胞结构还在吸能特性方面体现出独特优势。一方面,多孔的多胞材料可以实现较大的压缩变形;另一方面,负泊松比材料胞元结构的变形特点使其具有更高的吸能效率。

负泊松比材料包括多孔状负泊松比材料(蜂巢状结构材料如图 10.4 所示,以及某些泡沫材料)、负泊松比复合材料(某些各向异性的纤维填充的复合材料)和分子负泊松比材料(如沸石、二氧化硅晶体和一些金属)。根据变形机理的不同负泊松比胞元可以分为:内凹多边形结构、旋转刚体结构、手性结构、穿孔板结构、节点-纤维结构以及其他结构。

图 10.4 (a)蜂巢;(b)蜂巢结构铝;(c)石墨烯晶格的蜂巢结构

如果将一种具有负泊松比的膜材料夹在两层极片之间卷绕成圆柱形,当极片膨胀对膜产生横向(x 轴方向)拉力时,膜在厚度方向(z 轴方向)产生膨胀来抵消压力。这将是一种有趣的设计和应用。

将厚度在 40μm 以内的薄膜制成规整的蜂巢骨架结构,难度是非常大的,可能的方法是使用转印模板。但是从目前已知的技术水平看,生产效率不会很高。因此,采用某些聚合物发泡材料的可行性可能会更高。

目前已经发现由内凹泡孔结构单元组成的二维蜂窝状固体材料具有负的泊松比。1987 年 Lakes 制备出负泊松比聚氨酯泡沫。Lakes 和 Friis 等认为具有软化点的聚合物泡沫、延展性金属泡沫以及某些热固性聚合物泡沫也能制成负泊松比材料。近年来,多孔固体负泊松比材料的理论和模型日趋成熟,负泊松比复合材料逐渐发展起来。Theocaris 等通过基于数字均一化理论的有限元分析,认为纤维增强复合材料内部若包含横截面呈星形、具有内凹角的微孔结构单元时,可呈现出负泊松比效应。Stagni 研究发现在多层中空纤维增强复合材料中,当中空纤维达到一定的体积分数时，能使其成为负泊松比材料，并同时提高该材料的有效横向弹性模量。

制备具有某种特定泡孔结构的高分子薄膜，并用固态电解质与其复合、调节孔隙率和平均孔径形成复合膜，是一种制造抗挤压形变隔膜的可能的技术路线。

10.4.5 对锂金属稳定

使用锂金属作为电池的负极，可以显著提高电池的能量密度。但同时，锂负极也带来了许多复杂的问题。这些问题可分为以下几类：形成树枝状锂枝晶、体积不停地变化、正极中间体的迁移以及不稳定的固体电解质界面膜等（图10.5）。这些问题经常不是单独出现，而是同时出现，对电池的性能产生严重的负面影响[6]。

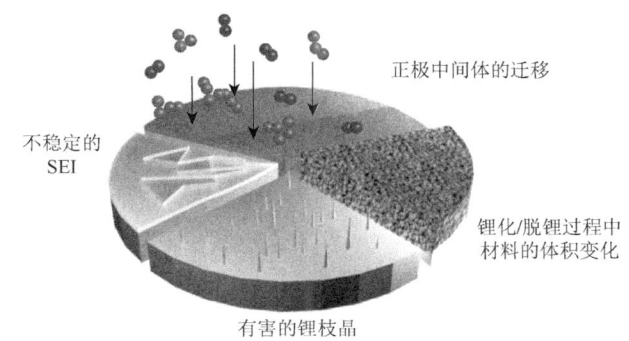

图 10.5　锂金属电池面临的挑战

虽然在金属的电解、电镀过程中产生枝晶是很常见的现象，特别是在较高电流下。但是锂枝晶在电池中的生长对于金属锂负极的应用而言仍然是一个关键的挑战。在电镀过程中，两个电极之间的电解液中存在阳离子浓度梯度。随着施加电流的增加，该梯度会增加。当电流密度达到临界值（J^*）并经过一个短暂的时间 τ（sand's time），电解质中的阳离子被耗尽，在局部形成电荷耗尽层，镀层表面的电中性被破坏导致树枝状金属沉积物的形成。在二次电池中，反复的充电/放电过程伴随着不断重复的镀锂和锂剥离，锂负极表面会形成多刺的突起，呈现出各种形态如针状、苔藓状或分支状结构。枝晶会刺穿隔膜触及正极，导致电池短路甚至是热失控。另外，出现锂枝晶后负极的比表面积增大、副反应增多。副反应一方面消耗金属锂和电解质，使电池效率和寿命衰减；另一方面产生不导电的产物，把活性的锂金属变为"死锂"。

就锂负极而言，因为 Li^+ 在负极上沉积和剥离没有基体的制约，所以锂负极的膨胀比实际上是无限的。并且，在随后的循环中难以控制再沉积的锂金属的形态。此外，在锂枝晶的生长过程中会产生大量的多孔沉积物，导致额外的体积增加/减少。巨大的体积变化带来巨大的内应力，可能会导致固体电解质界面膜的崩溃。

10.4.6 双面不对称涂覆膜/双面不对称复合膜

本节标题所指的含义是一种复合隔膜，它是在一种基膜的两侧涂覆不同的功能涂层，或者由不同材料、具有不同结构和功能的两层构成。

在商品化聚烯烃隔膜的一侧涂覆无机纳米颗粒材料来提高隔膜的热稳定性，已经被业内普遍接受，相应的产品已经应用于电池的制造。不过，单面涂覆的问题是明显的，如两层材料的物性差异显著、耐热性能提升的幅度有限等。当然，在聚烯烃隔膜的两侧对称地涂覆无机纳米颗粒对隔膜热稳定性的提升效果将会更明显。这种想法看起来是顺理成章的，但是在以前采用得并不多。一方面，前些年很少能见到高品质的 10μm 以下的隔膜，生产的技术壁垒没有被突破；另一方面，两次涂布带来成品率的下降和成本的上升，经济效益不佳。近年来，随着 9μm、7μm 甚至 5μm PE 隔膜的问世以及涂布设备技术水平的提高，基于薄膜的双面涂覆成为可能。

以 9μm 厚的 PE 隔膜为例，以此为基膜在两面对称地涂覆氧化铝或勃姆石颗粒涂层形成（9＋2＋2）μm 的复合膜，这在隔膜的制造和应用中已经不乏实例。这种双面对称涂覆的隔膜在绝缘性和避免微短路方面具有较高的可靠性。为了满足双面涂覆的需要，已有国外的设备制造商可以提供气悬浮的双面涂覆设备。

在双面对称涂覆的基础上，不对称涂覆必然是涂覆改性工艺思路的延伸和发展。在商品化聚烯烃隔膜的两侧分别涂覆不同的功能层，形成具有双面不对称结构的三层复合膜，很有可能成为基于传统隔膜的一种发展趋势。

根据目标电池的具体需要来设计和实施不同的功能涂层，从而为更好地发挥电池性能提供服务。可以使复合隔膜集成不同的功能，如提高热稳定性和提高吸液率，提高热稳定性和防打滑，提高热稳定性和抑制多硫化物迁移，提高热稳定性和增强锂负极界面稳定等。

事实上，正如我们在本章的前几节中提到的，提高隔膜的吸液能力、增加对锂负极界面的稳定性，都是锂离子电池/锂电池迫切需要解决的问题，也是有可能通过复合隔膜的结构和功能设计来解决的问题。

如果不采用聚烯烃微孔膜作为基膜，而直接将两种其他类型的薄膜复合构成复合膜，可以设想它在电池应用中会有不错的表现。在研究领域，双层复合隔膜（不是指聚烯烃隔膜的单面涂覆）的研究已有不少成果。对于双面不对称涂覆的三层复合膜而言，聚烯烃基膜的作用主要是作为其他功能层的载体，以及作为一种来源稳定的大宗工业化薄膜材料。三层复合膜中存在两个固相界面，而双层复合膜中存在一个固相界面。显然，界面减少有利于减小隔膜的内阻。

10.4.7 隔膜与电极一体化

虽然在过去的三十年中，锂离子电池的制造技术得到了充分的发展、电芯制造的卷绕和叠片工艺与设备已经十分成熟，但是对极片和隔膜装配形式的优化研究始终没有停止。如何更好地避免短路？能否降低电池的界面阻抗？如何使隔膜更好地吸收电解液并使之均匀分布？这些都是相关的议题。

在各种方案中，如果可抛开生产效率而只考虑最终的结果，笔者认为隔膜与电极一体化是最佳方案。也就是让隔膜与电极片"长"在一起。例如，通过黏合或热熔的方法使隔膜紧密黏合在极片表面，或者采用电纺或者电喷的方法在电极片的表面原位制膜[9]。当然，科学和技术的进步有时候需要依靠科学家们不断产生的奇思妙想。涉及隔膜与电极片的一体化，我们同样需要更有创意的解决方案和新的工艺手段。

10.5 固态电解质

10.5.1 柔性固态电解质

未来电子设备的一个发展方向是柔性化、可拉伸和可穿戴[10, 11]。聚焦复合固态电解质研究的前沿，研究人员的研究兴趣是给复合固态电解质赋予更好的柔性特征。锂电池的柔性化也是近年来研究的新热点。首先，电解质必须是柔韧性的，即在外力反复弯折的情况下能保持形态的完整性和良好的电化学功能。同时，在电极材料匹配的条件下才能制造出柔性锂电池[12-15]。它在柔性显示、电子皮肤、电子标签、可穿戴传感器、可植入医疗器械、可穿戴设备等柔性电子领域将得到广泛的应用，具有显著的应用价值和前景。

发展高性能的柔性固态电解质必须解决以下几个问题：一是，优化材料体系，重点是优选提供柔性特征的有机组分品种、结构和成型方法；二是，发展更好的有机成分和无机成分复合的方法，确保复合的均匀性；三是，提高无机成分在反复弯折条件下黏合的可靠性；四是，充分考虑复合电解质与两侧电极材料接触的界面。

在讨论固态电解质的第 8 章中我们提到，固态聚合物电解质中的聚合物主体应具有极性官能团而利于锂离子离解和传递。众多研究涉及材料主要包括：PEO、PAN、PMMA、PVDF、聚碳酸酯、聚腈、聚醇、聚胺等。从提供柔性有机物骨架方面考虑，PI 也是一个有潜力的候选者。不过，正如我们在前面章节中强调的，PI 不是具有明确化学结构的物质，而是一类具有酰亚胺环结构的聚合物的统称，理论上可以发展出数量无限的衍生物。目前商品化的 PI 品种却很有限，主要是美国和日本公司推出的几款通用型产品。在复合电解质的研究中虽然也用到过 PI，但基本上也仅涉及少数几种。事实上，常见的商品化 PI 品种并非用作电池隔膜或复合电解质材料的最佳选择，其他 PI 也可能因为其结构单元中的某些官能团对电池性能产生影响。因此，在复合柔性固态电解质的研究中，我们首先要明确选择怎样的 PI 或者说如何构造最适合的 PI；此外，还需要兼顾上文中提到的四个重要问题。

10.5.2 自愈固态电解质

将有机固态电解质与无机固态电解质复合，使复合物同时具有二者的优点，这是一种发展的趋势。能否在此基础上进一步实现固态电解质的可自愈功能？如果能够实现，这将极具吸引力和使用前景。

实际上，近些年一些使用功能化凝胶聚合物的器件实现了自愈的功能。例如，一种由聚丙烯酸（PAA）、聚乙烯醇（PVA）、硼砂（borax）、乙二醇（EG）和水（H_2O）组成的凝胶体系，不仅有很高的透明度、抗冻、抗结晶、可拉伸（超过 800%），还在 −60～60℃的温度范围内导电。此外，该凝胶可在 1min 内自我修复，并重复黏合到包括玻璃、金属和橡胶在内的多种基材，其黏合强度大于 18kPa（图 10.6）[16]。

曾有文献报道了一种环磷腈基自修复聚合物电解质（CPSHPEs）。CPSHPEs 通过六(4-乙基丙烯酸苯氧基)环三磷腈（HCP）、6-甲基-4-酮-1,4-二氢嘧啶基-脲基甲基丙烯酸乙酯（UPyMA）和聚乙二醇甲基丙烯酸甲酯（PEGMA）在紫外光辐照下聚合生成（图 10.7）。由 HCP 形成的交联结构可以有效地提高聚合物电解质的机械强度，其环三磷腈内核可以提高材料的阻燃性能。CPSHPEs 含有大量的苯环和交联结构，热稳定性很高。另外，CPSHPEs 电解质具有良好的自愈能力。自愈的驱动力是在两个脲基嘧啶酮（UPy）之间形成具有稳定四重氢键的二聚体，如图 10.8 所示。自愈特性有望提高电池的可靠性[17]。

又如，一种基于乙烯基咪唑和丙烯酸羟丙酯共聚物的多功能聚合物电解质（图 10.9），在多次机械断裂后可在 −15～25℃的温度范围内自动恢复。而且，它甚至可以通过简单的润湿过程再生 5 个循环，同时保持其电容特性和出色的自愈性[18]。

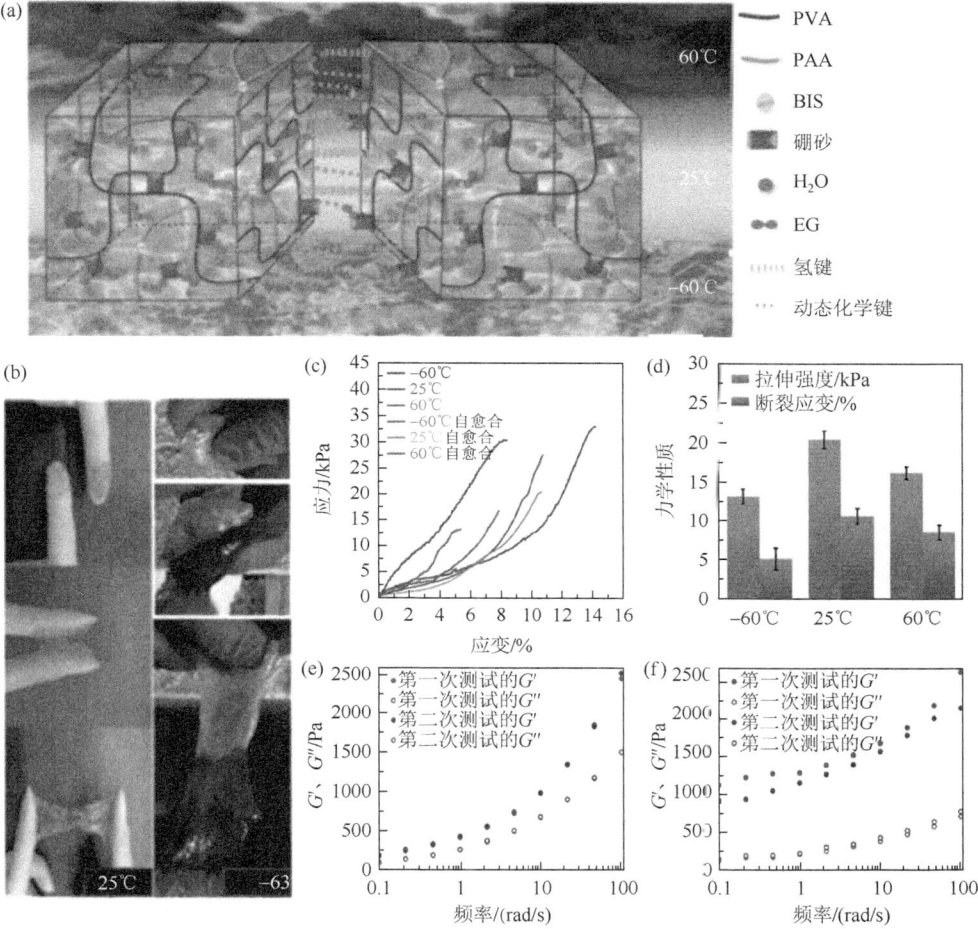

图 10.6 凝胶的结构和力学特性：(a) O-PAA-PVA-B 的微孔；(b) O-PAA-PVA-B 的自愈合过程示意图；(c) 有代表性的拉伸强度测试曲线；(d) 自愈合 O-PAA-PVA-B 在不同温度下的力学性质统计数据；(e) O-PAA-PVA-B 在第一次和第二次测试时间间隔为 10s 时的流变学测试；(f) W-PAA-PVA-B 在第一次和第二次测试时间间隔为 10s 时的流变学测试[16]

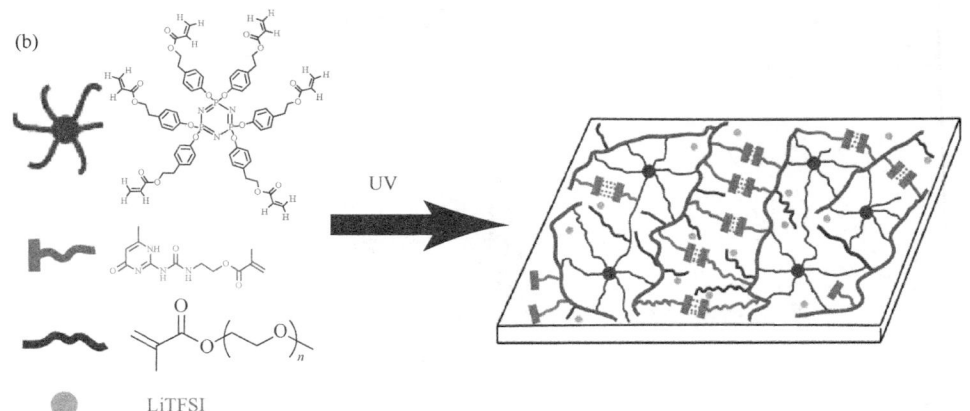

图 10.7　（a）HCP 的合成路线；（b）CPSHPEs 的光聚合合成路线[17]

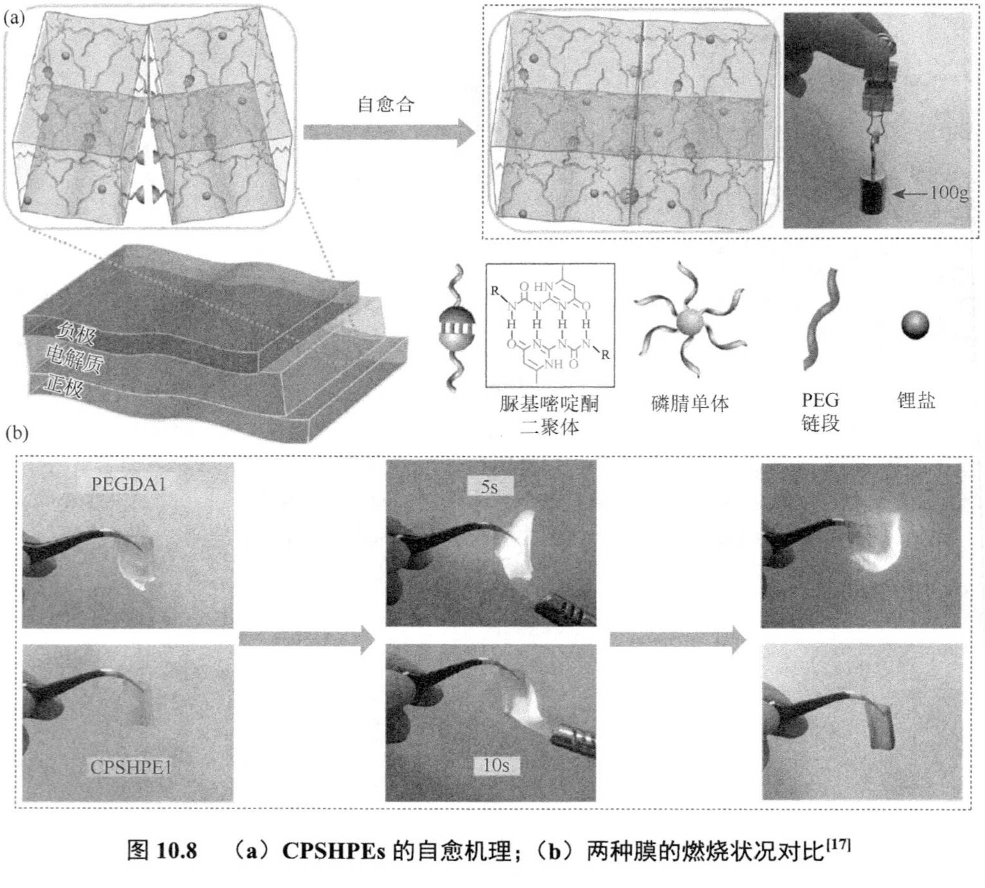

图 10.8　（a）CPSHPEs 的自愈机理；（b）两种膜的燃烧状况对比[17]

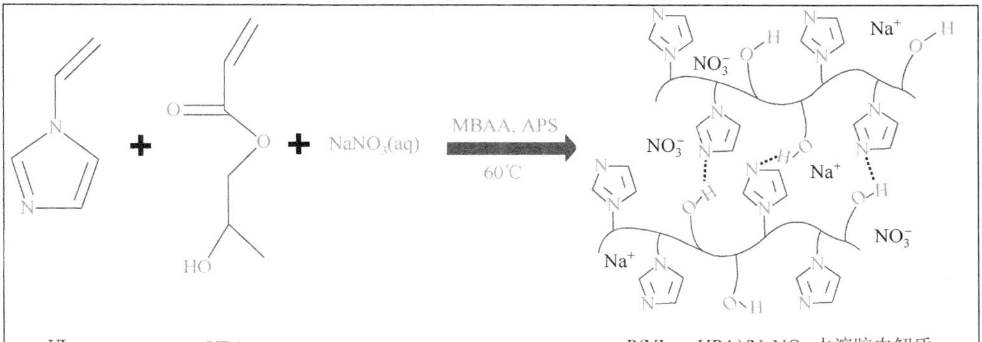

图 10.9　P(VI-*co*-HPA)/NaNO₃ 水溶胶的合成[18]

从以上例子可以看出，可自愈体系主要应用的是聚合物溶胶体系。其特点是易于形成氢键这样的分子间作用力。分子间作用力越强，自愈的趋势就越强，如可以形成四重氢键的体系 Upy 及其衍生物。其他可以形成超分子体系的聚合物也备受关注。其用作电池的黏合剂或者复合固态电解质的一种成分，在超分子断裂后通过交联键恢复实现自愈。这种自愈能力用在固态电解质中很有意义，同时它也有可能在 10.4.4 节中提到的抗挤压形变隔膜的研究、实践中发挥作用。

10.6　隔膜产品的明日之星

自 20 世纪 90 年代至今，锂二次电池隔膜的主要类型是聚乙烯和聚丙烯微孔膜。随着更薄、更安全要求的提出，陶瓷粉体涂覆的加工工艺逐渐被接受并普遍应用于越来越薄的聚烯烃隔膜。但是，从本质看惰性陶瓷粉体涂覆的隔膜是弥补聚烯烃隔膜性能缺陷的衍生产品，不应该看作新的隔膜类型。而固态电解质复合膜，作为为半固态电池量身定制的隔膜有希望成为一个独立的类型并在可以预见的未来大放异彩。

做出上述预测主要基于以下原因：它是为实现半固态电池性能定制化设计的隔膜；是多功能层复合膜；功能层中至少包含一种或多种固态电解质；不同功能层在电池工作时发挥协同作用；它与特定的电池相匹配；具有很高的技术指标；其制造具有较高的技术门槛；需要使用较薄的多孔基膜，现有的聚乙烯和聚丙烯适用。在半固态锂电池技术日趋成熟、即将成为一个高技术新产业之际，我们有理由相信固态电解质复合隔膜会成为高价值产品中的明日之星。

10.7 结　束　语

锂电池中的隔膜，既是功能部件又是两个重要的界面。电池工作时发生的奇妙变化都要通过隔膜才能实现，同时隔膜还决定了电池的性能和寿命，它的重要性毋庸置疑。

通过结构设计、功能材料的选择、功能层的组合，可以实现隔膜功能的无尽变化和创新。这一领域的研究进展和技术升级，有望造就一个充满活力的隔膜产业并助力锂电产业的发展。

参 考 文 献

[1] Cai B R, Cao J H, Liang W H, et al. Ultraviolet-cured Al_2O_3-polyethylene terephthalate/polyvinylidene fluoride composite separator with asymmetric design and its performance in lithium batteries[J]. ACS Appl Energy Mater, 2021, 4: 5293-5303.

[2] 刘志宏, 柴敬超, 张建军, 等. 高性能纤维素基复合锂离子电池隔膜研究进展[J]. 高分子学报, 2015, (11): 1246-1257.

[3] Zhang L X, Liu Z H, Cui G L, et al. Biomass-derived materials for electrochemical energy storages[J]. Prog Polym Sci, 2015, 43: 136-164.

[4] 娄永钢, 吴大勇, 操建华, 等. 芳纶-固态离子导体复合隔膜的制备与性能研究[J]. 储能科学与技术, 2022, 11: 3112-3122.

[5] He L, Cao J H, Liang T, et al. Effect of monomer structure on properties of polyimide as LIB separator and its mechanism study[J]. Electrochim Acta, 2020, 337: 135838.

[6] Zhang X, Yang Y A, Zhou Z. Towards practical lithium-metal anodes[J]. Chem Soc Rev, 2020, 49: 3040-3071.

[7] Yang L Y, Cao J H, Cai B R, et al. MOF/PAN nanofiber separator with superior electrochemical performances for high energy density lithium batteries[J]. Electrochim Acta, 2021, 382: 138346.

[8] Liang T, Cao J H, Liang W H, et al. Asymmetrically coated LAGP/PP/PVDF-HFP composite separator film and its effect on the improvement of NCM battery performance[J]. RSC Adv, 2019, 9: 41151-41160.

[9] 吴大勇, 刘新厚, 刘昌炎. 锂离子电池电极表面直接复合纳米纤维隔膜的方法[P]. 中国, 200610144191.4. 2006-10-14.

[10] Wu H, Huang Y A, Xu F, et al. Energy harvesters for wearable and stretchable electronics: from flexibility to stretchability[J]. Adv Mater, 2016, 28 (45): 9881-9919.

[11] Song W J, Jeong U, Park S, et al. Recent progress in stretchable batteries for wearable electronics[J]. Batteries Supercaps, 2019, 2: 181-199.

[12] Wu H P, Meng Q H, Yang Q, et al. Large-area polyimide/SWCNT nanocable cathode for flexible lithium-ion batteries[J]. Adv Mater, 2015, 27: 6504-6510.

[13] Zhou G, Li F, Cheng H M. Progress in flexible lithium batteries and future prospects[J]. Energy Environ Sci, 2014, 7: 1307-1338.

[14] Liu W, Song M S, Kong B, et al. Flexible and stretchable energy storage, recent advances and future perspectives[J]. Adv Mater, 2016, 29: 1603436.

[15] Quartarone E, Mustarelli P. Electrolytes for solid-state lithium rechargeable batteries, recent advances and perspectives[J]. Chem Soc Rev, 2011, 40: 2525-2540.

[16] Su X, Wang H, Huang J Y, et al. A solvent co-cross-linked organogel with fast self-healing capability and reversible adhesiveness at extreme temperatures[J]. ACS Appl Mater Interfaces, 2020, 12: 29757-29766.

[17] Zhou B H, Yang M L, He D, et al. Flexible, self-healing, and fire-resistant polymer electrolytes fabricated via photopolymerization for all-solid-state lithium metal batteries[J]. ACS Macro Lett, 2020, 9: 525-532.

[18] Wang J C, Liu F T, Tao F, et al. Rational designed self-healing hydrogel electrolyte toward a smart and sustainable supercapacitor[J]. ACS Appl Mater Interfaces, 2017, 9: 27745-27753.